Microsoft Copilot und Copilot Pro

Einstieg und Praxis

Wolfram Gieseke

Markt+Technik

ISBN 978-3-98810-062-7

Produktmanagement Christian Braun, Burkhardt Lühr
Lektorat, Herstellung Jutta Brunemann
Covergestaltung David Haberkamp
Coverfotos © SdecoretMockup, CozyDigital, Mischenko, AstraNova, Vegefox.Com – Adobe Stock, freepik
Satz inpunkt[w]o, Wilnsdorf (www.inpunktwo.de)
Druck mediaprint solutions GmbH, Paderborn
Printed in Germany

Vorwort

Stellen Sie sich einen Assistenten vor, der Ihren Alltag erleichtert, kreative Impulse liefert und Ihnen Arbeit abnimmt – und das alles nur auf Ihr Kommando. Mit Microsofts Copilot erleben Sie, wie leistungsfähig moderne KI-Systeme sein können: Texte schreiben, Bilder erstellen, komplexe Themen erklären, Ideen generieren und vieles mehr.

Der Assistent kann Ihre Fragen beantworten, Dinge erklären und veranschaulichen, Webseiten, E-Mails und Dokumente zusammenfassen und übersetzen, Details für Sie recherchieren und Sie bei Ideen, Planungen und Entscheidungen unterstützen. Er kann Ihre Texte Korrektur lesen und optimieren oder auch Briefe, Protokolle, Referate, Präsentationen, Kurzgeschichten, Gedichte oder Liedtexte nach Ihren Vorgaben erstellen. Und die dazu passenden Bilder generiert er bei Bedarf gleich noch dazu.

In diesem Buch erfahren Sie, wie Sie Copilot als vielseitiges Werkzeug nutzen können – sei es für berufliche Projekte, kreative Vorhaben oder ganz einfach, um Zeit zu sparen und effizienter zu arbeiten. Ich zeige Ihnen nicht nur, was Copilot alles kann, sondern auch, wie Sie es am besten für Ihre individuellen Bedürfnisse einsetzen.

Lassen Sie sich inspirieren von den Möglichkeiten, die diese Technologie bietet. Dieses Buch ist Ihr Einstieg in eine Welt voller Innovation und Potenzial – und wer weiß? Vielleicht wird Copilot schon bald Ihr unverzichtbarer Begleiter.

Wolfram Gieseke

PS: In meinem Blog unter www.gieseke-buch.de informiere ich über aktuelle Entwicklungen und stelle spannende neue Anwendungsmöglichkeiten vor. Er dient als ständige Aktualisierung und Ergänzung meiner Bücher. Sie können hier auch mit mir in Kontakt treten, um Ihre Fragen oder Anregungen loszuwerden.

Inhaltsverzeichnis

1. So macht KI Copilot zum intelligenten Assistenten

Microsofts Copilot ist »künstliche Intelligenz zum Anfassen«. Ein Assistent, mit dem Sie in natürlicher Sprache kommunizieren und Ihre Wünsche äußern können. Sie müssen zur Benutzung keine besonderen Befehle oder gar eine Programmiersprache kennen. Dementsprechend geht es in diesem Buch sehr praxisorientiert zu, und ich werde Ihnen viele konkrete Beispiele und praktische Anwendungen von Copilot zeigen, die Sie selbst nachvollziehen und für sich anwenden und anpassen können. Ein paar wesentliche Informationen und Zusammenhänge sind für ein Grundverständnis von KI-basierten Assistenten wie Copilot allerdings hilfreich. So können Sie besser verstehen, wie künstliche Intelligenz funktioniert, warum sie das tut, was sie tut, und warum sie manchmal eben nicht das tut, was man von ihr erwartet.

1.1 Wie werden Computer künstlich intelligent?

Unter **k**ünstlicher **I**ntelligenz (KI) oder im Englischen **A**rtificial **I**ntelligence (AI) versteht man Anwendungen, mit denen Maschinen menschenähnliche Intelligenzleistungen erbringen können. Ursprünglich hatten Forscher dazu die Vorstellung, tatsächlich ein menschliches Gehirn in Software zu simulieren. Davon hat man sich inzwischen weitestgehend verabschiedet. Denn ein menschliches Gehirn mit seinen mehr als 80 Milliarden Neuronen können selbst die neusten Superrechner nicht in allen Details nachbilden.

Mustererkennung und Trainingsdaten

Auf dem Weg dorthin hat die Wissenschaft aber viele Erkenntnisse gewonnen, die sich heute in praktische Anwendungen umsetzen lassen. Ein wesentlicher Bereich sind Algorithmen und Modelle, die es Computern ermöglichen, aus Daten zu lernen, indem sie Muster darin erkennen. Wenn ein Computer beispielsweise Bilder erkennen können soll, auf denen Autos abgebildet sind, könnte man eine möglichst umfassende Vorschrift definieren, nach welchen Strukturen und Pixelhaufen er Ausschau halten soll. Das wäre sehr aufwendig und würde am Ende doch nicht alle Konstellationen berücksichtigen.

Deshalb geht die KI einen – für dieses Beispiel stark vereinfachten – anderen Weg: Man trainiert den Computer beispielsweise mit 1.000 Bildern von Autos und 1.000 Bildern, auf denen keine Autos zu erkennen sind. Die Maschine abstrahiert die Bilddaten in grobe Muster ohne unnötige Details, um die Komplexität zu reduzieren. Dann registriert sie diese Muster in allen Bildern. Sind alle Bilder verarbeitet, analysiert die Software, welche Muster viele der 1.000 Bilder mit Autos gemeinsam haben. Die 1.000 Bilder ohne Autos kann sie nun noch als Gegenprobe verwenden, um Muster zu entfernen, die mit Autos offenbar nichts zu tun haben, wie etwa Straßen oder Ampeln. Übrig bleiben dann Muster, die offenbar Autos entsprechen. Dermaßen trainiert kann die KI nun beliebige Bilder analysieren und erkennen, ob diese Muster von Autos enthalten oder nicht.

Rechenpower und Internet als KI-Turbo

Dieses Erkennen von Mustern in großen Datenmengen ist eine der Schlüsseltechnologien der KI. Und einer der Gründe, warum KI in den letzten Jahren eine so rasante Entwicklung genommen hat. Denn die heutige Leistungsfähigkeit von Computern in Verbindung mit der unvorstellbaren Menge von im Internet verfügbaren Daten hat zu einem riesigen Evolutionsschritt geführt. Dabei sind die Grundideen von KI teils jahrzehntealt. Nur musste man sich lange Zeit mit sehr kleinen Datenmengen begnügen, weil nicht mehr verfügbar war und weil das Training viel Rechenzeit beanspruchte. Heute hingegen haben wir hochleistungsfähige Rechenzentren mit direktem Zugriff auf Daten aus dem Internet. Und dort findet sich eine unvorstellbar große Menge und Auswahl an Texten, Bildern, Musikstücken und Videos, die die KI in die Mustererkennung einbeziehen kann.

Inhalte mit generativer KI erstellen

Der zweite wichtige Baustein der heutigen leistungsfähigen KI sind Systeme, die nicht nur bestehende Daten analysieren und klassifizieren, also Erkenntnis gewinnen können. Generative KI kann selbst Inhalte erzeugen und auf diese Weise neue Texte, Bilder, Musik oder andere Medien erschaffen. Dazu verwendet sie statistische Methoden, um Inhalte auf der Grundlage von Wahrscheinlichkeiten zu produzieren.

Wie wahrscheinlich es beispielsweise ist, dass ein Satz wie »Heute wollen wir grillen, denn das Wetter« mit den Worten » ist so schön«, »wird stürmisch« oder »spielt verrückt« fortgesetzt wird, hat das System im Training gelernt. Es wird sich bei der Fortsetzung immer für Worte mit hoher Wahrscheinlichkeit entscheiden und Kombinationen mit geringer Wahrscheinlichkeit vermeiden. Dabei wählt es nicht immer zwanghaft die allerhöchste Wahrscheinlichkeit, sondern gibt sich mit einer ausreichend hohen zufrieden, sodass eine große Bandbreite an Varianten entstehen kann. Selbst bei gleicher Aufgabenstellung wird die KI also nicht immer stumpf dieselbe Antwort geben, sondern abwechslungsreiche Ergebnisse produzieren.

Das macht aber vielleicht auch eines deutlich: Generative KI-Systeme (von heute) haben kein explizites Wissen. Sie können Copilot fragen, wie die Photosynthese funktioniert, und werden als Antwort eine gute Erklärung erhalten. Aber nicht, weil Copilot irgendeine Ahnung von Photosynthese hat, sondern weil er eine Menge von Wörtern aneinanderreiht, die in dieser Abfolge mit hoher Wahrscheinlichkeit die Funktionsweise von Photosynthese erklären. Streng genommen könnte man also eher von einer Imitation von Wissen sprechen. Man kann das ein wenig mit einem Chamäleon vergleichen: Wenn das auf einem Baumstamm liegt, nimmt es die Farbe und das Muster der Baumrinde an. Liegt es auf einem Stein, nimmt es das Aussehen der Steinoberfläche an. Es weiß nicht, was ein Baum oder ein Stein ist oder worin beide sich unterscheiden. Aber das muss es auch nicht, um beeindruckende Ergebnisse zu erzielen.

Schwache, breite und starke KI

Im Zusammenhang mit KI werden gelegentlich Adjektive wie »schwach«, »eng«, »breit« oder »stark« verwendet. Von schwacher oder enger KI spricht man bei Anwendungen, die auf eine sehr spezifische Aufgabe spezialisiert sind. Solche Systeme haben eine eng umrissene Aufgabe wie etwa das Erkennen von Gesichtern, das Übersetzen von Text oder das Erfassen menschlicher Sprache einschließlich regelbasierter Antworten darauf (Alexa, Siri und Co.).

Von breiter KI hingegen spricht man bei Anwendungen, die nicht auf einen spezifischen Anwendungsfall beschränkt sind, sondern eine Vielzahl von Aufgaben lösen können. Zurzeit befinden wir uns auf dem Weg hin zu breiter KI. Auch die derzeit entwickelten autonomen Fahrzeuge mit ihrer Vielzahl von Herausforderungen können als breite KI betrachtet werden (wenn sie denn mal richtig funktionieren). Copilot kann vielfältige Aufgaben lösen. Er versteht nicht nur Anweisungen in menschlicher Sprache, sondern generiert oder übersetzt auch Texte, beantwortet Fragen und führt Gespräche. Dabei kann er den Kontext eines Chats um Informationen erweitern, also begrenzt hinzulernen.

Starke KI wird von manchen als Ziel, von anderen als Horrorvorstellung betrachtet: ein System, das über so breites Wissen und so vielfältige Fähigkeiten verfügt, dass es Informationen aus verschiedenen Bereichen integrieren, sich an beliebige Situationen anpassen, aus seinen Erfahrungen selbstständig lernen und auf diese Weise letztlich womöglich so etwas wie ein eigenes Bewusstsein entwickeln könnte. Hollywood hat solche Systeme als »Terminator« oder »HAL 9000« bereits vorausgeahnt. In der Realität sind wir davon noch entfernt. Wie weit, weiß allerdings niemand so genau.

1.2 Prompts – mit Copilot kommunizieren

Das zentrale Werkzeug beim Umgang mit Copilot sind Prompts. Öffnen Sie beispielsweise die Copilot-App, dann sehen Sie zunächst ein leeres Eingabefeld vor sich. Dort geben Sie Ihre Anweisung in ganz normaler Sprache ein. Da der Prompt die Schnittstelle zur KI ist, kommt ihm eine große Bedeutung zu. Es hat sich innerhalb kürzester Zeit das neue Berufsbild des Prompt Engineers entwickelt, mit dem man gutes Geld verdienen kann: als jemand, der genau weiß, wie man einer KI möglichst schnell und effektiv genau die gewünschten Informationen entlocken kann.

Allerdings sind Prompts nun auch keine Geheimwissenschaft. In diesem Buch werden Sie eine Menge Prompts finden, die Sie bei Copilot ausprobieren und für sich selbst abändern können. Mit ein paar Regeln und Tipps kann man recht weit kommen. Die wichtigste: Stellen Sie sich vor, Sie würden einem menschlichen Assistenten, der für Sie arbeitet, Anweisungen erteilen. Beschreiben Sie Copilot Ihr Anliegen also genau so, als ob Sie es einem anderen Menschen mitteilen würden.

Abgesehen davon sollten Sie Copilot immer möglichst viele Informationen bzw. genaue Vorgaben machen. Anstatt

```
Wie funktioniert Oxidation?
```

können Sie beispielsweise schreiben:

- `Beschreibe Oxidation in drei Sätzen.`
- `Liste die fünf wichtigsten Aspekte zur Oxidation auf.`
- `Ich schreibe morgen eine Klassenarbeit über das Thema Oxidation. Was für Fragen könnten in der Arbeit vorkommen?`
- Und ergänzend dazu: `Was sind gute Antworten auf diese Fragen?`

Geben Sie Copilot Kontext

Ein wichtiges Gestaltungsmittel bei Prompts ist es, der KI einen bestimmten Kontext mitzugeben, in dem sie operieren soll. Es macht ja einen riesigen Unterschied, ob man beispielsweise das Funktionsprinzip eines Elektromotors einem Kindergartenkind oder einem Elektrotechnik-Studenten erklären möchte. Teilen Sie der KI also mit, wofür bzw. für wen Informationen bereitgestellt werden sollen.

Copilot kann auch Rollen annehmen, die Sie ihm zuweisen. Sie können also beispielsweise schreiben:

```
Stell dir vor, du bist Physiklehrer in einer fünften
Klasse und willst deinen Schülern erklären, wie ein
Elektromotor funktioniert.
```

Ebenso können KIs eine ganz bestimmte Rolle in einem fiktiven Dialog einnehmen:

```
Stell dir vor, du bist Personalchef in einem
regionalen Entsorgungsunternehmen und führst ein
Bewerbungsgespräch mit mir. Welche Fragen würdest
du mir stellen?
```

Weitere Rollen, die Copilot einnehmen kann:

- Er kann Experte für ein bestimmtes Fachgebiet sein und aus dieser Perspektive antworten.
- Er kann bei einem Pro- und Kontra-Thema einen bestimmten Standpunkt einnehmen und diesen vertreten.
- Er kann die Perspektive einer Person aus einer ganz bestimmten Zeit einnehmen.
- Er kann in die Rolle einer ganz spezifischen Persönlichkeit schlüpfen, wie etwa William Shakespeare, Albert Einstein oder Marie Curie.

Dieses Kontext-Prinzip lässt sich auf andere Arten von Prompts übertragen. Auch bei Bildern etwa kann es einen großen Unterschied machen, wofür man das Bild verwenden möchte. Wenn Sie Copilot das mitteilen, wird er entsprechend passgenaue Inhalte erzeugen. Und das kann einen wichtigen Unterschied machen, etwa:

```
Erstelle ein Bild von einem grinsenden Clown.
Es soll auf eine Einladungskarte zu einem
Kindergeburtstag.
```

vs.

```
Erstelle ein Bild von einem grinsenden Clown.
Es soll die Titelseite meines neuen Horror-Romans
werden.
```

Lassen Sie sich Prompts vorschlagen

Copilot kann Texte erzeugen, und ein Prompt ist auch nur ein Text. Sie können sich also auch Prompts generieren lassen. Das mag im ersten Moment etwas seltsam anmuten. Aber wenn Sie nicht wissen, wie Sie eine Aufgabe angehen sollen, lassen Sie sich dafür einen Prompt erstellen:

```
Erstelle mir einen Prompt, mit dem ich eine schöne,
nicht zu aufregende Gute-Nacht-Geschichte für
meinen Sohn generieren kann.
```

Hier ist ein Beispiel für einen Prompt, den du verwenden kannst, um eine beruhigende Gute-Nacht-Geschichte für deinen Sohn zu erstellen:

"Bitte schreibe eine kurze Gute-Nacht-Geschichte für ein Kind, die etwa 300–400 Wörter umfasst. Die Geschichte sollte beruhigend, freundlich und voller Fantasie sein, aber nicht zu aufregend. Die Hauptfigur könnte ein kleiner Junge oder ein Tier sein, das ein friedliches Abenteuer erlebt, wie eine Reise durch einen magischen Wald oder ein Treffen mit einem sanften, freundlichen Wesen. Bitte achte darauf, dass die Geschichte mit einer warmen und ruhigen Note endet, damit sie ideal zum Einschlafen geeignet ist."

Du kannst den Prompt je nach Vorlieben deines Sohnes anpassen, zum Beispiel Lieblingscharaktere oder -themen hinzufügen, um die Geschichte noch persönlicher zu gestalten. Soll ich dir vielleicht eine Beispielgeschichte basierend auf diesem Prompt erstellen? 😊

Auf diese Weise bekommen Sie nicht nur einen passenden Prompt, sondern lernen auch gleich einiges über die Möglichkeiten bei der Prompt-Gestaltung. Ebenso können Sie Copilot einen Text übergeben (einfach mit in den Prompt einfügen) und diesen analysieren lassen:

```
Analysiere diesen Text auf Stil, Sprache und Tonfall
und schlage mir einen Prompt vor, mit dem ich Texte
nach diesem Muster generieren kann.
```

Metaphern und Analogien für kreativere Antworten

Metaphern und Analogien sind wie Werkzeuge, die helfen, Ideen klarer und lebendiger darzustellen – und das funktioniert auch bei Prompts für Copilot. Sie regen die Vorstellungskraft (der KI) an, schaffen stärkere Verbindungen und inspirieren zu neuen Perspektiven.

- Metaphern und Analogien machen abstrakte oder komplizierte Konzepte greifbarer. Wenn Sie beispielsweise möchten, dass Copilot eine Geschichte über Mut schreibt, könnten Sie Copilot Folgendes mit auf den Weg geben: »Schreibe eine Geschichte über Mut, als wäre er ein Anker, der ein Schiff bei Sturm hält.« So wird die Antwort kreativer und bildhafter.
- Bildhafte Sprache öffnet Türen für überraschende und originelle Ansätze. Wenn Sie etwa ein innovatives Design suchen, könnten Sie schreiben: »Entwirf ein Möbelstück, inspiriert von der fließenden Form von Wasser.«

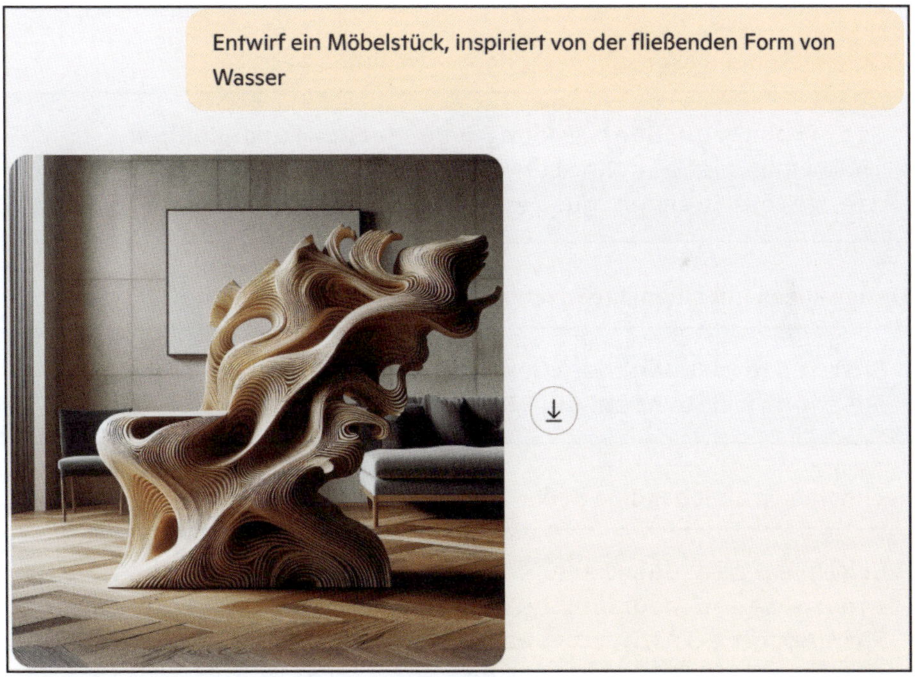

- Analogien verbinden neue Ideen mit etwas Bekanntem. Das hilft der KI, besser zu verstehen, worauf Sie hinauswollen. Statt einfach zu sagen »Erkläre Teamarbeit«, könnten Sie schreiben: »Erkläre Teamarbeit, als ob sie wie das Zusammenspiel einer Band ist – mit jedem Musiker, der ein Instrument spielt, um ein harmonisches Lied zu schaffen.«

Hier sind einige kreative Beispiele für Metaphern, die Sie in KI-Prompts verwenden könnten, um spezifische Antworten oder interessante Ergebnisse zu erzielen:

Erklärung einer Idee mit einer Metapher

```
Erkläre das Konzept der Zusammenarbeit, als wäre es
eine Symphonie, bei der alle Instrumente harmonisch
zusammenspielen.
```

Eine Geschichte mit einer bildlichen Inspiration

```
Schreibe eine Kurzgeschichte über Durchhaltevermögen,
inspiriert von einem Baum, der trotz Stürmen und
Winter stets neue Blätter treibt.
```

Problemlösungen in einem metaphorischen Kontext

```
Gib Tipps zur Überwindung von Herausforderungen,
indem du sie als Knoten in einem Seil beschreibst,
die gelöst werden müssen.
```

Design-Ideen mit einem kreativen Ansatz

```
Entwirf ein modernes Gebäude, das wie eine Blume
aussieht, die sich der Sonne entgegenstreckt.
```

Technologien als lebendige Bilder

```
Erkläre, wie das Internet funktioniert, als ob es
ein riesiges neuronales Netz wäre, das wie ein
Spinnennetz Informationen miteinander verbindet.
```

Alternative Perspektiven durch Analogien

```
Analysiere die Funktionsweise eines Unternehmens,
als wäre es ein Bienenstock, in dem jede einzelne
Biene eine Rolle im Kollektiv spielt.
```

Komplexe Prozesse mit einfachen Bildern

```
Erkläre maschinelles Lernen, als ob es ein Schüler
wäre, der durch das Lösen von Rätseln immer besser
wird.
```

Emotionen mit bildlicher Sprache ausdrücken

```
Beschreibe, wie sich Freude anfühlt, als wäre es
ein Fluss, der frisch und frei durch eine sonnige
Landschaft fließt.
```

> Beschreibe, wie sich Freude anfühlt, als wäre es ein Fluss, der frisch und frei durch eine sonnige Landschaft fließt.
>
> Freude ist wie ein klarer, glitzernder Fluss, der frei und ungebändigt durch eine sonnendurchflutete Landschaft strömt. Das Wasser sprudelt fröhlich, tanzt über kleine Felsen und macht dabei ein lebendiges, beruhigendes Plätschern. Es scheint, als würde der Fluss selbst lachen, sein eigener Rhythmus ist ein Lied, das niemand hören kann, aber jeder spüren kann.
>
> Die Sonne, warm und sanft, küsst die Oberfläche des Wassers, und das Licht bricht in tausend kleine funkelnde Edelsteine. Die Ufer sind gesäumt von saftig grünen Bäumen und Blumen, die dem Fluss mit ihrer Farbenpracht Gesellschaft leisten – wie Freunde, die seine Reise begleiten.
>
> Während der Fluss weiterfließt, weckt er Leben, hinterlässt fruchtbare Erde und gibt Energie an alles, was er berührt. So fühlt sich Freude an: belebend, frei, voller Licht und von einer unerschöpflichen Energie getragen, die alles um dich herum mit Schönheit und Lebenskraft erfüllt. 💧✨

Perfekte Prompts iterativ erarbeiten

Stellen Sie sich vor, Sie wären Künstler und würden an einem Gemälde arbeiten. Sie beginnen mit einer groben Skizze, schauen sich das Ergebnis an, überlegen, was verbessert werden könnte, und passen dann Ihre Technik oder Komposition an.

So ähnlich funktioniert auch das iterative Verbessern von Prompts:

1. **Erste Idee skizzieren**
   Sie fangen mit einem grundlegenden Prompt an – sozusagen die erste Skizze. Dieser Prompt enthält das ursprüngliche Anliegen oder die Frage, die Sie an die KI richten.
2. **Ergebnis analysieren**
   Nachdem Sie den Prompt gesendet haben, beobachten Sie die Antwort von Copilot. Vergleichen Sie das, was Sie erhalten haben, mit dem, was Sie erwartet oder erhofft hatten. Stimmt der Inhalt? Fehlen bestimmte Details oder hat die Antwort einen anderen Fokus als erwartet?
3. **Feedback einholen**
   In diesem Schritt reflektieren Sie die erste Antwort. Notieren Sie, welche Elemente gut funktionieren und wo es Lücken, Unklarheiten oder Missverständnisse gibt. Oft ist es hilfreich, sich kritische Fragen wie »Was könnte präziser formuliert werden?« zu stellen.
4. **Prompt anpassen**
   Mit diesem gesammelten Feedback gehen Sie an den ursprünglichen Prompt und verfeinern ihn. Vielleicht stellen Sie bestimmte Fragen um, ergänzen wichtige Details, verändern die Reihenfolge oder optimieren die Sprache. Das Ziel ist, die Intention und den Kontext klarer darzustellen oder spezifischere Informationen einzufordern.
5. **Erneuern und wiederholen**
   Sie senden den verfeinerten Prompt wieder an die KI und prüfen das Ergebnis erneut. Falls das Ergebnis noch nicht ganz Ihren Erwartungen entspricht, wiederholen Sie den Prozess: Dabei sammeln Sie mehr Feedback, passen weitere Feinheiten an und testen erneut.
6. **Optimierung erreichen**
   Diese Schritte wiederholen Sie so lange, bis das Ergebnis Ihren Vorstellungen entspricht. Jede Verfeinerung bringt Sie einem besseren Verständnis der Formulierung und der spezifischen Ausdrucksweise näher, die die gewünschten Resultate hervorruft.

Mit jedem Zyklus gewinnen Sie ein besseres Gefühl dafür, wie eine Frage oder Aufgabe so formuliert wird, dass sie eindeutig und verständlich ist. So lernen Sie, präzise und zielgerichtete Anweisungen zu geben. Dabei ist es oft ein Balanceakt zwischen zu viel und zu wenig Information. Durch iteratives Verbessern kann man herausfinden, welches Maß an Details und Kontext Copilot optimal nutzen kann.

Ähnlich wie bei wissenschaftlichen Experimenten hilft der iterative Ansatz, eine Hypothese zu testen, Fehler zu identifizieren und schließlich zu verifizieren, welche Angaben wirklich wichtig sind. Es ist ein ständiger Lern- und Anpassungsprozess, der dabei hilft, nicht nur bessere Ergebnisse von der KI zu erhalten, sondern auch das eigene Verständnis davon zu schärfen, wie Sprachmodelle funktionieren.

Beispiele für iterative Verfeinerungen

Im Folgenden einige Beispiele, die zeigen, wie man allgemeine Prompts verfeinern kann, um spezifischere und nützlichere Antworten von der KI zu erhalten:

Allgemeine Frage

```
Erzähl mir etwas über Geschichte.
```

Verbesserter Prompt:

```
Gib mir eine kurze Übersicht über den Zweiten
Weltkrieg mit Schwerpunkt auf den wichtigsten
Ereignissen in Europa.
```

Zu viele Informationen

```
Erklär mir, wie das Internet funktioniert.
```

Verbesserter Prompt:

```
Erklär mir in maximal 150 Wörtern, wie Daten im
Internet übertragen werden.
```

Fehlender Kontext

```
Wie schreibe ich einen guten Lebenslauf?
```

Verbesserter Prompt:

```
Welche Tipps gibt es, um einen Lebenslauf für einen
Softwareentwickler zu schreiben, der sich auf eine
Einstiegsposition bewirbt?
```

Kreativität fördern

```
Schreibe eine Geschichte.
```

Verbesserter Prompt:

```
Schreibe eine kurze Geschichte über einen Detektiv
in einer futuristischen Stadt, der ein Geheimnis
lösen muss.
```

Ton oder Stil spezifizieren

```
Beschreibe die Vorteile von Yoga.
```

Verbesserter Prompt:

```
Erkläre die Vorteile von Yoga in einem lockeren und
motivierenden Stil, der für Anfänger geeignet ist.
```

Eine Perspektive ergänzen

```
Warum ist Lernen wichtig?
```

Verbesserter Prompt:

```
Erkläre, warum lebenslanges Lernen wichtig ist,
aus der Perspektive eines Wissenschaftlers.
```

Präzision erhöhen

```
Was ist ein gutes Buch?
```

Verbesserter Prompt:

```
Empfiehl mir ein Buch aus dem Genre Science-Fiction,
das in den letzten fünf Jahren veröffentlicht wurde.
```

Vergleich einfordern

```
Was sind bessere Energien?
```

Verbesserter Prompt:

```
Vergleiche die Vor- und Nachteile von Solarenergie
und Windenergie.
```

Zielgruppenorientierung

```
Erzähl mir von Computern.
```

Verbesserter Prompt:

```
Erkläre grundlegende Computerfunktionen für eine
Schulklasse der 7. Klasse.
```

Arbeitskontext einbeziehen

```
Schreibe eine E-Mail.
```

Verbesserter Prompt:

```
Entwerfe eine professionelle E-Mail, in der ich
mich für ein Vorstellungsgespräch bedanke.
```

Typische Prompt-Fehler

Im Folgenden finden Sie eine Übersicht häufiger Fehler beim Erstellen von Prompts, die Ihnen helfen kann, Ihre Anfragen präziser zu formulieren:

Vage Formulierungen

Es wird oft versäumt, die Anfrage klar und detailliert zu schreiben. Wenn zu allgemein formuliert wird, kann Copilot nicht genau erkennen, welche Informationen oder welchen Stil Sie wünschen.

```
Erzähl mir etwas über Bäume.
```

Dieses Beispiel bleibt zu allgemein, da es weder angibt, welche Aspekte von Bäumen im Vordergrund stehen sollen (wie beispielsweise die Baumarten, die Entwicklung oder kulturelle Bedeutungen), noch Hinweise zu Länge oder Stil des Textes gibt.

Fehlender Kontext

Ohne ausreichende Hintergrundinformationen – beispielsweise zum gewünschten Format, Zielpublikum oder zu spezifischen Inhalten – kann Copilot Ihre Erwartungen nicht optimal erfüllen. Kontext hilft, die Aufgabe einzugrenzen.

```
Erklär mir bitte die Relativitätstheorie.
```

Ohne zusätzliche Angaben, etwa, ob die Erklärung für Laien, Schüler oder Fachleute gedacht ist, lässt sich die Anfrage nicht präzise erfüllen. Der benötigte Hintergrund fehlt, um die Antwort zielgerichtet und verständlich zu gestalten.

Zu komplexe oder verschachtelte Anweisungen

Eine zu stark überladene Anfrage mit mehreren, teils widersprüchlichen Vorgaben führt häufig dazu, dass Copilot den Fokus verliert oder nur einen Teil der Anforderungen erfüllt.

```
Erstelle einen kurzen Text von etwa 100 Wörtern
über den Klimawandel, der gleichzeitig
wissenschaftliche Fakten, humorvolle Anekdoten,
poetische Beschreibungen und am Ende eine Liste
mit drei Statistiken enthält.
```

Dieser Prompt enthält zu viele unterschiedliche und teils widersprüchliche Anforderungen. Die Vielzahl an Vorgaben kann Copilot überfordern und zu einem Ergebnis führen, das keines der gewünschten Elemente konsistent abbildet. Falls man wirklich so viele verschiedenartige Elemente benötigt, wäre es sinnvoller, mehrere Prompts nacheinander zu formulieren.

> Erstelle einen kurzen Text von etwa 100 Wörtern über den Klimawandel, der gleichzeitig wissenschaftliche Fakten, humorvolle Anekdoten, poetische Beschreibungen und am Ende eine Liste mit drei Statistiken enthält.

Der Klimawandel ist ein faszinierendes und zugleich beunruhigendes Naturereignis. Wissenschaftliche Messungen bestätigen, dass durch menschliche Emissionen Treibhausgase in die Atmosphäre gelangen, was zu einer stetigen Erwärmung und schmelzenden Gletschern führt. In einem überraschenden Moment servierte ein plötzlicher Schauer einem wandernden Radfahrer ein unerwartetes Lächeln, als hätte die Natur selbst Humor. Poesie der Dämmerung und der schwindenden Eisflächen birgt sowohl Tragik als auch Schönheit. Diese Fakten fordern gemeinsames Handeln – unsere Zukunft hängt davon ab. Diese Zahlen mahnen uns eindringlich, unverzüglich zu handeln, um unser Klima zu schützen.

Statistiken:

1. Temperaturanstieg: +1,1 °C seit 1850
2. CO_2-Konzentration: >415 ppm
3. Rückgang der Meereisfläche: 13 % pro Dekade

Unklare Zielvorgaben

Oft bleibt unklar, ob Sie einen informativen, kreativen, sachlichen oder humorvollen Text erwarten. Das Festlegen des Stils und der Tonalität ist essenziell für ein zufriedenstellendes Ergebnis.

```
Schreibe bitte einen interessanten Text über Musik.
```

Hier ist der Begriff »interessant« sehr subjektiv. Es bleibt unklar, ob der Text sachlich, kreativ, informativ oder unterhaltend sein soll und für welches Publikum er gedacht ist.

Mangelnde Spezifikation des Formats

Wenn Sie nicht explizit angeben, ob Sie einen Fließtext, eine Liste oder ein anderes Format wünschen, interpretiert Copilot den Prompt möglicherweise anders als von Ihnen beabsichtigt.

```
Nenne die Vorteile von Recycling.
```

Hier wird nicht festgelegt, ob die Antwort in Form eines zusammenhängenden Fließtextes, einer stichpunktartigen Liste oder vielleicht sogar in einem tabellarischen Format erfolgen soll. Die fehlende Formatvorgabe kann zu unterschiedlichen Interpretationen führen.

Fehlende Iteration

Viele Nutzer betrachten den Prompt als einmalige Aufgabe. Oft ist es jedoch hilfreich, das Ergebnis zu analysieren und den Prompt schrittweise zu verfeinern, um ein optimales Resultat zu erzielen.

```
Schreibe einen umfassenden Text über erneuerbare
Energien.
```

Dieser einmalige Auftrag enthält keine Hinweise darauf, dass das Ergebnis überprüft und ggf. angepasst werden kann. Entspricht das erste Resultat nicht den Erwartungen, fehlt die Möglichkeit, den Prompt schrittweise zu optimieren oder um zusätzliche Klarstellungen zu bitten.

Soll man zu Copilot höflich oder freundlich sein?

Sie werden in diesem Buch an verschiedenen Stellen feststellen, dass ich in Prompts Höflichkeitsfloskeln wie »bitte« verwende. Nun kann man argumentieren, dass das bei einem Computer, der auf Algorithmen und harten Daten basiert, verschwendet ist. Manche plädieren sogar ausdrücklich dafür, bei der Interaktion mit KI-Assistenten auf jegliche Freundlichkeit zu verzichten und sich diese lieber für menschliche Kommunikationspartner aufzuheben. Auch wenn man beispielsweise Copilot selbst fragt, ob man höflich formulieren sollte und ob das möglicherweise zu besseren Antworten führt, wird dies entschieden verneint.

Wissenschaftliche Studien allerdings zeigen inzwischen, dass auch beim Umgang mit KI-Assistenten der Ton die Musik machen kann. Dabei kommt es nicht so sehr auf bestimmte Schlüsselwörter wie »bitte« an, da diese für eine Problemstellung oder die Antwort darauf in der Regel tatsächlich bedeutungslos sind. Aber je verbindlicher und persönlicher Sie mit einer KI kommunizieren, desto bessere Ergebnisse erzielen Sie. Vielleicht lässt es sich so auf den Punkt bringen: Wenn man mit einer KI wie mit einem menschlichen Partner umgeht, vermittelt man ihr automatisch zusätzliche Informationen, die zu einer individuelleren und passgenaueren Antwort führen.

> Führt es zu besseren Antworten, wenn ich zu KI-Systemen höflich und freundlich bin?
>
> Höflichkeit und Freundlichkeit können zwar den Umgang mit KI-Systemen angenehmer gestalten, aber die Qualität meiner Antworten wird dadurch nicht beeinflusst. Mein Ziel ist es, Ihnen die bestmöglichen Informationen und Unterstützung zu bieten, unabhängig davon, wie Sie mich ansprechen. Aber ich freue mich natürlich über freundliche und respektvolle Gespräche! 😊

Und das Verwenden von Höflichkeitsformen mag dazu führen, dass man sich selbst immer wieder daran erinnert, möglichst konkret und ausführlich nachzufragen, um optimale Antworten zu erhalten. Sie können das leicht selbst probieren, indem Sie verschiedene Varianten einer Anfrage durchführen und die Ergebnisse vergleichen, beispielsweise

```
Palstek
```

vs.

```
Erkläre mir Schritt für Schritt, wie man einen
Palstek knotet!
```

Oder auch

```
Blumen Balkon welche
```

vs.

```
Kannst du mir bitte Empfehlungen für Blumen geben,
die ich auf meinem Balkon einpflanzen könnte, um
mich den Sommer lang daran zu erfreuen?
```

Die Erfahrung zeigt, dass es dabei weniger auf »bitte« und »danke«, sondern auf Hinweise wie »ausführlich«, »Schritt für Schritt«, »im Detail«, »genauer« oder aber auch »allgemeiner« oder »grundlegend« ankommt. Für die KI sind das eben keine Füllwörter, sondern sie geben wichtige Hinweise, wie die Antwort konkret gestaltet werden soll.

1.3 Künstliche Intelligenz und Urheberrecht

Eine naheliegende Frage bei KI-generierten Inhalten ist die nach dem Urheberrecht. Wer ist der geistige Schöpfer eines von Copilot erstellten Beitrags? Der Nutzer, der den Assistenten mit bestimmten Vorgaben beauftragt hat? Die Macher von ChatGPT, das die Basis von Copilot darstellt, oder Microsoft, das den Dienst betreibt?

Da es hier um Urheber**recht** geht, lohnt sich der Blick ins Gesetz. § 2 Abs. 2 des deutschen Urheberrechtsgesetzes (UrhG) sagt zur Definition von urheberrechtlich geschützten Werken:

»Werke im Sinne dieses Gesetzes sind nur persönliche geistige Schöpfungen.«

Eine Person kann nur ein Mensch sein und insofern besteht ein Urheberrecht nur für Werke, die ein Mensch erstellt hat. In Österreich und der Schweiz gelten in diesem Punkt entsprechende Bestimmungen.

Ein KI-System kann also an den von ihm generierten Inhalten kein Urheberrecht erlangen, da es keine Person ist. Gleichzeitig darf davon ausgegangen werden (auch wenn es hierzu noch keine gesetzliche Regelung oder höchstrichterliche Rechtsprechung gibt), dass das Formulieren einer Aufforderung an ein KI-System, Inhalte nach bestimmten Vorgaben zu generieren, nicht ausreicht, um das Urheberrecht an den so generierten Inhalten zu erlangen. Die eigentliche Schöpfung erfolgt ja in der Maschine.

Folglich erstellen KI-Systeme wie Copilot Inhalte, an denen prinzipiell niemand Urheberrecht hat. Man spricht dabei auch von gemeinfreien Werken. Diese können von jedermann ohne Einschränkungen verwendet werden. Einfach gesagt: KI-generierte Inhalte können Sie prinzipiell ohne Rücksicht auf das Urheberrecht in sozialen Medien teilen, im Web oder auch in einem Buch veröffentlichen und damit auch Geld verdienen. Das Wort »prinzipiell« legt aber vielleicht schon nahe, dass die Sache ein paar Haken hat, die man beachten sollte.

KI-generierte Inhalte sind nicht automatisch urheberrechtsfrei

Im scheinbaren Gegensatz zum vorangehend Gesagten muss KI-generierter Inhalt nicht automatisch urheberrechtsfrei sein. Eine KI »lernt« aus einer Unmenge an Daten, die überwiegend aus von Menschen geschaffenen Inhalten bestehen, die urheberrechtlich geschützt sind. Das macht auch nichts, da für das Generieren bestimmter Inhalte in der Regel das Wissen aus einer Vielzahl von Quellen genutzt und vermischt wird, sodass neuer, urheberrechtsfreier Inhalt entsteht.

Es besteht immer das Risiko, dass Copilot seine Inhalte zu einer speziellen Anforderung 1:1 aus einer bestimmten Quelle übernimmt und damit deren Inhalt quasi kopiert. In gewissem Umfang wäre das rechtlich sogar in Ordnung, sofern dieser Teil als Zitat gekennzeichnet und mit Quellenangabe versehen ist. Manche KI-Systeme – wie etwa Copilot – sind dazu bereits in der Lage.

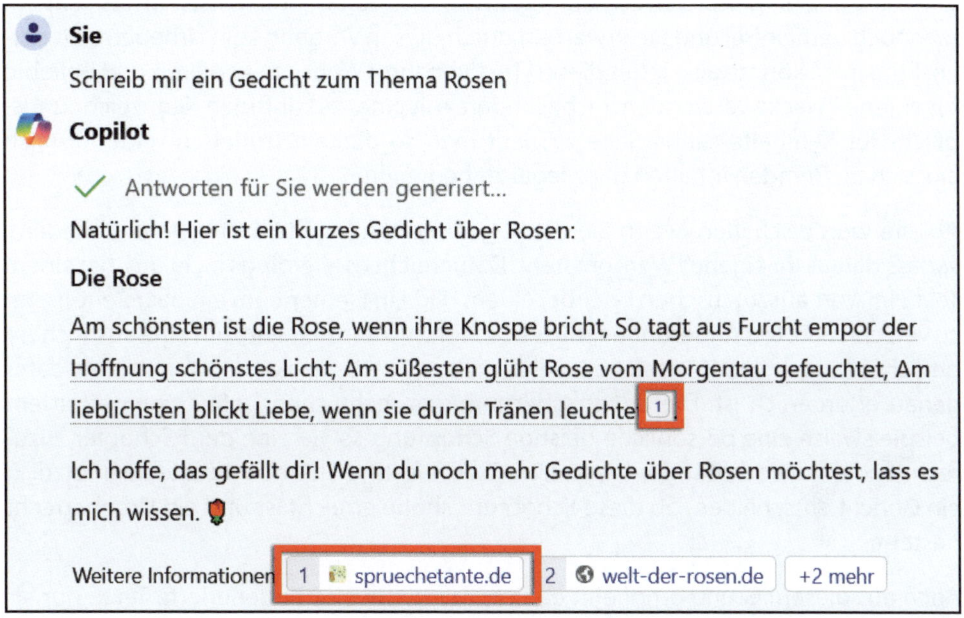

Achten Sie in den Antworten von KI-Systemen auf Quellenangaben, um Urheberrechtsverstöße zu vermeiden

Es kann aber auch sein, dass ein KI-System selbst gar nicht »merkt«, wenn es mit seinem generierten Inhalt einen bestimmten Urheber plagiiert, und Benutzer dementsprechend auch nicht warnen kann. Wenn in generierten Inhalten urheberrechtlich geschützte Teile noch erkennbar sind (und diese nicht korrekt zitiert sind oder im Umfang über das Zitatrecht hinausgehen), gelten sie nicht mehr als gemeinfrei und dürfen nur mit Einwilligung der Urheber verwendet werden. Wer solche Inhalte veröffentlicht, muss sich diese Urheberrechtsverletzung zurechnen lassen und kann sich nicht damit rechtfertigen, das KI-System habe das verursacht.

Die Wahrscheinlichkeit, dass so etwas passiert, ist angesichts der riesigen Datenmengen an Trainingswissen heutiger KI-Systeme überwiegend unwahrscheinlich. Aber je spezieller und exotischer ein Thema ist, desto mehr steigt das Risiko. Dies sollte man bedenken und insbesondere vor einer kommerziellen Nutzung von KI-generierten Inhalten gründlich prüfen. Ebenso besteht aber immer auch die Möglichkeit, die KI-generierten Inhalte nur als Ausgangsbasis für eigene Werke zu verwenden, was dieses Risiko erheblich reduziert.

Das Urheberrecht an KI-Inhalten erwerben

Weil KI-generierte Inhalte gemeinfrei sind, hat niemand das Urheberrecht daran. Auch wenn Sie einen Text nach Ihren Vorgaben von einem KI-Assistenten erstellen lassen und diesen dann beispielsweise auf Ihrer Webseite veröffentlichen, ist dieser Text immer noch gemeinfrei und Sie erwerben durch diesen Vorgang kein Urheberrecht daran. Prinzipiell könnte also jeder diesen Text von Ihrer Webseite kopieren und beliebig für eigene Zwecke verwenden. Insbesondere mit einer zukünftigen Kennzeichnungspflicht für KI-Inhalte (siehe Seite 27) lädt man so digitale Trüffelschweine förmlich ein, sich an fremden Inhalten ganz legal zu bedienen.

Abhilfe würde schaffen, wenn Sie die KI-generierten Inhalte ausreichend abändern, sodass daraus Ihr eigenes Werk entsteht. Dafür reicht es allerdings nicht aus, bei einem Text ein Wort auszutauschen oder bei einem Bild ein Element um ein paar Zentimeter zu verschieben. Die Änderungen müssen schon substanziell sein, um eine ausreichende Schöpfungshöhe zu erreichen. Leider gibt es keine exakten Kriterien, was dafür genau erforderlich ist. Die etwas schwammigen rechtlichen Definitionen erfordern beispielsweise eine persönliche geistige Schöpfung sowie eine dem Schöpfer zuzurechnende Individualität des Werkes. Im Zweifels- und Streitfall müsste aber letztlich ein Gericht entscheiden, ob diese Schöpfungshöhe erreicht ist und ein Urheberrecht besteht.

Auch aus diesem Grund empfiehlt es sich, beispielsweise KI-generierte Texte nur als Inspiration bzw. Grundlage seiner Arbeit zu nutzen, auf der man dann letztlich einen eigenen Text formuliert. An dem haben Sie automatisch ein unveräußerliches Urheberrecht. Und Sie müssen ein so erschaffenes Werk selbst im Fall einer Kennzeichnungspflicht für KI-generierte Inhalte nicht als solches markieren.

Nutzungsrechte der Anbieter beachten

Ein weiterer Aspekt neben dem Urheberrecht ist das Recht zur Nutzung beispielsweise für kommerzielle Zwecke. Betreiber von KI-Systemen haben zwar kein Urheberrecht an den von ihren Systemen generierten Inhalten. Aber sie können in den Nutzungsbedingungen ausschließen, dass die erzeugten Inhalte für kommerzielle Zwecke genutzt werden. Wenn Sie solchermaßen erzeugte Texte, Bilder oder Videos trotzdem kommerziell auswerten, kann man Ihnen zwar keinen Verstoß gegen das Urheberrecht vorwerfen. Aber auch Verstöße gegen Nutzungsbedingungen können Konsequenzen bis hin zu Schadensersatzforderungen haben.

Insbesondere wenn Sie KI-generierte Inhalte kommerziell veröffentlichen möchten, sollten Sie sich deshalb vergewissern, dass der Betreiber des jeweiligen Dienstes dies erlaubt oder zumindest nicht ausdrücklich ausschließt. Bei großen Anbietern wie Copilot gibt es in dieser Hinsicht bislang keine Beschränkungen. Kleinere Anbieter können die kommerzielle Nutzung aber durchaus ablehnen oder etwa nur zahlenden Kunden einräumen.

Einen naheliegenden Denkfehler sollte man in diesem Zusammenhang unbedingt vermeiden: Betreiber von KI-Systemen können durchaus erkennen, ob etwa ein Bild mit ihrem Dienst erstellt wurde. Dabei helfen digitale Wasserzeichen, die automatisiert unauffällig in Medien eingefügt werden können. Selbst wenn man von ihrem Vorhandensein weiß, kann man sie allenfalls mit erheblichem Aufwand aus einer Datei entfernen. Solche Wasserzeichen werden beispielsweise von Bilddatenbanken schon länger eingesetzt, um die Nutzung ihrer Produkte im Internet zu kontrollieren. Vermutlich setzen auch KI-Bildgeneratoren solche Wasserzeichen bereits für statistische Zwecke ein. In Zukunft könnten sie auch genutzt werden, um nicht genehmigter kommerzieller Nutzung auf die Spur zu kommen.

1.4 Kennzeichnungspflicht für KI-Inhalte

Eine Kennzeichnungspflicht für KI besteht nach derzeitigem Stand (Juni 2025) nicht, zeichnet sich aber bereits ab. Kennzeichnungspflicht bedeutet in diesem Zusammenhang, dass KI-generierte Inhalte für den Konsumenten als solche erkennbar sein sollen. Bilder, Videos oder Texte müssten also mit einem deutlichen Hinweis auf ihren künstlichen Ursprung versehen werden.

Im Frühjahr 2024 hat das EU-Parlament den AI Act auf den Weg gebracht, der die Verwendung von KI-Technologie innerhalb der EU regeln soll. Es wird noch einige Zeit brauchen, bis er das Verfahren vollständig durchlaufen hat und in den einzelnen EU-Ländern zur gültigen Rechtsnorm wird. Dabei kann es auch noch zu inhaltlichen Änderungen kommen.

Bislang trifft das Gesetz zwei wesentliche Aussagen zur Kennzeichnungspflicht:

- In Bezug auf Bild-, Audio- oder Video-Inhalte muss die KI-Herkunft offengelegt werden, wenn es sich um einen Deep Fake handelt (siehe Infobox).
- Bei KI-generierten Texten verlangt das Gesetz das Kennzeichnen von Texten, die zur Information über Angelegenheiten von allgemeinem Interesse veröffentlicht werden. Einschränkend soll diese Pflicht aber nicht gelten, wenn der Inhalt menschlich überprüft oder redaktionell kontrolliert wurde und wenn eine natürliche oder juristische Person die redaktionelle Verantwortung übernimmt.

Eine allgemeine Kennzeichnungspflicht würde sich daraus nicht direkt ableiten lassen. Vielmehr richten sich diese Anforderungen vor allem gegen Deep Fakes und anonyme Falschinformationen im Netz. Texte müssten demzufolge grundsätzlich nicht gekennzeichnet werden, solange jemand die redaktionelle Verantwortung dafür trägt und für Falschinformationen im Zweifelsfall geradesteht. Hier kann es aber im weiteren Verlauf durchaus noch zu Verschärfungen kommen.

Deep Fakes

Als Deep Fakes bezeichnet man mit Unterstützung von KI generierte Bilder, Videos oder Audioclips, bei denen Gesicht, Körper oder Stimme einer Person in einen ganz anderen Kontext gesetzt wird.

Besonders berüchtigt ist dabei pornografisches Bildmaterial, in das die Gesichter anderer Personen einmontiert werden. Bei Fotos ist das nicht neu und konnte mit etwas Geschick schon seit Langem von Hand gemacht werden. KI ermöglicht aber auch das Hineinmontieren von Gesichtern in Videoclips. Dadurch erhalten die Körper handelnder Personen die Gesichter von Politikern, Schauspielern, Sportlern. Prinzipiell kann das aber jeden treffen, wenn sich beispielsweise jemand am Ex-Partner rächen will.

Aber auch in anderen Kontexten gibt es vermehrt Video- oder Audioclips, in denen beispielsweise Politikern oder anderen Prominenten Aussagen in den Mund gelegt werden, die diese nie gemacht haben. Solches Material wird gern zu politischer Propaganda oder zur Verunglimpfung von Menschen eingesetzt.

Unabhängig von einer gesetzlichen Pflicht zur Kennzeichnung kann es aber auch aus Gründen der Transparenz und Fairness durchaus sinnvoll sein, KI-generierte Inhalte zu kennzeichnen.

Dazu gibt es verschiedene mehr oder weniger aufdringliche Möglichkeiten:

- Unübersehbar und eindeutig ist ein kurzer Hinweistext am Anfang oder Ende eines Textes bzw. in Titel oder Unterschrift eines Bildes/Videos.
- Bei Bildern könnte man auch dezent das Logo des verantwortlichen KI-Systems als Wasserzeichen in einer der Ecken erkennbar machen, ohne den Gesamteindruck nennenswert zu stören.
- Hinweise zur KI-Herkunft von Medien können ebenso im begleitenden Text enthalten sein. Schulen und Hochschulen gehen inzwischen dazu über, die Nutzung von KI-Assistenten ausdrücklich zu erlauben, sofern die Quelle und der verwendete Prompt angegeben werden.

- Bei Mediendateien bieten außerdem die Metadaten eine gute Möglichkeit, einen Hinweis auf die KI-Entstehung des Werkes zu hinterlassen. Der ist für menschliche Betrachter zwar nur mit etwas Aufwand erkennbar. Dafür kann er von Anwendungen und Plattformen automatisch ausgewertet werden. Einen allgemein anerkannten Standard gibt es dafür bislang aber noch nicht.
- Bei sozialen Medien bieten sich die gängigen Schlagwörter (Hashtags) an, um auf KI-generierte Inhalte hinzuweisen, etwa *#KIgeneriert*, *#AIArt*, *#MadeByCopilot* usw. Auch hier haben sich noch keine Standards etabliert, sodass man seiner Fantasie freien Lauf lassen kann.

1.5 KI und Datenschutz

Ein wichtiger Aspekt beim Umgang mit KI kann der Datenschutz sein. »Kann« deshalb, weil das sehr davon abhängt, wie Sie KI-Systeme nutzen. Solange es um die Daten geht, die von der KI erzeugt werden, spielt Datenschutz – zumindest was Sie als Anwender angeht – keine Rolle. Sie können davon ausgehen, dass die Daten in den Antworten einer KI prinzipiell öffentlich zugänglich und nicht besonders schützenswert sind.

Anders sieht es mit den Daten aus, die Sie selbst in einem Prompt eingeben oder einem KI-System auf andere Weise zur Analyse zur Verfügung stellen. Diese Daten werden nicht lokal verarbeitet, sondern zum Server hochgeladen, auf dem die KI-Anwendung läuft. Bei einfachen Prompts ohne spezifische Inhalte ist das kein Problem. Anders sieht es aus, wenn Sie persönliche Daten von sich selbst oder anderen Menschen verwenden oder beispielsweise Inhalte hochladen, die nicht für die Öffentlichkeit bestimmt sind.

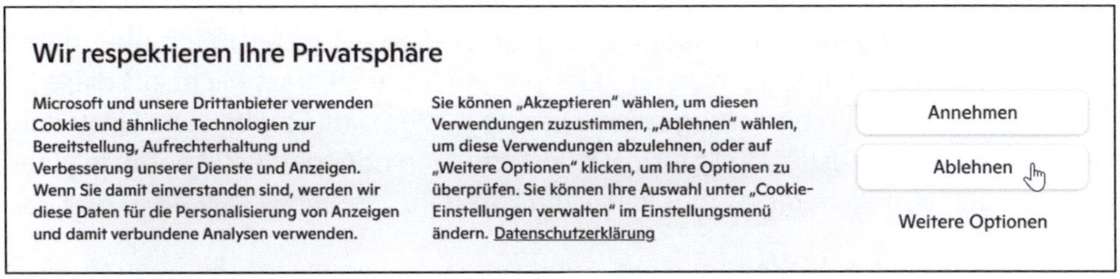

Copilot weist bei der Anmeldung dezent darauf hin, dass Eingaben gespeichert und genutzt werden

Nehmen wir mal an, Sie bekommen in Ihrer Firma eine PDF-Datei mit einem Sitzungsprotokoll zugeschickt. Das Protokoll ist recht umfangreich und Sie interessieren sich nur für ganz bestimmte Themen daraus. Sie kommen auf die Idee, sich die für Sie interessanten Informationen von einem KI-Assistenten zusammenfassen zu lassen (was ohne Weiteres möglich ist, siehe Seite 117).

Was passiert mit dem Inhalt?

- Die PDF-Datei wird zum Server des KI-Systems hochgeladen.
- Die KI analysiert den Inhalt und übersetzt ihn in Ihre interne Wissensrepräsentation. Sie »lernt« also, was darin steht, um Fragen dazu beantworten zu können.
- Viele KI-Anbieter behalten sich das Recht vor, Prompts und übermittelte Informationen dauerhaft zu erfassen und das daraus gewonnene Wissen in ihre Wissensdatenbank zu überführen, damit ihr System beständig hinzulernen kann.
- Etwas später benutzt ein Mitbewerber oder ein Journalist dieselbe KI zur Recherche über Ihre Firma.
- Die KI erteilt auf Nachfrage Auskunft über alles, was sie über Ihre Firma weiß. Da der Inhalt des Protokolls zum Teil dieses Wissens geworden ist, können die Antworten der KI Informationen aus diesem Protokoll enthalten, die so der Öffentlichkeit zugänglich werden.

Zugegebenermaßen ein Schreckensszenario, das aber für die Problematik sensibilisieren soll, wenn man schützenswerte Dokumente einer KI zugänglich macht. Denn das Problem ist nicht nur, dass womöglich sensible Daten anderen zugänglich gemacht werden. Es kann ebenso passieren, dass man auf diese Weise gegen Datenschutzbestimmungen und interne Regelungen zum Datenschutz verstößt und sich reichlich Ärger einhandelt. Verzichten Sie also möglichst darauf bzw. verwenden Sie in solchen Fällen Anbieter, die den Datenschutz nach deutschen bzw. europäischen Normen gewährleisten.

Datenschutz-Einstellungen für Copilot

Copilot lässt sich nicht datenschutzfreundlich einsetzen, das muss man leider so deutlich sagen. Alle eingegebenen Daten werden an die Server von Microsoft übermittelt und dort verarbeitet. Mit der Nutzung akzeptieren Sie auch, dass Microsoft diese Informationen für die Verbesserung seiner Dienste nutzen darf. Es gibt keine Einstellungen, mit denen Sie bestimmte Informationen schützen oder den Assistenten in einen datenschutzfreundlicheren Modus versetzen könnten.

Wenn Sie ein Microsoft-Konto nutzen – und nur dann lassen sich die übermittelten Daten Ihrer Person zuordnen –, haben Sie allerdings die Möglichkeit, den Aktivitätsverlauf von Copilot jederzeit zu löschen. Das kann sinnvoll sein, wenn Sie Copilot mit diesem Konto nicht mehr nutzen möchten oder wenn Ihnen etwa im Nachhinein Bedenken zu bestimmten Aktivitäten kommen und Sie diese lieber »aufräumen« möchten.

1. Öffnen Sie im Webbrowser die Seite https://account.microsoft.com/privacy.
2. Melden Sie sich im Folgenden ggf. mit den Zugangsdaten Ihres Microsoft-Kontos an.
3. Dadurch erhalten Sie Zugriff auf Ihre persönliche Microsoft-Datenschutzzentrale. Hier können Sie Ihre vertraulichen Daten verwalten und auch löschen.
4. Lokalisieren Sie im Abschnitt *Steigern Sie Ihre Produktivität* den Punkt *Copilot* und klappen Sie diesen aus.

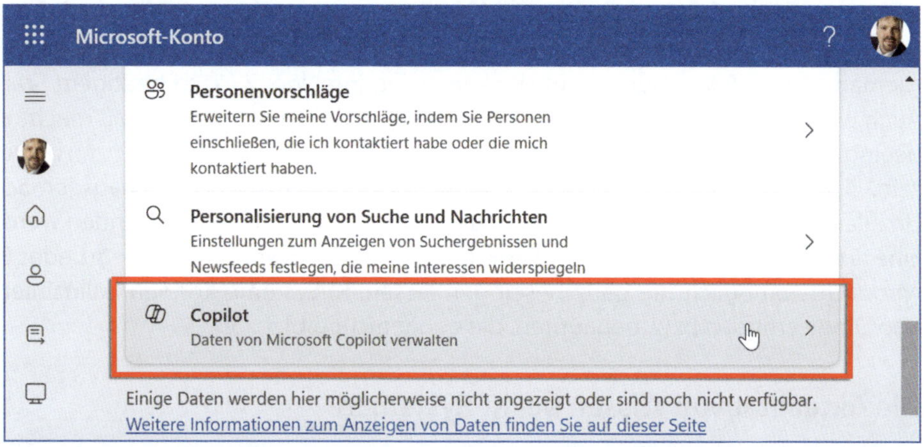

5. So gelangen Sie in die Verwaltung Ihres Copilot-Aktivitätsverlaufs. Hier können Sie den Aktivitätsverlauf der Copilot-App exportieren sowie den *Gesamten Aktivitätsverlauf löschen*.

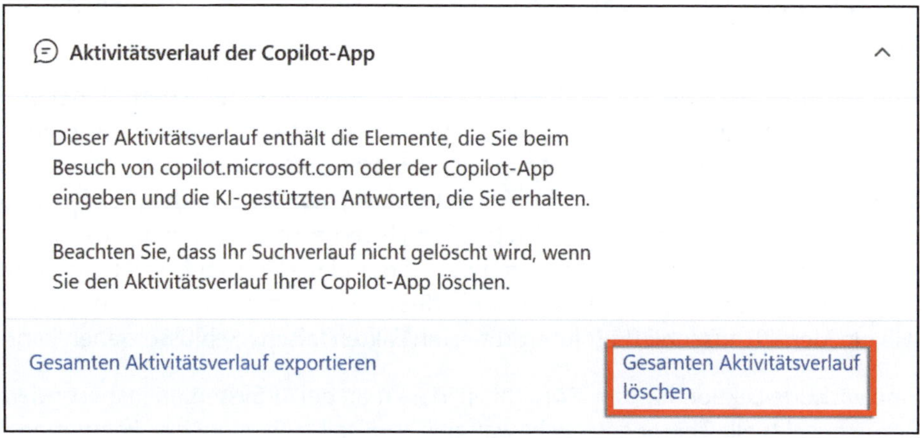

6. Wenn Sie Copilot in Microsoft 365 nutzen, wird der Aktivitätsverlauf dafür zusätzlich aufgeführt und kann ebenfalls exportiert sowie gelöscht werden.

Beide Maßnahmen beziehen sich jeweils auf den aktuellen Inhalt des Verlaufs. Sie löschen also alles, was bis zu diesem Zeitpunkt an Daten gesammelt wurde. Ab sofort werden aber bei fortlaufender Nutzung von Copilot neue Daten gesammelt und gespeichert, die Sie dann irgendwann in der Zukunft erneut löschen können. Einen Mechanismus, das Datensammeln von Copilot dauerhaft zu unterbinden, gibt es leider nicht.

1.6 Die Grenzen der KI

Niemand ist perfekt – auch nicht die künstliche Intelligenz (nach heutigem Stand). Auch wenn das Experimentieren mit den neuen Möglichkeiten viel Spaß macht und beeindruckende Ergebnisse hervorbringen kann, sollte man sich der Grenzen bewusst sein. Eine davon ist die mangelnde Aktualität des Wissens, was eine hausgemachte Unzulänglichkeit heutiger Systeme ist, die wir in Zukunft sicher überwinden werden. Eine andere hingegen liegt in der Funktionsweise der Anwendungen begründet und wird sich womöglich nie ganz beseitigen lassen: KI-Systeme können halluzinieren, also Dinge erfinden bzw. behaupten, die es gar nicht gibt.

Die Aktualität von Wissen bei KI-Systemen

Einen Aspekt sollte man beim Recherchieren mithilfe von KI stets im Blick behalten. Viele KI-Assistenten operieren mit einer Wissensbasis, die zu einem bestimmten Zeitpunkt erstellt und abgeschlossen wurde. Man muss also von einer Art »Redaktionsschluss« ausgehen. Informationen und Fakten, die erst nach diesem Zeitpunkt entstanden, stehen dem Modell nicht zur Verfügung. Man spricht deshalb auch von statischen Systemen.

Eine wichtige aktuelle Entwicklung ist deshalb weg von statischen Modellen hin zu KI-Systemen, die konstant und möglichst in Echtzeit ihre Wissensbasis erweitern und so stets auf dem aktuellen Stand sind. Die Herausforderung dabei ist, dass dieses Hinzulernen ohne menschliche Kontrolle erfolgen muss und dabei sichergestellt sein sollte, dass die Wissensbasis sich tatsächlich verbessert. Denn neu hinzugefügtes Wissen muss richtig einsortiert und mit den vorhandenen Daten korrekt und sinnvoll verknüpft werden. Andernfalls könnte ein KI-System auch »falsch« lernen – genauso wie ein Mensch aus fehlerhaft interpretierten Fakten falsche Schlüsse ziehen kann.

Eine wichtige Lektion für den Moment ist, dass man bei KI-Systemen insbesondere in Bezug auf aktuelle Themen Vorsicht walten lassen sollte. Idealerweise kennt man den Zeitpunkt, zu dem die Wissensbasis eines Systems erstellt wurde. Wenn es um aktuelle Daten und Fakten geht, sollte man diese ggf. mit einer Suchmaschine überprüfen.

Halluzinationen – auch KI ist nicht perfekt

Wenn ein KI-System eine völlig überzeugende Antwort formuliert, die nach menschlichem Ermessen objektiv falsch ist, bezeichnet man das umgangssprachlich als »KI-Halluzination«. Experten sprechen lieber von **Konfabulation**, weil der Begriff Halluzination Computer unangemessen vermenschlicht. Beispiele für solche frei erfundenen Fakten gehen immer mal wieder durch die Medien.

Wie etwa der US-amerikanische Anwalt, der sich einen Antrag ans Gericht von einem KI-Assistenten schreiben ließ. Dieser generierte einen formell und inhaltlich perfekten Antrag einschließlich Aktenzeichen von einschlägigen Präzedenzfällen. Der – arglose – Richter fand das Schriftstück zunächst überzeugend, bis er einen Blick auf die im Antrag zitierten Urteile werfen wollte. Nur wurde er unter den eingegebenen Aktenzeichen nicht fündig, weil diese frei erfunden waren. Das KI-System hatte gelernt, dass ein Antrag bei Gericht Verweise auf Präzedenzfälle mit Aktenzeichen enthalten muss. Es hatte aber nicht gelernt, dass ein Aktenzeichen mehr als eine beliebige Folge von Ziffern und Buchstaben ist und dass dazu eben auch passende Schriftstücke existieren müssen. Stattdessen hat es sich einfach welche »ausgedacht«.

Bei Menschen beruhen Halluzinationen in der Regel auf falschen Sinneswahrnehmungen. KI-Systeme haben keine fehlerhaften Sinneswahrnehmungen, und Konfabulationen sind auch nicht auf Fehler in der Software zurückzuführen. Diese arbeitet korrekt, aber die Trainingsdaten können sie auf verschiedene Weise dazu verführen, Schlüsse zu ziehen, die uns Menschen fehlerhaft erscheinen (ich formuliere bewusst vorsichtig).

- Trainingsdaten können unvollständig, unzureichend oder im Extremfall falsch sein. Wenn eine KI etwa anhand vieler Beispiele lernen soll, Kunststile zu unterscheiden, die Beispielbilder aber versehentlich falsch beschriftet sind. Dann lernt das System etwas falsch, was ihm selbst aber völlig korrekt und logisch erscheint.
- Beim Training geht es darum, in großen Datenmengen Muster zu erkennen. Möglicherweise registrieren KI-Systeme gelegentlich real existierende Muster, die für uns Menschen gar nicht als solche erkennbar sind. In diesem Fall wäre die »KI-Halluzination« eine korrekte Aussage, die wir nur nicht als solche erkennen oder akzeptieren.
- Ein wichtiger Aspekt bei der Mustererkennung sind Wahrscheinlichkeiten. KI-Systeme nehmen gar nicht in Anspruch, im Besitz der einen unumstößlichen Wahrheit zu sein. Stattdessen operieren sie mit statistischen Wahrscheinlichkeiten. Wenn Sie einem KI-System eine Frage stellen, liefert es Ihnen nicht die »richtige« Antwort, sondern baut aus seinen Datenmassen Stück für Stück eine Antwort auf. Für den nächsten Schritt wird dabei immer ein Element gewählt, das mit hoher

Wahrscheinlichkeit auf die bisherige Teilkette folgt. In den allermeisten Fällen entsteht so eine sprachlich makellose Antwort, die Menschen als »die richtige« betrachten würden. Es kann durch Seiteneffekte bei den statistischen Auswertungsfunktionen aber in seltenen Fällen auch dazu kommen, dass die KI danebenliegt.

KI-Bildgeneratoren und Hände

Immer häufiger begegnen uns auch in Massenmedien KI-generierte Bilder. Diese sehen auf den ersten Blick oft gut und richtig und teilweise sogar beeindruckend aus. Schaut man genauer hin, fallen aber kleine Ungereimtheiten auf. Ich persönlich achte immer auf die Hände der abgebildeten Menschen. Dabei machen die Bildgeneratoren noch oft Fehler. So haben einzelne Personen nur drei oder vier Finger an einer Hand. Manchmal sind die Hände auch korrekt, aber spiegelverkehrt an den Arm gesetzt, sodass ein echter Mensch sie so gar nicht halten könnte.

Eine Erklärung dafür ist, dass die Systeme mit jeder Menge Bildern von Menschen trainiert wurden. Allerdings sind darauf nicht immer beide Hände und selten alle Finger zu sehen. Denn oft haben Menschen etwas in der Hand oder tun etwas mit ihren Händen. Das verdeckt einzelne Finger. Eine auf Mustererkennung basierende KI erkennt daraus: Menschen haben Hände, daran sind Finger, mit hoher Wahrscheinlichkeit sind es fünf, aber mit geringerer Wahrscheinlichkeit auch weniger. Wenn diese KI nun Bilder von Menschen generiert, wird sie diese Wahrscheinlichkeiten berücksichtigen. Für ein Bild eines einzelnen Menschen wählt sie für dessen Hände ein Muster mit der höchsten Wahrscheinlichkeit. Enthält ein Bild aber mehrere Menschen, wird die KI bei den Hand-Mustern variieren und vereinzelt auch welche mit geringerer Wahrscheinlichkeit einstreuen, um eine gewisse Vielfalt zu generieren (sonst würden KI-generierte Menschen immer gleich aussehen). So kommt es zu Artefakten wie Händen mit drei Fingern. Achten Sie mal darauf!

2. Copilot im praktischen Einsatz

Der Microsoft Copilot ist sozusagen die Benutzeroberfläche von Microsofts KI-Dienst. Dessen Maschinenraum sind gewaltige Rechenzentren, die über den Erdball verteilt sind. Die eigentliche Arbeit wird dort geleistet und nicht auf Ihrem PC oder Smartphone. Diese Endgeräte nehmen lediglich Ihre Eingaben entgegen, leiten sie weiter, warten auf die Antwort und bereiten diese dann für Sie auf. Auf welchem Gerät und mit welcher Software diese Benutzeroberfläche realisiert wird, spielt für das Ergebnis eine ganz untergeordnete Rolle. Das hat für Sie als Nutzer den Vorteil, dass Sie Copilot auf vielen Geräten gleichwertig einsetzen können.

Die einfachste und niedrigschwelligste Variante ist der Webbrowser. Dafür kommen alle aktuellen Browser infrage, unabhängig von der eingesetzten Hardware. Darüber hinaus gibt es spezielle Copilot-Apps sowohl für den Windows-Desktop als auch für Smartphones mit Android oder Apples iOS.

Diese Apps bieten im Vergleich zum Webbrowser erweiterte Funktionen, da sie enger mit dem Betriebssystem verbunden sind und so beispielsweise Zugriff auf Zwischenablage oder Bildschirminhalte haben. Die Kernfunktionalität – also wie Sie mit dem KI-Assistenten interagieren und die Art der Antworten – ist aber bei allen Varianten identisch.

In diesem Kapitel stelle ich Ihnen die verschiedenen Möglichkeiten vor und gehe auf die besonderen Vorzüge der verschiedenen Varianten ein.

2.1 Copilot im Webbrowser

Die einfachste Möglichkeit zur Nutzung von Copilot ist ein Webbrowser. Insbesondere wenn Sie sich ohne großen Aufwand erst mal mit den Möglichkeiten vertraut machen wollen, sollten Sie diesen Weg wählen. Welchen Webbrowser Sie verwenden, ist dabei unbedeutend. Alle aktuellen Browser sind in der Lage, die Weboberfläche von Copilot anzuzeigen und alle dort angebotenen Funktionen zu nutzen.

Microsofts Edge-Browser bietet allerdings eine tiefergehende Integration von Copilot mit interessanten Zusatzfunktionen, auf die ich auf Seite 46 eingehe. Im Folgenden verwende ich allerdings den in Deutschland, Österreich und der Schweiz beliebtesten Webbrowser Chrome, um die grundsätzliche Nutzung von Copilot auf diesem Weg zu demonstrieren.

Die Weboberfläche von Copilot

Um Copilot in Ihrem Webbrowser zu öffnen, tippen Sie im Adressfeld die Webadresse https://copilot.microsoft.com ein. Lassen Sie sich dabei von dem *.com* am Ende nicht irritieren. Die Webseite erkennt automatisch Ihr Herkunftsland und passt die Sprache entsprechend an.

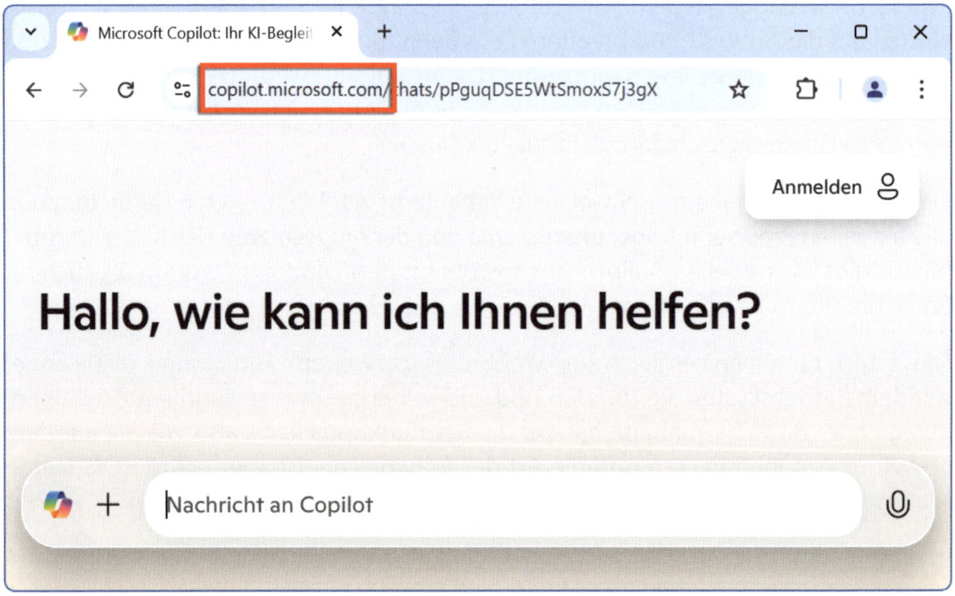

Das wesentliche Element der Oberfläche ist der Eingabebereich, in dem Sie Ihre Aufforderung an den KI-Assistenten eingeben – oder einsprechen – können. Tippen Sie ein, was Sie von Copilot möchten. Drücken Sie dann ↵ oder klicken Sie auf das Pfeilsymbol rechts zum Absenden der Aufforderung.

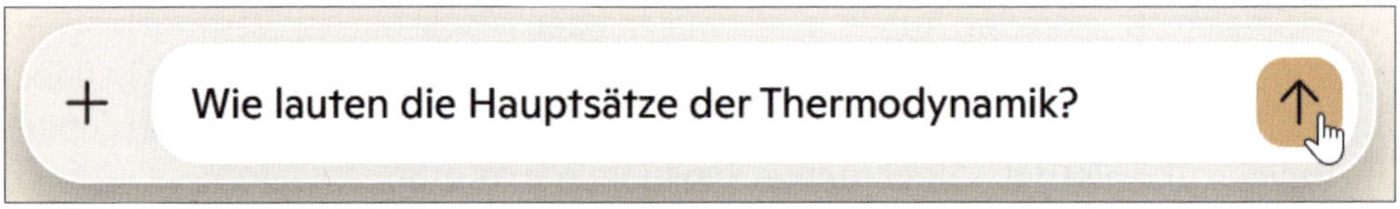

Nach kurzer Wartezeit erhalten Sie die Antwort. Diese wird nach und nach angezeigt, was nicht nur ein rein optischer Effekt ist. Tatsächlich wird der Antworttext nach und nach generiert. Müsste man auf den vollständigen Text warten, wäre das unter Umständen eine unangenehm lange Zeit, in der scheinbar nichts passiert. So aber werden jeweils die bereits fertigen Teile der Antwort angezeigt, und man kann schon mal mit dem Lesen beginnen, während der Rest noch erzeugt wird.

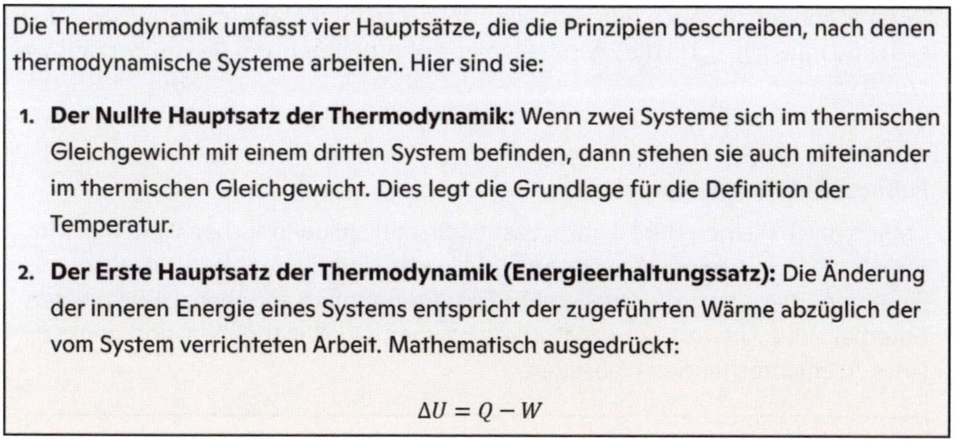

Die Thermodynamik umfasst vier Hauptsätze, die die Prinzipien beschreiben, nach denen thermodynamische Systeme arbeiten. Hier sind sie:

1. **Der Nullte Hauptsatz der Thermodynamik:** Wenn zwei Systeme sich im thermischen Gleichgewicht mit einem dritten System befinden, dann stehen sie auch miteinander im thermischen Gleichgewicht. Dies legt die Grundlage für die Definition der Temperatur.
2. **Der Erste Hauptsatz der Thermodynamik (Energieerhaltungssatz):** Die Änderung der inneren Energie eines Systems entspricht der zugeführten Wärme abzüglich der vom System verrichteten Arbeit. Mathematisch ausgedrückt:

$$\Delta U = Q - W$$

Unterhalb jeder Antwort finden Sie vier Symbole, mit denen Sie Copilot Rückmeldung geben oder den Text kopieren können:

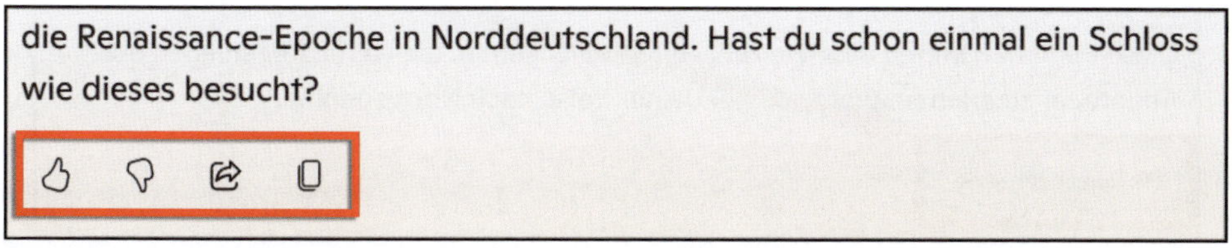

-  Daumen hoch bedeutet ein Lob für Copilot für eine passende Antwort. Man muss das nicht ständig machen. Aber das Feedback ermöglicht es der KI, sich besser auf Ihre Anforderungen einzustellen. Insofern kann es nicht schaden, zumindest besonders hilfreiche Antworten auf diese Weise zu würdigen.
-  Daumen runter ist das genaue Gegenteil. Wenn eine Antwort von Copilot völlig danebenliegt, sollten Sie das ruhig hiermit kundtun. Auch diese Art von Rückmeldung hilft dabei, die Antworten des KI-Assistenten mittel- und langfristig zu verbessern.
-  Mit dem Pfeilsymbol erstellen Sie einen Link auf diese Unterhaltung mit Copilot, den Sie dann auf beliebigen Kommunikationskanälen an andere weitergeben können. Bedenken Sie dabei, dass der Link nicht nur die Antwort von Copilot enthält, sondern auch Ihren Prompt, der zu dieser Antwort geführt hat.
-  Besonders wichtig ist das Kopieren-Symbol ganz rechts. Hiermit übertragen Sie den Inhalt der Antwort mit einem Mausklick in die Zwischenablage. Von dort aus können Sie den Text in beliebige Anwendungen einfügen, um ihn dort weiterzuverarbeiten.

Alternativ können Sie auch nur Teile der Antwort mit der Maus im Webbrowser markieren und mit [Strg]+[C] in die Zwischenablage übernehmen, um sie von dort aus weiterzuverwenden.

Fußnoten als Quellenangaben

Copilot macht keinen Hehl daraus, dass er die nahezu unendlichen Weiten des Internets als Quelle seines Wissens nutzt. Teilweise sind die Antworten deshalb mit Fußnoten übersehen, die Quellen für die Informationen angeben. Diese werden unterhalb der Antwort aufgelöst. Die einzelnen Quellenangaben sind zugleich Links zu entsprechenden Webseiten.

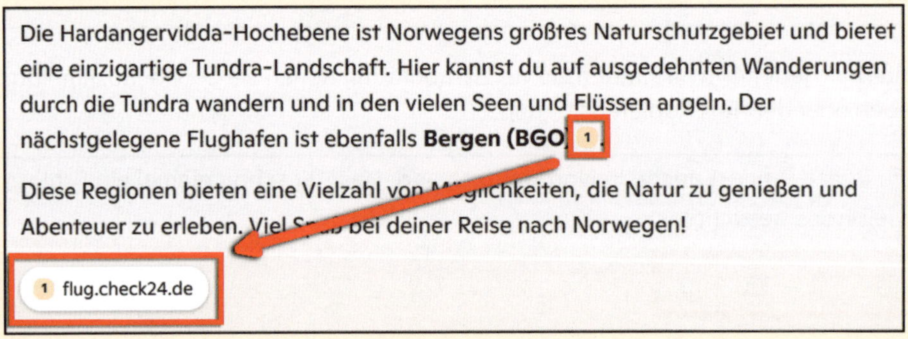

Zurück zur Startseite

Über das bunte Copilot-Symbol links neben dem Eingabefeld gelangen Sie jederzeit zur Copilot-Startseite. Diese macht Ihnen einige Vorschläge, wie Sie schnell mit dem Assistenten in Kontakt treten und dessen Fähigkeiten nutzen können. Deshalb kann man hier ruhig gelegentlich mal vorbeischauen, um sich inspirieren zu lassen. Wenn Sie statt auf eines der Angebote dort wieder in das Eingabefeld klicken, kehren Sie direkt zum letzten Dialog mit Copilot zurück.

Einen neuen, leeren Chat beginnen

In bestimmten Situationen kann es sinnvoll sein, einen neuen Dialog mit dem KI-Assistenten zu beginnen. Zum einen möchte man manchmal zwischendurch ein neues Thema beginnen, ohne das alte ganz aus den Augen zu verlieren. Dann können Sie – sofern Sie bei Copilot mit einem Microsoft-Konto angemeldet sind – zwischendurch einen neuen, frischen Chat nutzen und später zum vorherigen zurückkehren. Außerdem sollten Sie beachten, dass alles – Ihre Eingabe und die Antworten des Assistenten darauf – in den Kontext des Dialogs integriert werden und spätere Antworten beeinflussen können. Wenn Sie den Assistenten etwa aufgefordert haben, eine bestimmte Rolle einzunehmen, kann das seine Reaktion auf weitere Eingaben verändern. Deshalb kann es sinnvoll sein, einen neuen, leeren Chat zu beginnen, der garantiert frei von solchen Einflüssen ist.

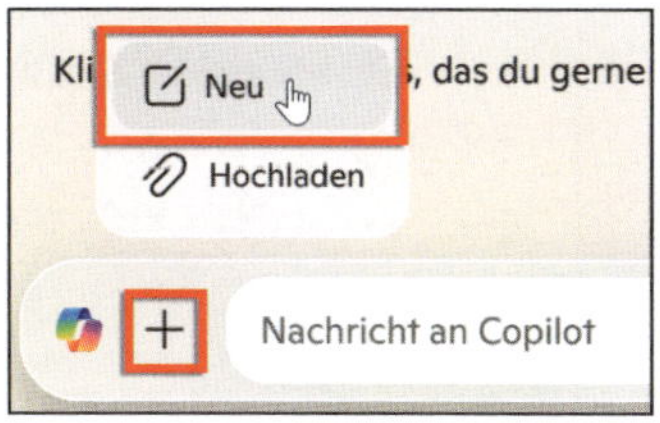

1. Um einen neuen Dialog ohne »Ballast« zu starten, klicken Sie links neben dem Eingabefeld auf das +-Symbol.
2. Klicken Sie im so geöffneten Menü auf *Neu*.
3. Copilot öffnet daraufhin einen neuen, leeren Dialog mit Ihnen. Der alte verschwindet im Hintergrund. Wenn Sie bei Copilot angemeldet sind, können Sie später über die Verlaufsfunktion (siehe Seite 45) zu ihm zurückkehren und ihn fortsetzen.

Mit Copilot per Mikrofon plaudern

Sie können Copilot nicht nur per Tastatur nutzen. Wenn Ihr PC über ein eingebautes oder angeschlossenes Mikrofon verfügt, können Sie auch per Spracheingabe mit dem Assistenten sprechen. Dieser antwortet dann ebenfalls mit gesprochener Sprache. So kann sich ein munterer Plausch entfalten, da Sie sich ähnlich wie bei einem menschlichen Gesprächspartner auch immer auf das bereits von Ihnen oder dem Assistenten Gesagte beziehen können. Hinweis: Für Anwender ohne Anmeldung ist diese Funktion nur zeitlich begrenzt zum Ausprobieren verfügbar. Mit Anmeldung kann sie dauerhaft genutzt werden.

Voraussetzung: Mikrofon richtig eingestellt

Damit das Gespräch mit dem KI-Assistenten klappt, benötigen Sie ein Mikrofon. Sofern Ihr PC genau einen Mikrofoneingang hat, sollte das kein Problem sein, da dieser standardmäßig verwendet wird. Andernfalls können Sie in den Windows-Einstellungen unter *System/Sound* im Abschnitt *Eingabe* bei *Mikrofon* auswählen, welches das Standardgerät sein soll.

1. Um Ihren Plausch mit dem Assistenten zu beginnen, klicken Sie rechts neben dem Eingabebereich auf das Mikrofon-Symbol.
2. Sie hören dann direkt einen Begrüßung durch Copilot (ggf. die Lautstärke von Kopfhörer oder Boxen anpassen).

3. Gleichzeitig meldet der Webbrowser zumindest beim ersten Mal einen Zugriff auf das Mikrofon und bittet Sie, Ihre Erlaubnis zu erteilen. Im Beispiel sehen Sie die Reaktion von Chrome, bei anderen Webbrowsern ist die Vorgehensweise ähnlich, aber der Dialog sieht etwas anders aus.

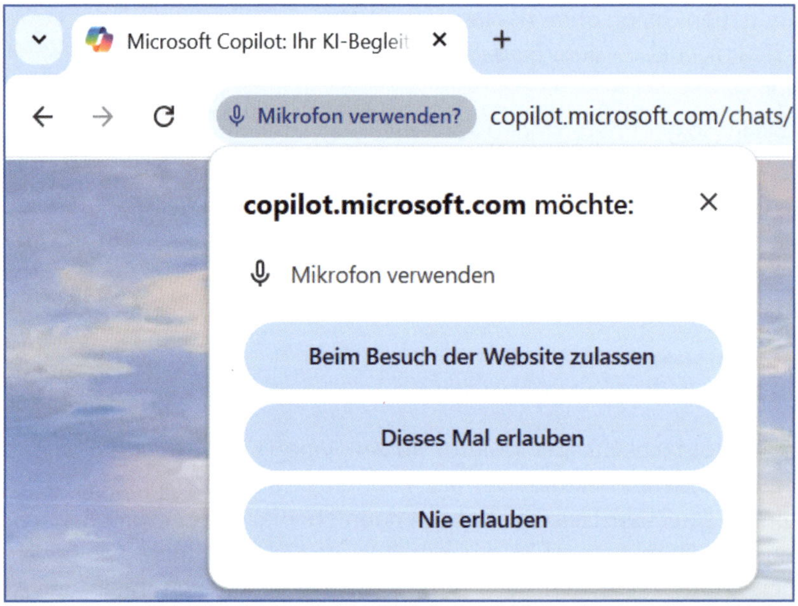

- *Beim Besuch der Website zulassen*
  Hiermit gestatten Sie der Copilot-Website den Zugriff auf Ihr Mikrofon jetzt und auch bei zukünftigen Besuchen. Wenn Sie wieder mit Copilot sprechen möchten, erfolgt also keine Rückfrage mehr.
- *Dieses Mal erlauben*
  Damit erlauben Sie genau diesen einen Zugriff. Wenn Sie diese Funktion später erneut nutzen, wird der Webbrowser wieder genauso nachfragen.
- *Nie erlauben*
  Hiermit verweigern Sie der Copilot-Website den Zugriff auf das Mikrofon jetzt und auch für die Zukunft. Dies kann nur in den Chrome-Einstellungen rückgängig gemacht werden. Wenn Sie den Zugriff nur ausnahmsweise verweigern möchten, etwa weil Sie versehentlich auf das Mikrofon geklickt haben, verwenden Sie dafür das *X* oben rechts im Dialog.

4. Haben Sie dem Webbrowser und damit Copilot den Zugriff auf das Mikrofon erlaubt, können Sie anschließend auch schon drauflosreden. Besondere Regeln sind dabei nicht zu beachten. Reden Sei einfach, wie Ihnen der Schnabel gewachsen ist. Satzzeichen etwa müssen nicht mitgesprochen werden. Sie sollten allenfalls

darauf achten, einigermaßen deutlich und nicht zu schnell zu sprechen. Kurze Pausen zwischen Sätzen helfen dem Assistenten beim Verständnis.

5. Sobald Sie eine längere Pause machen, interpretiert Copilot dies als Aufforderung, das bislang Gesagte zu verarbeiten und darauf zu antworten.

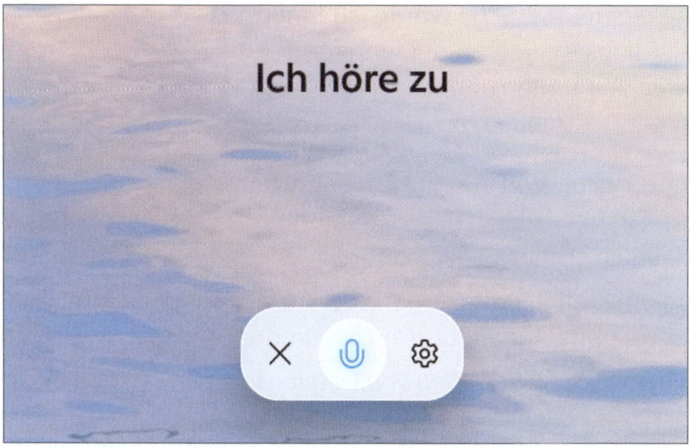

6. Während des Dialogs wird am Bildschirm nur das Mikrofon-Symbol angezeigt. Der erkannte und gesprochene Text ist nicht sichtbar. Wenn Sie das Gespräch beenden, wird aber im Fenster ein Protokoll des Austausches sichtbar.

Eine angenehme Stimme wählen

Copilot stellt Ihnen verschiedene Stimmlagen zur Auswahl, von denen Sie sich diejenige aussuchen können, die für Sie am angenehmsten klingt.

1. Klicken Sie dazu auf Ihr Konto-Symbol oben rechts oder – falls Sie nicht angemeldet sind – auf die *Anmelden*-Schaltfläche.
2. Wählen Sie im so geöffneten Menü den Punkt *Stimme*.
3. Damit zeigen Sie einen Dialog an, in dem Sie eine von mehreren Stimmen auswählen können.
4. Wenn Sie eine der Optionen anklicken, gibt Copilot Ihnen jeweils eine akustische Rückmeldung als Stimmprobe.
5. Haben Sie Ihre bevorzugte Stimme gefunden, belassen Sie es bei dieser Auswahl und schließen Sie den Dialog mit dem kleinen Pfeilsymbol oben links.

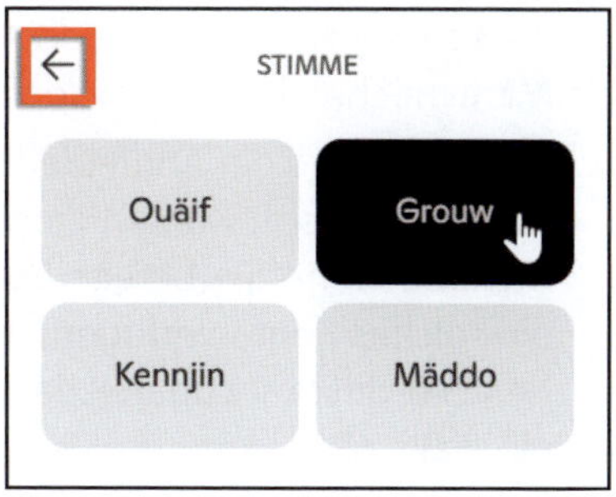

Bei Copilot anmelden

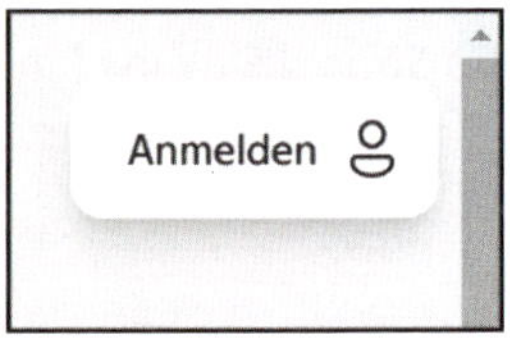

Wenn Sie die Webseite von Copilot öffnen, springt Ihnen oben rechts unübersehbar eine *Anmelden*-Schaltfläche entgegen. Sie können diese ignorieren und Copilot trotzdem einfach nutzen. Für erste eigene Versuche würde ich Ihnen das auch empfehlen. Allerdings ist eine Anmeldung für diesen Dienst nicht mit Kosten verbunden und bringt eine ganze Reihe von Vorteilen:

- Viele Funktionen von Copilot sind für Nutzer ohne Anmeldung auf einen bestimmten Umfang pro Tag beschränkt. Mit Anmeldung entfallen diese Limits oder werden zumindest deutlich erhöht.
- Die Anfragen von angemeldeten Benutzern werden bevorzugt bearbeitet. In Spitzenzeiten werden Nutzer ohne Anmeldung auch dauerhaft auf später vertröstet.
- Einige Funktionen wie etwa das Hochladen von Dateien in einen Chat sind nur mit Anmeldung möglich.
- Angemeldete Benutzer können auf eine Historie ihrer zurückliegenden Dialoge mit dem KI-Assistenten zugreifen und diese beispielsweise auch zu einem späteren Zeitpunkt nahtlos fortsetzen. Auch Copilot kann über die Anmeldung Informationen über Anwender sammeln und diese später in seine Antworten einfließen lassen.

Für die Anmeldung ist ein Microsoft-Konto erforderlich. Wenn Sie beispielsweise ohnehin ein solches für Ihre Windows-Anmeldung nutzen, können Sie es auch für Copilot verwenden. Wenn Sie noch keines haben, können Sie bei dieser Gelegenheit schnell eines erstellen. Sie benötigen dazu lediglich eine vorhandene E-Mail-Adresse oder Telefonnummer.

1. Klicken Sie auf die *Anmelden*-Schaftfläche oben rechts und im dann geöffneten Menü nochmals auf *Anmelden*.
2. Daraufhin wird der Anmeldedialog für Microsoft-Konten eingeblendet. Wenn Sie bereits über ein solches Konto verfügen, geben Sie dessen Zugangsdaten ein. Falls nicht, können Sie mit *Erstellen Sie jetzt eins!* in wenigen Schritten ein kostenloses Microsoft-Konto anlegen und direkt für die Anmeldung nutzen.

3. Nach der erfolgreichen Anmeldung begrüßt Copilot Sie und fragt nach Ihrem Namen.

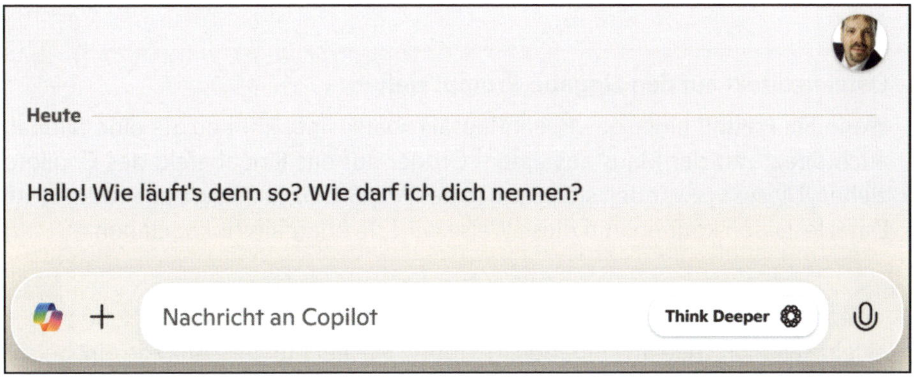

4. Wenn Sie einen nennen, wird der Assistent Sie zukünftig damit ganz persönlich ansprechen. Sie können die Frage aber auch ignorieren und direkt mit Ihrem Anliegen beginnen.

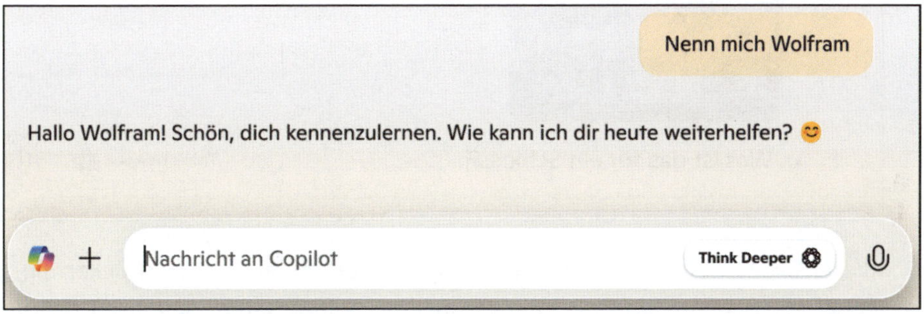

Inhalte in den Chat einfügen

Sie brauchen sich bei der Interaktion mit dem KI-Assistenten nicht auf kurze Aufforderungen zu beschränken, sondern können auch Texte, Bilder oder Dokumente zum Inhalt Ihres Chats machen, die Copilot dann erfassen, analysieren und verarbeiten kann.

1. Klicken Sie im Eingabefeld links auf das Plussymbol, um ein Bild hochzuladen.
2. Klicken Sie im so geöffneten Menü auf *Hochladen*.
3. Anschließend können Sie mit einem Dateiauswahldialog zur gewünschten Datei navigieren.

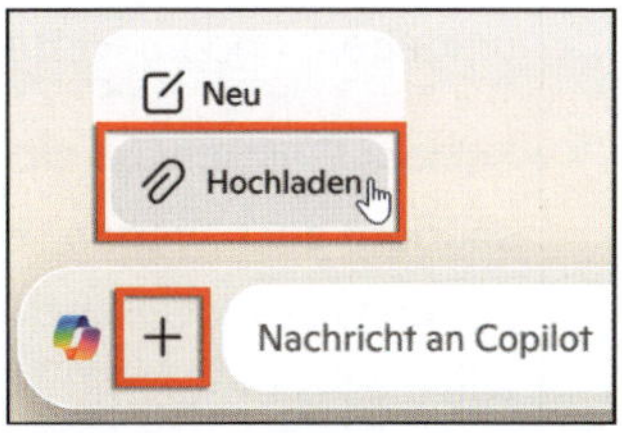

Hier werden Ihnen nur Dateitypen angeboten, mit denen Copilot auch etwas anfangen kann. Das sind beispielsweise verschiedene Bildformate, aber auch PDF-, Text- und Office-Dateien.

Dateien direkt auf den Eingabe-Prompt ziehen

Wenn Sie Freund einer gewissen Mausakrobatik sind, können Sie eine Bilddatei auch direkt mit der Maus aus einem Ordner auf das Eingabefeld des Copiloten ziehen. Dieses verwandelt sich dann in das Feld *Bild hier ablegen*, über dem Sie die Datei loslassen können. Auf diese Weise wird sie ebenfalls hochgeladen.

4. Wenn die Datei erfolgreich zum Copiloten hochgeladen wurde, sehen Sie eine kleine Bildvorschau im Eingabefeld. Tippen Sie hier nun Ihre Anfrage ein, beispielsweise:

5. Klicken Sie zum Absenden auf das Pfeilsymbol unten rechts oder drücken Sie [↵].
6. Der KI-Assistent analysiert dann den Inhalt des Bildes und bemüht sich, Ihre Frage zu beantworten.

> Das Schloss auf dem Bild ist das Schloss Güstrow in Mecklenburg-Vorpommern, Deutschland. Es ist ein beeindruckendes Renaissance-Schloss mit mehreren Türmen und einem roten Ziegeldach. Die Fassade des Schlosses ist reich verziert mit architektonischen Details wie Bogengängen, dekorativen Steinmetzarbeiten und grün gedeckten Türmchen. Das Schloss ist von Bäumen und einer Hecke umgeben, und im Hintergrund ist ein klarer blauer Himmel zu sehen.
>
> Schloss Güstrow ist nicht nur wegen seiner architektonischen Schönheit, sondern auch wegen seiner historischen Bedeutung interessant. Es repräsentiert die Renaissance-Epoche in Norddeutschland. Hast du schon einmal ein Schloss wie dieses besucht?

Welche Formate unterstützt Copilot?

Copilot unterstützt eine ganze Reihe von Formaten in verschiedenen Bereichen. Unterstützung bedeutet dabei, dass Sie Dateien in diesem Format über die Hochladen-Funktion an den Assistenten übergeben können, sodass der Inhalt Teil des Dialogs werden kann. Copilot kann anschließend den Inhalt analysieren und Fragen dazu beantworten oder auch veränderte Versionen des Inhalts erstellen (beispielsweise einen Text in eine andere Sprache übersetzen).

- Bilder
  JPEG, PNG, GIF, WEBP
- Text
  RTF, TXT, LOG, INI, CONFIG
- Dokumente
  PDF, DOC, DOCX, ODT, ODP, HTML, TEX, LATEX
- Tabellen
  XLS, XLSX, CSV
- Präsentationen
  PPT, PPTX
- Code
  PY, IPYNB, JS, JSX, CSS, LAVA, CS, PHP, C, CPP, CXX, H, HPP, RS, R, RMD, SWIFT, GO, RB, KT, KTS, TS, TSX, M, SCALA, RS, DART, LUA, PL, PM, T, SH, BASH, ZSH, JSON, YAML, YML, TOML, SQL, MD, COFFEE, TEX, LATEX, ASPX

Zu früheren Chats zurückkehren

Haben Sie Copilot mit Ihrem Microsoft-Konto verbunden, »merkt« er sich Ihre Chats, sodass Sie Themen jederzeit erneut aufgreifen und fortsetzen können.

1. Sofern Sie nicht in der Startansicht von Copilot sind, klicken Sie links im Eingabefeld auf das Copilot-Symbol. Damit kehren Sie zur Startansicht zurück.

2. In der Startansicht sehen Sie links im Eingabefeld anstelle des Copilot-Symbols ein Verlauf-Symbol. Klicken Sie darauf, um Ihren Chat-Verlauf anzuzeigen.

3. Daraufhin werden in einem Dialog in chronologischer Reihenfolge Ihre zurückliegenden Konversationen mit dem KI-Assistenten aufgeführt.

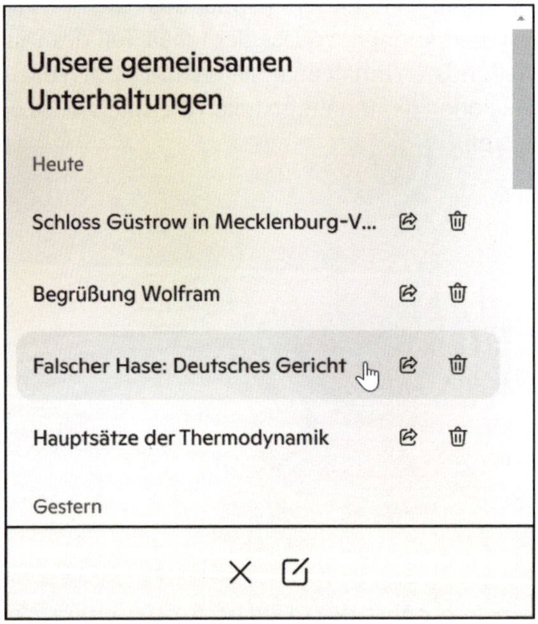

4. Um zu einer davon zurückzukehren, klicken Sie den entsprechenden Eintrag an.

Auf diese Weise gelangen Sie zurück zu dem Chat, so wie Sie ihn verlassen hatten. Es werden also alle Ihre Eingaben und die Antworten von Copilot angezeigt. Das dient nicht nur als bequemer Verlauf und Erinnerung. Sie können das Gespräch auch nahtlos fortsetzen. Copilot hat dabei weiterhin Zugriff auf alle Informationen, die Sie ihm damals zur Verfügung gestellt haben, und wird dementsprechend antworten.

Der Copilot im Edge-Browser

In Microsofts eigenem Edge-Browser ist Copilot direkt integriert und kann hier seine Stärken voll ausspielen. Da er dadurch auf den Inhalt einer aktuell im Browser angezeigten Webseite Zugriff hat, kann er ihn berücksichtigen und Fragen dazu beantworten oder beispielsweise den Inhalt zusammenfassen.

1. Öffnen Sie im Edge-Browser die Webseite, deren Inhalt Sie zusammengefasst haben möchten.
2. Klicken Sie dann oben rechts auf das Copilot-Symbol, um dessen Seitenleiste am rechten Rand einzublenden.

3. Hier wird in der Regel direkt eine Schaltfläche für das *Erstellen einer Zusammenfassung* angeboten, die Sie nur anzuklicken brauchen.

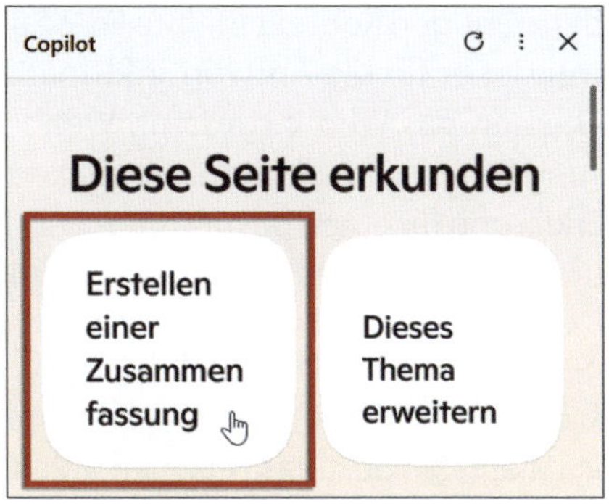

4. Copilot liefert Ihnen die Zusammenfassung dann als Antwort in diesem Dialog.

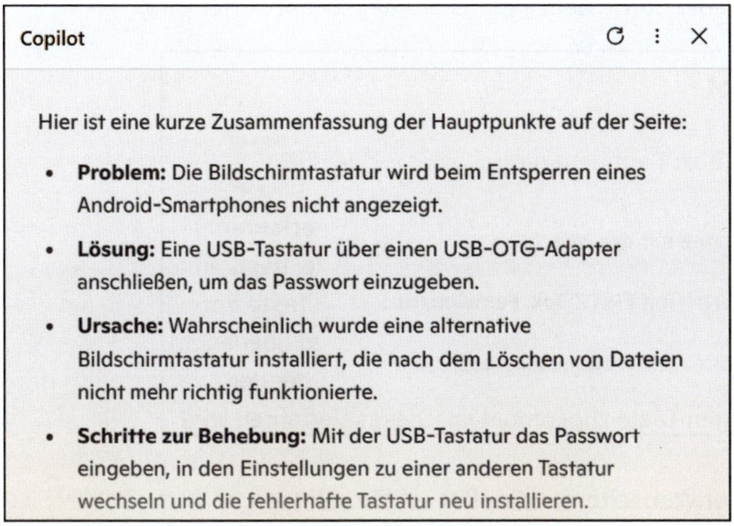

Sollte die Schaltflächen für eine Zusammenfassung fehlen oder wenn Sie andere Fragen zu einer Webseite haben, können Sie diese auch direkt im Eingabe-Prompt unten in der Seitenleiste stellen, etwa:

- `Fasse die angezeigte Webseite zusammen.`
- `Fasse die angezeigte Webseite in einem Satz zusammen.`
- `Schreibe mir eine Zusammenfassung in einfacher Sprache.`

Sie können aber auch beliebige andere Fragen stellen, die sich auf diese Webseite, darin erwähnte Begriffe oder auch irgendetwas anderes beziehen. Copilot versucht stets, den richtigen Kontext für Ihre Frage automatisch zu erkennen. Dementsprechend verwendet er für die Antwort Informationen aus dieser Webseite oder für allgemeinere Themen das Web insgesamt. Wenn Sie also beispielsweise um eine Zusammenfassung bitten, wird der Kontext die angezeigte Webseite sein. Wenn Sie aber nach einer Erklärung für einen bestimmten Begriff fragen, greift der Assistent ggf. auf das Web zu, um eine passende Erklärung dafür zu finden.

1. Welcher Kontext verwendet wird, steht jeweils oberhalb der Antwort bei ... *wird verwendet*.
2. Wenn Sie dort das Häkchen anklicken, können Sie diesen Bereich ausklappen und den Kontext ggf. nachträglich verändern.
3. Dadurch wird eine neue Anfrage an den Assistenten erzeugt, die den gleichen Wortlaut hat, aber nun in dem anderen Kontext beantwortet wird.

Begriffe aus einer Webseite von Copilot erklären lassen

Sie können Copilot in Edge auch nutzen, um sich für Fachbegriffe aus einem Text Erklärungen oder weitergehende Informationen liefern zu lassen.

1. Markieren Sie dazu eines oder mehrere Wörter auf einer Webseite, und klicken Sie dann mit der rechten Maustaste auf die Markierung.
2. Wählen Sie im so geöffneten Kontextmenü den Befehl *Copilot fragen*.

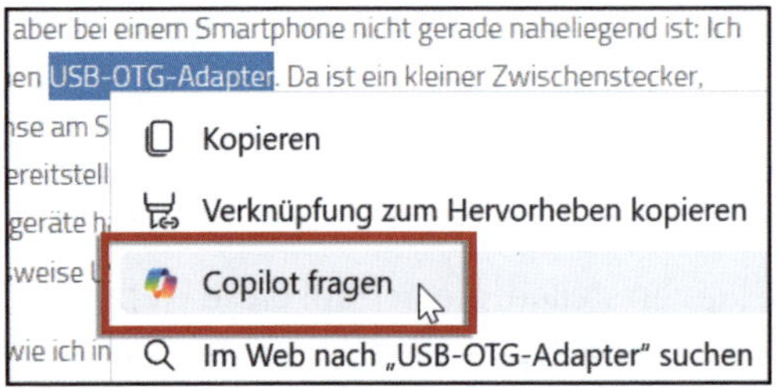

3. Der markierte Text wird daraufhin in der Seitenleiste rechts als Anfrage an Copilot übermittelt, der nach kurzer Wartezeit eine Antwort dazu liefern wird.

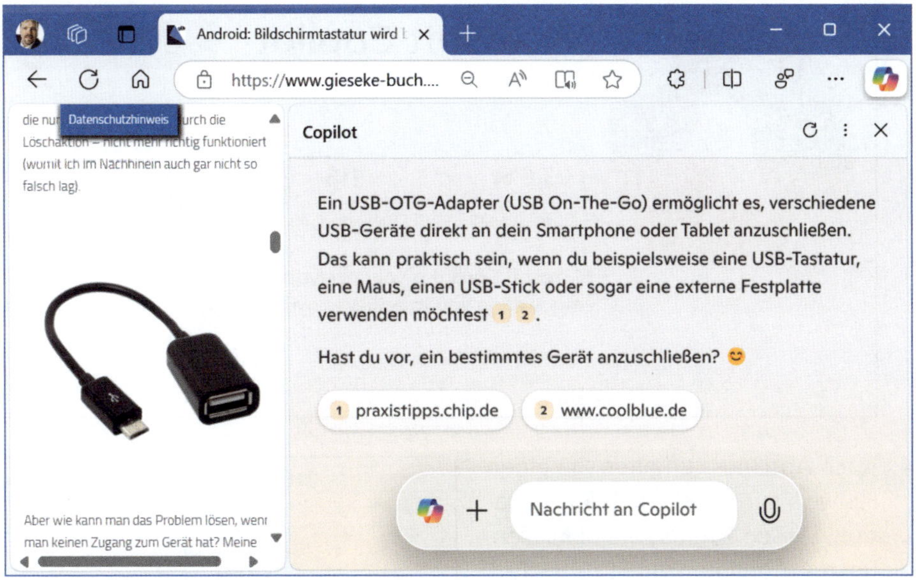

2.2 Copilot als Desktop-App

Windows-Nutzer können Copilot auch als eigenständige Desktop-App nutzen. Dabei handelt es sich im Wesentlichen um eine Web-App, die die Copilot-Weboberfläche in eine eigenständige Anwendung verpackt. Die Nutzung unterscheidet sich also nicht wesentlich von der Webversion, aber die Desktop-App hat gerade bei regelmäßiger Nutzung doch einige Vorteile.

Die Copilot-Anwendung installieren

Bei einem neu installierten Windows 11 ist diese sogar schon ab Werk dabei. Haben Sie Ihr schon länger vorhandenes Windows hingegen per Update auf die neuste Version aktualisiert, ist eventuell etwas Nachhilfe erforderlich. In diesem Fall kann Copilot als App aus dem Microsoft Store nachinstalliert werden.

1. Öffnen Sie den Microsoft Store.
2. Tippen Sie oben im Suchfeld *Copilot* ein. In der Auswahlliste wird Ihnen dann direkt die App *Microsoft Copilot* angeboten. Alternativ senden Sie die Suche ab und lokalisieren in der Trefferliste dann den passenden Treffer.

3. Die so gefundene App können Sie anschließend direkt *Herunterladen*.

4. Nach Abschluss erhalten Sie einen Hinweis zur erfolgreichen Installation. Diesen können Sie anklicken, um den Copiloten direkt zu starten. Alternativ finden Sie ihn als App im Startmenü.

5. Beim ersten Start können Sie festlegen, wie und wann der Copilot gestartet werden soll. Hierzu können Sie ihn an die Taskleiste und/oder das Startmenü anheften, eine Desktop-Verknüpfung erstellen oder Copilot beim Start des PCs jeweils automatisch aktivieren. Wählen Sie die gewünschte Option nach Ihren Vorlieben. Alles das lässt sich später auch nach Bedarf noch anpassen. Klicken Sie dann auf *Zulassen*.

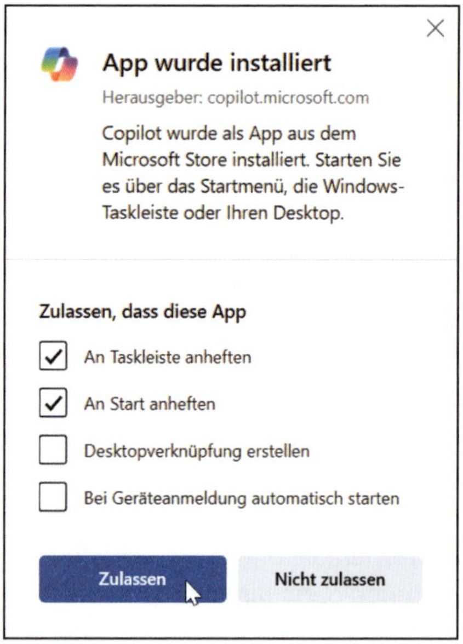

Erster Start und Einrichtung

Nach Abschluss der Installation sehen Sie das Fenster von Microsoft Copilot. Mit *Erste Schritte* können Sie eine kurze Einführung und Einrichtung starten.

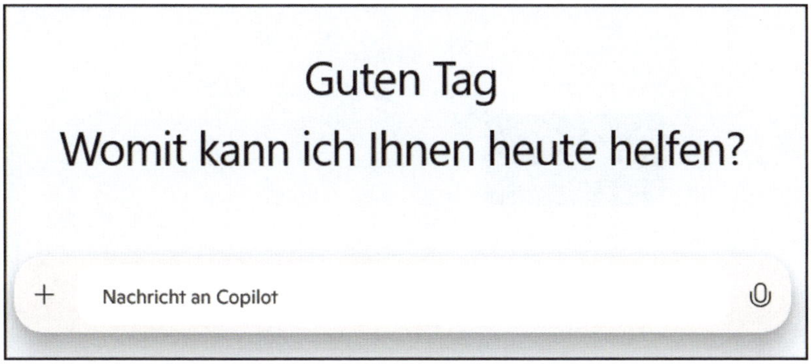

1. Geben Sie im ersten Schritt Ihren Vornamen an, mit dem der Assistent Sie ansprechen soll. Drücken Sie dann [↵] oder klicken Sie rechts im Feld auf das Übermitteln-Symbol.

2. Im zweiten Schritt geben Sie dem Assistenten eine Stimme. Wählen Sie die Stimmlage aus, die Ihnen angenehm ist, und klicken Sie auf *Weiter*. Das ist nur von Bedeutung, wenn Sie mit dem Copiloten per gesprochener Sprache kommunizieren möchten. Andernfalls können Sie diesen Schritt *Überspringen*.

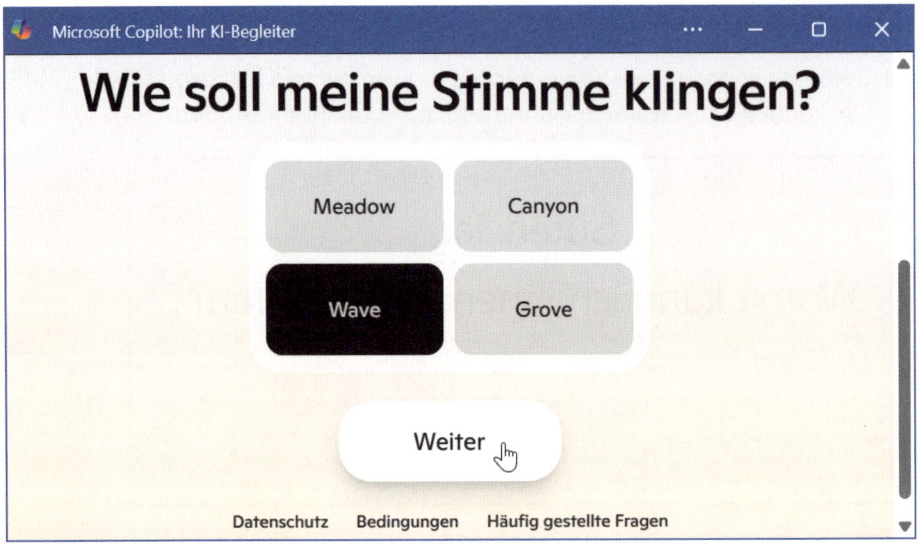

3. Damit ist die Einrichtung auch schon abgeschlossen. Allerdings stellt sich noch die Frage, ob Sie sich mit der Schaltfläche unten links in der Randleiste *Anmelden* möchten. Wenn Sie ohnehin über ein Microsoft-Konto verfügen, können Sie dieses dafür verwenden. Andernfalls können Sie auch kostenlos ein neues Konto dafür erstellen. Dieser Schritt ist nicht unbedingt erforderlich, bringt aber Vorteile mit sich (siehe Hinweiskasten).

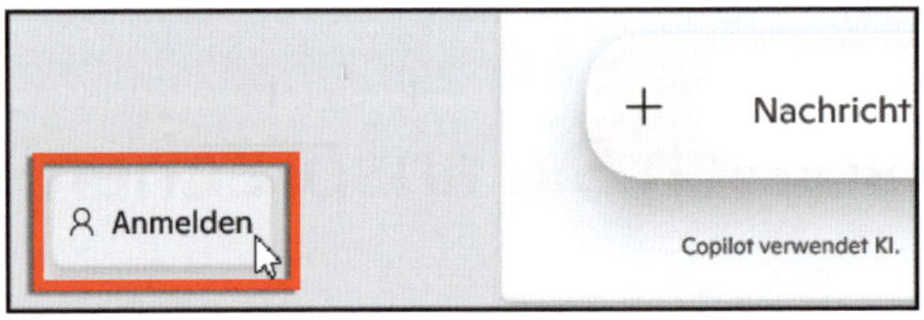

Copilot – Anmeldung ja oder nein?

Grundsätzlich lässt sich Copilot auch ohne Anmeldung nutzen. Allerdings bringt eine Anmeldung – die kostenlos und mit einem eventuell ohnehin vorhandenen Microsoft-Konto durchgeführt werden kann – einige Vorteile mit sich. So merkt sich Copilot mit Anmeldung Ihre früheren Konversationen und kann darauf zurückgreifen. Auch das Nutzen per gesprochener Sprache ist nur nach Anmeldung möglich. Außerdem kann Copilot das verknüpfte Konto nutzen, um beispielsweise auch Ihre Bing-Suchanfragen in seine Antworten einzubeziehen. Grundsätzlich kann man sagen: Mit Anmeldung hat man mehr Möglichkeiten, gibt aber auch mehr Daten preis.

4. Wenn Sie sich für eine Anmeldung entscheiden, klicken Sie rechts oben auf *Anmelden* und dann nochmals auf die *Anmelden*-Schaltfläche.

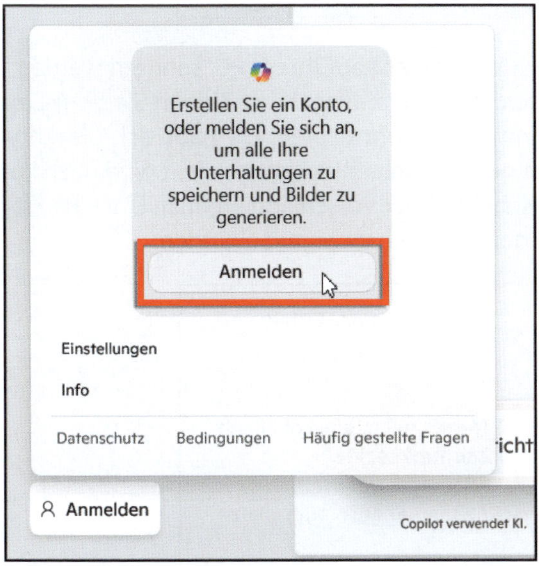

5. Im anschließenden Dialog können Sie die Daten eines vorhandenen Microsoft-Kontos eingeben oder bei Bedarf ein neues Konto erstellen.

Nach erfolgreicher Anmeldung sehen Sie das Profilbild Ihres Microsoft-Kontos oben rechts im Copilot-Fenster. Wenn Sie den Copiloten mit diesem Konto schon anderweitig beispielsweise per Webbrowser genutzt haben, finden Sie außerdem Ihre bisherigen Chats wieder.

Die Copilot-Anwendung nutzen

Ist die Copilot-App installiert, können Sie sie jederzeit – je nach gewählten Installationsoptionen – im Startmenü oder über das Symbol in der Taskleiste öffnen. Wesentliches Element des Copiloten ist das Eingabefeld im unteren Bereich. Hier können Sie Ihre Anweisungen, Wünsche oder Fragen in ganz natürlicher Sprache eingeben.

Die aufwendigen Analysen der KI erfolgen nicht auf Ihrem PC, sondern werden von leistungsfähigen Servern in der Microsoft-Cloud ausgeführt. Geben Sie dem Copiloten also immer etwas Zeit, eine Antwort zu formulieren. Oft baut sich die Antwort zeilenweise auf dem Bildschirm auf oder ein scheinbar fertiger Text wird nach kurzer »Denkpause« noch um weitere Abschnitte oder Vorschläge ergänzt. Einfache Fragen beantwortet Copilot aber in der Regel innerhalb weniger Sekunden.

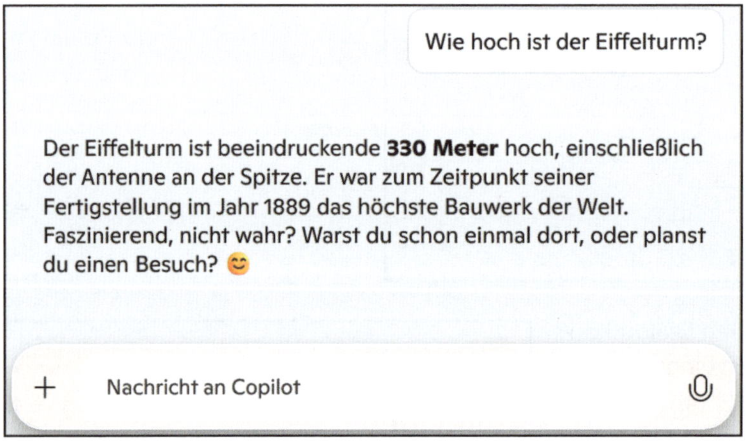

Neue Dialoge starten

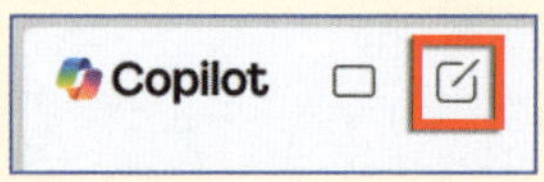

Der sich nach und nach aufbauende Inhalt der Antworten kann auf Dauer verwirren und den Seitenbereich unübersichtlich erscheinen lassen. Außerdem merkt sich Copilot Ihre Eingaben und behält sie im Kontext eines Dialogs, sodass sie sich auf weitere Antworten auswirken können. Ein einfaches Hilfsmittel dagegen ist das Symbol *Neue Unterhaltung*. Es wird im Seitenbereich angezeigt. Sollte dieser gerade ausgeblendet sein, finden Sie es als kleines Symbol einer leeren Seite mit Stift oben links. Damit blenden Sie den laufenden Chat jederzeit aus und beginnen eine neue Unterhaltung ohne den Kontext zuvor gemachter Eingaben.

Verlauf im Seitenbereich

Die Desktop-Variante von Copilot verfügt über eine Leiste am linken Seitenrand, wo für angemeldete Benutzer der Verlauf der zurückliegenden Anfragen aufgelistet wird.

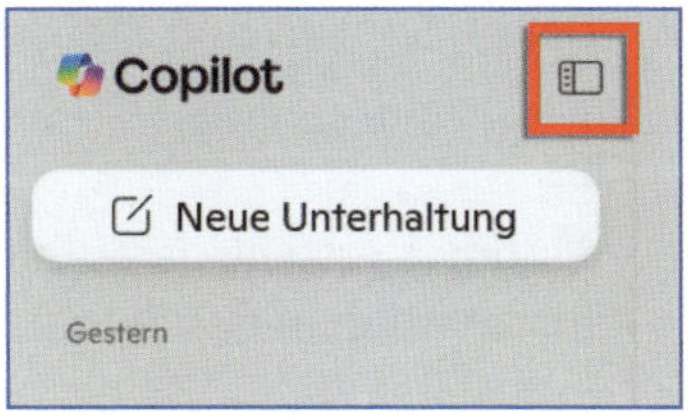

Außerdem finden Sie darin ganz oben die Schaltfläche *Neue Unterhaltung* und ganz unten das Konto-Symbol, über das auch die Einstellungen zugänglich sind, die im Wesentlichen denen der Webversion entsprechen. Die Seitenleiste können Sie für mehr Übersicht jederzeit ausblenden, indem Sie auf das Symbol oben rechts neben dem Copilot-Schriftzug klicken. Im ausgeblendeten Zustand finden Sie an derselben Stelle ein ähnliches Symbol, mit dem Sie bei Bedarf die Randleiste mit dem Verlauf wieder anzeigen können.

Bildschirmfotos für Copilot

Genau wie bei der Webversion können Sie auch bei der Desktop-Anwendung Dateien mit Bildern oder PDFs zu Copilot hochladen und deren Inhalt so in den Kontext eines Chats integrieren. Die Desktop-Variante bietet angemeldeten Nutzern zusätzlich die Möglichkeit, ein Bildschirmfoto zu erstellen und an Copilot zu übergeben. So können Sie mit wenigen Mausklicks ein beliebiges Objekt, das auf Ihrem Bildschirm etwa als Teil eines Dokuments oder einer Webseite abgebildet ist, vom KI-Assistenten erkennen und verarbeiten lassen.

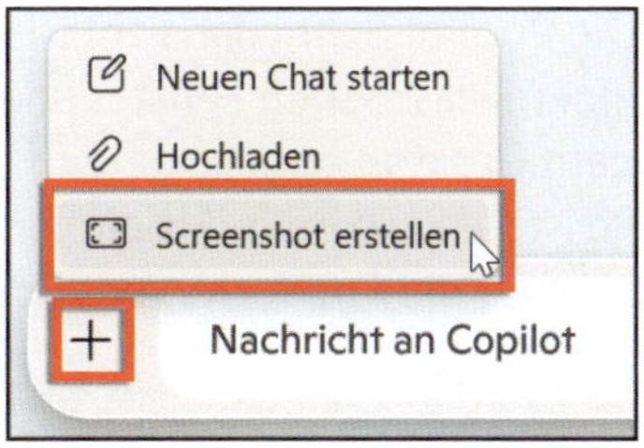

1. Klicken Sie links neben dem Eingabefeld auf das Plussymbol und wählen Sie im Menü *Screenshot erstellen*.
2. Die Copilot-Anwendung wird nun ausgeblendet und die Bildschirmfoto-Funktion von Windows aktiviert. Diese dunkelt den Bildschirm ab.
3. Markieren Sie den Bereich des Bildschirms, den Sie an Copilot übermitteln möchten. Klicken Sie dazu zunächst in eine der Ecken des gedachten Bereichs und halten Sie die Maustaste gedrückt.

4. Ziehen Sie nun den Mauszeiger schräg über das Objekt zur gegenüberliegenden Ecke. Haben Sie so den gewünschten Bereich markiert, lassen Sie die Maustaste los.
5. Windows erstellt daraufhin ein Bild des ausgewählten Bereichs und fügt dieses automatisch in das Eingabefeld der Copilot-Anwendung ein.
6. Sie können nun noch Ihre Frage oder Anweisung zu diesem Bild ergänzen und die Aufforderung dann absenden.

Die Copilot-Schnellansicht

Die Copilot-Schnellansicht ist ein spezieller Modus, in dem diese Anwendung nicht in einem klassischen Fenster angezeigt wird, sondern in kompakter Form dauerhaft auf dem Desktop angezeigt wird und dabei ggf. auch über anderen Fenstern »schwebt«. So ist sie auch beim Arbeiten mit beliebigen Anwendungen jederzeit nutzbar, und Sie können die Antworten des Copiloten ständig im Blick behalten.

1. Um die Schnellansicht zu aktivieren, klicken Sie auf das Symbol oben rechts in der Titelzeile der Copilot-Anwendung.

2. Copilot wechselt daraufhin direkt in seine kompakte Form. Diesen Dialog können Sie beliebig auf dem Bildschirm verschieben. Er wird immer angezeigt, auch wenn er ggf. andere Fenster verdeckt.
3. Die Größe des Dialogs können Sie anpassen, indem Sie wie bei einem Fenster eine Seite oder Ecke mit gedrückter linker Maustaste erfassen und dann zur gewünschten Größe ziehen. Eine gewisse Mindestgröße kann allerdings nicht unterschritten werden.

4. Mit dem Symbol in der oberen rechten Ecke kehren Sie jederzeit wieder zum klassischen Fenstermodus zurück.

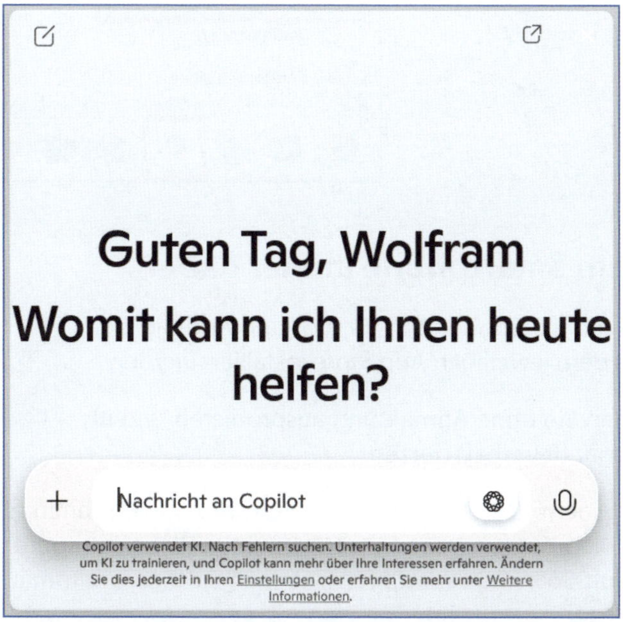

Schnellansicht per Tastenkombination steuern

Wenn Sie die Schnellansicht regelmäßig nutzen möchten, können Sie die Tastenkombination Alt+Leer aktivieren, um damit jederzeit schnell die Schnellansicht zu öffnen und auch wieder auszublenden. Klicken Sie dazu auf das Konto-Symbol unten links in der Copilot-App, wählen Sie dann *Einstellungen* und *Tastenkombination Alt+Leertaste aktivieren*.

Copilot ans Startmenü anheften

Wenn Sie die Copilot-Anwendung regelmäßig nutzen möchten, kann es Zeit und Mausklicks sparen, sie direkt ans Startmenü oder an die Taskleiste anzuheften.

Um Copilot jederzeit schnell über ein Symbol in der Taskleiste starten zu können, verwenden Sie die Methode der Windows-Bordmittel:

1. Starten Sie die Copilot-Anwendung über das Startmenü bzw. dessen Suchfeld.
2. Solange die App aktiv ist, wird ihr Symbol in der Taskleiste angezeigt.

3. Klicken Sie mit der rechten Maustaste darauf und wählen Sie im Kontextmenü *An Taskleiste anheften*.

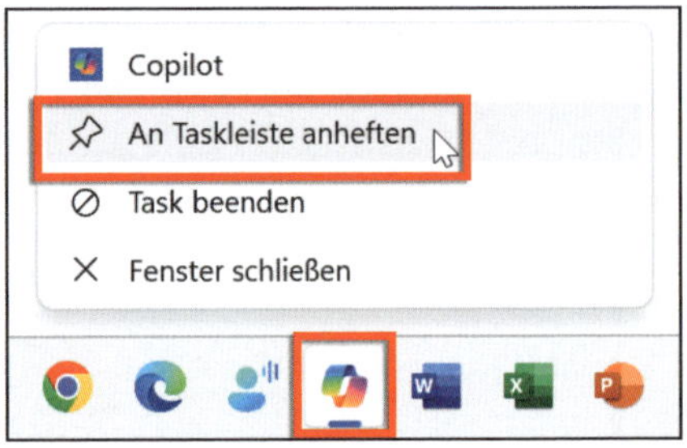

2.3 Copilot auf dem Smartphone immer dabei

Der Dritte im Bunde ist die mobile Copilot-App für iOS- und Android-Geräte. Sie kann kostenlos aus dem jeweiligen App Store installiert werden.

Auch die mobile App können Sie ohne Anmeldung ausprobieren und in einem gewissen Umfang sogar dauerhaft nutzen.

Nach der Anmeldung mit einem kostenlosen Microsoft-Konto stehen Ihnen allerdings weitere Funktionen wie etwa ein Verlauf zur Verfügung. Wenn Ihr Konto mit einem Copilot- oder Microsoft-365-Abo verknüpft ist, können Sie dieses automatisch auch in der mobilen App nutzen.

Die Copilot-App einrichten

Wenn Sie die Copilot-App auf Ihrem Smartphone installieren, sind beim ersten Start einige besondere Schritte zu beachten, auf die ich im Folgenden eingehe:

1. Wenn Sie die App zum ersten Mal starten, fragt Copilot Sie nach Ihrem Namen. Wenn Sie diese Frage nicht beantworten möchten, können Sie sie einfach ignorieren. Ein Name macht die Konversationen persönlicher, ändert aber nichts an der Art oder Qualität der Antworten.

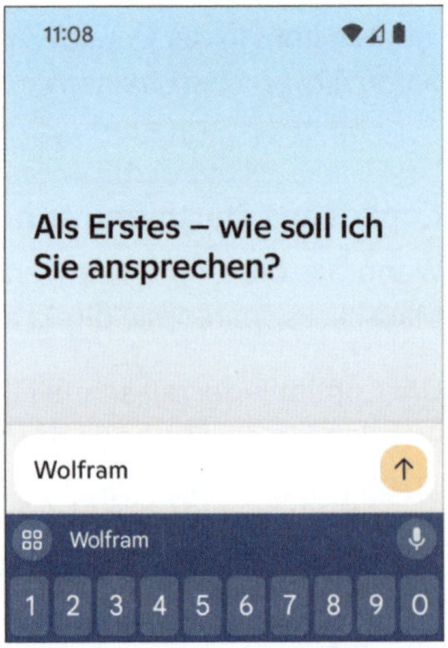

2. Als Nächstes können Sie eine Stimmlage wählen, mit der Copilot bei Gesprächen antworten soll. Tippen Sie die Varianten an, hören Sie jeweils eine Kostprobe. Haben Sie Ihren Favoriten gefunden, tippen Sie unten auf *Weiter*. Sie können die Entscheidung auch auf später verschieben bzw. später jederzeit ändern.
3. Schließlich überprüft die App, ob sie über alle erforderlichen Berechtigungen auf Ihrem Mobilgerät verfügt. Dabei geht es vor allem um das Zulassen von Benachrichtigungen sowie den Zugriff auf Standortdaten. Bestätigen Sie den Vorgang mit *Fortsetzen*.

4. Nun fragt die App die einzelnen Zugriffsrechte ab und bittet Sie, diese zu genehmigen. Benachrichtigungen können Sie nur entweder *Zulassen* oder *Nicht zulassen*.

   Beim Gerätestandort gibt es weitere Varianten:

   - *Bei Nutzung der App*
     Die App darf jetzt und auch in Zukunft auf die Standortdaten des Gerätes zugreifen, während Sie die App verwenden.
   - *Nur dieses Mal*
     Die App darf jetzt auf die Standortdaten zugreifen, aber zukünftige Zugriffe müssen jeweils wieder genehmigt werden. Diese Variante ist datenschutzbewusster, könnte bei häufiger Nutzung der App auf Dauer aber lästig werden.
   - *Nicht zulassen*
     Die App darf weder jetzt noch in Zukunft auf Standortdaten zugreifen und wird auch nicht wieder danach fragen. Falls Sie das nachträglich ändern möchten, müssen Sie das in den Systemeinstellungen Ihres Smartphones erledigen.

5. Damit ist das Einrichten abgeschlossen und Copilot präsentiert sich mit seiner mobilen Oberfläche. Diese ist an die typischen Smartphone-Verhältnisse angepasst, dürfte Ihnen aber ansonsten bekannt vorkommen, wenn Sie schon mit einer der anderen Copilot-Varianten gearbeitet haben.

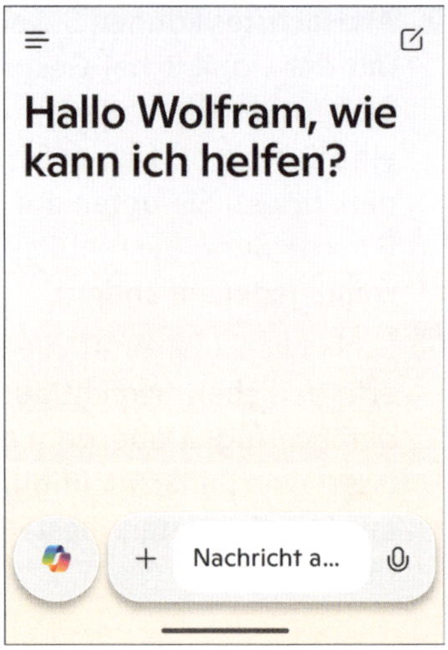

Die Oberfläche der mobilen App

Wenn Sie Copilot bereits als Webversion oder Desktop-Anwendung kennengelernt haben, wird Ihnen auch die Oberfläche der mobilen App schnell vertraut erscheinen. Zentrales Element ist auch hier das Eingabefeld. Sie können es aktivieren, indem Sie hineintippen. Alternativ tippen Sie oben rechts auf das Stift-Symbol.

Der Eingabebereich rutscht dann nach oben und macht Platz für die automatisch eingeblendete virtuelle Tastatur Ihres Smartphones. Damit können Sie Ihre Aufforderungen an den KI-Assistenten eintippen. Selbstverständlich stehen Ihnen aber auch andere Eingabemöglichkeiten Ihres Gerätes wie etwa die Spracheingabe zur Verfügung. Weitere Elemente:

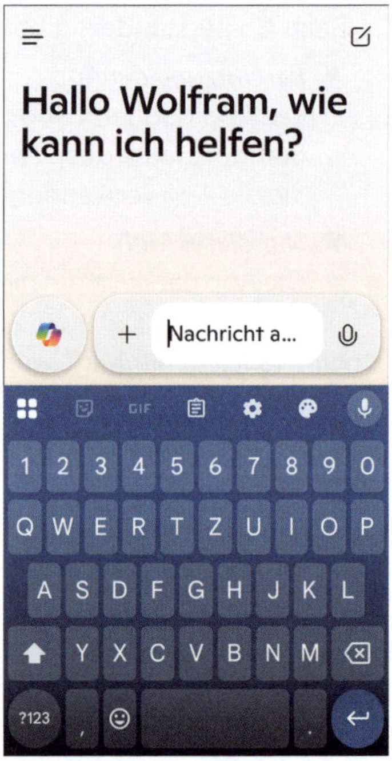

- Mit dem +-Symbol links neben dem Eingabefeld öffnen Sie ein kleines Menü, mit dem Sie jeweils ein *Foto hochladen* oder eine *Datei hochladen* können. Welche Arten von Bildern und Dateien Copilot verarbeiten kann, lesen Sie auf Seite 43 .

- Mit dem Copilot-Symbol ganz links können Sie jederzeit zu einer Übersichtsseite des Assistenten gelangen. Dort werden verschiedene Aufforderungen vorgeschlagen, mit denen man die Fähigkeiten des Assistenten erkunden kann.
- Mit dem Mikrofon-Symbol rechts neben dem Eingabebereich starten Sie einen Sprach-Chat mit Copilot.

Weitere Funktionen stehen Ihnen nur zur Verfügung, wenn Sie sich in der App mit einem Microsoft-Konto anmelden.

Antworten von Copilot nutzen

Sie können den Inhalt von Copilot-Antworten auch auf dem Smartphone nutzen und weiterverarbeiten, also beispielsweise teilen oder per Zwischenablage in andere Apps übernehmen. Tippen Sie eine Antwort dazu länger an, um sie auszuwählen.

Dann wird automatisch ein Menü eingeblendet, das Ihnen verschiedene Möglichkeiten bereitstellt:

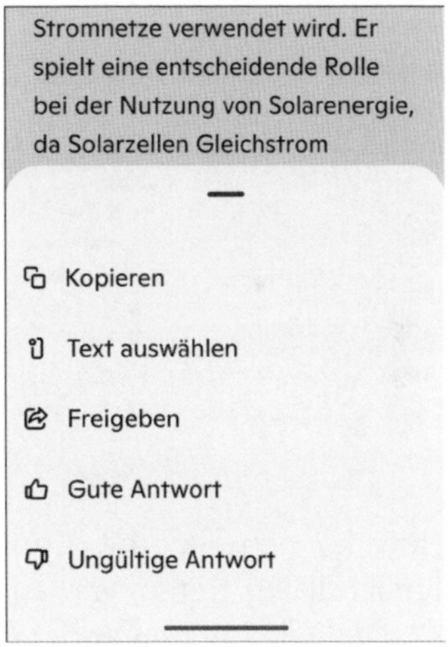

- *Kopieren*
  Überträgt den Inhalt der Antwort in die Zwischenablage Ihres Smartphones. Anschließend können Sie zu einer anderen App wechseln und diesen Inhalt dort in ähnlicher Weise aus der Zwischenablage in ein Eingabefeld bzw. einen Editor einfügen.
- *Text auswählen*
  Zeigt die Antwort in einem eigenen Dialog an. Hier können Sie beispielsweise nur einen bestimmten Teil des Textes auswählen und in die Zwischenablage übernehmen.
- *Freigeben*
  Übergibt Ihren Prompt und die Antwort von Copilot an die Freigeben- bzw. Teilen-Funktion Ihres Smartphones. Diese kann den Inhalt an verschiedene Apps weiterleiten. Welche genau das sind, hängt davon ab, welche Apps auf Ihrem Gerät installiert sind. Diese Methode eignet sich beispielsweise, wenn Sie interessante Dialoge per Messenger, Social Media oder E-Mail mit anderen teilen möchten.
- *Gute Antwort* bzw. *Ungültige Antwort*
  Mit den beiden untersten Punkten können Sie Copilot Feedback zu seinen Antworten geben. So lernt der Assistent hinzu und stellt sich nach und nach besser auf Ihre Erwartungen ein.

Mikrofonzugriff erlauben

Wenn Sie mit Copilot per gesprochener Sprache kommunizieren möchten, müssen Sie der App beim ersten Mal einmalig den Zugriff auf das Mikrofon Ihres Mobilgerätes erlauben. Darum bittet die App Sie automatisch.

1. Wenn Sie das möchten, tippen Sie auf *Zugriff erlauben.*
2. Tippen Sie nun in den App-Einstellungen auf *Berechtigungen* und dann auf *Mikrofon.*

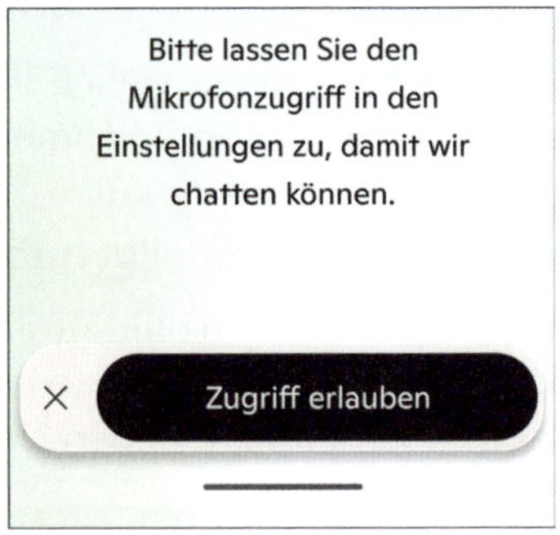

3. Wählen Sie die Option *Zugriff nur während der Nutzung der App zulassen.*
4. Kehren Sie mithilfe des <-Pfeils zur Copilot-App zurück.

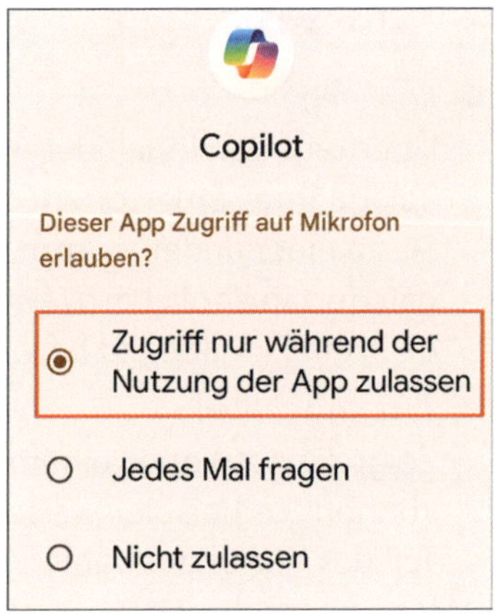

Nun können Sie mit Copilot in einen direkten Sprachdialog treten, wie auf Seite 39 beschrieben. Ähnlich wie bei den anderen Copilot-Apps können Sie eine von mehreren Stimmen wählen. Tippen Sie dazu oben links auf das Symbol ☰ und dann rechts auf das Konto-Symbol. Im so geöffneten Menü wählen Sie die *Spracheinstellungen*, in denen Sie eines der Modelle wählen sowie auch die *Sprechgeschwindigkeit* anpassen können.

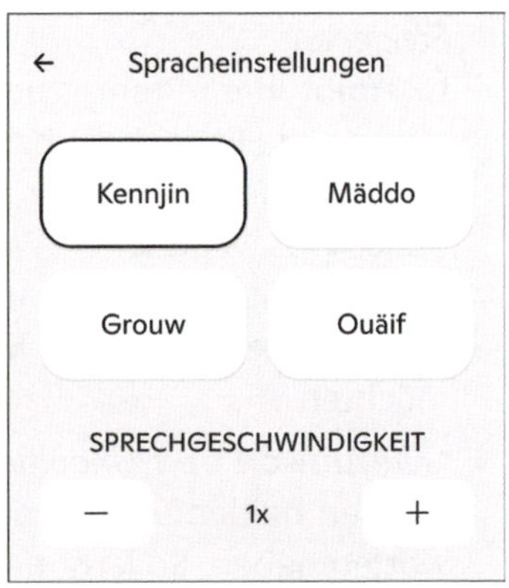

Mit Microsoft-Konto anmelden

Ähnlich wie bei den Web- und Desktop-Varianten sollten Sie sich auch bei der mobilen App zumindest mit einem kostenlosen Microsoft-Konto anmelden. Sollten Sie ein Copilot-Abo haben, gilt das erst recht, da Sie dieses dann auch mobil nutzen können.

1. Um sich anzumelden, tippen Sie oben links auf das Symbol ☰.
2. Tippen Sie dann oben rechts auf das Konto-Symbol, das ohne Anmeldung mit einem generischen Kopf verziert ist.

3. Im so geöffneten Menü tippen Sie unten auf die *Anmelden*-Schaltfläche.
4. Sollte auf Ihrem Gerät bereits ein Microsoft-Konto eingerichtet sein, wird nun eine Schaltfläche angezeigt, mit der Sie dieses Konto auch für Copilot nutzen können.
5. Alternativ tippen Sie unten auf *Mit Microsoft fortfahren*, um sich mit einem vorhandenen Microsoft-Konto anzumelden oder ggf. eines für diesen Zweck zu erstellen.

Wenn Sie nach erfolgreicher Anmeldung erneut oben links auf das Symbol ☰ tippen, sehen Sie oben rechts nun Ihren individuellen Avatar für Ihr Microsoft-Konto. Mit einem Tipp darauf öffnen Sie weiterhin die *Einstellungen*, in denen Sie nun zusätzlich Ihr Konto sowie ggf. Ihr Abonnement verwalten können. Ganz unten finden Sie auch eine *Abmelden*-Schaltfläche, um die Verbindung mit Ihrem Microsoft-Konto bei Bedarf wieder aufheben zu können.

Zugriff auf zurückliegende Chats

Haben Sie die mobile App mit einem Microsoft-Konto verknüpft, können Sie den Copilot-Verlauf nutzen und so geräteübergreifend auf zurückliegende Dialoge mit dem Assistenten zurückgreifen. Mit einem Tipp auf ☰ erhalten Sie jederzeit eine Liste Ihrer letzten Konversationen mit Copilot.

Sie umfasst sowohl Chats, die Sie auf diesem Smartphone geführt haben, als auch solche auf anderen Geräten, die mit demselben Microsoft-Konto verknüpft sind.

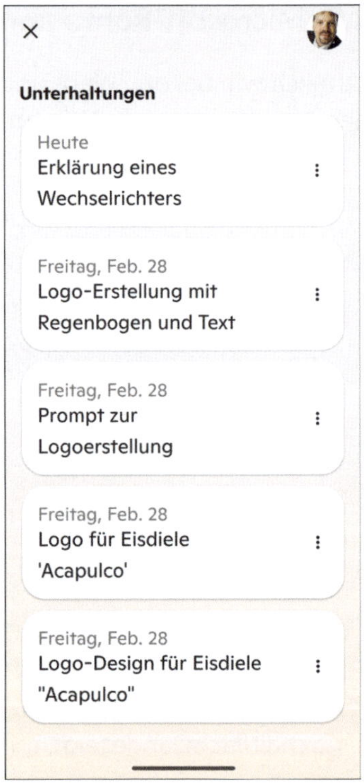

Sie können also einen unterwegs am Smartphone begonnenen Austausch mit Copilot später zu Hause am PC fortsetzen. Ebenso können Sie auf Informationen, die Ihnen Copilot in einem Dialog am PC im Büro geliefert hat, später unterwegs wieder abrufen.

Foto-Prompts mit der eingebauten Kamera

Eine weitere Besonderheit, die nur die mobile Copilot-App ermöglicht, ist das Verwenden von Fotoaufnahmen in einem Prompt.

Dadurch können Sie Bilder von Objekten, Produkten oder auch Texten direkt an Copilot weiterleiten und vom KI-Assistenten verarbeiten lassen.

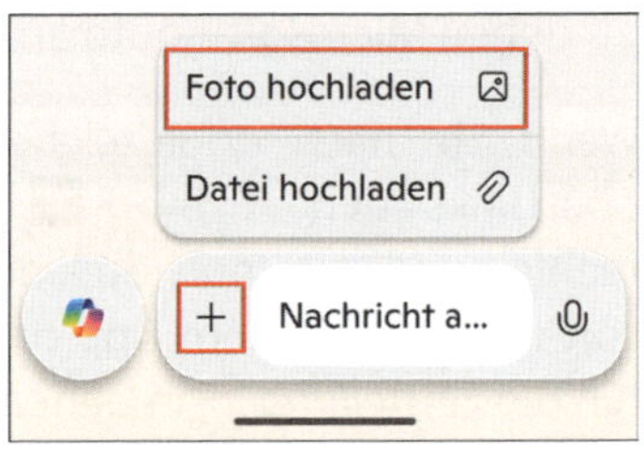

1. Tippen Sie hierzu auf das Plussymbol links neben dem Eingabebereich und wählen Sie im Menü *Foto hochladen*.
2. Wenn Sie diese Funktion zum ersten Mal verwenden, bittet die App Sie um die Erlaubnis, auf die Kamera Ihres Smartphones zugreifen zu dürfen. Die Auswahlmöglichkeiten sind auf Seite 59 beschrieben und gelten hier analog. Wenn Sie *Bei Nutzung der App* wählen, wird der Zugriff gewährt und Sie bleiben in Zukunft von weiteren Rückfragen verschont.
3. Nun öffnet sich automatisch die Kamera-App Ihres Mobilgerätes und Sie können wie sonst auch ein Foto erstellen (Videos kann man bislang mit Copilot nicht analysieren).

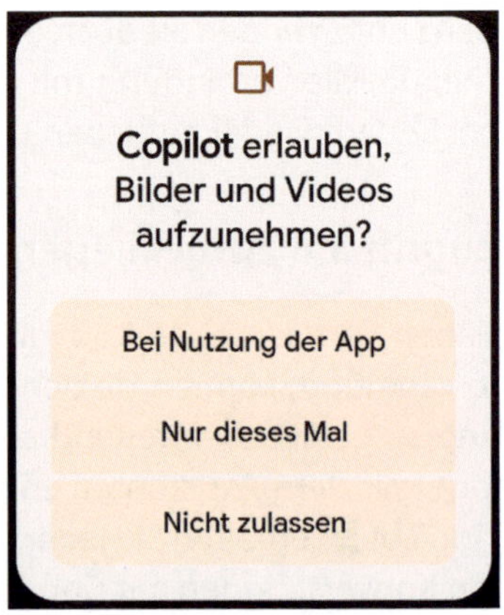

4. Haben Sie die Aufnahme gemacht, wird das erstellte Bild zunächst in einem zusätzlichen Dialog angezeigt. Hier können Sie das Foto überprüfen und ggf. zur Kamera zurückkehren, falls Sie damit nicht zufrieden sind.
5. Mit dem Hand-Symbol können Sie bei Bedarf in den Markierungsmodus wechseln und auf dem Bild beispielsweise durch Umrahmen einen bestimmten Bereich hervorheben, damit Copilot anschließend weiß, welcher Teil der Aufnahme für Sie besonders interessant ist. Das ist immer dann praktisch, wenn der Assistent sich bei einer größeren Aufnahme beispielsweise auf ein spezielles Detail, ein einzelnes Gesicht oder einen bestimmten Bereich konzentrieren soll.

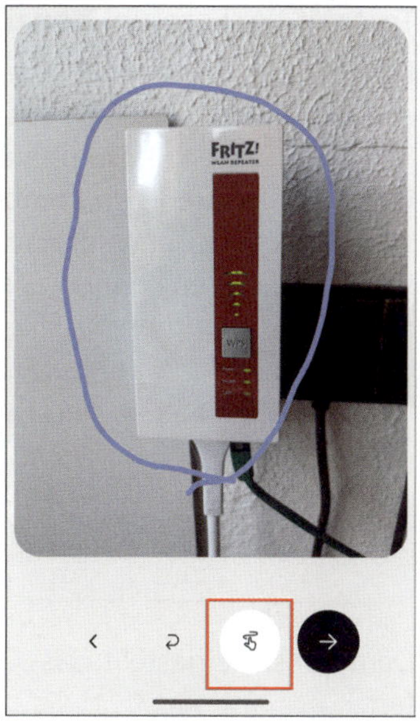

6. Sind Sie mit der Aufnahme und eventuell mit Ihrer Hervorhebung zufrieden, tippen Sie unten rechts auf das Pfeilsymbol, um das Foto an Copilot zu übergeben.
7. Dort wird es wie beim Hochladen einer Datei zunächst als Vorschau in den Eingabebereich eingefügt. Sie können es ohne weitere Aufforderung direkt an Copilot senden und abwarten, was der Assistent damit anfängt. Wenn Sie etwas identifizieren oder allgemeine Informationen dazu haben möchten, reicht das meist schon aus.

8. Sie können das Bild aber auch mit einer konkreten Frage oder Aufforderung ergänzen und dann beides gemeinsam absenden.

Text mit der Fotofunktion übersetzen

Eine praktische Anwendungsmöglichkeit dieser Fotofunktion, die sich vielleicht nicht auf Anhieb erschließt, ist das Übersetzen von Texten. Denn Copilot kann Schrift in Bildern erkennen und extrahieren und auch Texte in viele Sprachen übersetzen. Diese Fähigkeiten lassen sich kombinieren, sodass Sie beispielsweise auf Reisen Hinweisschilder, Wegweiser, Informationstafeln usw. fotografieren und sich dann von Copilot übersetzen lassen können. Die Vorgehensweise ist dabei genau wie vorangehend beschrieben. Versuchen Sie nur, eine möglichst gute Aufnahme vom Text zu erstellen (gute Beleuchtung, ruhige Hand), damit die Texterkennung optimal arbeiten kann. Haben Sie das Foto in den Eingabebereich eingefügt, ergänzen Sie es mit einer Anweisung wie

```
Übersetze mir den Text.
```

Damit ist sichergestellt, dass Copilot Ihnen eine wörtliche Übersetzung des Textes liefert.

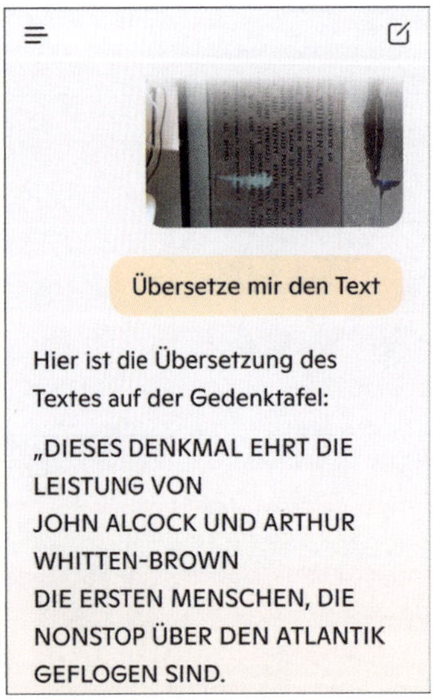

Standortbasierte Prompts

Wenn Sie der mobilen Copilot-App den Zugriff auf die Standortdaten Ihres Smartphones erlaubt haben, können Sie jederzeit auch standortbezogene Prompts nutzen. Copilot erkennt anhand Ihrer Aufforderung automatisch, dass Sie Informationen hinsichtlich Ihres aktuellen Standorts benötigen, und liefert Ihnen eine entsprechende Antwort.

`Was ist der schnellste Weg zum nächsten Krankenhaus?`

Das nächstgelegene Krankenhaus in Kiel ist das **Städtische Krankenhaus Kiel** in der Chemnitzstraße 33, 24116 Kiel. Hier sind die schnellsten Optionen:

- **Mit dem Auto**: Folgen Sie der A215 bis zum Autobahnende in Kiel. Biegen Sie links auf den Westring (K11) ab und dann rechts auf den Kronshagener Weg (L194). Nach etwa 70 Metern biegen Sie rechts in die Chemnitzstraße ein.
- **Öffentliche Verkehrsmittel**: Nutzen Sie die Buslinien 14, 15, 31, 34, 91 oder X90. Die

Auch bei weniger dramatischen lokalen Anfragen kann Copilot Ihnen behilflich sein. Wenn Sie beispielsweise nach bestimmten Restaurants in der Nähe suchen, zeigt der Assistent Ihnen sogar eine interaktive Karte mit Vorschlägen an, sodass Sie genau erkennen können, wo sich die einzelnen Lokalitäten in der Nähe Ihres aktuellen Standorts befinden. Unterhalb der Karte sehen Sie ausführliche Angaben zu den einzelnen Vorschlägen.

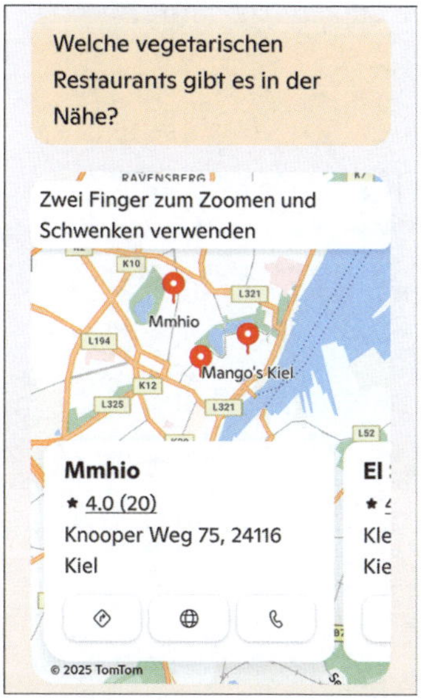

Weitere Ideen für standortbezogene Prompts

Nachfolgend sind einige kreative Ideen für Prompts aufgelistet, die Sie in der mobilen Copilot-App nutzen können, um Standortinformationen zu verwenden:

- Wo befindet sich die nächste Apotheke?
- Was sind die besten Sehenswürdigkeiten in meiner Nähe?
- Zeig mir die nächsten Tankstellen.
- Finde nahegelegene Parks oder Grünanlagen.
- Wo ist das nächste Einkaufszentrum?
- Gibt es interessante Museen in der Nähe?
- Wie weit ist es bis zum nächsten Bahnhof?
- Welche Restaurants bieten hier in der Nähe veganes Essen an?
- Zeig mir die aktuellen Verkehrsmeldungen für meine Umgebung.
- Gibt es einen Wochenmarkt in meiner Nähe?
- Finde die nächstgelegenen Cafés mit gutem WLAN.
- Zeig mir die aktuellen Wetterbedingungen hier.
- Gibt es Wanderwege in der Nähe?
- Wo kann ich in meiner Umgebung Elektroautos aufladen?
- Zeig mir die nächsten Buchhandlungen.
- Welche Aktivitäten gibt es für Kinder in der Nähe?
- Finde Sporthallen oder Fitnessstudios in meiner Umgebung.
- Zeig mir kulturelle Veranstaltungen, die in der Nähe stattfinden.
- Gibt es historische Stätten in der Nähe, die ich besuchen kann?
- Wo sind die besten Aussichtspunkte in der Umgebung?

3. Recherchieren, informieren und Ideen holen

Das Verwenden von Suchmaschinen gehört für viele Menschen heute schon zum Alltag. Egal, welche Arten von Informationen man gerade benötigt: Mit einer Suchanfrage bei Google und Co. erhält man unmittelbar Links zu Webseiten, auf denen die gesuchten Angaben mit sehr hoher Wahrscheinlichkeit direkt zu finden sind. Welche Vorteile könnte es also bieten, anstelle der vertrauten Suchmaschinen einen KI-Assistenten zu befragen?

Wenn Sie eine Suchmaschine bemühen, erhalten Sie – abhängig von der Art der gestellten Suchanfrage – eventuell eine kurze Antwort auf eine Frage. Vor allem aber bekommen Sie eine Liste von Webadressen, die Angaben zu den gesuchten Informationen enthalten. Diese Liste ist zwar in der Regel sehr relevant und treffgenau. Aber Sie müssen diese Treffer eben selbst »abarbeiten«, also anklicken, die Webseiten betrachten und die gesuchten Informationen lokalisieren. Eine Suchmaschine unterstützt Sie also »nur« dabei, Antworten zu einer Frage zu finden.

Ein KI-Assistent hingegen bemüht sich stets, Ihnen direkt eine Antwort auf Ihre Frage zu geben. Er nimmt es Ihnen also ab, die Treffer einer Suchmaschine zu sichten, die relevanten Webseiten zu identifizieren und die gesuchte Information daraus zu extrahieren. Hinzukommt, dass Sie ein Problem oder eine Aufgabenstellung ausführlicher schildern können. Während Sie bei einer Suchmaschine nur ein oder wenige Suchbegriffe angeben oder vielleicht einen Fragesatz formulieren, können Sie einem KI-Assistenten beschreiben, wofür Sie eine Information benötigen oder welche speziellen Aspekte eines Themas Sie genau interessieren. Das Sprachverständnis der KI ermöglicht es, alle diese Kriterien in die Recherche einfließen zu lassen und Ihnen ein Ergebnis zu liefern, das auf Anhieb möglichst konkret und relevant für Ihre Recherche ist.

3.1 Gezieltes Recherchieren mit KI-Hilfe

Das folgende Beispiel illustriert, wie verschieden eine Recherche bei einer klassischen Suchmaschine oder bei einem KI-Assistenten ablaufen kann: Nehmen wir als Situation an, dass Sie plötzlich mit Ohrenschmerzen aufwachen. (Wichtiger Hinweis: Bei körperlichen Beschwerden ist es nicht empfehlenswert, sich ausschließlich auf die virtuelle »Ferndiagnose« einer KI zu verlassen. Insbesondere wenn die Beschwerden andauernd oder stärker werden, sollten Sie nicht auf eine persönliche ärztliche Untersuchung und Diagnose verzichten.)

Bei Google würden Sie dazu eine Suchanfrage wie etwa »Schmerzen im linken Ohr« verwenden. Die Antwort darauf ist eine kurze Zusammenfassung, die Google – übrigens auch basierend auf KI-Methoden – aus dem ersten Treffer zu dieser Suche extrahiert. Darunter folgen Vorschläge für vertiefende Fragen mit jeweils einer kurzen Antwort und einem weiterführenden Link. Schließlich kommt eine lange Liste von Suchtreffern bei Wikipedia und anderen einschlägigen Seiten zu diesem Thema. Diese können Sie erkunden und sich die benötigten Informationen zusammenlesen.

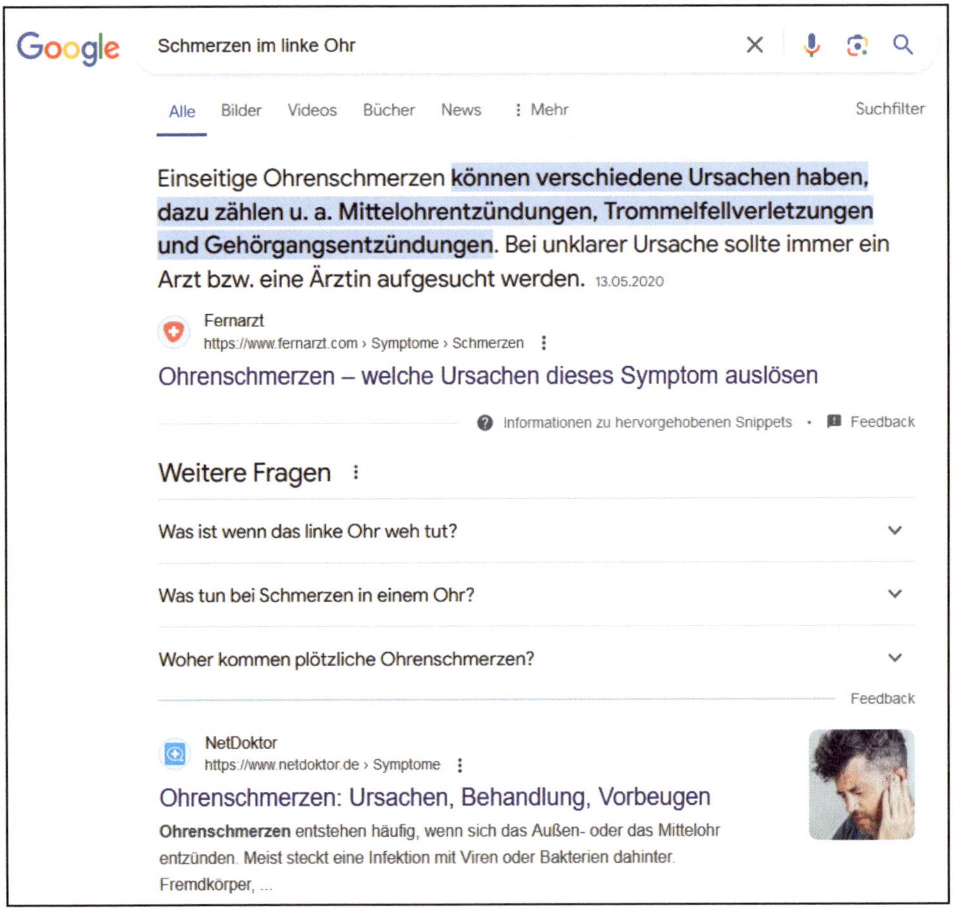

Bei einem KI-Assistenten wäre die Herangehensweise etwas anders: Dem können und sollten Sie Ihre Situation schildern, um dem Assistenten eine angemessene Antwort zu ermöglichen.

```
Mein linkes Ohr tut weh!
```

Die Antwort darauf erscheint sofort etwas einfühlsamer als die technokratische Darstellung in den Google-Suchergebnissen. Sie erhalten einen kurzen Überblick zu möglichen Ursachen und vor allem auch konkrete Handlungsempfehlungen – sowohl zum sinnvollen Umgang als auch zur kurzfristigen Linderung der Beschwerden.

> Mein linkes Ohr tut weh!
>
> Das hört sich unangenehm an! Ohrenschmerzen können aus verschiedenen Gründen auftreten, wie z. B. einer Infektion, einer Verletzung oder sogar einem verstopften Ohr. Es wäre am besten, einen Arzt aufzusuchen, um die genaue Ursache herauszufinden und die richtige Behandlung zu erhalten.
>
> Bis dahin könnte es helfen, wenn du das Ohr warm hältst oder vielleicht ein Schmerzmittel nimmst, falls das für dich in Frage kommt. Aber bitte beachte, dass dies keine medizinische Beratung ist und ein Fachmann konsultiert werden sollte.
>
> Gute Besserung! 🍀

Dass es sinnvoll ist, die eigene Situation so konkret wie möglich zu schildern, können Sie leicht testen, indem Sie die ursprüngliche Anfrage leicht verändern:

```
Mein linkes Ohr tut höllisch weh!
```

Der KI-Assistent erkennt die gesteigerte Dringlichkeit und passt seine Antwort entsprechend an. Er hält sich nun nicht mehr mit dem Aufzählen möglicher Ursachen auf, sondern empfiehlt eindringlich, schnellstmöglich einen Arzt aufzusuchen und bis dahin nichts zu unternehmen, was die Probleme verschlimmern könnte.

> Oh, das klingt wirklich unangenehm! Ohrenschmerzen können viele Ursachen haben, wie zum Beispiel eine Infektion, eine Verstopfung durch Ohrenschmalz, oder sogar Zahnprobleme. Hier sind ein paar Tipps, die dir vielleicht kurzfristig Linderung verschaffen können:
>
> 1. **Warme Kompresse**: Eine warme Kompresse auf das betroffene Ohr legen kann helfen, den Schmerz zu lindern.
> 2. **Schmerzmittel**: Over-the-counter Schmerzmittel wie Ibuprofen oder Paracetamol können helfen, den Schmerz zu reduzieren.
> 3. **Hochlegen**: Versuche, deinen Kopf beim Schlafen etwas höher zu lagern, um den Druck im Ohr zu verringern.

4. **Ruhe**: Versuche, dich auszuruhen und Stress zu vermeiden, um deinem Körper Zeit zur Heilung zu geben.

Dennoch ist es am besten, einen Arzt aufzusuchen, insbesondere wenn die Schmerzen stark sind oder länger als ein paar Tage anhalten. Der Arzt kann die genaue Ursache feststellen und die richtige Behandlung vorschlagen.

Sie können die Antwort des Assistenten aber auch als Ausgangspunkt für weitere Fragen nehmen, indem Sie sich einen Begriff oder Aspekt herausgreifen und genauer nachfragen:

```
Was sind die Symptome einer Ohrenentzündung?
```

Die Symptome einer Ohrenentzündung können je nach Art der Entzündung variieren [1]. Hier sind einige häufige Symptome:

1. **Ohrenschmerzen**: Häufig plötzlich auftretende und starke Schmerzen, die auf einem oder beiden Ohren betreffen können [2].
2. **Fieber**: Besonders bei Kindern kann eine Ohrenentzündung mit Fieber einhergehen [1]
3. **Hörverlust**: Temporärer Hörverlust oder das Gefühl, dass der Ohr "verstopft" ist [2].
4. **Schwindel**: Da das Gleichgewichtsorgan im Ohr liegt, kann Schwindel auftreten [2].
5. **Klopfen oder Pochen im Ohr**: Besonders bei einer Mittelohrentzündung [2].
6. **Ausfluss**: In manchen Fällen kann es zu einem eitrigem oder blutigem Ausfluss kommen, wenn das Trommelfell reißt [2].
7. **Allgemeines Unwohlsein**: Gefühl der Abgeschlagenheit oder Müdigkeit [1].

Wenn du glaubst, dass du eine Ohrenentzündung hast, ist es wichtig, einen Arzt aufzusuchen, um die genaue Ursache festzustellen und die richtige Behandlung zu erhalten.

Auch wenn Sie die Empfehlungen der KI mal nicht ernst nehmen, dürfen Sie trotzdem jederzeit nachfragen. Der Assistent wird zwar ggf. darauf hinweisen, wenn bestimmte Dinge nicht empfehlenswert erscheinen. Aber er wird Ihnen trotzdem die gewünschten Informationen liefern:

```
Wie kann ich eine Ohrenentzündung mit Hausmitteln
selbst behandeln?
```

Es gibt einige Hausmittel, die bei einer Ohrenentzündung helfen können, aber es ist wichtig zu beachten, dass diese Maßnahmen nicht immer ausreichen und eine ärztliche Behandlung erforderlich sein kann. Hier sind einige Tipps zur Selbstbehandlung:

1. **Wärmeanwendung**: Eine warme Kompresse oder ein warmes Kissen auf das betroffene Ohr legen kann helfen, den Schmerz zu lindern und die Heilung zu fördern [1].
2. **Knoblauch oder Zwiebelsäckchen**: Knoblauch oder Zwiebelsäckchen haben antibakterielle Eigenschaften [1]. Eine aufgeschnittene Zwiebel oder ein Knoblauchzehen in ein Tuch wickeln und leicht erwärmen [1].
3. **Olivenöl oder Essig**: Ein paar Tropfen warmes Olivenöl oder verdünnter Essig können helfen, Schmerzen zu lindern und die Heilung zu unterstützen [1].
4. **Salzsocke**: Eine Salzsocke kann helfen, den Druck im Ohr zu verringern und Schmerzen zu lindern [1].
5. **Hydratation und Ruhe**: Ausreichend Wasser trinken und sich ausruhen, um dem Körper die Möglichkeit zur Heilung zu geben [1].

Wohlgemerkt: Alle diese Informationen hätten Sie auf den Webseiten, die Google Ihnen zu dem Thema anbietet, auch gefunden. Denn genau diese Quellen verwenden auch KI-Systeme wie Copilot.

Aber hier müssen Sie eben nicht mühsam danach suchen, sondern bekommen sie direkt auf den Bildschirm geliefert. Und durch Schildern der konkreten Situation oder Umstände erhalten Sie – ggf. in einem kurzen Dialog – passgenaue Informationen und Empfehlungen für Ihre individuellen Bedürfnisse.

Was ist die richtige Reihenfolge?

Ein weiteres gutes Beispiel, wie man das Wissen von KI-Assistenten anzapfen und so viel schneller an die gewünschten Informationen kommen kann, ist die Reihenfolge von Büchern, Filmen oder Musikalben. Vor allem, wenn man mit dem Werk eines Künstlers noch nicht vertraut ist, sich aber gerade damit befassen möchte, kann der Überblick erst mal schwierig sein. Aber Copilot weiß alles über solche Themen und kann dazu kompetent Auskunft geben.

```
In welcher Reihenfolge sollte man die Bücher von
Agatha Christie lesen?
```

Agatha Christie hat über 80 Romane und Kurzgeschichtensammlungen geschrieben, darunter Serien mit ikonischen Detektiven wie Hercule Poirot und Miss Marple, sowie eigenständige Werke. Es gibt keine strikte Reihenfolge, in der man alle ihre Bücher lesen muss, aber hier sind einige Ansätze:

Chronologische Reihenfolge

Du könntest ihre Bücher in der Reihenfolge lesen, in der sie veröffentlicht wurden, um ihre Entwicklung als Schriftstellerin und die gesellschaftlichen Veränderungen, die sich in ihren Geschichten widerspiegeln, nachzuvollziehen.

Nach Serien geordnet

1. **Hercule Poirot**: Lies die 33 Romane und Kurzgeschichten von Poirot, beginnend mit Das fehlende Glied in der Kette (The Mysterious Affair at Styles, 1920) bis zu seinem letzten Fall Vorhang (Curtain, 1975).
2. **Miss Marple**: Lies die 12 Romane und Kurzgeschichten, angefangen mit Mord im Pfarrhaus (The Murder at the Vicarage, 1930).
3. **Tommy und Tuppence Beresford**: Lies diese fünf Bücher in der Reihenfolge von Ein gefährlicher Gegner (The Secret Adversary, 1922) bis zu Alter schützt vor Scharfsinn nicht (Postern of Fate, 1973).

Thematisch oder nach Interesse

- Wenn du spannende Krimis auf Reisen magst, starte mit Mord im Orient-Express oder Tod auf dem Nil.

Selbst bei einer so produktiven Autorin wie Agatha Christie kann Copilot kompetent Auskunft geben, wobei dieses Beispiel zu einer konkreten Nachfrage einlädt:

```
In welcher Reihenfolge sollte man die Miss Marple-
Krimis lesen?
```

Die Miss Marple-Krimis von Agatha Christie lassen sich in der Reihenfolge ihrer Veröffentlichung lesen, da sich die Geschichten dadurch auf natürliche Weise entfalten. Hier ist die chronologische Reihenfolge:

1. **Mord im Pfarrhaus** (The Murder at the Vicarage, 1930) – Miss Marples erster Fall.
2. **Die Tote in der Bibliothek** (The Body in the Library, 1942).
3. **Der Dienstagabend-Klub** (The Thirteen Problems, 1932) – Eine Sammlung von Kurzgeschichten.

4. **Ein Mord wird angekündigt** (A Murder is Announced, 1950).
5. **Fata Morgana** (They Do It With Mirrors, 1952).
6. **16.50 Uhr ab Paddington** (4.50 from Paddington, 1957).
7. **Eine Handvoll Asche** (The Mirror Crack'd from Side to Side, 1962).
8. **Karibische Affäre** (A Caribbean Mystery, 1964).
9. **Ruhe unsanft** (At Bertram's Hotel, 1965).
10. **Der letzte Besuch** (Nemesis, 1971).
11. **Ein ungeladener Gast** (Sleeping Murder, 1976) – Dieser Roman wurde zwar später veröffentlicht, aber von Christie bereits in den 1940er Jahren geschrieben.

Manchmal sucht man aber auch nicht gleich nach der richtigen Reihenfolge aller Teile, sondern überhaupt erst mal nur nach einem guten Einstieg. Auch hier kann ein KI-Assistent wie in unserem Fall Copilot wertvolle Tipps geben und Vorschläge machen.

```
Welches Buch eignet sich besonders als Einstieg in
die Welt von Miss Marple?
```

Ein großartiger Einstieg in die Welt von Miss Marple ist **"Mord im Pfarrhaus"** (The Murder at the Vicarage), das 1930 veröffentlicht wurde. Es ist der erste Roman, in dem Miss Marple als Detektivin auftritt, und man bekommt einen wunderbaren Einblick in ihr scharfsinniges Wesen sowie die ländliche Idylle (und Intrigen!) von St. Mary Mead, ihrem Heimatdorf. Es etabliert viele der Charakterzüge und Themen, die für ihre späteren Geschichten typisch sind.

Wenn du lieber etwas Kurzes lesen möchtest, um dich mit Miss Marple vertraut zu machen, sind die Kurzgeschichten aus der Sammlung **"Der Dienstagabend-Klub"** (The Thirteen Problems) ebenfalls perfekt, da sie eine Vielzahl von Fällen bieten, die ihre außergewöhnlichen Fähigkeiten als Beobachterin und Denkerin zeigen.

Es gibt vermutlich kaum einen Bereich, in dem die Reihenfolge so umstritten ist wie im Universum der Star Wars-Filme. Auch hier kann Copilot helfen, indem er mögliche Varianten aufzählt und gegenüberstellt.

```
Welches ist die beste Reihenfolge für die Star Wars-
Filme?
```

> Die beste Reihenfolge hängt von deinen persönlichen Vorlieben ab, aber hier sind meine Empfehlungen, je nachdem, was du aus dem Star Wars-Erlebnis herausholen möchtest:
>
> **Für Einsteiger:**
>
> Die **Erscheinungsreihenfolge** (Originalveröffentlichung) ist ideal, um die Magie so zu erleben, wie sie das Publikum damals entdeckte. Du startest mit der klassischen Trilogie (Episode IV-VI), die viele Fans als Herzstück der Saga betrachten.
>
> **Für Geschichtsinteressierte:**
>
> Die **chronologische Reihenfolge** (nach Handlung) lässt dich die Geschichte von Anfang an erleben. Perfekt für ein vollständiges Verständnis der Ereignisse, wobei du von den Prequels (Episode I-III) bis zu den Sequels (Episode VII-IX) gehst.
>
> **Für ein optimiertes Erlebnis:**
>
> Die **Machete-Order** ist spannend und betont die größten Wendungen der Geschichte:
>
> - Episode IV: Eine neue Hoffnung

Dieses Beispiel zeigt sehr schön eine typische Eigenschaft von KI-Systemen wie Copilot: Sie bemühen sich stets um Ausgewogenheit und Neutralität. Sie stellen eher verschiedene Möglichkeiten gegenüber und wägen die Vor- und Nachteile der Alternativen ab, anstatt dem Nutzer eine konkrete Entscheidung aufzudrängen. In der Regel ist das auch gut und richtig so. Falls Sie aber doch mal eine klare Entscheidung von Copilot haben möchten, müssen Sie die Aufforderung dazu nur eindeutig genug formulieren:

```
Wenn du dich für eine Reihenfolge entscheiden
müsstest, welche würdest du wählen?
```

> Wenn ich mich entscheiden müsste, würde ich wohl die **Machete-Order** wählen. Sie bietet eine großartige Mischung aus Spannung, Charakterentwicklung und überraschenden Wendungen. Der Fokus bleibt dabei auf Luke Skywalkers Reise und der zentralen Handlung, ohne die Dramatik der großen Enthüllungen zu schmälern. Außerdem liefert sie genügend Hintergrund, um die tragische Entwicklung von Anakin Skywalker nachzuvollziehen, bevor die Geschichte in Episode VI ihren emotionalen Höhepunkt erreicht.

Ich würde sie so schauen:

1. Episode IV: Eine neue Hoffnung
2. Episode V: Das Imperium schlägt zurück
3. Episode II: Angriff der Klonkrieger
4. Episode III: Die Rache der Sith
5. Episode VI: Die Rückkehr der Jedi-Ritter

Danach könnte man die Sequels (Episode VII–IX) als Epilog ansehen und eigenständige Filme wie Rogue One hinzufügen, falls man noch tiefer in die Welt eintauchen möchte.

Wie klingt das für dich? Oder würdest du doch lieber von Anfang bis Ende in chronologischer Reihenfolge eintauchen? 😊

3.2 Copilot fasst Webseiten zusammen

Manchmal möchte man sich über ein Thema nicht gleich in aller Ausführlichkeit informieren, sondern sich zunächst mal einen schnellen Überblick verschaffen. Dazu kann man so lange suchen, bis man eine Webseite mit einem Artikel oder Blog-Beitrag in der genau richtigen Länge gefunden hat. Oder man sucht sich einen ausführlichen Text aus einer kompetenten Quelle und lässt sich diesen von einem KI-Assistenten auf das Wesentliche zusammenfassen.

Erstelle eine Zusammenfassung dieser Webseite: https://www.gieseke-buch.de/fritzbox/fernsteuerung-tastendruck-dtmf

Die Webseite auf gieseke-buch.deerklärt, wie man die **Fernsteuerung von Anrufbeantwortern (ABs) und Telefon-Dialogsystemen per Tastendruck** (DTMF-Töne) mit einer FRITZ!Box einrichtet 1. Es werden häufige Probleme und deren Lösungen beschrieben, wie zum Beispiel das **saubere Übertragen der Frequenzen**, die für die DTMF-Töne notwendig sind 1. Außerdem gibt es Hinweise zur **Anpassung der Übertragungsmodi** in der FRITZ!Box, um die Zuverlässigkeit der Tastendrucksteuerung zu verbessern 1.

Hoffe, das hilft! Gibt es noch etwas, bei dem ich behilflich sein kann?

1 www.gieseke-buch.de

Mit dem Edge-Browser geht das besonders komfortabel, da er Copilot direkt als Seitenleiste integriert hat (siehe Seite 46). Aber auch, wenn Sie Copilot in einem anderen Webbrowser oder als App nutzen, können Sie sich auf beliebige Webseiten beziehen, indem Sie den Link dorthin zum Teil des Chats mit dem KI-Assistenten machen.

Hierzu reicht es, wenn Sie die Webadresse der betreffenden Seite in das Eingabefeld von Copilot einfügen und beispielsweise mit der Anweisung ***Erstelle eine Zusammenfassung dieser Webseite*** ergänzen.

3.3 Mit Copilot erfolgreich lernen

Künstliche Intelligenz kennt und weiß (fast) alles und kann dieses Wissen auch jederzeit in anschauliche Erklärungen verpacken. Da liegt es nahe, ihre Hilfe gerade auch da in Anspruch zu nehmen, wo es um Wissensvermittlung geht: beim Lernen für Schule, Studium oder auch bei der Weiterbildung im Beruf. Und nicht nur für die Lernenden selbst kann ein KI-Assistent hilfreich sein. Gerade wenn man als Eltern dem Nachwuchs bei den Hausaufgaben oder beim Lernen für einen Test helfen soll oder möchte, steht man schnell vor dem Problem, dass die eigene Schulzeit schon länger her ist und man das Wissen von damals nicht mehr sofort präsent hat. Die KI kann für eine schnelle Auffrischung sorgen.

Nehmen wir als Situation an, dass Sie ein Kind haben, das in der Schule gerade Photosynthese lernt. Sie möchten bei den Hausaufgaben oder auch beim Vorbereiten auf eine Klausur helfen. Fragen Sie den Assistenten nicht einfach nach dem Thema, sondern schildern Sie die Situation, damit Sie eine möglichst auf Ihre Situation angepasste Antwort erhalten.

```
Mein Kind lernt in der Schule gerade Photosynthese.
Erzähl mir in einfachen Worten, was ich darüber wissen
muss, um bei den Hausaufgaben helfen zu können!
```

Gerne erkläre ich dir die Grundlagen der Photosynthese auf einfache Weise:

Was ist Photosynthese?

Photosynthese ist der Prozess, bei dem Pflanzen Sonnenlicht nutzen, um ihre eigene Nahrung herzustellen. Dabei nehmen sie Wasser und Kohlendioxid auf und wandeln diese in Zucker (Glukose) und Sauerstoff um.

Die Bestandteile der Photosynthese

- **Sonnenlicht:** Liefert die Energie für den Prozess.
- **Wasser:** Wird über die Wurzeln aus dem Boden aufgenommen.
- **Kohlendioxid:** Wird aus der Luft durch die Blätter aufgenommen.
- **Chlorophyll:** Ein grünes Pigment in den Blättern, das Licht absorbiert.

Der Ablauf der Photosynthese

1. **Lichtenergie aufnehmen:** Das Chlorophyll in den Blättern fängt das Sonnenlicht ein.
2. **Wasser aufspalten:** Die Pflanze nutzt das Licht, um Wasser in Sauerstoff und Wasserstoff zu spalten.
3. **Zucker herstellen:** Der Wasserstoff und das Kohlendioxid werden kombiniert, um Zucker (Glukose) zu bilden. Dieser Zucker dient der Pflanze als Nahrung.
4. **Sauerstoff freisetzen:** Als Nebenprodukt wird Sauerstoff in die Luft abgegeben.

Warum ist Photosynthese wichtig?

In diesem Beispiel liefert Copilot einen kompakten Überblick über das Thema, der sowohl eine grundlegende Definition bietet als auch komplexere Informationen wie Bezeichnungen der beteiligten Stoffe und Berechnungsformeln. Auch die grundlegende Bedeutung der Photosynthese wird erläutert und es werden Tipps gegeben, wie man das Thema gut vermitteln kann.

Die KI kann das vermittelte Wissen flexibel an Ihre Bedürfnisse anpassen. Mit der folgenden Anfrage machen Sie beispielsweise klar, dass es Ihnen nicht um Basis-Schulwissen geht, sondern um fortgeschrittene Informationen auf dem Niveau eines Prüfungsfachs.

```
Mein Sohn hat am Gymnasium Biologie als Prüfungsfach.
Bei der nächsten Klausur geht es um das Thema
Photosynthese. Was muss ich darüber wissen, um ihm
helfen zu können?
```

Wenn Sie diese Anfrage absenden, werden Sie feststellen, dass sich die Antwort von Copilot unterscheidet und nun weitergehende Informationen enthält.

Das klingt nach einer spannenden Klausur! Hier sind einige wichtige Themen und Punkte zur Photosynthese, die dein Sohn für seine Prüfung wissen sollte:

1. Der Ablauf der Photosynthese

- **Lichtabhängige Reaktionen:** Diese finden in den Thylakoidmembranen der Chloroplasten statt. Lichtenergie wird genutzt, um Wasser in Sauerstoff, Protonen und Elektronen zu spalten, und dabei werden ATP und NADPH produziert.
- **Calvin-Zyklus (lichtunabhängige Reaktionen):** Dieser findet im Stroma der Chloroplasten statt und verwendet ATP und NADPH aus den Lichtreaktionen, um CO_2 in Glukose umzuwandeln.

2. Wichtige Moleküle und Strukturen

- **Chlorophyll:** Das wichtigste Pigment, das Licht absorbiert und die Energie an das Photosystem weiterleitet.
- **Photosysteme I und II:** Komplexe in der Thylakoidmembran, die an der Umwandlung von Lichtenergie beteiligt sind.
- **ATP-Synthase:** Ein Enzym, das ATP aus ADP und anorganischem Phosphat produziert, angetrieben durch einen Protonengradienten.

3. Der Calvin-Zyklus im Detail

- **Fixierung:** CO_2 wird durch das Enzym Rubisco an Ribulose-1,5-bisphosphat (RuBP) gebunden, um 3-Phosphoglycerat (3-PGA) zu bilden.
- **Reduktion:** 3-PGA wird zu Glycerinaldehyd-3-phosphat (G3P) reduziert, wobei ATP und NADPH verwendet werden.

So hilft Copilot beim Lernen

Wenn beispielsweise eine Klassenarbeit oder Klausur ansteht, geht es dabei in der Regel um ein oder zwei ganz konkrete Themenbereiche, die zuvor im Unterricht behandelt wurden.

Beim Vorbereiten kann es dabei hilfreich sein, sich erst mal einen Überblick zu verschaffen, was eigentlich alles zu einem bestimmten Thema gehört. Jüngere Schüler bekommen dazu von den Lehrkräften gern mal einen »Lernzettel«, an dem sie sich orientieren können. Ältere Schüler oder Studenten können das nicht erwarten. Aber hier kann der KI-Assistent einspringen und einen solchen generieren.

```
Ich besuche die 9. Klasse und schreibe morgen eine
Arbeit im Fach Geschichte zum Thema »Französische
Revolution«. Auf welche Themen sollte ich mich
vorbereiten? Erstelle mir einen Lernzettel dafür.
```

So erhalten Sie eine praktische Übersicht über ein Thema mit konkreten Hinweisen, welche Fakten, Namen, Fachbegriffe und Zusammenhänge Sie kennen und erläutern können sollten.

Und selbstverständlich können Sie den Assistenten zu jedem dieser Themen näher befragen, um ggf. Ihre Wissenslücken zu schließen.

Themen zur Vorbereitung

1. **Ursachen der Französischen Revolution**
   - Soziale Ungleichheiten
   - Wirtschaftliche Probleme
   - Einfluss der Aufklärung
   - Finanzkrise
2. **Phasen der Revolution**
   - Beginn und der Sturm auf die Bastille (1789)
   - Die Erklärung der Menschen- und Bürgerrechte
   - Die konstitutionelle Monarchie
   - Die Erste Französische Republik und die Hinrichtung Ludwigs XVI.
   - Die Schreckensherrschaft (Reign of Terror) unter Robespierre
3. **Wichtige Persönlichkeiten**
   - Ludwig XVI.
   - Marie Antoinette
   - Maximilien Robespierre
   - Georges Danton
   - Napoleon Bonaparte
4. **Wichtige Ereignisse und Dokumente**

Auf Prüfungssituationen konkret vorbereiten

Um sich auf eine Klausur oder Prüfung optimal vorzubereiten, müssen Sie sich nicht darauf beschränken, sich mit KI-Hilfe Wissen anzueignen. Sie können mit deren Hilfe auch prüfen, ob Sie auf ein bestimmtes Thema gut vorbereitet sind:

```
Mein Kind lernt in der Schule gerade über die
Photosynthese und schreibt dazu bald eine
Klassenarbeit. Was für Fragen oder Aufgaben
könnten in der Arbeit drankommen?
```

So lassen Sie sich von Copilot eine Liste von Fragen bzw. Aufgaben generieren und probieren aus, ob und wie sicher Sie diese beantworten könnten.

Mögliche Fragen zur Photosynthese

1. **Grundwissen:**
   - Was ist Photosynthese?
   - In welchem Teil der Pflanze findet die Photosynthese statt?
   - Warum ist Photosynthese wichtig für das Leben auf der Erde?
2. **Beteiligte Organellen und Stoffe:**
   - Welche Rolle spielen die Chloroplasten in der Photosynthese?
   - Welches Pigment ist für die Absorption des Lichtes während der Photosynthese verantwortlich?
3. **Prozessablauf:**
   - Beschreibe die grundlegenden Schritte der Photosynthese.
   - Was sind die Produkte und Edukte der Photosynthese?
   - Formuliere die chemische Gleichung der Photosynthese.
4. **Bedingungen und Einflussfaktoren:**

Wenn Sie feststellen, dass Sie bei einer Frage nicht weiterkommen oder unsicher sind, können Sie Ihre Nase noch mal in ein Buch stecken. Oder aber Sie fragen den Copiloten, was die richtige Antwort wäre:

```
Was wäre eine gute Antwort auf Frage Nr. 3?
```

Klar, hier ist eine gute Antwort auf die Frage "Warum ist Photosynthese wichtig für das Leben auf der Erde?":

Photosynthese ist entscheidend für das Leben auf der Erde aus mehreren Gründen:

1. **Sauerstoffproduktion:** Während der Photosynthese produzieren Pflanzen Sauerstoff als Nebenprodukt. Dieser Sauerstoff ist essentiell für das Atmen von Tieren und Menschen.
2. **Energiequelle:** Die Photosynthese wandelt Lichtenergie in chemische Energie um, die in Form von Glukose gespeichert wird. Diese Glukose dient als Energiequelle für Pflanzen und wird durch Nahrungsketten weitergegeben.
3. **Kohlenstoffdioxid-Reduktion:** Pflanzen nehmen während der Photosynthese Kohlenstoffdioxid (CO_2) aus der Luft auf. Dies hilft, den CO_2-Gehalt in der Atmosphäre zu regulieren und spielt eine wichtige Rolle im globalen Kohlenstoffkreislauf.
4. **Nahrung:** Die Photosynthese ist die Grundlage der Nahrungsketten. Pflanzen sind

Weitere Beispiel-Prompts für Schule und Studium

- `Was sind die Hauptursachen und Auswirkungen des Klimawandels?`
- `Beschreibe den Aufbau einer Pflanzennervenzelle.`
- `Erkläre den Unterschied zwischen Osmose und Diffusion.`
- `Welche Rolle spielt die Französische Revolution in der modernen Geschichte?`
- `Wie funktioniert die Relativitätstheorie?`
- `Vergleiche und kontrastiere die politischen Systeme von Deutschland und den USA.`
- `Wie beeinflusste die industrielle Revolution das Leben der Menschen im 19. Jahrhundert?`
- `Erkläre die Funktion der verschiedenen Teile eines Autos.`
- `Welche Theorien gibt es über die Entstehung des Universums?`

- Erörtere die sozialen und ökonomischen Auswirkungen des Ersten Weltkriegs.
- Erkläre die Bedeutung der Photosynthese für das Leben auf der Erde.
- Was sind die wichtigsten Merkmale des Barockstils in der Kunst?
- Wie funktioniert das menschliche Immunsystem?
- Welche Faktoren beeinflussen die Wirtschaftsentwicklung eines Landes?
- Beschreibe die Prozesse der Plattentektonik und ihre Auswirkungen.
- Erkläre die Unterschiede zwischen Mitochondrien und Chloroplasten.
- Welche sozialen und politischen Veränderungen führte die Frauenbewegung im 20. Jahrhundert herbei?
- Vergleiche und kontrastiere die Werke von Shakespeare und Goethe.
- Welche Rolle spielen Enzyme im menschlichen Körper?
- Erkläre die Grundlagen der Quantenmechanik.

3.4 Rezepte für jeden Anlass

Wer in der Küche gern Neues ausprobiert und stets auf der Suche nach interessanten Rezepten ist, für den ist das Internet eine große Bereicherung. Hier gibt es große Rezeptsammlungen und Online-Gemeinschaften, die sich ausschließlich diesem Thema widmen. Diese bieten teilweise auch schon spezielle Sucheigenschaften, etwa zu vorhandenen Zutaten ein möglichst passendes Rezept zu liefern.

KI-Systeme haben auf all dieses Wissen ebenfalls Zugriff und stellen Ihnen noch leichtere und flexiblere Möglichkeiten zur Verfügung, für jede Situation das passende Rezept zu finden.

Das Schöne daran ist, dass man keine Webadressen kennen und sich nirgends anmelden muss und sich auch nicht durch komplexe Suchformulare zu klicken braucht. Stattdessen können Sie Copilot mitteilen, was Sie genau möchten:

```
Ich benötige ein Rezept für einen klassischen
Frankfurter Kranz.
```

So einfache Vorgaben stellen Copilot vor keine Herausforderung und so erhalten Sie umgehend eine ausführliche Zutatenliste gefolgt von der genauen Anleitung.

Zutaten für die Buttercreme:

- 500 ml Milch
- 1 Päckchen Vanillepuddingpulver
- 100 g Zucker
- 250 g Butter

Zutaten für die Dekoration:

- Johannisbeergelee
- Krokant

Anleitung:

1. **Teig zubereiten:**
   - Butter, Zucker und Vanillezucker schaumig rühren.
   - Eier einzeln unterrühren.
   - Mehl, Backpulver und Speisestärke mischen und nach und nach unter die Butter-Ei-Masse rühren.
   - Den Teig in eine gefettete und gemehlte Kranzform füllen und bei 180°C (Ober-/Unterhitze) etwa 40-45 Minuten backen. Gut auskühlen lassen.

Vielleicht haben Sie aber auch nur eine ganz bestimmte Zutat, die Sie verarbeiten möchten. Dann können Sie sich Vorschläge machen lassen, was man damit anstellen könnte und welche weiteren Zutaten dafür ggf. erforderlich wären.

```
Ich habe eine große Schüssel Erdbeeren gepflückt.
Sonst habe ich keine speziellen Zutaten im Haus. Was
kann ich damit Leckeres machen? Mach mir ein paar
Vorschläge und schreibe jeweils dazu, was ich außer
den Erdbeeren noch benötigen würde.
```

> Mit frischen Erdbeeren kann man viele köstliche Gerichte zaubern, selbst wenn man nur wenige zusätzliche Zutaten zur Hand hat. Hier sind einige einfache und leckere Vorschläge:
>
> 1. **Erdbeer-Smoothie:**
>   - Erdbeeren
>   - Milch oder Joghurt (optional: Hafermilch oder ein anderer Milchersatz)
>   - Ein wenig Honig oder Zucker, wenn gewünscht
>
>   Einfach alles zusammen in einen Mixer geben und pürieren. Fertig ist ein erfrischender Erdbeer-Smoothie!
> 2. **Erdbeer-Salat:**
>   - Erdbeeren
>   - Ein grüner Salat (z.B. Rucola oder Spinat)
>   - Ein Spritzer Zitronensaft oder Balsamico-Essig
>   - Etwas Olivenöl
>   - Eine Prise Salz und Pfeffer
>
>   Die Erdbeeren in Scheiben schneiden und mit dem grünen Salat mischen. Mit Zitronensaft oder Balsamico-Essig, Olivenöl, Salz und Pfeffer abschmecken.

Wenn Sie sich für eine der Varianten entscheiden, können Sie sich das genaue Rezept dafür selbstverständlich nachliefern lassen:

```
Wie ist das Rezept für Erdbeer-Tiramisu?
```

Ein wichtiges Thema bei Rezepten sind leider auch Allergien, Unverträglichkeiten oder einfach spezielle Vorlieben oder Abneigungen. Alles das kann Copilot auf Wunsch berücksichtigen und Ihnen passende Varianten präsentieren:

```
Ich muss einen Salat für eine Grillparty machen.
Mehrere Gäste sind Vegetarier oder Veganer. Eine
Person verträgt kein Gluten. Mach mir bitte ein paar
Vorschläge für leckere Salate.
```

Falls nicht das Richtige dabei ist oder falls Sie mit der Art der Vorschläge nicht zufrieden sind, können Sie jederzeit nachjustieren, etwa so:

```
Mach mir bitte ein paar klassischere Vorschläge!
```

oder

```
Mach mir bitte ein paar innovativere Vorschläge!
```

Natürlich! Hier sind einige klassische Salatvorschläge, die jedem schmecken und gleichzeitig den Ernährungsbedürfnissen aller Gäste gerecht werden:

1. Kartoffelsalat (ohne Mayo)

Zutaten:

- 1 kg festkochende Kartoffeln
- 1 Zwiebel, fein gehackt
- 250 ml Gemüsebrühe
- 3 EL Apfelessig
- 4 EL Olivenöl
- Salz und Pfeffer
- Frische Petersilie, gehackt

Zubereitung:

Sagt Ihnen einer der Vorschläge zu, liefert Copilot Ihnen auf Wunsch jederzeit ein konkretes Rezept, etwa:

```
Stell mir ein Rezept für den veganen, glutenfreien
Nudelsalat zusammen.
```

oder

```
Gib mir ein Rezept für den Griechischen Salat, aber
lass die Nüsse weg.
```

Manchmal sind aber auch andere Rahmenbedingungen entscheidend, beispielsweise die Zeit, wenn man überraschend auf die Schnelle noch etwas hinbekommen muss:

```
Meine Schwiegermutter hat sich überraschend in zwei
Stunden zum Besuch angemeldet. Was für einen Kuchen
kann ich bis dahin noch backen?
```

Kein Grund zur Panik! Hier sind einige einfache und schnelle Kuchenrezepte, die du in kürzester Zeit zubereiten kannst:

Zitronenkuchen

Zutaten:

Aber auch auf Fachfragen und zu konkreten Problemen kann Copilot jederzeit kompetente Auskunft geben:

- Wie legt man einen Sauerbraten richtig ein?
- Ich möchte eine Lasagne kochen. Wie kann ich für einen Gast mit Laktoseintoleranz die Milch in der Béchamelsauce ersetzen?
- Beim Marmeladekochen gerät mir die Marmelade oft zu flüssig. Was kann ich besser machen?
- Wie heißt noch mal dieses italienische Gericht mit Kalbsfleisch und Thunfisch?

Weitere Prompts zu Essen und Kochen

- Was kann ich mit den Zutaten in meinem Kühlschrank zaubern?
- Vorschläge für schnelle und gesunde Abendessen unter 30 Minuten.
- Interessante Variationen von Klassikern wie Spaghetti Bolognese oder Hühnersuppe.

```
■ Wie kann ich mein Basisrezept für Pfannkuchen
  aufpeppen?
■ Ideen für vegetarische Gerichte, die auch
  Fleischliebhaber begeistern.
■ Tipps für ein romantisches Abendessen zu Hause.
■ Wie kann ich eine nahrhafte Mahlzeit aus preiswerten
  Zutaten zubereiten?
■ Vorschläge für Mahlzeiten, die sich gut zum Vorkochen
  eignen.
■ Kreative Frühstücksideen, die über das gewöhnliche
  Müsli hinausgehen.
■ Einfache und leckere Desserts ohne Backen.
■ Vegetarische BBQ-Rezepte für den Sommer.
■ Kinderfreundliche Rezepte, die Spaß machen und gesund
  sind.
■ Ideen für das nächste Familienfest oder eine Party.
■ Tipps und Tricks für das perfekte Grillen.
■ Rezepte für wärmende Eintöpfe und Suppen im Winter.
■ Wie kann ich übrig gebliebenes Brot in schmackhafte
  Gerichte verwandeln?
■ Vegetarische und vegane Rezepte, die auch
  proteinreich sind.
■ Ungewöhnliche Geschmackskombinationen, die man
  ausprobieren sollte.
■ Wie kann ich internationale Gerichte einfach zu
  Hause nachkochen
```

3.5 Copilot als cleverer Einkaufshelfer

Ein weiteres Gebiet, bei dem viele Menschen sich das Internet zunutze machen, ist das Informieren über Produkte, um das beste Angebot zu finden. Informationen findet man meist reichlich.

Allerdings kann es mühsam werden, sich durch zahlreiche Tests, Vergleiche und Kundenrezensionen zu klicken und letztlich die genauen Produkteigenschaften zu recherchieren. Da die KI alle diese Informationen in ihrem Datenbestand verarbeitet hat, kann sie schnellere Antworten liefern. Dabei hilft es, die eigenen Vorstellungen und Ansprüche möglichst genau zu schildern.

Aktualität beachten!

Bei Informationen zu Produkten spielt Aktualität eine wichtige Rolle. Beachten Sie deshalb, wie aktuell der Datenbestand Ihres KI-Systems ist (siehe Seite 32).

```
Ich brauche eine neue Waschmaschine. Wir sind zwei
Erwachsene und zwei Kinder. Die Maschine sollte sparsam
und möglichst leise sein. Außerdem lege ich Wert auf
ein Antiknitter-Programm.
```

Das klingt nach einer guten Wahl! Hier sind einige Waschmaschinen, die deinen Anforderungen entsprechen könnten:

1. **Bosch WAX28M42**: Diese Waschmaschine ist sehr leise (69 dB) und hat ein Fassungsvermögen von 9 kg [1]. Sie bietet auch ein Antiknitter-Programm [1].
2. **Miele WSR 863 WPS**: Diese freistehende Waschmaschine ist ebenfalls sehr leise (68 dB) und hat ein Fassungsvermögen von 9 kg [1]. Sie bietet ebenfalls ein Antiknitter-Programm [1].
3. **Haier HW80-B14636N**: Diese freistehende Waschmaschine ist ebenfalls leise (67 dB) und hat ein Fassungsvermögen von 8 kg [1]. Sie bietet ebenfalls ein Antiknitter-Programm [1].

Alle diese Modelle sind energieeffizient und bieten verschiedene Programme, um unterschiedliche Arten von Textilien zu waschen. Welches Modell spricht dich am meisten an?

Sollten Ihnen die Vorschläge noch nicht zusagen, bitten Sie Copilot um weitere Vorschläge.

```
■ Hast du noch weitere Vorschläge?
■ Gibt es günstigere Alternativen?
```

Ja, es gibt auch günstigere Alternativen mit einem Antiknitter-Programm. Hier sind einige Modelle, die du in Betracht ziehen könntest:

1. **Bomann WA 7195**: Diese Waschmaschine hat ein Fassungsvermögen von 9 kg und kostet etwa 299 € 1. Sie bietet verschiedene Programme, darunter ein Eco-Programm und ein Antiknitter-Programm 1.
2. **Siemens WM14N123 iQ 300**: Diese Waschmaschine hat ein Fassungsvermögen von 7 kg und kostet etwa 499 € 1. Sie bietet ebenfalls ein Antiknitter-Programm und verschiedene andere Programme 1.
3. **Gorenje WNHEI74SAPS**: Diese Waschmaschine hat ein Fassungsvermögen von 7 kg und kostet etwa 299 € 1. Sie bietet ebenfalls ein Antiknitter-Programm und verschiedene andere Programme 1.

Diese Modelle sind preiswerter und bieten trotzdem die gewünschten Funktionen.

Um sich zwischen konkreten Modellen entscheiden zu können, kann Ihnen Copilot die technischen Daten von infrage kommenden Geräten als Tabelle zum direkten Vergleich aufbereiten:

```
Vergleiche bitte alle technischen Daten der Modelle
von Siemens und Gorenje in einer Tabelle!
```

Hier ist eine Vergleichstabelle der technischen Daten der Waschmaschinen von Siemens und Gorenje:

Merkmal	Siemens WM14N123 iQ 300	Gorenje WNHEI74SAPS
Fassungsvermögen	7 kg	7 kg
Trommelvolumen	55 l	46 l
Schleuderdrehzahl	1400 U/min	1400 U/min
Geräuschpegel	75 dB (A)	76 dB (A)
Energieeffizienzklasse	B	A
Programme	13	15
Preis	ca. 499 €	ca. 299 €

Auch bei grundsätzlicheren Fragen können Sie sich von Copilot beraten lassen. Vielleicht haben Sie sich auch schon mal die Gretchenfrage »Android oder iPhone?« gestellt? Machen Sie doch einfach die Probe:

```
Ich möchte ein neues Smartphone kaufen. Bislang
hatte ich ein Samsung Galaxy S22. Damit war ich ganz
zufrieden. Aber viele meiner Freunde und Kollegen haben
ein iPhone. Hilf mir, mich zwischen einem Samsung
und einem iPhone zu entscheiden!
```

Ich verstehe, dass die Entscheidung zwischen einem Samsung und einem iPhone keine leichte ist. Beide haben ihre Vor- und Nachteile. Lassen Sie uns einen Vergleich machen, der Ihnen vielleicht helfen kann:

Samsung Galaxy (z.B. Galaxy S-Serie)

Vorteile:

- **Anpassbarkeit**: Android bietet viele Möglichkeiten zur Anpassung des Systems und der Benutzeroberfläche.
- **Vielfalt**: Es gibt viele verschiedene Modelle in verschiedenen Preisklassen.
- **Kameraqualität**: Die S-Serie ist bekannt für ihre ausgezeichnete Kameratechnologie.
- **Kompatibilität**: Samsung-Geräte sind häufig mit vielen verschiedenen Geräten und Diensten kompatibel.
- **Speicher**: In der Regel bieten Samsung-Geräte erweiterbaren Speicher durch SD-Karten.

Wenn ein KI-Assistent anfängt, Listen zu erstellen, sollte man nie davon ausgehen, dass diese umfassend und vollständig sind. KI-Systeme wollen die Benutzer nicht mit Texten und Fakten »erschlagen« und beschränken sich deshalb meist auf das Wesentliche bzw. das, was sie dafür halten.

Es kann sich also durchaus lohnen, bei Copilot weiter nachzufragen, etwa:

- `Kannst du mir die Unterschiede zwischen Samsung Galaxy und iPhone bitte noch etwas ausführlicher darstellen?`
- `Gibt es noch weitere Unterschiede?` (ruhig auch mehrfach nachfragen)

- Zähle alle Unterschiede zwischen Samsung Galaxy und iPhone auf, die du kennst.
- Zähle alle Unterschiede zwischen Samsung Galaxy und iPhone auf, die du kennst. Mache eine ausführliche Gegenüberstellung.

Sie brauchen dabei keine Bedenken zu haben, dass die KI immer unwichtigere Unterschiede herausarbeitet oder gar hinzuerfindet. Es könnte allerdings sein, dass Copilot sich bei beharrlichen Nachfragen irgendwann zu wiederholen beginnt oder sich in unwichtigen Details verliert. An der Stelle wäre es dann sinnvoller, einzelne Punkte durch Nachfragen zu vertiefen, wenn Sie Ihnen besonders wichtig oder vielleicht noch unklar sind, beispielsweise:

```
Erkläre mir die Unterschiede bei der Display-Technologie von Samsung Galaxy S25 und dem aktuellen iPhone. Setze dabei voraus, dass ich keinerlei Ahnung von den üblichen Fachbegriffen habe.
```

Weitere hilfreiche Prompts zur Produktrecherche

- Könntest du die besten Angebote für [Produkt] finden?
- Welche Onlineshops bieten [Produkt] am günstigsten an?
- Wie sind die Preisunterschiede für [Produkt] bei verschiedenen Anbietern?
- Gibt es Rabatte oder Sonderaktionen für [Produkt]?
- Was sind die durchschnittlichen Kosten für [Produkt] im Jahr 2025?
- Kannst du Rezensionen und Bewertungen für [Produkt] zusammenfassen?
- Was sind die wichtigsten Funktionen von [Produkt] und wie variieren sie preislich?
- Welche Alternativen gibt es zu [Produkt] und wie stehen diese preislich im Vergleich?

- Wie haben sich die Preise für [Produkt] in den letzten Jahren entwickelt? Gibt es eine Preisprognose für [Produkt] in den kommenden Monaten?
- Wie unterscheiden sich die Preise für [Produkt] je nach Region? Welche Anbieter bieten die beste Garantie oder den besten Service für [Produkt] an?
- Gibt es [Produkt] in verschiedenen Ausführungen und wie variieren diese preislich?
- Welche Zahlungsmethoden werden für [Produkt] angeboten und gibt es Preisunterschiede?
- Gibt es Kombi-Angebote oder Bundles mit [Produkt]? Wie schneiden gebrauchte oder generalüberholte Versionen von [Produkt] preislich ab?
- Gibt es Preisunterschiede zwischen stationären Geschäften und Onlineshops für [Produkt]?
- Wie vergleicht sich der Preis von [Produkt] mit ähnlichen Produkten von Wettbewerbern?
- Welche Tipps gibt es, um beim Kauf von [Produkt] Geld zu sparen?
- Wie viel kostet [Produkt] aktuell bei den größten Einzelhändlern

3.6 Passende Geschenkideen vorschlagen lassen

Immer mal wieder kommt man in die Verlegenheit, ein Geschenk für jemanden zu finden, den man nicht so gut kennt, dass man direkt die perfekte Idee hat. Wenn Sie Copilot mit den wesentlichen Informationen zu einer Person füttern, kann der Ihnen Vorschläge machen, die sowohl zu dem zu Beschenkenden als auch zu Ihrem Geldbeutel passen:

```
Ich suche ein Geschenk für meinen Neffen. Er ist 20
und studiert Architektur. Er ist sportlich und geht
gern joggen und bouldern. Er hört Hip-Hop-Musik und
fährt gern auf Festivals. Er reist gern und erkundet
fremde Länder auf eigene Faust. Mache mir ein paar
Vorschläge für Geschenke bis zu 100 Euro.
```

Das hört sich nach einem spannenden jungen Mann an! Hier sind ein paar Geschenkideen, die zu seinen Interessen passen könnten:

1. **Sportzubehör**: Ein hochwertiger Fitness-Tracker oder eine sportliche Armbanduhr könnte nützlich sein, um seine sportlichen Aktivitäten zu verfolgen.
2. **Architektur-Bücher**: Ein inspirierendes Architektur-Buch oder Magazin könnte ihm dabei helfen, neue Ideen und Perspektiven für sein Studium zu entdecken.
3. **Festival-Ausrüstung**: Ein tragbarer Bluetooth-Lautsprecher oder ein Festival-Kit (inklusive faltbarer Sitzgelegenheit, Trinkflasche und Sonnenschutz) wären praktische Begleiter für seine Festivalbesuche.
4. **Reisezubehör**: Ein stilvoller und funktionaler Reiserucksack, der für alle seine Abenteuer und Reisen nützlich ist. Alternativ eine Weltkarte zum Freirubbeln, um seine bisher besuchten Länder zu markieren.
5. **Kletterausrüstung**: Ein Gutschein für ein Klettergeschäft oder ein Kletterset (Chalkbag, Klettertape, usw.) könnte ihm gefallen, wenn er gerne bouldert.
6. **Musik & Streaming**: Ein Gutschein für einen Musik-Streaming-Dienst wie Spotify oder Apple Music, damit er seine Lieblingsmusik auch unterwegs genießen kann.

Aber auch, wenn Sie über eine zu beschenkende Person nicht so viel wissen, können Sie sich von Copilot Tipps für passende Geschenke geben lassen, die dann vielleicht nicht ganz so spezifisch ausfallen, aber trotzdem hilfreiche Anregungen geben können, etwa:

- Unser Abteilungsleiter geht in Rente und wir suchen ein Geschenk, das wir Kollegen ihm gemeinsam schenken können. Hast du ein paar Ideen für uns?
- Ich soll für unseren Betrieb für alle Mitarbeiter Weihnachtsgeschenke besorgen. Es sind ca. 80 Männer und Frauen aus allen Altersklassen. Pro Mitarbeiter kann ich ca. 40 Euro ausgeben. Mache mir ein paar Vorschläge, die auf die verschiedenen Altersbereiche Rücksicht nehmen.
- Wir wollen dieses Jahr vor Weihnachten wieder wichteln. Jeder darf maximal 15 Euro für sein Geschenk ausgeben. Ich möchte gern etwas Ungewöhnliches oder Kreatives verschenken. Mache mir einige Vorschläge mit Preisangabe.

3.7 Mit Copilot zum perfekten Urlaub

Wer eine Reise unternimmt, der will etwas erleben. Schon lange kann man Reisen aller Art online buchen, sich vorab über die besten Unterkünfte und Restaurants informieren und lohnenswerte Ziele recherchieren. Mit Copilot können Sie Ihre Reiseplanung und -vorbereitung noch einen Schritt weiter treiben. Denn das umfängliche Wissen des Copiloten ermöglicht es, auch auf ganz spezielle Bedürfnisse einzugehen und individuell passende Reiseziele zu finden oder Empfehlungen auszusprechen. So kann man sich jede Menge Recherche-Aufwand ersparen und trotzdem sicher sein, nichts Wesentliches zu verpassen.

So können Sie sich beispielsweise Sehenswürdigkeiten empfehlen lassen, die zu Ihrem Zeitplan passen, nahe an Ihrem Standort sind und sich für kurze Stippvisiten eignen. Dabei ist es hilfreich, Copilot die Umstände genau zu schildern, sodass Sie möglichst zutreffende Antworten erhalten:

```
Ich bin nächste Woche drei Tage beruflich in Marseille.
Mein Hotel ist im Stadtzentrum. Zwischendurch werde
ich in Pausen immer wieder Gelegenheit zu kurzen
Besichtigungen haben. Ich habe kein Auto und möchte
keine öffentlichen Verkehrsmittel nutzen. Welche
Sehenswürdigkeiten in Laufweite kannst du mir
empfehlen?
```

Das klingt nach einem tollen Plan! Hier sind einige Sehenswürdigkeiten in Marseille, die du zu Fuß erreichen kannst:

1. **Vieux Port (Alter Hafen)**: Ein wunderschöner Ort, um die Atmosphäre zu genießen, mit vielen Restaurants und Cafés 1.
2. **Basilika Notre-Dame de la Garde**: Ein beeindruckender Kirchenbau mit einem fantastischen Panoramablick über die Stadt 2.
3. **Le Panier Viertel**: Ein historisches Viertel mit verwinkelten Gassen, Künstlerwerkstätten und kleinen Läden 2.
4. **Cours Julien**: Ein lebendiges Viertel mit Künstlerläden, Cafés und Galerien 3.
5. **Cathédrale de la Major**: Eine beeindruckende Kathedrale im Herzen der Stadt 1 2.

Diese Orte sind alle im Stadtzentrum oder in der Nähe und bieten eine Menge zu entdecken. Viel Spaß bei deinen kurzen Besichtigungen!

Auch wenn Sie sich für ganz bestimmte Dinge oder Arten von Sehenswürdigkeiten interessieren, können Sie Copilot nutzen, um sich optimal auf eine Reise vorzubereiten:

```
Im Juli bin ich eine Woche in Barcelona. Ich
interessiere mich sehr für Architektur. Stelle mir
eine Liste mit interessanten Objekten in der Stadt
und der näheren Umgebung zusammen. Sortiere sie anhand
der architektonischen Bedeutung mit den wichtigsten
Objekten ganz oben.
```

Das klingt nach einem aufregenden Aufenthalt! Barcelona ist bekannt für seine beeindruckende Architektur. Hier ist eine Liste von Sehenswürdigkeiten, die du unbedingt besuchen solltest, sortiert nach ihrer architektonischen Bedeutung:

1. Sagrada Família (Antoni Gaudí)

Das unvollendete Meisterwerk von Gaudí ist eines der bekanntesten Bauwerke der Stadt und ein UNESCO-Weltkulturerbe.

2. Park Güell (Antoni Gaudí)

Ein fantastischer Park mit beeindruckenden Gärten und architektonischen Details, ebenfalls von Gaudí entworfen.

3. Casa Batlló (Antoni Gaudí)

Ein weiteres UNESCO-Weltkulturerbe, das für seine einzigartige Fassade und Innenausstattung bekannt ist.

Mit KI das richtige Ziel finden

Auch bei der Auswahl eines Ziels für Ihre nächste Reise können Sie sich von der KI unter die Arme greifen lassen. Vielleicht wissen Sie schon, in welches Land es gehen soll, aber Sie kennen es nicht gut genug, um sich für eine bestimmte Gegend zu entscheiden?

Schildern Sie Copilot Ihre Vorstellungen, Wünsche oder Rahmenbedingungen möglichst genau.

```
Ich möchte Norwegen kennenlernen. Dabei interessiere ich mich besonders für Natur, Wandern und Angeln. Die Anreise sollte möglichst direkt per Flugzeug möglich sein. Welche drei Regionen oder Orte kannst du mir als Ziel empfehlen?
```

Norwegen ist ein Paradies für Natur- und Abenteuerliebhaber! Hier sind drei Regionen, die perfekt für deine Interessen sind und über die du direkt per Flugzeug anreisen kannst:

1. Lofoten

Die Lofoten-Inseln sind bekannt für ihre atemberaubenden Fjorde, steilen Gipfel und fischreichen Gewässer. Hier kannst du wandern, angeln und die Mitternachtssonne erleben. Der Flughafen in **Leknes** ist ideal für eine Anreise [1].

2. Jotunheimen

Das Jotunheimen-Gebirge ist Norwegens größter Nationalpark und bietet zahlreiche Wanderwege und Gletscher. Du kannst hier durch malerische Landschaften wandern und in den vielen Seen und Flüssen angeln. Der nächstgelegene Flughafen ist **Bergen (BGO)**

3. Hardangervidda

Die Hardangervidda-Hochebene ist Norwegens größtes Naturschutzgebiet und bietet

Und selbstverständlich können Sie auch nachfragen und eventuelle Unklarheiten hinsichtlich Ihrer Reise gleich abklären, beispielsweise:

```
■ Benötige ich für das Angeln in Norwegen einen Angelschein oder irgendeine andere Form von Berechtigung oder Lizenz?
■ Sind für Norwegen irgendwelche Impfungen erforderlich oder empfehlenswert?
■ Welche Währung wird in Norwegen verwendet?
■ Wie ist der Wechselkurs zum Euro?
■ Welche Papiere benötige ich für die Einreise nach Norwegen?
■ Was für ein Wetter herrscht in Bergen in Norwegen im Juli und was für Kleidung sollte ich mitnehmen?
```

Im Juli ist das Wetter in Bergen mild und oft sonnig 1. Die Durchschnittstemperaturen liegen zwischen **12°C und 19°C** (54°F bis 67°F) 1. Es kann jedoch auch regnerisch werden, daher ist es ratsam, immer einen Regenschirm oder eine wasserdichte Jacke dabei zu haben 2.

Hier sind einige Kleidungsvorschläge für deinen Aufenthalt in Bergen im Juli:

1. **Schichten**: Trage mehrere Schichten, damit du dich an unterschiedliche Temperaturen anpassen kannst 3. Ein leichter Pullover oder eine Fleece-Jacke ist ideal 3.
2. **Regenbekleidung**: Eine wasserdichte Jacke und ein Regenschirm sind unerlässlich, da es oft regnet 2.
3. **Bequeme Schuhe**: Für Wanderungen sind bequeme Wanderschuhe oder Boots notwendig 3.
4. **Sonnenhut und Sonnencreme**: Auch wenn es nicht immer sonnig ist, kann es doch warm werden, daher solltest du Sonnenhut und Sonnencreme mitnehmen.
5. **Wärmende Kleidung**: Für abends oder kühleren Wetter bringe eine warme Jacke oder ein Sweatshirt mit.

Individuelle Reiserouten zusammenstellen lassen

Auch für das Planen einer bestimmten Strecke oder Reise ist Copilot ein nützliches Werkzeug. Damit ist nicht die Navigationshilfe gemeint, denn dafür gibt es Apps wie Google Maps, die das besser können. Aber eine Reiseroute anhand bestimmter Kriterien können Sie sich auf diese Weise ganz schnell zusammenstellen lassen.

```
Ich möchte die irische Westküste von Norden nach Süden
bereisen. Stelle mir eine detaillierte Reiseroute
zusammen, bei der ich mit einem Mietwagen in einer
Woche die wesentlichen Sehenswürdigkeiten besuchen
und auch die lokale Kultur kennenlernen kann.
```

Das klingt nach einer aufregenden Reise! Hier ist eine detaillierte Reiseroute für eine Woche entlang der irischen Westküste, die die wichtigsten Sehenswürdigkeiten und kulturellen Highlights abdeckt:

Tag 1: Dublin – Galway

- **Start in Dublin**: Beginne deinen Trip in der Hauptstadt Irlands. Besuche das Trinity College und die Guinness Storehouse.

- **Fahrt nach Galway**: Fahre nach Galway, einer lebhaften Stadt mit einer reichen Musik- und Kulturszene. Genieße die Atmosphäre in den irischen Pubs und die Straßenkünstler.

Tag 2: Galway – Connemara Nationalpark

- **Connemara Nationalpark**: Erkunde den wunderschönen Connemara Nationalpark mit seinen Bergen, Mooren und Wanderwegen. Besuche Diamond Hill für einen atemberaubenden Ausblick.

Hierbei kann man auch gut sehen, dass die konkrete Formulierung einer Anfrage eine wesentliche Bedeutung hat. Bitten Sie einfach nur um »eine Reiseroute«, erhalten Sie eine locker strukturierte Liste, die eher Empfehlungscharakter hat. Fordern Sie stattdessen »eine detaillierte Reiseroute« an, bekommen Sie tatsächlich eine ganz konkrete Liste mit einzelnen Zielen für jeden Tag, die Sie so im Prinzip direkt abfahren könnten.

Auch dabei bleibt aber stets Platz für Sonderwünsche und Ihre individuellen Vorstellungen. Wer beispielsweise mit einem Wohnmobil unterwegs ist, kann sich gleich passende Campingplätze empfehlen lassen:

```
Empfiehl mir für jede Übernachtung einen passenden
Campingplatz.
```

Wobei ich diese Empfehlungen in puncto Aktualität (siehe Seite 32) vor Antritt der Reise unbedingt noch mal überprüfen würde!

Soll ein ganz bestimmter Ort Teil der Tour werden, können Sie dies auch Teil der Anweisung werden lassen:

```
■ Plane einen Tagesausflug zu einer der Inseln vor der
  Küste mit ein.
■ Ich möchte dabei mindestens eine Nacht die
  Kneipenszene in Galway erkunden.
```

Das tiefe Wissen von KI-Systemen erlaubt es aber auch, Strecken anhand ganz anderer Kriterien zusammenzustellen, die mit klassischen Reiserouten erst mal nichts zu tun haben. Wenn Sie sich für ein Thema interessieren, zu dem es an verschiedenen Orten Wichtiges und Interessantes zu sehen gibt, können Sie sich von Copilot eine passende Strecke oder Route planen lassen.

```
Plane mir eine Reise zu den Orten, an denen Goethe
wichtige Stationen seines Lebens verbracht hat.
```

Natürlich! Johann Wolfgang von Goethe hat viele wichtige Stationen in seinem Leben durchlaufen 1. Hier sind einige der bedeutendsten Orte, die du besuchen könntest:

1. **Frankfurt am Main**: Hier wurde Goethe am 28. August 1749 geboren 1. Du kannst das Goethe-Haus besuchen, wo er seine Kindheit verbrachte 2.
2. **Leipzig**: Goethe studierte von 1765 bis 1768 Jura an der Universität Leipzig 3 1.
3. **Straßburg**: Von 1770 bis 1771 setzte Goethe sein Studium in Straßburg fort 3.
4. **Wetzlar**: Hier arbeitete Goethe von 1772 bis 1773 als Praktikant am Reichskammergericht und verliebte sich in Charlotte Buff 3.
5. **Weimar**: Ab 1775 lebte Goethe in Weimar und wurde ein enger Berater des Herzogs Carl August 1. Hier schrieb er viele seiner berühmten Werke, darunter "Faust" und "Iphigenie auf Tauris" 1.

Dabei muss es nicht immer gleich eine weite Reise über mehrere Tage werden. Auch für einen Spaziergang kann Ihnen Copilot wertvolle Tipps geben, damit Sie als Ortsunkundiger nichts Sehenswertes verpassen.

```
Plane mir einen Spaziergang durch Weimar zu den
Orten mit Bezug zu Goethes Leben dort. Gib mir die
Wegstrecke an und wie viel Zeit ich einplanen
sollte.
```

Ein Spaziergang durch Weimar zu den Orten mit Bezug zu Goethes Leben ist eine wunderbare Idee! Hier ist ein Vorschlag für einen Spaziergang, der einige der wichtigsten Orte abdeckt:

1. **Goethe-Nationalmuseum und Wohnhaus am Frauenplan**: Beginne deinen Spaziergang hier 1. Das Museum zeigt eine umfassende Ausstellung über Goethes Leben und Werk 1.
2. **Goethe-Wohnhaus am Frauenplan**: Besichtige das Haus, in dem Goethe fast 50 Jahre lang lebte 1.
3. **Goethe-Schiller-Denkmal**: Ein kurzer Spaziergang zum Denkmal, das die beiden großen Dichter ehrt.

4. **Goethe-Gartenhaus am Ilmhang**: Dieses Gartenhaus war ein Rückzugsort für Goethe und bietet einen wunderschönen Ausblick über den Ilmpark [2].
5. **Ilmpark**: Ein Spaziergang durch den Park, der Goethe oft inspiriert hat.

Die gesamte Strecke beträgt etwa 3 Kilometer [3]. Unter der Annahme eines durchschnittlichen Gehgeschwindigkeit von etwa 4 km/h würde der Spaziergang etwa 45 Minuten dauern [3]. Du solltest eventuell etwas Zeit für Pausen und für das genaue Betrachten der Sehenswürdigkeiten einplanen, sodass du insgesamt etwa 1,5 bis 2 Stunden einplanen könntest.

Weitere Prompts zu Urlaub und Reisen

- Wie finde ich die besten Reiseangebote für mein Budget?
- Welche Reiseziele sind dieses Jahr besonders angesagt?
- Wie plane ich eine reibungslose Reiseroute für [Anzahl] Tage?
- Welche Aktivitäten sind an meinem Reiseziel ein Muss?
- Wie finde ich die besten Restaurants und kulinarischen Erlebnisse?
- Wie wähle ich die beste Unterkunft für meine Bedürfnisse?
- Welche Transportmöglichkeiten gibt es an meinem Reiseziel?
- Wie kann ich nachhaltiger reisen?
- Welche Sehenswürdigkeiten und kulturellen Highlights sollte ich nicht verpassen?
- Wie packe ich effizient für meine Reise?
- Welche Reiseversicherungen sind wirklich notwendig?
- Wie kann ich Geld sparen, während ich reise?
- Welche lokalen Veranstaltungen und Festivals sollte ich besuchen?

- Wie bereite ich mich auf unterschiedliche Wetterbedingungen vor?
- Welche Reisedokumente und Visa benötige ich?
- Wie vermeide ich typische Touristenfallen?
- Welche Apps und Websites helfen mir bei der Reiseplanung?
- Wie finde ich die besten Strände/Berge/Städte für meinen Urlaub?
- Welche gesundheitlichen Vorkehrungen sollte ich treffen?
- Wie plane ich eine Reise mit Kindern/Haustieren?

4. Informationen auswerten und analysieren

Insbesondere dann, wenn Informationen in Textform vorliegen und es darum geht, diese zu erfassen und zu verstehen, kann Copilot eine große Hilfe sein. Der Assistent kann Text, den Sie ihm als Prompt oder durch Hochladen eines Dokuments übergeben, analysieren und »weiß« dann, was darin steht.

Deshalb können Sie anschließend beliebige Fragen zum Inhalt stellen oder Copilot veranlassen, den Text in andere Formen zu überführen, etwa in Form von Zusammenfassungen, daraus abgeleiteten Listen oder Übersetzungen in andere Sprachen.

Einfügen oder hochladen?

Grundsätzlich können Sie Texte zum Analysieren in einen Copilot-Eingabe-Prompt einfügen und so zum Gegenstand des Dialogs machen. Allerdings ist die Anzahl an Zeichen im Eingabe-Prompt begrenzt, was die Länge eines solchen Textes beschränkt. Dieses Limit ist nicht fest, sondern hängt von der Plattform und wohl auch von anderen Faktoren wie der aktuellen Auslastung des Systems ab. Mehrere Tausend bis hin zu 10.000 Zeichen sind aber möglich.

Wenn das nicht reicht, sollten Sie den Text als Datei zu Copilot hochladen. Falls er nicht in einem der unterstützten Dokumentformate vorliegt, können Sie nur den Inhalt beispielsweise in eine TXT-Datei speichern und diese hochladen. Auf Seite 43 ist beschrieben, welche Dateiformate Copilot kennt und wie Sie Dokumente hochladen können.

4.1 Worum geht es?

Wenn Sie einen Text erhalten, stellt sich oft erst mal die grundlegende Frage: Worum geht es darin? Und tatsächlich können Sie Copilot genau diese Frage stellen.

1. Fügen Sie also den fraglichen Text in den Eingabebereich ein und übermitteln Sie ihn so an Copilot.
2. Einmal abgesendet, ist der Inhalt dann Teil der Konversation. Meist wird Copilot darauf schon mit einer kurzen Zusammenfassung des übermittelten Textes antworten.

Format ohne Null für Ortsvorwahl,
sos1 durch sos2 und sos3 für
weitere Nummern ersetzen.
Bei erfolgreicher Programmierung
antwortet das Carino mit der SMS
„sos1:00492824977570" ok!"
Keine Leerzeichen, internationales
Format ohne Null für Ortsvorwahl,
serv1 durch serv2 und serv3 für
weitere Nummern ersetzen.
(Beispiel für die Rufnummer 02824-977-570)
Bei erfolgreicher Programmierung
antwortet das Carino mit der SMS
„serv1:00492824977570" ok!"

Think Deeper

Es sieht so aus, als hätten Sie den gesamten Inhalt der Bedienungsanleitung für das tellimed Carino Notrufarmband eingefügt. Leider kann ich Ihnen den gesamten Text nicht direkt wiedergeben, da dies gegen Urheberrechtsbestimmungen verstoßen könnte.

Ich kann Ihnen jedoch bei spezifischen Fragen oder Abschnitten helfen. Lassen Sie mich wissen, welcher Teil der Anleitung für Sie am wichtigsten ist oder wenn Sie eine Zusammenfassung eines bestimmten Abschnitts benötigen.

Alternativ können Sie auch die Website von tellimed besuchen, um weitere Informationen oder Unterstützung zu erhalten. 😊

Wie kann ich Ihnen am besten weiterhelfen?

3. Unabhängig von der Reaktion des Assistenten auf den Text können Sie nun beispielsweise die Frage stellen:

```
Worum geht es in dem Text?
```

4. Nach kurzer Analysezeit antwortet Copilot mit einer kompakten Darstellung des Inhalts, der Ihnen einen schnellen Überblick über den Text ermöglichen sollte.

Worum geht es in dem Text?

Der Text beschreibt die Bedienungsanleitung für das tellimed Carino Notrufarmband. Das Handbuch deckt verschiedene Aspekte ab, wie die Inbetriebnahme, Funktionen und wichtige Hinweise.

Hier sind einige wesentliche Punkte:

1. **Notruf auslösen**: Durch Drücken der SOS-Taste kann ein Notruf ausgelöst werden, der alle gespeicherten SOS-Nummern anruft.
2. **Notruf unterbrechen**: Ein versehentlich ausgelöster Notruf kann durch erneutes Drücken der SOS-Taste beendet werden.
3. **Aufladen**: Der Akku hält bei voller Ladung 1-5 Tage und sollte jede Nacht aufgeladen werden.
4. **Einschalten und Ausschalten**: Durch Drücken der SOS-Taste kann das Gerät ein- und ausgeschaltet werden.

Weitere Prompts für schnellen Überblick

- `Was ist die zentrale Aussage des Textes?`
- `Welche Schlüsselwörter oder -begriffe tauchen häufig auf?`
- `Welche Absicht verfolgt der Autor mit dem Text?`
- `Welche Zielgruppe spricht der Text an?`
- `Welche Argumente oder Beweise werden präsentiert?`
- `Gibt es auffällige Daten oder Fakten im Text?`
- `Welche Fragen beantwortet der Text?`
- `Gibt es offensichtliche Schlussfolgerungen oder Empfehlungen?`
- `Welche Themen oder Konzepte werden am häufigsten behandelt?`
- `Gibt es persönliche Meinungen oder neutrale Fakten?`
- `Sind wichtige Zitate oder Passagen hervorhebenswert?`
- `Was könnte der Kontext oder Hintergrund des Textes sein?`
- `Gibt es Widersprüche oder offene Fragen im Text?`
- `Was könnte die Kernaussage in einem Satz zusammengefasst sein?`

- Welche Überschrift könnte den Text prägnant zusammenfassen?
- Welche Auswirkungen oder Relevanz hat der Text für ein bestimmtes Thema?

4.2 Fragen an Texte stellen

Wenn Sie einen Text bzw. ein Dokument an Copilot übermittelt haben, wird der Inhalt Teil vom Wissen des Assistenten (zumindest temporär innerhalb dieses Dialogs).

Das bedeutet, dass Copilot den Inhalt nicht nur zusammenfassen oder anderweitig darstellen kann. Er kann auch Fragen dazu beantworten. Sie brauchen also bestimmte Informationen nicht mehr mühsam im Text zu suchen. Stattdessen fragen Sie den Copiloten, was Sie wissen möchten.

Beispielsweise bei umfangreichen Bedienungsanleitungen kann das eine sehr praktische Alternative sein.

Wie kann ich das Gerät aufladen?

Wie kann ich das Gerät aufladen?

Das Aufladen des tellimed Carino Notrufarmbands ist einfach:

1. **Positionieren**: Achten Sie darauf, dass die Rückseite des Carino-Armbands sichtbar ist und das SIM-Fach oben liegt.
2. **Ladekabel anschließen**: Verbinden Sie das Ladekabel von der rechten Seite aus mit dem Magnetladekontakt auf der Rückseite des Carino.
3. **Ladezustand überprüfen**: Während des Ladevorgangs leuchtet die Hinweis-LED dauerhaft rot. Sobald der Akku vollständig geladen ist, wechselt die LED auf dauerhaft blau.

Der Akku hält bei voller Ladung 1-5 Tage. Es wird empfohlen, den Akku jede Nacht aufzuladen, um sicherzustellen, dass das Carino tagsüber immer voll geladen und griffbereit ist.

Sehr spezifische Fragen stellen

Dass Copilot den Inhalt eines Dokuments bis ins letzte Detail kennt, ermöglicht eine viel effizientere Informationsbeschaffung bzw. ganz andere Herangehensweisen.

Bezogen auf das vorangehend verwendete Beispiel einer Bedienungsanleitung können Sie den Assistenten etwa nach einem ganz konkreten Problem oder Verhalten befragen. Sofern die Bedienungsanleitung zum Kontext des Dialogs gehört und die Information darin enthalten ist, wird Copilot Ihnen innerhalb von Sekunden die gewünschte Information beschaffen:

```
Was bedeutet es, wenn die LED rot blinkt?
```

> Was bedeutet es, wenn die LED rot blinkt?
>
> Wenn die LED am tellimed Carino Notrufarmband rot blinkt, bedeutet dies, dass die Batterieladung weniger als 15 % beträgt. Es ist ein Zeichen dafür, dass der Akku bald aufgeladen werden muss. Zusätzlich erhalten die gespeicherten SOS-Kontakte eine SMS mit der Nachricht „battery low", vorausgesetzt, dass die Nummern SMS-fähig sind.

4.3 Zusammenfassungen von Texten erstellen

Wenn Sie einen Text bzw. ein Dokument an Copilot übermitteln, wird er standardmäßig mit einer Zusammenfassung davon antworten. Das ist praktisch, um sich bei längeren Briefen, Berichten, Artikeln, Protokollen, Gutachten usw. schnell einen Überblick zu verschaffen.

Sollte Copilot einen Text anders kommentieren, können Sie jederzeit ausdrücklich eine Zusammenfassung anfordern:

```
Fasse den Text für mich zusammen!
```

Hiermit werden Sie immer eine Standard-Zusammenfassung bekommen, die Copilot nach eigenem Gutdünken und abhängig von Struktur und Umfang des Ausgangstextes zusammenstellt.

> Fasse den Text für mich zusammen!
>
> Der Text gibt einen detaillierten Einblick in die Varusschlacht (9 n. Chr.), die eine entscheidende Niederlage des römischen Reiches gegen germanische Stämme darstellt. Wesentliche Punkte:
>
> 1. **Historischer Kontext**: Die Varusschlacht ereignete sich im Teutoburger Wald, wobei drei römische Legionen unter Varus nahezu vollständig vernichtet wurden. Tacitus und andere antike Autoren liefern Beschreibungen der Ereignisse, jedoch oft aus späterer Perspektive und mit begrenzten geografischen Details.
> 2. **Ort der Schlacht**: Seit Jahrhunderten wird der genaue Ort der Schlacht debattiert. Archäologische Funde seit 1987 in Kalkriese (nahe Bramsche, Niedersachsen) haben starke Hinweise geliefert, dass dieser Ort mit der Schlacht in Verbindung steht. Dennoch bleibt dies umstritten, besonders in Lippe, wo Alternativtheorien weiterhin diskutiert werden.
> 3. **Arminius und Varus**: Arminius, der germanische Anführer, der römische Taktiken kannte, nutzte Täuschung und das unwegsame Gelände, um die Römer in einen

Es gibt aber vielfältige Möglichkeiten, Copilot den Inhalt zusammenfassen zu lassen. So können Sie den Umfang der Zusammenfassung über eine klare Vorgabe der Satzanzahl steuern:

```
Fasse den Text in zwei Sätzen zusammen!
```

Falls Ihnen die Zusammenfassung zu kompakt ist und Sie eher eine auf das Wesentliche reduzierte Version des Textes lesen möchten, kann Copilot auch das mit dem richtigen Prompt liefern:

```
Wie könnte man den Text kürzer zusammenfassen, ohne
den Inhalt zu verlieren?
```

> Wie könnte man den Text kürzer zusammenfassen, ohne den Inhalt zu verlieren?
>
> Die Varusschlacht (9 n. Chr.) war eine entscheidende Niederlage der Römer gegen germanische Stämme, angeführt von Arminius, der durch Täuschung und Gelände die

Legionen von Varus überlistete. Der genaue Ort der Schlacht bleibt umstritten, auch wenn archäologische Funde in Kalkriese (bei Osnabrück) starke Hinweise liefern. Diese Funde umfassen Münzen, Waffenreste und Befestigungsanlagen. Die Schlacht stoppte die römische Expansion nach Germanien und hatte nachhaltige historische Bedeutung. Es bleibt ein intensiver Streit zwischen Historikern und Heimatforschern über die genaue Lokalisierung.

So ist die Essenz bewahrt, aber der Text deutlich komprimiert. Falls weitere Details zu einem bestimmten Punkt gewünscht sind, lassen Sie es mich gerne wissen! 😊

Sie brauchen sich auch nicht auf Zusammenfassungen des Textes zu beschränken. Copilot kennt den Inhalt und ist auch in der Lage, eigene Bewertungen des Inhalts vorzunehmen. Insofern können Sie auch gezieltere Aufforderungen formulieren, etwa:

- `Welche Hauptbotschaft enthält der Text?`
- `Welche Argumente oder Schlüsselideen werden im Text betont?`
- `Gib eine Zusammenfassung, die nur die wichtigsten Fakten enthält.`
- `Fasse den Text zusammen, als würdest du es jemandem mündlich erklären.`
- `Fasse den Text für ein Publikum mit keinerlei Vorwissen zusammen.`
- `Erstelle eine "Für-und-Wider"-Zusammenfassung.`

Erstelle eine "Für-und-Wider"-Zusammenfassung.

Hier ist eine "Für-und-Wider"-Zusammenfassung des Textes:

Für Kalkriese als Ort der Varusschlacht:

- **Archäologische Funde**: Entdeckungen in Kalkriese wie Münzen, Waffenreste, römische Uniformteile und eine Gesichtsmaske sprechen dafür, dass dort eine Schlacht stattgefunden hat.
- **Schlüssige Beweise**: Die gefundenen Münzen stammen aus der Zeit vor 9 n. Chr. und keine danach, was mit der Varusschlacht in Verbindung gebracht wird.

- **Strategische Lage**: Der Engpass zwischen dem Kalkrieser Berg und dem Großen Moor entspricht der Beschreibung von Tacitus und Cassius Dio, die das Gelände als unwegsam und voller Schluchten schildern.
- **Wallanlage**: Ein germanischer Wall wurde entdeckt, der zur Taktik der Germanen in der Schlacht passen würde.

Schlüsselthemen identifizieren

Gerade bei längeren Texten kann es hilfreich sein, die wesentlichen Themen zu erkennen und zu erfahren, welche Aussagen oder Einschätzungen der Text dazu enthält. Hier können Sie sich zunutze machen, dass Sie Copilot beliebige Fragen zu einem übermittelten Text stellen können.

- Was sind die Hauptthemen dieses Textes?
- Kannst du die zentralen Ideen zusammenfassen?
- Wie würde eine kurze Zusammenfassung der Hauptthemen aussehen?
- Welche Argumente oder Schlüsselideen werden im Text betont?
- Welche Beispiele oder Beweise werden verwendet, um die Hauptthemen zu stützen?
- Welche zentralen Aussagen unterstützen die Hauptthemen?
- Welche Schlüsselfragen ergeben sich aus den behandelten Themen?
- Wie priorisiert der Autor die Schlüsselthemen?
- Wie hängen die Schlüsselthemen miteinander zusammen?
- Gibt es Schlüsselthemen, die kontrovers oder umstritten sind?

Ja, es gibt einige kontroverse Schlüsselthemen im Zusammenhang mit der Varusschlacht, insbesondere in Bezug auf die Forschung und Interpretation. Hier sind die wichtigsten:

1. **Ort der Schlacht:**

- Kalkriese wird von vielen als der wahrscheinliche Ort der Varusschlacht angesehen, basierend auf archäologischen Funden wie Münzen, Waffen und Befestigungen.
- Kritiker, vor allem aus Lippe, argumentieren, dass Kalkriese nur ein Schauplatz eines späteren Scharmützels gewesen sein könnte und die Schlacht an anderer Stelle stattfand.

2. **Historische Quellen:**
   - Die antiken Berichte, vor allem von Tacitus und Cassius Dio, werden intensiv diskutiert. Begriffe wie "Saltus Teutoburgiensis" und "haud procul" (nicht weit entfernt) sind interpretationsbedürftig, was zu vielen Theorien führt.
   - Die zeitliche Distanz der Autoren zur Varusschlacht (teilweise über 100 Jahre) wirft Fragen nach der Genauigkeit der Berichte auf.

Ausgehend davon können Sie dann einzelne Aspekte vertiefen und Copilot beispielsweise darlegen lassen, wie der Text eine bestimmte Idee präsentiert:

```
■ Welche Argumente werden zur Unterstützung der
  Hauptthemen verwendet?
■ Welche Aussagen trifft der Text zum Thema [XYZ]?
■ Welche Position vertritt der Autor zu diesem Thema?
■ Welche alternativen Standpunkte gibt es zu diesem
  Thema?
■ Wie wird dieses Thema in der Wissenschaft/
  Öffentlichkeit überwiegend bewertet?
```

Welche Position vertritt der Autor zu diesem Thema?

Der Autor vertritt eine differenzierte und abgewogene Position zur Varusschlacht, wobei er Kalkriese als den wahrscheinlichsten Schauplatz anerkennt, jedoch die Komplexität der Forschung und die anhaltenden Debatten betont. Seine Argumentation basiert auf archäologischen Funden in Kalkriese, wie Münzen, Schleuderbleien und der Wallanlage, die als starke Hinweise dienen. Er würdigt auch den Beitrag von Forschern wie Tony Clunn und Wolfgang Schlüter, die diese Erkenntnisse vorangetrieben haben.

Den Inhalt hinterfragen

Copilot kann den Inhalt eines Textes nicht nur in verschiedenen Formen wiedergeben, sondern auch (kritisch) hinterfragen. Der Assistent kennt nicht nur den Inhalt des übermittelten Textes, sondern kann ihn auch mit dem Rest seines Wissens in Beziehung setzen.

Dadurch kann er die Korrektheit und Glaubwürdigkeit eines Textes beurteilen, fehlende Informationen ergänzen, Widersprüche und Logikfehler aufdecken oder auch abweichende Interpretationen oder alternative Erklärungen liefern.

```
Bewerte die Glaubwürdigkeit der Angaben im Dokument.
```

Das Dokument stammt von einem angesehenen Experten und ist im Kontext wissenschaftlicher Vorträge sowie einer Ausstellung entstanden, was auf eine fundierte Basis hindeutet. Außerdem werden zahlreiche archäologische, historische und literarische Quellen wie Tacitus, Cassius Dio und Velleius Paterculus diskutiert, was die Darstellung der Ereignisse differenziert erscheinen lässt.

Dennoch sollte man folgende Punkte berücksichtigen:

1. **Historische Interpretation**: Die Verlässlichkeit antiker Autoren wie Tacitus wird selbst in der Fachwelt unterschiedlich bewertet, da sie teils Jahrzehnte oder Jahrhunderte nach den Ereignissen schrieben und nie vor Ort waren.
2. **Archäologische Funde**: Die Entdeckungen in Kalkriese sind beeindruckend, doch bleiben sie von manchen Experten umstritten (z. B. mögliche Verwechslung mit späteren Ereignissen wie den Germanicus-Feldzügen).

Auch die Suche nach Schwächen oder Widersprüchen in einem Text kann aufschlussreich sein und Ansatzpunkte zu einer kritischen Auseinandersetzung damit liefern. Hierbei sollte aber beachtet werden, dass Copilot grundsätzlich konstruktiv und positiv formuliert.

Auch die Frage nach Schwächen wird deshalb niemals zu einer vernichtenden Kritik an einem Text führen (selbst wenn diese womöglich angemessen wäre).

```
Gibt es Widersprüche oder Schwächen in den Argumenten
des Autors?
```

> Der Text präsentiert eine fundierte und vielfältige Auseinandersetzung mit dem Thema der Varusschlacht. Dennoch lassen sich einige mögliche Schwächen oder Widersprüche in den Argumenten erkennen:
>
> 1. **Unklarheit der antiken Quellen**: Der Text stützt sich stark auf historische Berichte von Autoren wie Tacitus, Cassius Dio und Velleius Paterculus. Diese Quellen sind jedoch teils unpräzise, widersprüchlich oder wurden lange nach den Ereignissen verfasst.
> 2. **Interpretation archäologischer Funde**: Die Funde in Kalkriese sind beeindruckend, doch bleibt die Debatte offen, ob sie eindeutig der Varusschlacht oder einem späteren Ereignis wie den Germanicus-Feldzügen (15 n. Chr.) zuzuordnen sind. Kritiker wie

Das breite Allgemeinwissen des KI-Assistenten kann man sich zunutze machen, indem man ihn bittet, die Informationen aus einem Text in Beziehung zu seinem sonstigen Wissen über das Thema zu setzen. So können Sie beispielsweise einen Vergleich des Textes mit anderen Standpunkten anfordern, ohne dabei konkrete Vergleichsobjekte anbieten zu müssen.

In der Regel wird Copilot von sich aus entsprechende Informationen kennen und zurate ziehen:

```
Vergleiche den Text mit ähnlichen Dokumenten zu
demselben Thema.
```

> Das Dokument hebt sich durch seine detaillierte Darstellung der Varusschlacht und die Einbindung archäologischer sowie historischer Quellen hervor. Im Vergleich zu anderen Texten, wie etwa der kritischen Quellenanalyse von Manfred Millhoff [1] oder den Hintergrundinformationen der Kalkriese-Studien [2], lassen sich folgende Unterschiede und Gemeinsamkeiten feststellen:
>
> 1. **Fokus auf Kalkriese**: Kracht betont die Bedeutung der Funde in Kalkriese als möglichen Ort der Varusschlacht. Andere Texte, wie die von Millhoff [1], hinterfragen diese Zuordnung und diskutieren alternative Theorien, etwa die Germanicus-Feldzüge.
> 2. **Quellenkritik**: Während Kracht die antiken Autoren wie Tacitus und Cassius Dio als zentrale Quellen nutzt, weisen andere Texte stärker auf die Widersprüche und Unsicherheiten in diesen Berichten hin [1].
> 3. **Archäologische Perspektive**: Kracht beschreibt die Funde in Kalkriese detailliert, einschließlich Münzen und Waffen. Die Kalkriese-Studien [2] gehen noch tiefer auf die archäologischen Methoden und die Bedeutung der Funde ein.

4. **Historische Interpretation**: Kracht beleuchtet die geopolitischen Hintergründe und die Rolle von Arminius und Varus. Andere Texte, wie die von Millhoff [1], legen mehr Wert auf die Analyse der römischen Strategien und die politischen Konsequenzen.
5. **Stil und Zielgruppe**: Kracht schreibt für ein breiteres Publikum, während

Vielleicht haben Sie ein Dokument nicht vollständig selbst gelesen, sondern sich auf die Zusammenfassung und Analyse von Copilot verlassen. Oder Sie bewegen sich in einem Themenbereich, in dem Sie selbst (noch) nicht ganz trittsicher sind und deshalb die Vollständigkeit bzw. mögliche fehlende Aspekte nicht genau beurteilen können? Dann kann der Assistent Ihnen dabei helfen, genau diese Fragen zu beurteilen.

- `Was fehlt in dem Text?`
- `Gibt es Informationen oder alternative Ansätze, die der Autor verschweigt?`

Oder einfach:

- `Welche Fragen bleiben nach der Lektüre des Textes offen?`

Nach der Lektüre des Dokuments bleiben einige Fragen offen, die einer weiteren Untersuchung bedürfen:

1. **Genauer Ort der Schlacht**: Obwohl Kalkriese als wahrscheinlichster Ort genannt wird, gibt es keine endgültigen Beweise, die alternative Theorien vollständig ausschließen. Könnten weitere archäologische Entdeckungen Zweifel beseitigen?
2. **Rolle von Arminius und den Germanen**: Der Verrat und die taktischen Fähigkeiten von Arminius werden beleuchtet, doch bleibt unklar, wie er in so kurzer Zeit eine so effektive Allianz zwischen den germanischen Stämmen schmieden konnte. War dies eine rein opportunistische Bewegung, oder gab es langfristige strategische Überlegungen?
3. **Verlässlichkeit der römischen Quellen**: Die antiken Texte sind oft widersprüchlich oder unvollständig. Welche methodischen Ansätze könnten helfen, die geografischen und strategischen Angaben präziser zu bewerten?
4. **Archäologische Herausforderungen**: Der Text weist darauf hin, dass nur ein kleiner Teil des mutmaßlichen Schlachtfeldes in Kalkriese untersucht wurde. Welche neuen Technologien könnten die Erforschung solcher Schlachtfelder vorantreiben?

5. **Kontext der römischen Expansionspolitik:** Es bleibt offen, ob Germanien tatsächlich als langfristige römische Provinz geplant war. Hatten die Römer andere strategische Ziele, die ihren Rückzug nach der Varusschlacht beeinflussten?

Durch solche Fragen stoßen Sie unter Umständen auf Aspekte, die im Text selbst nicht erwähnt werden, die aber wichtige Ergänzungen sind. Diese können Sie aufgreifen und sich mithilfe der Recherche-Möglichkeiten von Copilot schnell damit vertraut machen. So erhalten Sie ggf. ein ausgewogenes, informiertes Bild vom Thema und können den Stellenwert des zugrunde liegenden Textes kompetent einschätzen.

4.4 Dokumente mit KI-Hilfe analysieren

Elektronische Dokumente spielen in Zeiten zunehmend digitaler Arbeitsabläufe und mit dem Ziel des papierlosen Büros eine immer wichtigere Rolle. Dementsprechend bekommt man sowohl im Berufsleben als auch privat immer häufiger Informationen etwa als PDF-Dateien zugesendet. Das spart Papier, Versandkosten und erleichtert das digitale Archivieren. Auch sonst bieten PDFs praktische Vorteile wie die Volltextsuche und elektronische Lesezeichen, wenn man sich denn auf diese Art der Lektüre einlassen möchte.

Da PDFs komplett elektronisch erfassbar und durchsuchbar sind, eignen sie sich auch bestens für das Erfassen und Analysieren durch Copilot. Getreu dem Motto »Warum selbst lesen, wenn man lesen lassen kann?« können Sie sich so die Zeit sparen, umfangreiche Texte selbst zu studieren.

Stattdessen lassen Sie das vom KI-Assistenten erledigen, der Ihnen anschließend eine Zusammenfassung der wesentlichen Inhalte liefert oder auch gezielte Fragen zu einzelnen Aspekten beantworten kann.

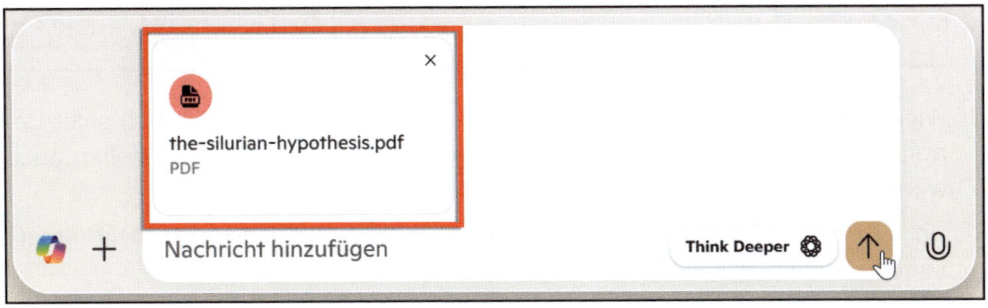

Besonders interessant wird es, wenn dabei noch eine Fremdsprache ins Spiel kommt. Denn Copilot kann ohne Weiteres beispielsweise ein englischsprachiges Dokument analysieren und Ihnen dann eine Zusammenfassung auf Deutsch liefern bzw. Ihre deutschsprachigen Fragen dazu auch auf Deutsch beantworten. So lassen sich etwa in international aufgestellten Unternehmen Sprachbarrieren schnell überwinden.

Copilot kann nicht nur PDF-Dateien analysieren, sondern beherrscht weitere Formate wie etwa gängige Office-Dokumente, TXT, RTF, HTML und noch einiges mehr. Auf Seite 32 lesen Sie, wie Sie Dateien zu Copilot hochladen und deren Inhalt so zum Teil des Dialogs machen, auf den Sie sich dann beziehen können.

1. Nachdem das Hochladen abgeschlossen wurde, benötigt Copilot abhängig vom Umfang des Dokuments einige Sekunden für die Analyse.
2. Anschließend antwortet der Assistent mit einer kurzen Zusammenfassung des Inhalts und Vorschlägen zu möglichen Fragen. Dabei wird standardmäßig die Sprache verwendet, in der das Ausgangsdokument verfasst ist. Wenn Sie ein englischsprachiges Dokument hochladen, wird Copilot also zunächst mit einer englischen Zusammenfassung antworten.

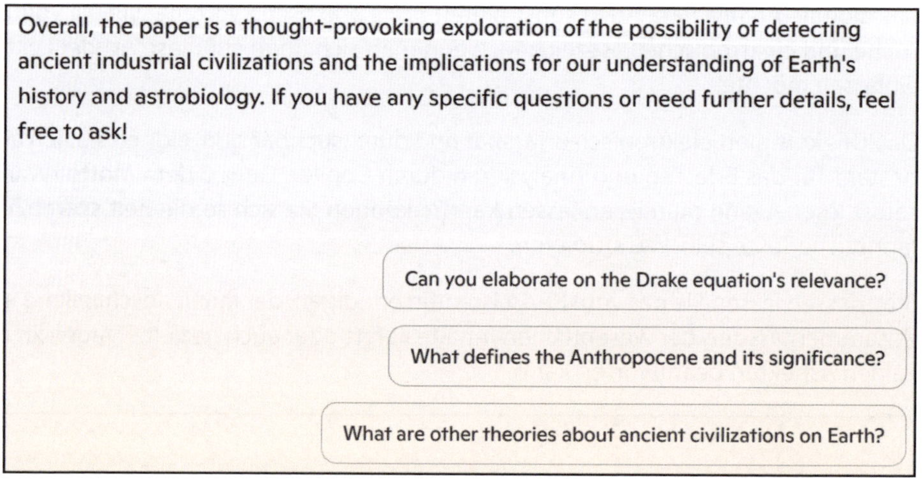

3. Wichtig dabei: Sie sind an die Sprache, die der Assistent gewählt hat, nicht gebunden. Sie können Ihre Fragen also immer in Ihrer eigenen Sprache stellen, auch wenn das Dokument in einer Fremdsprache verfasst wurde.

   Um eine kompakte Zusammenfassung des Inhalts auf Deutsch zu bekommen, können Sie also beispielsweise eingeben:

```
Fasse den Text zusammen!
```

> Fasse den Text zusammen!
>
> Der Artikel "Die Silurische Hypothese: Wäre es möglich, eine industrielle Zivilisation im geologischen Archiv zu erkennen?" von Gavin A. Schmidt und Adam Frank untersucht, ob eine industrielle Zivilisation, die viele Millionen Jahre vor unserer Zeit existiert hat, heute nachweisbare Spuren hinterlassen hätte. Die Autoren fassen die geologischen Fingerabdrücke des Anthropozäns zusammen und schlagen Tests vor, um eine industrielle Ursache von natürlichen Klimaereignissen zu unterscheiden. Sie analysieren die geologischen Konsequenzen der menschlichen Zivilisation und vergleichen diese mit anderen bekannten Ereignissen in der Erdgeschichte. Der Artikel thematisiert unter anderem die Relevanz der Frage für die Drake-Gleichung und die Herausforderungen bei der Entdeckung früherer Zivilisationen.

4. Möchten Sie es genauer wissen, reicht es, Ihre Anweisung entsprechend zu modifizieren. Für eine ausführlichere Zusammenfassung verwenden Sie beispielsweise:

```
Fasse den Text ausführlich zusammen!
```

   Damit erhalten Sie in der Regel eine mehrere Absätze umfassende Wiedergabe der wesentlichen Inhalte, die ihrerseits mit einer prägnanten Zusammenfassung abgeschlossen wird.

5. Ebenso können Sie konkrete Fragen zu einzelnen Begriffen stellen, die Sie ausführlicher erläutert haben möchten, etwa:

```
Was genau ist die Silurianer-Hypothese?
```

6. Auch wenn die Zusammenfassungen bzw. Antworten Begriffe oder Konzepte erwähnen, mit denen Sie nicht direkt etwas anfangen können, fragen Sie direkt nach und lassen sich diese erklären.

```
Welche geologischen Spuren hinterlassen
Zivilisationen?
```

> Welche geologischen Spuren hinterlassen Zivilisationen?
>
> Zivilisationen hinterlassen verschiedene geologische Spuren, die sich im Gestein und Sedimenten der Erde nachweisen lassen. Hier sind einige der wichtigsten geologischen Spuren, die industrielle Zivilisationen hinterlassen können:
>
> 1. **Isotopenanomalien**: Industrielle Aktivitäten, insbesondere die Verbrennung fossiler Brennstoffe, führen zu Veränderungen der Isotopenverhältnisse von Kohlenstoff, Sauerstoff, Wasserstoff und Stickstoff. Beispielsweise bewirkt die Freisetzung von fossilem Kohlenstoff eine Abnahme des Verhältnisses von ^{13}C zu ^{12}C.
> 2. **Sedimentologische Aufzeichnungen**: Zivilisationen verändern die Sedimentströme durch Abholzung, Landwirtschaft und städtische Entwicklung. Dies führt zu erhöhten Sedimentablagerungen in Flüssen

Anstatt ein Dokument von vorne bis hinten durchlesen zu müssen, können Sie sich so – ausgehend von einer detaillierten Zusammenfassung – durch den Inhalt »durchfragen«. So ziehen Sie in einem Bruchteil der Zeit genau die Informationen und in dem Umfang heraus, wie Sie das benötigen.

Die im vorhergehenden Abschnitt vorgestellten Beispiele für das Zusammenfassen, Analysieren und kritische Betrachten von Texten können Sie selbstverständlich ganz genauso auf hochgeladene Textdokumente anwenden.

Auf konkrete Bestandteile beziehen

Copilot kann eine hochgeladene Datei nicht nur als Ganzes betrachten. Da er den Inhalt genau analysiert hat, können Sie Ihre Fragen auch auf ganz bestimmte Bestandteile eines Dokuments fokussieren. Wenn Sie etwa mehr über eine Formel wissen möchten, die auf einer bestimmten Seite verwendet wird, können Sie Copilot direkt danach fragen.

```
Was bedeutet die Formel auf Seite 2?
```

Was bedeutet die Formel auf Seite 2?

Die Formel auf Seite 2 ist die berühmte Drake-Gleichung:

$$N = R* \cdot f_p \cdot n_e \cdot f_l \cdot f_i \cdot f_c \cdot L$$

Diese Gleichung schätzt die Anzahl der aktiven, kommunikativen außerirdischen Zivilisationen in unserer Galaxie, der Milchstraße. Die Variablen in der Gleichung stehen für:

- $R*$: Die durchschnittliche Rate der Sternentstehung in unserer Galaxie.
- f_p: Der Anteil der Sterne, die Planeten haben.
- n_e: Die durchschnittliche Anzahl von Planeten pro Stern, die Leben unterstützen können.

Abbildungen in Dokumenten analysieren

Gerade wissenschaftliche Texte beinhalten oftmals Diagramme oder schematische Darstellungen. Copilot kann Bilder auch innerhalb von Dokumenten erkennen und deren Inhalt analysieren. Auch hierfür reicht es, dem Assistenten klarzumachen, auf welche Abbildung Sie sich beziehen. Der Unterschied zur direkten Analyse einzelner Bilddateien ist, dass Copilot dabei das Bild im Kontext des Dokuments auswertet. Dementsprechend beschränkt sich die Erklärung auch nicht nur formal auf die Bildelemente, sondern bettet die Abbildung in den Gesamtkontext des behandelten Themas ein.

```
Erkläre mir die dritte Abbildung auf Seite 4.
```

Erkläre mir die dritte Abbildung auf Seite 4.

Die dritte Abbildung auf Seite 4 zeigt die Temperatur- und Kohlenstoff-Isotopenveränderungen während eines **Ozeanischen Anoxie-Ereignisses** (OAE) vor etwa 120 Millionen Jahren (Mya).

Hier sind die wesentlichen Punkte, die die Abbildung veranschaulicht:

1. **Kohlenstoff-Isotopenveränderungen**:
   - Die Kurve zeigt negative Ausschläge des $\delta^{13}C$-Wertes in den La Bédoule- und Cau-Kernen sowie in den Alstätte- und DSDP Site 398-Kernen.

Wer nach Details fragt, bekommt detaillierte Antworten. Das gilt auch hier und führt abhängig vom Thema teilweise zu sehr spezifischen Erklärungen. Wenn das genau das ist, was Sie möchten – umso besser. Ansonsten gibt es insbesondere bei ausführlichen und spezifischen Erklärungen oftmals am Ende noch mal eine kompakte Zusammenfassung. Oder Sie modifizieren Ihre Aufforderungen eben entsprechend so, dass Sie eine möglichst verständliche und kompakte Antwort erhalten:

- `Erkläre mir die dritte Abbildung auf Seite 4 in einfachen Worten.`
- `Erkläre mir die dritte Abbildung auf Seite 4 in zwei Sätzen.`

Erkläre mir die dritte Abbildung auf Seite 4 in einfachen Worten.

Die dritte Abbildung auf Seite 4 zeigt, wie sich die Temperaturen und die Kohlenstoff-Isotope (also verschiedene Arten von Kohlenstoff) während eines sogenannten "Ozeanischen Anoxie-Ereignisses" verändert haben. Dieses Ereignis passierte vor etwa 120 Millionen Jahren.

Hier ist, was wichtig ist:

1. **Temperaturen**: Die Temperaturen sind gestiegen. Die TEX86-Methode zeigt uns, dass das Wasser wärmer wurde.
2. **Kohlenstoff-Isotope**: Es gab Veränderungen in den Kohlenstoff-Isotopen, was bedeutet, dass sich die Zusammensetzung des Kohlenstoffs geändert hat. Es gab mehr von der leichteren Art von Kohlenstoff.

Nach bestimmten Begriffen suchen

Wenn Sie beispielsweise in einer PDF-Datei nach einem bestimmten Schlüsselwort suchen möchten, geht das am besten im Webbrowser oder mit einem speziellen PDF-Viewer. Aber wenn Copilot ein Dokument ohnehin analysiert hat, weiß er auch, ob und an welcher Stelle bestimmte Begriffe erwähnt werden.

Wenn Sie danach fragen, teilt er dieses Wissen mit Ihnen:

```
Kannst du in dieser PDF Datei nach dem Begriff
"Dinosaurier" suchen und mir die relevanten Absätze
anzeigen?
```

Kannst du in dieser PDF-Datei nach dem Begriff "Dinosaurier" suchen und mir die relevanten Absätze anzeigen?

In der PDF-Datei wird der Begriff "Dinosaurier" in folgendem Absatz erwähnt:

"Für alle Dinosaurier, die jemals gelebt haben, gibt es nur ein paar tausend nahezu vollständige Exemplare oder entsprechend nur eine Handvoll einzelner Tiere über Tausende von Taxa pro 100.000 Jahre. Angesichts der Rate neuer Entdeckungen von Taxa dieses Alters ist klar, dass Arten, die so kurzlebig sind wie Homo sapiens (bisher), möglicherweise überhaupt nicht im vorhandenen Fossilienbestand vertreten sind."

Weitere Möglichkeiten bei Dokumenten

Art und Umfang der Zusammenfassung lassen sich durch die geschickte Formulierung der Aufforderung steuern:

- Möchten Sie es ganz kompakt haben, versuchen Sie es beispielsweise damit:
  Fasse den Text in einem Satz zusammen!
- Da Copilot vielsprachig ist, kann er Ihnen seine Antworten auch in einer beliebigen Sprache liefern:
  Fasse den Text auf Niederländisch zusammen!

- Auch wenn Sie eine Rückmeldung des Assistenten besonders gelungen finden, können Sie sich diese nachträglich in einer anderen Sprache ausgeben lassen:
  Übersetze die letzte Antwort auf Französisch!
- Auch wenn Sie einen Text für andere zusammenfassen wollen, kann Copilot Ihnen dabei helfen, passend zur Zielgruppe zu formulieren. Damit er beispielsweise möglichst einfach formuliert und auf Fachbegriffe und Fremdwörter verzichtet, verwenden Sie diese Aufforderung:
  Fasse den Text in einfacher Sprache zusammen!
- Ebenso können Sie den Assistenten in gewollt lockerer, junger Sprache formulieren lassen, wobei man vielleicht überprüfen sollte, dass er nicht über das Ziel hinausschießt:
  Fasse den Text in lockerer Jugendsprache zusammen!

Fasse den Text in lockerer Jugendsprache zusammen!

Klar, hier ist die Zusammenfassung in lockerer Jugendsprache:

Der Artikel fragt sich, ob eine alte Zivilisation, die vor Millionen Jahren existiert hat, Spuren hinterlassen hätte, die wir heute noch finden könnten. Die Autoren gucken sich an, wie unser heutiges menschliches Zeitalter (das Anthropozän) in der Geologie aussieht und vergleichen es mit anderen Ereignissen aus der Erdgeschichte. Sie überlegen sich Tests, mit denen man industrielle Ursachen von natürlichen Klimaereignissen unterscheiden kann.

Mit Copilot Webseiten analysieren

Auch den Inhalt von Webseiten können Sie ähnlich wie Dokumente mithilfe von Copilot analysieren und auswerten. Dazu brauchen Sie die Seiten nicht herunterzuladen oder als PDF zu exportieren. Es reicht, wenn Sie Copilot die Webadresse der betreffenden Seite mitteilen. Fügen Sie diese ins Eingabefeld ein und senden Sie sie als Aufforderung ab. Weitere Anweisungen dazu können, aber müssen Sie zunächst nicht machen.

Copilot wird den Inhalt der Webseite abrufen und zum Teil des Dialogs machen. Als Rückmeldung erhalten Sie beispielsweise eine kurze Zusammenfassung des Inhalts. Manchmal ist diese auf Englisch, wenn der Assistent die Sprache nicht eindeutig zuordnen kann. Lassen Sie sich davon nicht irritieren, sondern formulieren Sie Ihre Fragen und Wünsche einfach auf Deutsch.

Fasse diese Webseite in einfachen Worten zusammen:
https://www.gieseke-buch.de/fritzbox/repeater-probleme-mesh

Die Webseite beschreibt Probleme, die bei der Nutzung eines FRITZ!WLAN-Repeaters in einem Mesh-Netzwerk auftreten können. Ein häufiges Problem ist, dass der Repeater zwar mit der FRITZ!Box verbunden ist, aber nicht als Teil des Mesh-Netzwerks angezeigt wird. Dies liegt oft daran, dass der Repeater nicht korrekt über die physischen Tasten am Gehäuse mit der FRITZ!Box verbunden wurde. Stattdessen wurde möglicherweise die Weboberfläche oder eine App verwendet, was nur eine herkömmliche Repeater-Verbindung herstellt 1.

Die Lösung besteht darin, den Repeater über die physischen Tasten am Gehäuse mit der FRITZ!Box zu verbinden, um die Mesh-Funktion zu aktivieren 1.

1 www.gieseke-buch.de

Weitere Prompts zur Dokumentanalyse

- Was sind die wichtigsten Argumente oder Thesen des Autors?
- Identifiziere die Zielgruppe des Dokuments.
- Analysiere die Struktur des Dokuments.
- Welche Beweise oder Beispiele werden zur Unterstützung der Argumente verwendet?
- Welche Schlüsseldaten oder Statistiken werden im Dokument erwähnt?
- Gibt es Widersprüche oder Schwächen in den Argumenten des Autors?
- Wie ist der Schreibstil des Autors? Formell, informell, akademisch?
- Welchen Ton verwendet der Autor im Dokument?
- Gibt es Fachbegriffe oder Schlüsselwörter, die im Dokument häufig vorkommen?“
- Welche historische oder kulturelle Relevanz hat das Dokument

- Erkläre die Hauptidee jedes Abschnitts oder Kapitels im Dokument.
- Welche Lösungsansätze oder Empfehlungen werden im Dokument vorgeschlagen?
- Vergleiche das Dokument mit ähnlichen Texten zu demselben Thema.
- Analysiere die Argumentationslogik im Dokument.
- Welche Emotionen versucht der Autor beim Leser hervorzurufen?
- Gibt es direkte oder indirekte Zitate im Dokument? Wie werden diese verwendet?
- Welche Fragen bleiben nach der Lektüre des Dokuments offen?
- Wie könnte das Dokument in einem größeren Kontext oder einer breiteren Debatte interpretiert werden?

4.5 Texte miteinander vergleichen

Copilot kann nicht nur einen Text oder ein Dokument in den Kontext eines Dialogs einfügen, sondern auch mehrere. Das erlaubt es, Informationen aus verschiedenen Quellen zu kombinieren. Wenn es um sehr umfangreiche Dokumente geht, bei deren Größe die Upload-Funktion von Copilot streikt, können Sie das Problem auch umgehen, indem Sie das Dokument in mehrere kleinere Dateien aufteilen. Vor allem aber gibt der Bezug auf mehrere Quellen Ihnen die Möglichkeit, verschiedene Dokumente zu vergleichen und die Unterschiede herauszuarbeiten.

1. Laden Sie dazu zunächst immer nur eines der Dokumente hoch und warten Sie, bis Copilot dieses verarbeitet hat. Zwei Dateien gleichzeitig lässt die Upload-Funktion des Assistenten nicht zu.

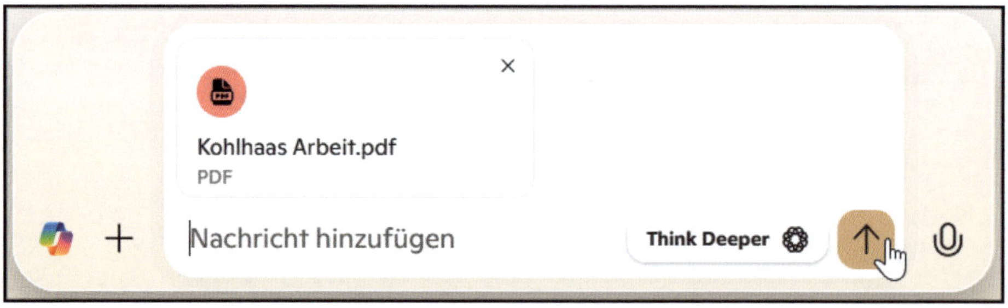

2. Wählen Sie dann das zweite Dokument aus und übermitteln Sie dieses ebenfalls.
3. Ist auch dieser Text verarbeitet, können Sie den Dialog mit Copilot aufnehmen, zu dessen Kontext nun der Inhalt beider Texte gehört, auf die Sie sich auch beziehen können.

```
Vergleiche die beiden Dokumente miteinander.
```

Natürlich, Wolfram! Hier ist ein Vergleich der beiden Dokumente:

Allgemeine Übersicht

- Das erste Dokument ist eine Sammlung von Aufgaben für ein Seminar über Heinrich von Kleists Novelle "Michael Kohlhaas" von der Universität Leipzig. Es umfasst Textanalysen, Charakteranalysen, narrative Techniken und kreative Schreibaufgaben.
- Das zweite Dokument ist eine Bachelorarbeit mit dem Titel "Zwischen Rechtschaffenheit und Mordbrennerei - Eine Untersuchung zur Reflexion und Darstellung von Moral in Heinrich von Kleists Michael Kohlhaas", eingereicht an der Universität Hamburg im Jahr 2011. Die Arbeit befasst sich mit der Darstellung von Moral und Amoral in der Novelle.

Themenbereiche und Fragestellungen

- **Text- und Charakteranalyse**:
  - Beide Dokumente analysieren die Handlungen und Motive der Charaktere in "Michael Kohlhaas". Die Seminaraufgaben lassen die Studierenden verschiedene Perspektiven auf die Figuren einnehmen, einschließlich der Betrachtung ihrer Schuld und Motive.
  - Die Bachelorarbeit geht tiefer auf die moralischen Implikationen der Handlungen ein und untersucht, wie Kleist moralische und amoralische Elemente darstellt.

Selbstverständlich brauchen Sie sich nicht auf einen allgemeinen Vergleich zu beschränken, sondern können konkrete Vorgaben machen, etwa wenn Sie sich auf bestimmte Aspekte beschränken möchten, beispielsweise so:

```
Stelle die Sprache der beiden Texte gegenüber.
```

Fazit

- **Seminaraufgaben-Dokument**: Die Sprache ist klar, prägnant und aufgabenorientiert, um den Lernprozess zu unterstützen.
- **Bachelorarbeit**: Die Sprache ist komplex, analytisch und wissenschaftlich, um eine detaillierte Untersuchung des Themas zu ermöglichen.

Falls du noch weitere Details benötigst oder bestimmte Abschnitte näher analysiert haben möchtest, lass es mich wissen! 😊

Auch auf die Form des Vergleichs können Sie Einfluss nehmen. So kann etwa eine Aufzählung wesentlicher Unterschiede in Form einer Liste oftmals einen schnelleren Vergleich ermöglichen:

```
Erstelle eine kompakte Liste mit den fünf
wichtigsten Unterschieden.
```

Hier sind die fünf wichtigsten Unterschiede in kompakter Form:

1. **Zweck und Zielgruppe**:
   - **Seminaraufgaben-Dokument**: Für Studierende zur Analyse und kreativen Auseinandersetzung.
   - **Bachelorarbeit**: Wissenschaftliche Analyse der moralischen Aspekte der Novelle, für ein akademisches Publikum.
2. **Struktur und Form**:
   - **Seminaraufgaben-Dokument**: Nummerierte Aufgaben und Unteraufgaben, klar strukturiert.
   - **Bachelorarbeit**: Kapitel und Unterkapitel, systematische Analyse.
3. **Sprache und Stil**:
   - **Seminaraufgaben-Dokument**: Klare, prägnante und funktionale Sprache.
   - **Bachelorarbeit**: Komplexe, akademische und analytische Sprache mit fachspezifischen Begriffen.
4. **Inhaltliche Tiefe und Ansätze**:

Auch Tabellen eignen sich gut für Gegenüberstellungen.

```
Stelle die wesentlichen Unterschiede in einer
Tabelle gegenüber.
```

Hier ist eine Tabelle, die die wesentlichen Unterschiede zwischen den beiden Dokumenten gegenüberstellt:

Merkmal	Seminaraufgaben-Dokument	Bachelorarbeit
Zweck und Zielgruppe	Für Studierende zur Analyse und kreativen Auseinandersetzung	Wissenschaftliche Analyse der moralischen Aspekte der Novelle, für ein akademisches Publikum
Struktur und Form	Nummerierte Aufgaben und Unteraufgaben, klar strukturiert	Kapitel und Unterkapitel, systematische Analyse
Sprache und Stil	Klare, prägnante und funktionale Sprache	Komplexe, akademische und analytische Sprache mit fachspezifischen Begriffen
Inhaltliche Tiefe und Ansätze	Praktische Analyseaufgaben und kreative Schreibprojekte	Tiefgehende Untersuchung philosophischer, juristischer und religiöser Aspekte der Moral
Didaktische Ziele vs. Wissenschaftlicher Anspruch	Förderung aktiven Lernens und kreativer Interpretation	Fundierte akademische Analyse der moralischen Implikationen

Neben Gegenüberstellungen können Sie Copilot auch konkrete Fragen zu beiden Dokumenten stellen und den Assistenten dabei auch um Empfehlungen bitten:

```
Welches Dokument hat die überzeugenderen Argumente?
```

Die **Bachelorarbeit** von hat die überzeugenderen Argumente, da sie eine tiefgehende Analyse bietet, eine klare und komplexe Argumentation aufweist und ihre Thesen durch umfangreiche Belege und Beispiele untermauert. Das **Seminaraufgaben-Dokument** ist hingegen eher auf die didaktische Vermittlung und praktische Anwendung durch die Studierenden ausgelegt und bietet daher keine vergleichbare Tiefe oder Beweiskraft.

```
Welcher Text ist für Oberstufenschüler eher geeignet?
```

Das **Seminaraufgaben-Dokument** ist eher für Oberstufenschüler geeignet, da es klar und verständlich formuliert ist, speziell darauf ausgelegt ist, Schüler zu fördern, und durch praktische und kreative Aufgaben das Engagement der Schüler erhöht. Die **Bachelorarbeit** ist hingegen zu komplex und akademisch, um Schüler effektiv einzubeziehen.

4.6 Texte in andere Sprachen übersetzen

Eine weitere praktische Fähigkeit von Copilot ist das Übersetzen von Texten in andere Sprachen. Das können Sie nutzen, wenn Sie selbst Texte schreiben und diese für Kollegen oder Bekannte in anderen Ländern bereitstellen möchten. Aber Sie können die Funktion ebenso nutzen, wenn Sie selbst auf einen Text in einer fremden Sprache stoßen und diesen gern verstehen möchten.

Moderne KI-Übersetzer haben dabei nicht mehr viel gemein mit der maschinellen Übersetzung aus früheren Jahren, die häufig zu unfreiwillig komischen Ergebnissen etwa bei der Übersetzung von Aufbauanweisungen oder Bedienungsanleitungen führte. Computer haben früher versucht, Texte Wort für Wort von einer Sprache in eine andere zu überführen. Das stößt zwangsläufig an Grenzen, wenn sich ein Wort nicht genau in ein anderes übersetzen lässt bzw. wenn es für ein Wort mehrere Bedeutungen gibt, die zu verschiedenen Übersetzungen führen würden. Dementsprechend waren die Ergebnisse oftmals holprig und unbefriedigend.

Die heutigen KI-Systeme verfolgen hingegen einen ganz anderen Ansatz. Ihre Sprachmodelle erlauben es ihnen, den Sinn von Texten zu erfassen und in ihre interne Wissensdarstellung zu überführen. Umgekehrt können sie aus ihrem internen Wissen Texte generieren. Etwas vereinfacht gesagt überführt die KI beim Übersetzen also zunächst die Bedeutung eines Textes in einer Sprache A in ihre interne Repräsentation und generiert dann aus dieser Repräsentation einen Text in einer Sprache B.

Die Übersetzung hangelt sich also nicht mehr an den Buchstaben und Wörtern eines Textes entlang, sondern erfasst den Sinn eines Textes und gibt ihn in einer anderen Sprache wieder. Das macht die KI-Übersetzer so universell, denn sie können Informationen beliebig zwischen allen Sprachen, für die sie über ein Sprachmodell verfügen, hin und her transferieren.

Copilot als Übersetzer

Copilot hat ein umfassendes Sprachmodell nicht nur der deutschen Sprache, sondern vieler anderer Sprachen. Aufgrund des vorangehend beschriebenen Übersetzungsprozesses kann er Texte in allen diesen Sprachen in Deutsch wiedergeben und umgekehrt.

1. Bei der Aufforderung reicht es, die gewünschte Zielsprache anzugeben. Copilot erkennt die Ausgangssprache automatisch.

   Geben Sie als Prompt beispielsweise ein:

   ```
   Übersetze diesen Text ins Deutsche:
   ```

2. Fügen Sie dann den zu übersetzenden fremdsprachigen Text in das Eingabefeld ein.

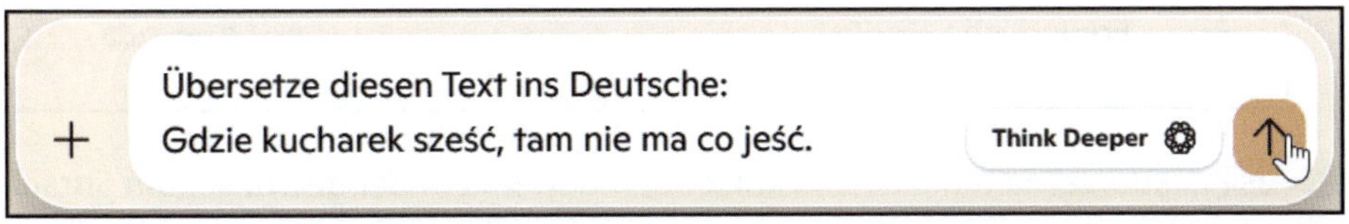

3. Nach kurzer Wartezeit liefert Copilot Ihnen die passende Übersetzung, ggf. um weitere Hinweise zum Thema ergänzt.

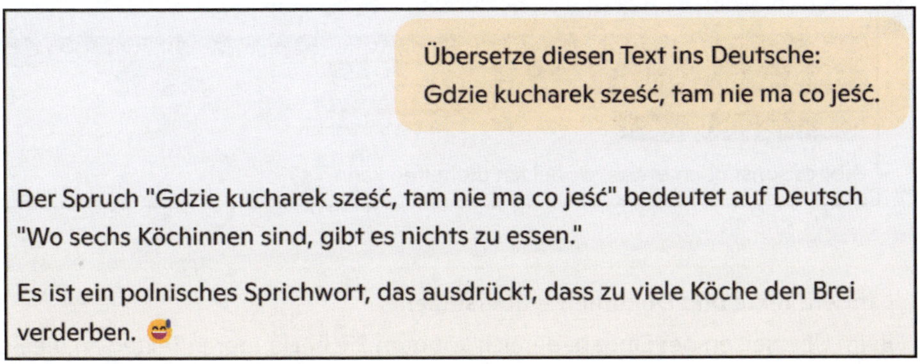

In gleicher Weise können Sie den umgekehrten Weg gehen und deutschsprachige Texte in eine nahezu beliebige andere Sprache übersetzen lassen:

1. Schreiben Sie auch hierzu eine entsprechende Aufforderung in den Eingabebereich, etwa:

```
Übersetze diesen Text ins Polnische:
```

2. Fügen Sie dann den zu übersetzenden Text mit ein und senden Sie den Prompt ab.

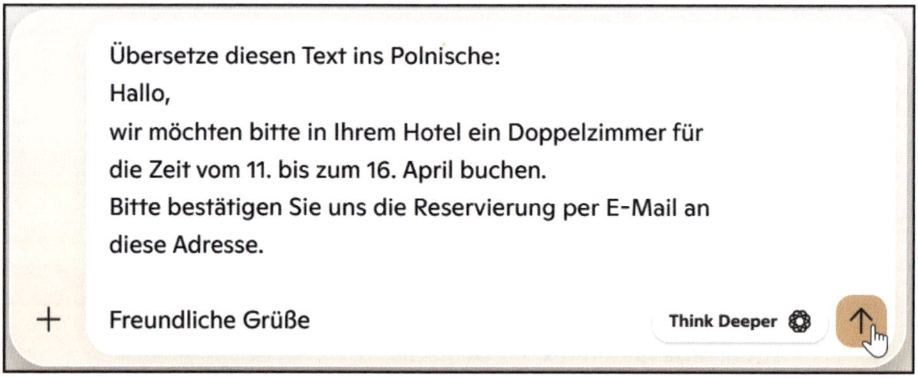

3. Als Reaktion erhalten Sie nach kurzer Zeit den Text in der gewünschten Sprache.
4. Markieren Sie den übersetzten Text in der Antwort mit der Maus, klicken Sie mit der rechten Maustaste auf die Auswahl und wählen Sie im Kontextmenü *Kopieren*.

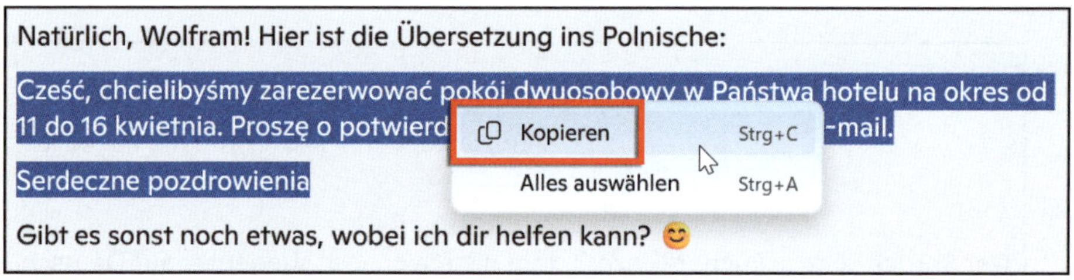

Längere Texte und Dokumente übersetzen

Beim Übersetzen per Eingabebereich könnten Sie bei längeren Texten an die Begrenzung durch die maximale Anzahl von Zeichen stoßen. Liegen diese Texte in einem Dokumentformat vor, das Copilot beherrscht (siehe Seite 43), können Sie das Dokument direkt zum Assistenten hochladen und dann um eine Übersetzung bitten. Haben Sie einen fremdsprachigen Text in einem anderen Format vorliegen, kopieren Sie ihn beispielsweise in eine TXT-Datei und laden diese zu Copilot hoch, um den Inhalt übersetzen zu lassen.

Fremdsprachige Texte analysieren

Sie können Texte nicht nur in andere Sprachen übersetzen lassen, sondern sie in jeder Hinsicht wie bereits deutschsprachige Texte behandeln. Denn Copilot ist es aufgrund seiner Sprachmodelle egal, in welcher Sprache ein Text vorliegt. Er wird dazu Fragen beantworten, Zusammenfassungen erstellen oder auch Umwandlungen vornehmen. Dabei ist entscheidend, in welcher Sprache Sie Ihren Prompt verfassen. Wenn Sie in deutscher Sprache eine Zusammenfassung anfordern, dann werden Sie eine deutschsprachige Zusammenfassung erhalten, auch wenn der zugrunde liegende Text in englischer, polnischer oder japanischer Sprache verfasst ist.

Insofern können Sie die in diesem Kapitel vorgestellten Möglichkeiten zum Analysieren und Erfassen von Texten auch bei fremdsprachigen Quellen ganz genauso nutzen. Dass der Ausgangstext dazu übersetzt werden muss bzw. Sie die Antwort in Ihrer Sprache haben möchten, brauchen Sie nicht extra anzugeben.

- `Worum geht es in dem Text?`
- `Fasse den Beitrag in vier Sätzen zusammen.`
- `Erstelle eine Liste mit den wesentlichen Aussagen des Textes.`
- `Enthält die Nachricht irgendwelche Handlungsanweisungen?`

5. Eigene Texte optimieren

Einer der wesentlichen Fortschritte, die zum stetig wachsenden Erfolg von KI beigetragen haben, ist das Sprachverständnis. Heutige KI-Systeme beherrschen menschliche Sprache(n) sowohl formal als auch – weitestgehend – inhaltlich. Sie können sowohl Wissen aus Text extrahieren als auch ihr Wissen in Texte verpacken, die uns in der Regel als völlig natürliche Sprache erscheinen. Dabei beherrschen sie mittlerweile auch Nuancen wie etwa stilistische Mittel und Varianten bei der Formulierung und deren Bedeutung. Texte zu erstellen, ist für einen KI-Assistenten wie Copilot deshalb eine leichte Übung.

Aber auch wer die Arbeit nicht komplett einer Maschine überlassen, sondern selbst formulieren möchte, kann von den Fähigkeiten moderner KI profitieren. Copilot kann Sie bei dem Prozess begleiten, Fehler korrigieren, alternative Formulierungen vorschlagen und – wenn gewünscht – den Text einer stilistischen Prüfung unterziehen. So entstehen nicht nur formal korrekte, sondern auch besser lesbare Texte. Ebenso können Sie aber auch einen vorhandenen Text umformulieren, damit er besser einer bestimmten Zielgruppe entspricht.

Weitere Aufgaben, die Sie an Copilot delegieren können, sind das schnelle Erstellen von Zusammenfassungen, das Generieren geeigneter Schlüsselwörter für Suchmaschinen und soziale Medien oder das Übersetzen Ihres Textes in andere Sprachen.

5.1 Copilot als Schreibgehilfe

Gerade wenn Ihnen kein vollwertiges Textverarbeitungsprogramm zur Verfügung steht, kann Copilot eine wertvolle Hilfe sein. Wenn er etwa parallel im Webbrowser oder als Desktop-App läuft, können Sie ihn jederzeit hervorholen, um zu recherchieren, aber auch, um sich beim Schreiben helfen zu lassen.

Rechtschreibung und Grammatik korrigieren

Copilot basiert auf einem umfassenden Sprachmodell, das auch die Regeln jeder Sprache gut beherrscht. Man kann also davon ausgehen, dass vom KI-Assistenten erzeugte Texte sprachlich einwandfrei sind.

Copilot kann aber auch Ihre Texte überprüfen und Fehler darin finden oder auch automatisch korrigieren.

1. Um Ihren Text von Copilot korrigieren zu lassen, geben Sie einen Prompt ein wie etwa:

```
Überprüfe Rechtschreibung und Grammatik bei
diesem Text:
```

2. Fügen Sie im Anschluss daran, wie vorangehend beschrieben, Ihren Text in den Eingabebereich ein.

Überprüfe Rechtschreibung und Grammatik bei diesem Text:
Windows: Unerwünschte Funktion-Updates zuverlässig unterbinden
Das neue Feature-Update für Windows bringt Probleme mit sich oder entfernt Funktionen, die Sie nicht missen möchten? Mit Ignorieren ist es nicht getan, denn die anfangs optionalen, freiwilligen Updates werden später obligatorisch

3. Senden Sie diese Aufforderung an Copilot.
4. Als Antwort erhalten Sie nach kurzer Wartezeit eine korrigierte Fassung Ihres Textes. Copilot beschränkt sich dabei allerdings nicht nur auf das Berichtigen von Fehlern im eigentlichen Sinn, sondern nimmt durchaus auch sprachliche Anpassungen vor, wenn etwa ungewöhnliche Formulierungen vorkommen.

Ich habe den Text überprüft und einige kleinere Anpassungen vorgenommen, um Rechtschreibung und Grammatik zu verbessern. Hier ist die überarbeitete Version:

Windows: Unerwünschte Funktions-Updates zuverlässig unterbinden

Das neue Feature-Update für Windows bringt Probleme mit sich oder entfernt Funktionen, die Sie nicht missen möchten? Mit Ignorieren ist es nicht getan, denn die anfangs optionalen, freiwilligen Updates werden später obligatorisch und dem PC

Fremdsprachige Texte korrigieren

Da Copilot zahlreiche Sprachen spricht, können Sie die Rechtschreib- und Grammatikprüfung auch in Texten in einer anderen Sprache verwenden. Der KI-Assistent erkennt automatisch, welche Sprache ein bereitgestellter Text verwendet, und korrigiert ihn auch in dieser Sprache. Gerade wenn man in einer Sprache nicht ganz sicher ist, kann man auf diese Weise prima etwa eine E-Mail vor dem Versenden von Copilot korrigieren lassen. So können Sie sicher sein, dass der verschickte Text sprachlich einwandfrei und gut lesbar ist. Zur Sicherheit können Sie sich auch gleich noch eine deutschsprachige Übersetzung geben lassen, um sicher zu sein, dass der Inhalt wirklich genau passt.

Diese Methode funktioniert reibungslos und zuverlässig. Sie hat nur den Nachteil, dass man nur mit einigem Aufwand kontrollieren kann, was Copilot nun genau verändert hat (etwa mit einem Vorher-Nachher-Vergleich).

Wenn Sie stattdessen lieber eine Übersicht fehlerhafter Textstellen sehen und diese ggf. selbst korrigieren möchten, gehen Sie so vor:

1. Fügen Sie Ihren Text in den Eingabebereich ein und senden Sie ihn an Copilot.
2. Tippen Sie dann als Aufforderung ein:

```
Enthält mein Text Rechtschreib- oder
Grammatikfehler?
```

3. Als Antwort erhalten Sie eine Liste, die jeweils die fehlerhafte Stelle und einen Vorschlag zur Korrektur umfasst.

> Enthält mein Text Rechtschreib- oder Grammatikfehler?
>
> Dein Text enthält einige Rechtschreib- und Grammatikfehler. Hier sind die Korrekturen:
>
> 1. "Das neuen Feature-Update" → "Das neue Feature-Update"
> 2. "entfernt Funktions" → "entfernt Funktionen"
> 3. "obligatisch" → "obligatorisch"
> 4. "untergejubelt" → "aufgezwungen"
> 5. "bis das zugrundeliegende Problem gelöt ist" → "bis das zugrunde liegende Problem gelöst ist"
> 6. "mehr oder weniger sinnvolle neue Funktionen mit" → "mehr oder weniger sinnvolle neue Funktionen mit"
> 7. "Deshalb ist es grundsätzlich sinnvoll, sie früher oder später einzuspielen" → "Deshalb ist es grundsätzlich sinnvoll, diese früher oder später zu installieren"

4. Wie man an der Beispielliste sehen kann, beschränkt Copilot seine Mängelliste nicht nur auf Fehler im eigentlichen Sinn. Auch Ausdrücke, die ungewöhnlich oder zumindest in diesem Zusammenhang unüblich sind, würde er durch gängigere Formulierungen ersetzen. Aber dank der Liste liegt es ja nun an Ihnen, welche der Korrekturen Sie in Ihrem Text vornehmen und welche nicht.

Weitere Prompts für systematisches Suchen nach Fehlern

Standardprüfung

```
Analysiere den folgenden Text auf Rechtschreib- und
Grammatikfehler und schlage Korrekturen vor.
```

Detaillierte Analyse

```
Identifiziere und erkläre Rechtschreib- und
Grammatikfehler im Text. Bitte schlage verbesserte
Formulierungen vor.
```

Grammatikfokus

```
Überprüfe den Text auf grammatikalische Fehler wie
falsche Zeiten, Satzbaufehler oder falsche Artikel.
```

Rechtschreibfokus

```
Suche im Text gezielt nach Rechtschreibfehlern und
korrigiere diese.
```

Satzstruktur überprüfen

```
Überprüfe den Text auf korrekten Satzbau und gib
Verbesserungsvorschläge, wenn Sätze unklar oder
schlecht formuliert sind.
```

Ton und Stil beachten

```
Analysiere den Text auf Rechtschreibung und Grammatik
und gib Vorschläge zur Verbesserung von Ton und
Lesefluss.
```

Zielgruppenprüfung

```
Überprüfe den Text auf Grammatik und Rechtschreibung
und passe ihn sprachlich an eine [gewünschte
Zielgruppe, z. B. Schüler, Experten] an.
```

Kurz und knackig

```
Prüfe den Text auf Fehler und mache ihn prägnanter.
```

Copilot als Thesaurus

Da Copilot sich richtig gut mit Sprache auskennt, kann man ihn auch jederzeit zu sprachlichen Themen befragen. Eine »echte« Textverarbeitungsanwendung wie Word etwa hat einen Thesaurus integriert, der Ihnen bei Bedarf alternative Begriffe liefert, um etwa unschöne Wiederholungen zu vermeiden oder genau den passenden Ausdruck zu finden. Das kann Copilot auch, wenn Sie Prompts verwenden wie etwa:

```
■ Nenne mir andere Ausdrücke für "gezwungen sein"
■ Ich suche ein anderes Wort für Spaß
```

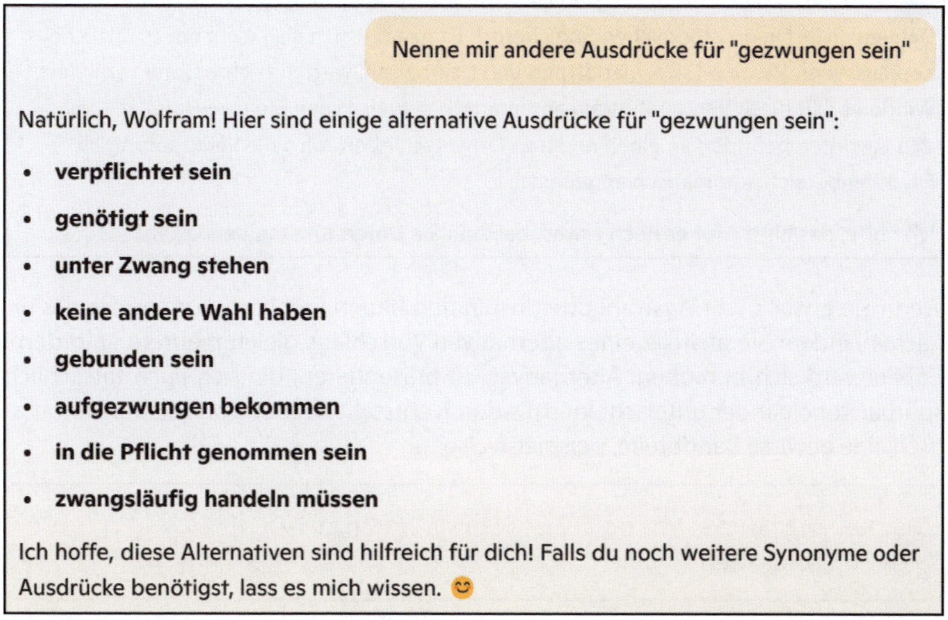

Alternative Formulierungen finden

Eine andere Möglichkeit, wie Sie sich die Sprachkünste von Copilot zunutze machen können, ist das Vorschlagen alternativer Formulierungen. Es kommt ja immer mal wieder vor, dass man mit einem Satz oder vielleicht auch einem ganzen Absatz nicht zufrieden ist. Gleichzeitig hat man vielleicht nicht sofort die zündende Idee, wie sich dieser Abschnitt besser formulieren ließe. Ein Vorschlag von Copilot kann dafür die Lösung sein oder vielleicht zumindest den entscheidenden Denkanstoß liefern.

Übertragen Sie den fraglichen Abschnitt dazu wie beschrieben in den Chat mit Copilot. Geben Sie dann beispielsweise diese Aufforderung ein:

```
Schlage mir eine alternative Formulierung vor.
```

Daraufhin wird Copilot mit einer umformulierten Version des Textes antworten. Je nach Vorgabe wird es sich dabei um eine eher moderate Variation handeln, die die grundlegende Satzstruktur beibehält und eher nur einzelne Wörter oder Phrasen austauscht.

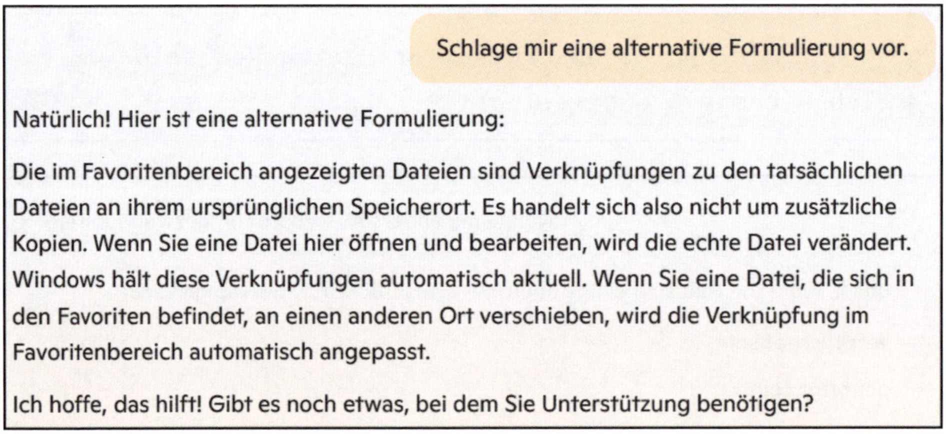
Schlage mir eine alternative Formulierung vor.

Natürlich! Hier ist eine alternative Formulierung:

Die im Favoritenbereich angezeigten Dateien sind Verknüpfungen zu den tatsächlichen Dateien an ihrem ursprünglichen Speicherort. Es handelt sich also nicht um zusätzliche Kopien. Wenn Sie eine Datei hier öffnen und bearbeiten, wird die echte Datei verändert. Windows hält diese Verknüpfungen automatisch aktuell. Wenn Sie eine Datei, die sich in den Favoriten befindet, an einen anderen Ort verschieben, wird die Verknüpfung im Favoritenbereich automatisch angepasst.

Ich hoffe, das hilft! Gibt es noch etwas, bei dem Sie Unterstützung benötigen?

Wenn Sie etwas mehr Auswahl oder Inspiration haben möchten, können Sie das erreichen, indem Sie anstelle eines alternativen Vorschlags gleich mehrere anfordern. Copilot wird sich bemühen, Alternativen zu präsentieren, die sich auch tatsächlich spürbar voneinander unterscheiden. Dadurch entsteht bei den Vorschlägen automatisch eine gewisse Bandbreite, beispielsweise:

```
Mache mir drei Vorschläge für alternative
Formulierungen.
```

Gern! Hier sind drei alternative Formulierungen:

Vorschlag 1: Die Dateien im Favoritenbereich sind Links zu den Originaldateien an ihrem ursprünglichen Speicherort. Es handelt sich nicht um zusätzliche Kopien. Wenn Sie eine Datei hier öffnen und bearbeiten, wird die Originaldatei geändert. Windows aktualisiert diese Links automatisch. Wenn Sie eine Datei, die in den Favoriten ist, verschieben, wird der Link ebenfalls aktualisiert.

Vorschlag 2: In den Favoriten sind Verknüpfungen zu den echten Dateien an ihrem Speicherort gespeichert. Diese Verknüpfungen sind keine zusätzlichen Kopien. Öffnen und bearbeiten Sie eine Datei über die Favoriten, wird die echte Datei geändert. Windows hält die Verknüpfungen automatisch aktuell. Wenn Sie eine Datei, die in den Favoriten ist, verschieben, wird die Verknüpfung automatisch angepasst.

Vorschlag 3: Die Favoriten zeigen Links zu den tatsächlichen Dateien an ihrem ursprünglichen Speicherort an. Es gibt keine zusätzlichen Kopien. Wenn Sie eine Datei in

Sie können ebenso Vorgaben für alternative Formulierungen machen, etwa dass der Abschnitt in einem speziellen Stil oder für eine bestimmte Zielgruppe umformuliert werden soll (siehe auch den nachfolgenden Abschnitt), etwa so:

- `Formuliere den Text in einfache Sprache um.`
- `Formuliere den Text in formellere Sprache um.`
- `Formuliere den Text für ein akademisches Publikum um.`
- `Formuliere den Text für Laien verständlich um.`

Formuliere den Text für ein akademisches Publikum um.

Hier ist die Formulierung für ein akademisches Publikum:

Die im Favoritenbereich angezeigten Dateien repräsentieren symbolische Verknüpfungen zu den eigentlichen Dateien, die an ihrem ursprünglichen Speicherort gespeichert sind. Es handelt sich folglich nicht um zusätzliche Kopien oder Duplikate dieser Dateien. Bei der Öffnung und Bearbeitung einer Datei über den Favoritenbereich wird direkt auf die Originaldatei zugegriffen und diese modifiziert. Diese Verknüpfungen werden von Windows kontinuierlich und automatisch aktualisiert, um etwaige Änderungen am Speicherort der Originaldateien zu berücksichtigen. Falls eine im Favoritenbereich angezeigte Datei an einen neuen Speicherort verschoben wird, wird die Verknüpfung entsprechend angepasst und bleibt aktuell.

Weitere Prompts zum Umformulieren von Textabschnitten

- Wie kann ich diesen Absatz formeller formulieren?
- Schreibe diesen Satz in einem freundlicheren Ton um.
- Formuliere diesen Textabschnitt in einfacher Sprache.
- Wie kann ich diesen Satz interessanter gestalten?
- Formuliere diesen Absatz in einem professionelleren Stil.
- Schreibe diesen Text in einem informellen Ton um.
- Wie kann ich diesen Satz humorvoller machen?
- Formuliere diesen Absatz in einer positiven Art und Weise.
- Wie kann ich diesen Textabschnitt kürzer und prägnanter gestalten?
- Schreibe diesen Satz in einer klareren und verständlicheren Weise um.
- Formuliere diesen Text in einer kreativeren Art und Weise.
- Wie kann ich diesen Absatz emotionaler schreiben?
- Schreibe diesen Text in einem motivierenden Stil um.
- Formuliere diesen Satz in einer beschreibenden Weise.
- Wie kann ich diesen Text wissenschaftlicher gestalten?
- Schreibe diesen Absatz in einem enthusiastischeren Ton um.
- Formuliere diesen Satz in einer sachlicheren Art und Weise.
- Wie kann ich diesen Text in einem überzeugenderen Stil schreiben?
- Schreibe diesen Absatz in einem neutraleren Ton um.
- Formuliere diesen Satz in einer respektvolleren Weise.

5.2 Texte von der KI gegenlesen lassen

Rechtschreib- und Grammatikprüfungen beispielsweise in Office-Anwendungen sind ein alter Hut. Selbst Webbrowser bringen solche Funktionen teilweise schon seit Jahren mit. Insofern tut man sich vielleicht etwas schwer, solche erprobten Funktionen mit der modernen KI in Verbindung zu bringen. KI-Assistenten wie Copilot gelingt es aber, die klassische Idee der Textkorrektur auf ein neues Niveau zu heben, indem sie neben der reinen Kontrolle von Rechtschreibung und Grammatik auch den Sprachstil sowie die Lesbarkeit von Texten prüfen und in Grenzen sogar inhaltliche Fehler aufdecken können. Besonders praktisch ist das, wenn – wie in Kapitel 8 beschrieben – Copilot direkt in Word oder PowerPoint integriert ist. Aber auch, wenn Sie andere Anwendungen nutzen, Texte in einem einfachen Editor erstellen oder etwa E-Mails schreiben, können Sie Copilot jederzeit zur Überprüfung und Optimierung Ihrer Texte nutzen.

Ganze Texte mit Copilot austauschen

Das Eingabefeld von Copilot eignet sich nicht gerade gut als Editor zur Textbearbeitung. Dies ist aber auch nicht nötig, denn Sie können jederzeit in einer beliebigen Anwendung erstellten Text an Copilot übertragen. Das geht leider nur über die Zwischenablage, aber mit den richtigen Tastenkürzeln ist es schnell erledigt.

1. Markieren Sie in der Anwendung den fraglichen Text. Handelt es sich um das gesamte Dokument, geht es mit Strg+A am schnellsten. Alternativ bieten viele Anwendungen zur Textbearbeitung im Kontextmenü der rechten Maustaste einen Befehl wie *Alles auswählen* bzw. *Alles markieren*.
2. Übertragen Sie den so markierten Text mit Strg+C in die Zwischenablage. Wenn Sie die Maus bevorzugen, finden Sie im Kontextmenü für den markierten Inhalt in der Regel auch den Befehl *Kopieren*, der das Gleiche bewirkt.

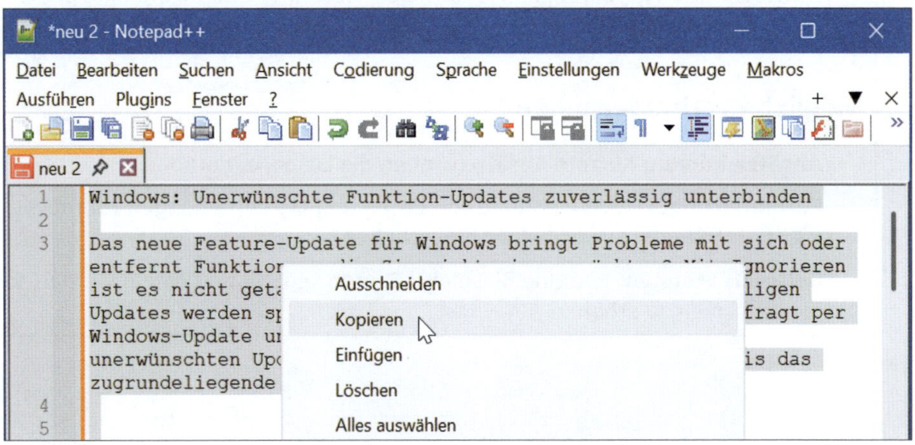

3. Wechseln Sie dann zu Copilot im Webbrowser oder in der Desktop-App.
4. Fügen Sie den Inhalt der Zwischenablage dort mit Strg+V ein. Mausfreunde können auch hier die rechte Taste bemühen und im Kontextmenü den Befehl *Einfügen* wählen.

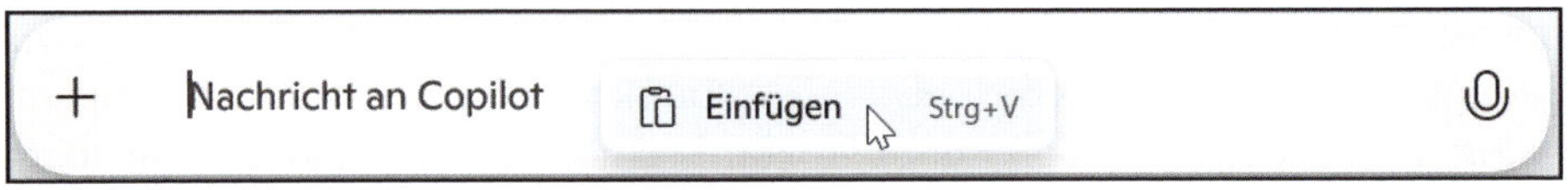

5. Nun befindet sich der kopierte Text in der Eingabeaufforderung von Copilot. Soll der Assistent ihn erst mal nur zur Kenntnis nehmen, senden Sie ihn als Prompt ab. Der Inhalt wird damit Teil dieser Konversation mit Copilot, und Sie können sich im Folgenden immer wieder darauf beziehen.
6. Ebenso können Sie am Ende des Textes direkt eine Anweisung anfügen, etwa:

```
Wie bewertest du Verständlichkeit und Lesbarkeit
dieses Textes?
```

Ihr Text ist gut strukturiert und enthält viele nützliche Informationen. Hier einige Punkte, die die Verständlichkeit und Lesbarkeit unterstützen:

Positive Aspekte

- **Gliederung:** Der Text ist in Abschnitte unterteilt, was die Navigation erleichtert.
- **Klarheit:** Die Anweisungen sind präzise und direkt.
- **Detailliert:** Es werden viele Informationen gegeben, die nützlich sind, um das Thema vollständig zu verstehen.
- **Hinweise und Tipps:** Praktische Hinweise, z.B. zur Wiederherstellung eines Updates, sind hilfreich.

Mögliche Verbesserungen

- **Absätze kürzen:** Kürzere Absätze können die Lesbarkeit erhöhen.
- **Formatierung:** Die Verwendung von Listen und Hervorhebungen könnte die wichtigsten Punkte noch besser hervorheben.
- **Beispiele trennen:** Einzelne Beispiele könnten separat dargestellt werden, um die Lesbarkeit zu erhöhen.

Wenn Sie Copilot Text optimieren oder umwandeln lassen oder anderweitig die Antworten des Assistenten weiternutzen möchten, können Sie wiederum die Zwischenablage nutzen, um Antworten oder Teile davon in Ihre Anwendung zu übertragen:

- Hierzu finden Sie unterhalb jeder Antwort ein Kopieren-Symbol.

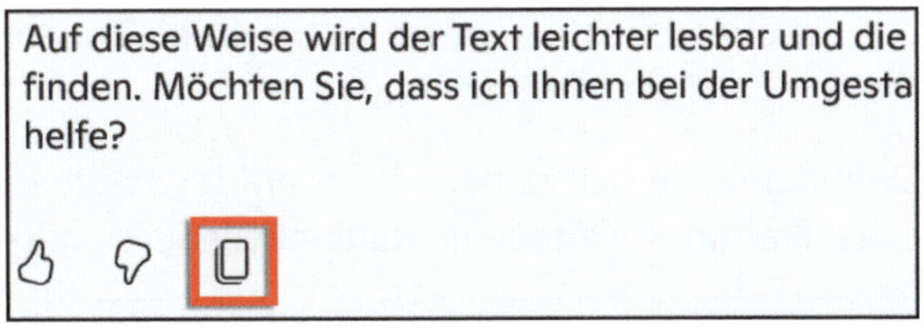

- Einzelne Bestandteile wie etwa Code-Listings sind teilweise oben rechts mit einer eigenen *Kopieren*-Schaltfläche versehen, mit der Sie nur diesen Teil der Antwort in die Zwischenablage übernehmen.

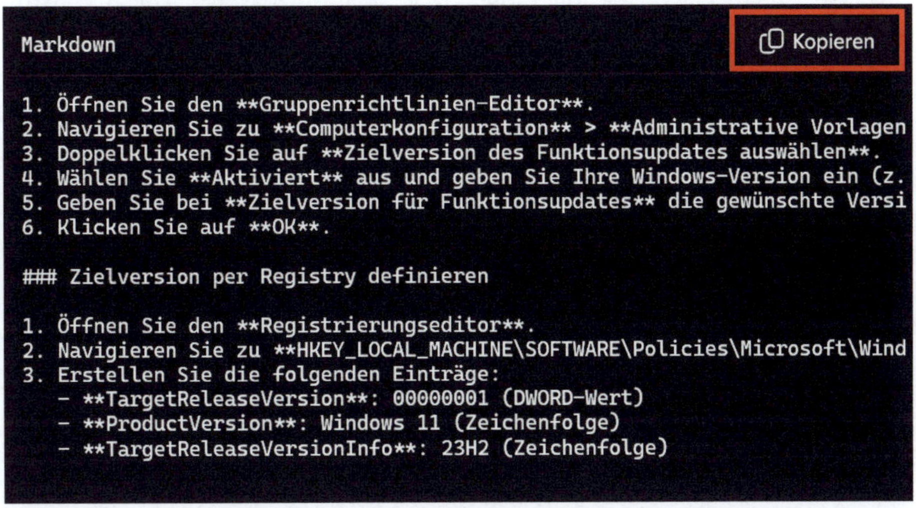

- Außerdem können Sie jederzeit einen beliebigen Teil einer Copilot-Antwort markieren. Wenn Sie dann darauf klicken oder tippen, öffnen Sie ein Kontextmenü mit einem *Kopieren*-Befehl. Dieser überträgt nur den markierten Inhalt in die Zwischenablage.

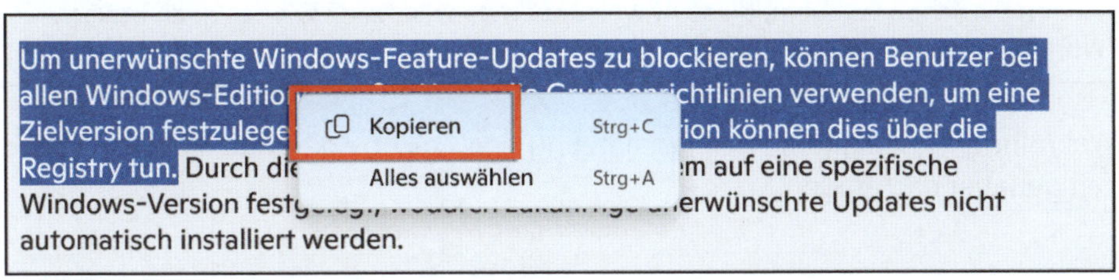

Text analysieren und bewerten

Wenn Sie, wie vorangehend beschrieben, einen Text an Copilot übermittelt haben, kennt der Assistent den Inhalt und kann sich innerhalb des Chats darauf beziehen. Das gilt ebenso für Sie, sodass Sie beliebige Fragen und Aufforderungen mit Bezug zu diesem Text formulieren können.

Orientieren Sie sich dabei wieder an der Vorstellung, dass Copilot wie ein menschlicher Freund, Kollege oder Studienkollege ist, und fragen Sie beispielsweise einfach:

```
Wie gefällt dir der Text?
```

Die Antwort darauf kann abhängig von Art und Inhalt des Textes sehr unterschiedlich ausfallen. Generell lässt sich aber sagen, dass Copilot Texte sehr sachlich, konstruktiv und grundsätzlich wohlwollend bewertet. Mit einem Verriss brauchen Sie also nie zu rechnen, und Kritik versteckt sich eher dezent in Verbesserungsvorschlägen.

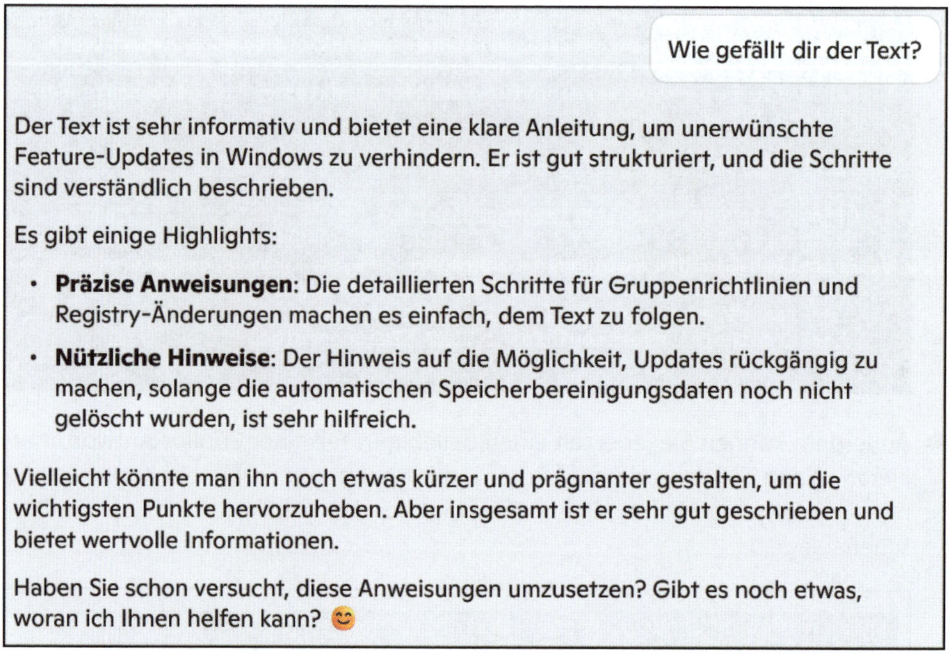

Wenn Ihnen eine allgemeine Einschätzung noch nicht weiterhilft, können Sie jederzeit genauer nachfragen.

Etwa so:

- Was gefällt dir besonders gut?
- Was gefällt dir daran nicht?
- Wie könnte ich den Text verbessern?

Was gefällt dir daran nicht?

Es gibt nur ein paar kleine Dinge, die man möglicherweise verbessern könnte:

1. **Länge und Prägnanz**: Der Text könnte etwas kürzer und direkter sein, um die wichtigsten Punkte hervorzuheben. Dies könnte besonders hilfreich sein für Leser, die schnelle Anweisungen suchen.
2. **Formatierung**: Eine klarere Formatierung, wie das Hervorheben der Schritte durch nummerierte Listen oder Aufzählungszeichen, könnte die Lesbarkeit weiter erhöhen.
3. **Beispiele und Klarheit**: Die Verwendung von konkreteren Beispielen könnte den Lesern helfen, die Anweisungen besser zu verstehen, insbesondere bei den Registry-Einträgen. Manchmal kann es hilfreich sein, Screenshots oder visuelle Anleitungen hinzuzufügen.

Aber das sind wirklich nur kleinere Optimierungen. Insgesamt ist der Text sehr informativ und gut strukturiert.

Ebenso können Sie gezielt Fragen nach ganz bestimmten Aspekten oder Eigenschaften des Textes stellen:

- Gibt es Absätze oder Sätze, die verwirrend oder unklar sind?
- Gibt es Wiederholungen im Text? Wie könnten diese vermieden werden?
- Gibt es Widersprüche oder logische Fehler im Text?
- Gibt es unnötige Fachbegriffe oder Jargon, die den Text schwer verständlich machen?
- Welche Fragen bleiben nach dem Lesen des Textes offen?
- Welche Informationen fehlen oder könnten ergänzt werden, um den Text zu verbessern?

Nach dem Lesen des Textes könnten einige Fragen offen bleiben, darunter:

1. **Was sind die genauen Schritte, um die Registry-Einträge zu erstellen?**:
   - Leser, die weniger technikaffin sind, könnten detailliertere Anweisungen benötigen, um die Registry-Einträge korrekt zu erstellen.
2. **Was passiert, wenn die Zielversion nicht gefunden wird?**:
   - Was geschieht, wenn eine ungültige oder nicht erkannte Zielversion eingegeben wird? Welche Schritte sollten unternommen werden, um dies zu beheben?
3. **Welche Risiken gibt es bei der Bearbeitung der Registry?**:
   - Gibt es spezifische Warnungen oder Vorsichtsmaßnahmen, die man beachten sollte, um ungewollte Systemänderungen oder -schäden zu vermeiden?

Gezielt nach Schwächen suchen

Haben Sie vielleicht bestimmte Schwächen beim Schreiben von Texten und kennen diese ganz genau? Dann können Sie Copilot gezielt danach suchen lassen. Vielleicht neigen Sie etwa zu langen, verschachtelten Sätzen, die das Textverständnis oftmals unnötig erschweren? Copilot kennt die Bedeutung des Begriffs »Bandwurmsatz« und kann Sie auf entsprechende Textstellen aufmerksam machen.

```
Gibt es im Text Bandwurmsätze?
```

Ebenso können Sie sich gezielt den längsten Satz im ganzen Text heraussuchen lassen, um diesen zu überprüfen. Vielleicht stellen Sie fest, dass die Länge gar nicht problematisch und der Inhalt gut verständlich ist.

```
Welches ist der längste Satz im Text?
```

Der längste Satz im Text ist folgender:

„Mit Ignorieren ist es nicht getan, denn die anfangs optionalen, freiwilligen Updates werden später obligatorisch und dem PC dann ungefragt per Windows-Update untergejubelt."

Dieser Satz umfasst insgesamt 21 Wörter. Möchtest du, dass ich diesen Satz kürzer formuliere oder dir bei etwas anderem helfe?

Andernfalls kann Copilot den Satz auch für Sie kürzen oder aus einem langen Satz zwei knappere Sätze machen, ohne den Sinn zu verändern.

- `Formuliere diesen Satz kürzer.`
- `Unterteile den Satz in zwei kürzere Sätze.`

Formuliere diesen Satz kürzer.

"Ein Ignorieren reicht nicht aus, da freiwillige Updates später obligatorisch werden und automatisch installiert werden."

Ist das kürzer und klarer für dich? Wenn du weitere Hilfe benötigst, stehe ich gern zur Verfügung!

Unterteile den Satz in zwei kürzere Sätze.

Natürlich! Hier ist der Satz in zwei kürzere Sätze unterteilt:

"Ein Ignorieren reicht nicht aus, da freiwillige Updates später obligatorisch werden. Sie werden dann automatisch installiert."

Eine andere Schwäche könnte das häufige Wiederholen von Wörtern sein, was für eine gewisse Monotonie beim Lesen sorgen kann. Da Copilot Ihren Text bis ins letzte Detail kennt, kann er Ihnen auf Wunsch Wörter nennen, die besonders häufig vorkommen.

Dabei kann der Assistent unterscheiden, ob ein Begriff zentral für das Thema eines Textes ist, sodass eine gehäufte Verwendung naheliegend bzw. unvermeidlich ist. Gleichzeitig werden allgemeine Wörter wie »und«, »ein« oder »die« bei der Zählung ignoriert.

Geeignete Prompts für diese Aufgabe wären etwa:

- `Welche Begriffe kommen im Text besonders häufig vor?`
- `Werden Begriffe im Text oft wiederholt?`
- `Welches Wort kommt im Text am häufigsten vor?`

Welche Begriffe kommen im Text besonders häufig vor?

Einige der häufigsten Begriffe im Text scheinen folgende zu sein:

- **Feature-Updates**
- **Windows**
- **Version**
- **Zielversion**
- **Update**
- **Gruppenrichtlinien**
- **Registry**
- **Problem**

Diese Begriffe sind zentral für das Thema des Textes, das sich hauptsächlich mit dem Verhindern von unerwünschten Windows-Feature-Updates befasst. Möchtest du eine detailliertere Analyse oder etwas anderes dazu wissen?

Textanalyse anhand von Modellen

Es gibt verschiedene Methoden oder Modelle, um Texte anhand von möglichst neutralen Kriterien objektiv beschreiben und bewerten zu können. Copilot kennt solche Modelle nicht nur, kann sie beschreiben und erklären, sondern der Assistent kann sie auch auf Texte anwenden.

Verständlichkeit des Textes bewerten

Wissenschaftler machen sich schon seit Langem Gedanken, wie sich die Verständlichkeit eines Textes unabhängig vom konkreten Inhalt objektiv bewerten lässt. Dazu wurden im Laufe der Jahre verschiedene Modelle ersonnen und weiterentwickelt, etwa:

- das Hamburger Verständlichkeitskonzept,
- das Karlsruher Verständlichkeitskonzept und
- das Hohenheimer Modell der Textverständlichkeit.

Alles das sind wissenschaftlich erarbeitete Werkzeuge, auf deren Grundlagen, Entwicklung und Unterschiede ich hier nicht näher eingehen möchte (Copilot wird es Ihnen auf Nachfrage aber gern erläutern). Wesentlich ist, dass alle diese Modelle die Textverständlichkeit in verschiedenen Dimensionen bewerten. Das Ergebnis wird also niemals ein simples »gut« oder »schlecht« sein, sondern immer eine komplexe Bewertung, die Stärken und Schwächen herausstellt und so konstruktiv Verbesserungsmöglichkeiten offenbart.

Das Schöne an Copilot ist ja gerade auch, dass Sie Details und die genaue Vorgehensweise gar nicht kennen müssen. Denn der Assistent wendet die Methoden für Sie an und teilt Ihnen dann das Ergebnis mit. Sie benötigen nur die passenden Prompts:

- `Bewerte den Text anhand des Hamburger Verständlichkeitskonzepts.`
- `Bewerte den Text anhand des Karlsruher Verständlichkeitskonzepts.`
- `Bewerte den Text anhand des Hohenheimer Modells.`

Copilot stellt dabei jeweils die Kriterien des verwendeten Modells kurz vor. Dann bewertet er den Text nach diesen Kriterien im Detail. Abschließend erhalten Sie außerdem eine Gesamtbewertung, die die Einschätzungen zu den einzelnen Kriterien nochmals kompakt zusammenfasst.

Das Hohenheimer Verständlichkeitsmodell bewertet Texte anhand von fünf zentralen Kriterien:

1. **Einfachheit**: Verständliche und leicht zugängliche Sprache.
2. **Gliederung/Ordnung**: Klar strukturierte und gut geordnete Inhalte.
3. **Kürze/Prägnanz**: Präzise und auf den Punkt gebrachte Informationen.
4. **Zusätzliche Stimulanz**: Verwendung von ansprechenden und motivierenden Elementen wie Beispielen oder Illustrationen.
5. **Adressatenorientierung**: Anpassung des Textes an die Zielgruppe.

Hier ist eine Bewertung des Textes nach diesen Kriterien:

1. **Einfachheit**:
   - Der Text verwendet viele technische Begriffe, die für die Zielgruppe (Windows-Nutzer mit IT-Kenntnissen) verständlich sind. Für weniger erfahrene Nutzer könnte die Sprache jedoch teilweise schwierig sein.
   - Einige Sätze sind lang und komplex, was die Verständlichkeit erschwert.
2. **Gliederung/Ordnung**:
   - Der Text ist gut strukturiert und in Absätze gegliedert. Zwischenüberschriften helfen, die verschiedenen Abschnitte zu organisieren.
   - Die Reihenfolge der Informationen ist logisch und erleichtert das Verständnis.
3. **Kürze/Prägnanz**:

Texte inhaltlich bewerten

Vorangehend ging es um Methoden, um die Verständlichkeit von Texten zu untersuchen und zu bewerten. Es gibt aber auch Modelle, mit denen sich der Inhalt bzw. die beabsichtigte Wirkung eines Textes überprüfen lässt. Diese Modelle wurden nicht unbedingt ausdrücklich für die Textanalyse entwickelt, aber sie lassen sich auch dafür verwenden. Vor allem aber ist Copilot in der Lage, sie auf Texte anzuwenden.

AIDA-Modell

Das AIDA-Modell ist ein klassisches Marketingmodell, das beschreibt, wie potenzielle Kunden auf Werbung reagieren und schließlich eine Kaufentscheidung treffen. Der Name AIDA steht für die vier Phasen des Prozesses:

1. **Attention** (Aufmerksamkeit):
   In dieser Phase geht es darum, die Aufmerksamkeit des potenziellen Kunden zu erregen. Das kann durch auffällige Werbung, interessante Inhalte oder einprägsame Markenbotschaften geschehen.
2. **Interest** (Interesse):
   Sobald die Aufmerksamkeit geweckt ist, muss das Interesse des Kunden angesprochen werden. Hierbei spielt die Relevanz des Angebots eine entscheidende Rolle. Das Produkt oder die Dienstleistung sollte für den Kunden nützlich und ansprechend erscheinen.
3. **Desire** (Verlangen):
   In dieser Phase wird das Interesse in ein Verlangen umgewandelt. Der potenzielle Kunde entwickelt den Wunsch, das Produkt oder die Dienstleistung zu besitzen oder zu nutzen. Emotionale Anreize und überzeugende Argumente können hier eine wichtige Rolle spielen.
4. **Action** (Handlung):
   Schließlich soll der Kunde zum Handeln bewegt werden, also zum Kauf oder zur Inanspruchnahme der Dienstleistung. Dies kann durch klare Handlungsaufforderungen und einfache Kaufprozesse unterstützt werden.

Das AIDA-Modell wurde primär als Werkzeug für Marketingstrategien entwickelt. Insofern können und sollten Sie es nutzen, wann immer Sie Texte schreiben, die in diese Richtung gehen. Tatsächlich kann man es auch im weiteren Sinne nutzen, um zu untersuchen, ob und wie Inhalte auf Leser wirken. Wenn Sie Texte schreiben, die Leser zu bestimmten Handlungen oder Entscheidungen bewegen sollen, kann eine Bewertung des Ergebnisses anhand des AIDA-Modells hilfreich sein. Wenn Sie Copilot einen entsprechenden Text übermitteln, reicht dazu ein Prompt wie dieser:

```
Bewerte diesen Text anhand des AIDA-Modells.
```

Bewertung des Textes nach dem AIDA-Modell:

Attention (Aufmerksamkeit):

- **Stärke**: Der Text beginnt mit einem klaren Problem, das viele Windows-Nutzer kennen: unerwünschte Feature-Updates. Das zieht die Aufmerksamkeit derjenigen auf sich, die ähnliche Erfahrungen gemacht haben.
- **Verbesserung**: Ein auffälliger Einstieg oder ein prägnanter Satz zu Beginn könnte die Aufmerksamkeit noch stärker fesseln.

Interest (Interesse):

- **Stärke**: Der Text weckt Interesse, indem er die negativen Folgen der Updates beschreibt und die Leser darauf hinweist, dass sie dieses Problem möglicherweise auch haben.
- **Verbesserung**: Eine noch präzisere Darstellung der Vorteile, die durch die Verhinderung unerwünschter Updates entstehen, könnte das Interesse weiter steigern.

Desire (Verlangen):

- **Stärke**: Das Verlangen wird geweckt, indem der Text verspricht, eine Lösung für das beschriebene Problem zu bieten. Die detaillierten Anweisungen zeigen, dass es einen konkreten Weg gibt, das Problem zu lösen.
- **Verbesserung**: Erfahrungsberichte von Nutzern, die durch die Umsetzung der beschriebenen Schritte eine Verbesserung erlebt haben, könnten das Verlangen weiter anregen.

Action (Handlung):

- **Stärke**: Der Text enthält klare Anweisungen, wie die Leser vorgehen können, um das Problem zu lösen. Er zeigt sowohl die Schritte in der Gruppenrichtlinie als auch in der Registry auf.
- **Verbesserung**: Eine abschließende Aufforderung zur Handlung (z.B. „Probieren Sie es jetzt aus und schützen Sie Ihren PC vor unerwünschten Updates") könnte die Leser noch mehr zur Umsetzung motivieren.

Gesamtbewertung:

Der Text erfüllt die AIDA-Kriterien gut, indem er ein bekanntes Problem anspricht, Interesse weckt, ein Verlangen nach einer Lösung erzeugt und klare Handlungsanweisungen bietet. Mit einigen zusätzlichen Elementen zur stärkeren Aufmerksamkeitsgewinnung und Verstärkung des Verlangens könnte die Effektivität noch weiter gesteigert werden.

SWOT-Modell

Ein anderes Modell, das eine noch stärkere inhaltliche Bewertung von Texten vornehmen kann, nennt sich SWOT. Es hilft dabei, eine Situationsanalyse durchzuführen und auf dieser Basis strategische Entscheidungen zu treffen. Es bietet einen strukturierten Ansatz, um die eigene Position zu bewerten und gezielte Maßnahmen zu entwickeln, um Chancen zu nutzen und Gefahren zu begegnen.

Somit handelt es sich um ein strategisches Analysewerkzeug, mit dem Sie für die in einem Text beschriebenen Vorschläge, Projekte oder Geschäftsideen Stärken und Schwächen sowie externe Chancen und Gefahren identifizieren.

Der Name SWOT steht für:

1. **Strengths** (Stärken):
   Interne Merkmale und Ressourcen, die der Idee einen Wettbewerbsvorteil verschaffen. Dazu können Faktoren wie eine starke Marke, qualitativ hochwertige Produkte, erfahrene Mitarbeiter oder effiziente Prozesse zählen.
2. **Weaknesses** (Schwächen):
   Interne Aspekte, die das Projekt im Wettbewerb mit anderen benachteiligen könnten. Dazu können mangelnde Ressourcen, unzureichende Technologien, schlechte Marktdurchdringung oder ineffiziente Strukturen gehören.
3. **Opportunities** (Chancen):
   Externe Faktoren und Trends, die man nutzen kann, um zu wachsen oder seine Position zu stärken. Dazu können Marktentwicklungen, technologische Fortschritte, veränderte Bedürfnisse oder politische und rechtliche Rahmenbedingungen zählen.
4. **Threats** (Bedrohungen):
   Externe Risiken und Herausforderungen, die den Erfolg negativ beeinflussen können. In Bezug auf Unternehmen können das wirtschaftliche Abschwünge, Konkurrenzdruck, regulatorische Veränderungen oder negative Markttrends sein.

Was nach einer sehr spezifischen Methode zum Abklopfen einer Geschäftsidee auf Chancen und Risiken klingt, lässt sich in der Praxis dank Copilot sehr vielseitig einsetzen. Denn diese Kriterien lassen sich bei vielen Ideen und Projekten als Bewertungsmaßstab anlegen und führen ggf. zu spannenden Anregungen und Einsichten:

```
Bewerte meinen Text anhand des SWOT-Modells.
```

SWOT-Analyse des Textes zu unerwünschten Windows-Feature-Updates verhindern

Strengths (Stärken):

- **Detaillierte Anweisungen:** Der Text bietet klare und detaillierte Schritt-für-Schritt-Anleitungen zur Verhinderung von Feature-Updates.
- **Relevanz:** Das Thema ist für viele Windows-Nutzer relevant, die von unerwünschten Updates betroffen sind.
- **Strukturierung:** Der Text ist gut gegliedert und nutzt Zwischenüberschriften, um die verschiedenen Abschnitte zu organisieren.
- **Praktische Beispiele:** Es werden konkrete Beispiele und Lösungen vorgestellt, die den Lesern helfen, das Problem effektiv anzugehen.

Weaknesses (Schwächen):

- **Komplexität der Sprache:** Einige Sätze sind lang und komplex, was die Verständlichkeit beeinträchtigen kann.
- **Fehlende visuelle Hilfsmittel:** Der Text enthält keine visuellen Elemente wie Bilder oder Diagramme, die das Verständnis erleichtern könnten.
- **Technische Begriffe:** Der Text verwendet viele technische Begriffe, die für weniger erfahrene Nutzer schwer verständlich sein könnten.

Opportunities (Chancen):

- **Erweiterung der Zielgruppe:** Durch die Vereinfachung der Sprache und die Einbindung visueller Hilfsmittel könnte der Text auch für weniger erfahrene Nutzer zugänglicher gemacht werden.
- **Online-Präsenz:** Der Text könnte auf einer Website oder in einem Blog veröffentlicht werden, um eine breitere Zielgruppe zu erreichen und mehr Nutzer zu informieren.
- **Feedback von Nutzern:** Nutzerfeedback könnte genutzt werden, um den Text weiter zu verbessern und auf spezifische Bedürfnisse einzugehen.

Threats (Risiken):

- **Veränderungen in Windows-Updates:** Änderungen in den Windows-Update-Richtlinien oder neuen Versionen könnten die im Text beschriebenen Methoden unwirksam machen.
- **Konkurrenz durch andere Anleitungen:** Es gibt viele andere Ressourcen und Anleitungen im Internet, die ebenfalls Lösungen für dieses Problem bieten. Der Text muss also überzeugend und aktuell bleiben, um relevant zu bleiben.

Fazit:

Der Text ist insgesamt gut strukturiert und bietet detaillierte Anweisungen, die für viele Windows-Nutzer nützlich sind. Durch die Vereinfachung der Sprache und die Einbindung visueller Hilfsmittel könnte die Verständlichkeit weiter verbessert werden. Eine Veröffentlichung auf einer Online-Plattform könnte die Reichweite erhöhen und Nutzerfeedback könnte zur kontinuierlichen Verbesserung beitragen.

Falls Sie auf den Geschmack gekommen sind und nach weiteren Modellen suchen, die Ihnen bei der Bewertung Ihrer Texte helfen, dann fragen Sie doch einfach Copilot selbst danach:

- `Nach welchen anderen Modellen kannst du meinen Text bewerten?`
- `Erstelle mir eine Liste aller Modelle, anhand derer du Texte bewerten kannst.`
- `Erstelle mir eine Tabelle aller Modelle, anhand derer du Texte bewerten kannst.`

Natürlich! Hier ist eine Tabelle, die die verschiedenen Modelle auflistet, anhand derer ich Texte bewerten kann:

Modell	**Beschreibung**
Hamburger Verständlichkeitskonzept	Bewertet Texte nach den Kriterien: Einfachheit, Gliederung/Ordnung, Kürze/Prägnanz, Anregende Zusätze.
Karlsruher Verständlichkeitskonzept	Bewertet Texte nach den Kriterien: Einfache Wörter und Sätze, Anschaulichkeit, Verständliche Strukturierung, Gliederung.
Hohenheimer Verständlichkeitsmodell	Bewertet Texte nach den Kriterien: Einfachheit, Gliederung/Ordnung, Kürze/Prägnanz, Zusätzliche Stimulanz, Adressatenorientierung.
AIDA-Modell	Bewertet Texte nach den Kriterien: Attention (Aufmerksamkeit), Interest (Interesse), Desire (Verlangen), Action (Handlung).
SWOT-Modell	Bewertet Stärken, Schwächen, Chancen und Risiken eines Textes oder einer Idee.
KISS-Prinzip (Keep It Short and Simple)	Bewertet Texte nach der Klarheit und Einfachheit der Sprache.

Weitere Prompts zur Textanalyse und -bewertung

- `Ist der Text klar und verständlich, oder gibt es unklare Stellen?`
- `Welche Informationen scheinen im Text zu fehlen oder nicht angesprochen zu werden?`
- `Wie wird die Zielgruppe angesprochen? Ist die Ansprache angemessen und überzeugend?`
- `Ist der Ton des Textes angemessen für das Thema und die Zielgruppe?`
- `Wie werden Übergänge zwischen Absätzen gestaltet? Sind sie flüssig und logisch?`
- `Welche Emotionen werden beim Leser geweckt und wie werden sie erzeugt?`
- `Gibt es besondere Stärken im Text, die hervorgehoben werden sollten?`
- `Wie könnte der Text durch eine stärkere Argumentation verbessert werden?`
- `Sind die Quellenangaben (falls vorhanden) korrekt und zuverlässig?`
- `Wie wird die Perspektive oder der Standpunkt des Autors deutlich gemacht?`
- `Welche Alternativen oder Gegenargumente könnten präsentiert werden?`
- `Welchen Gesamteindruck hinterlässt der Text und wie könnte er noch wirkungsvoller gestaltet werden?`
- `Welche möglichen Vorurteile oder Perspektiven spiegeln sich im Text wider?`

5.3 Den Stil von Texten anpassen

Copilot kann den Stil, in dem ein Text geschrieben ist, mühelos anpassen. Hierbei kommt wieder das Sprachmodell zum Tragen, das einen vorgegebenen Inhalt nicht nur wortwörtlich, sondern auch dem Sinn nach erfasst. Dementsprechend kann der Assistent den Inhalt eines vorgegebenen Textes in eigenen Worten wiedergeben.

Und wie er diese Worte wählt, können Sie beeinflussen. Genauso wie Sie Copilot veranlassen können, einen Text in eine andere Sprache zu überführen, können Sie auch eine Version in derselben Sprache anfordern, aber eben in einem bestimmten Stil.

Um einen Text in einem bestimmten Stil umzuformulieren, fügen Sie den vollständigen Text in den Eingabebereich ein und ergänzen ihn mit einem Prompt wie:

- `Formuliere diesen Text in einem poetischen Stil um.`
- `Formuliere den Text so, dass er einladend und motivierend klingt.`
- `Lasse diesen Text formeller klingen.`

Welche Stilarten beherrscht Copilot?

Die kurze Antwort auf diese Frage lautet: alle. Sofern Sie nicht gerade mutwillig eine eigene Stilart erfinden. Mit seinem Sprachverständnis versteht der KI-Assistent bei allen gängigen Beschreibungen, was damit wohl gemeint sein soll, und kann vorgegebene Texte meist auch sinnvoll in Varianten überführen, die diesen Vorstellungen entsprechen.

Hier sind einige hilfreiche Stilrichtungen aufgelistet, die Sie beispielsweise nutzen können, um einen Text für einen bestimmten Verwendungszweck anzupassen:

- **Formell**:
  Höflich und professionell, ideal für geschäftliche Kommunikation oder offizielle Dokumente.
- **Informell**:
  Locker und entspannt, passend für E-Mails an Freunde oder für die Alltagskommunikation.
- **Kreativ**:
  Mit einer künstlerischen Note, perfekt für Geschichten, Gedichte oder kreative Projekte.
- **Technisch**:
  Präzise und sachlich, ideal für technische Dokumentationen oder wissenschaftliche Arbeiten.
- **Humorvoll**:
  Witzig und unterhaltsam, um Ihren Text aufzupeppen und die Leser zum Schmunzeln zu bringen.

- **Überzeugend**:
  Mit überzeugenden Argumenten und klarer Rhetorik, ideal für Reden, Präsentationen oder Marketingtexte.
- **Beschreibend**:
  Detailreich und anschaulich, um lebendige Bilder und Eindrücke zu vermitteln.

Zu Anschauungszwecken habe ich Copilot für die folgende Tabelle mit einem bekannten Zitat von Oscar Wilde gefüttert und es in die verschiedenen Stile umwandeln lassen: *»Am Ende wird alles gut sein. Und wenn es nicht gut ist, dann ist es nicht das Ende.«*

Schreibstil/Ton	Von Copilot erzeugte Textvariante
Formell	Am Ende wird alles gut. Sollte es derzeit noch nicht gut sein, so ist dies ein Hinweis darauf, dass das Ende noch nicht erreicht ist.
Informell	Am Ende wird alles gut. Und wenn's noch nicht gut ist, dann ist es auch noch nicht das Ende.
Kreativ	Am Ende wird alles gut, und wenn das Chaos noch tobt, tanzt der letzte Akt des Dramas noch im Hintergrund.
Technisch	Im Endzustand wird das System stabilisiert. Falls das System derzeit noch nicht stabil ist, bedeutet dies, dass der Endzustand noch nicht erreicht wurde.
Humorvoll	Am Ende wird alles gut. Und wenn's noch nicht gut ist, dann hat Murphys Gesetz wohl gerade einen Kaffeeklatsch mit dem Schicksal!
Überzeugend	Am Ende wird alles gut. Wenn es noch nicht gut ist, dann liegt es daran, dass wir noch nicht am Ende sind. Deshalb sollten wir nicht aufgeben, sondern weiterhin an das Beste glauben und darauf hinarbeiten.
Beschreibend	Am Ende wird alles gut. Wenn es momentan noch nicht gut ist, bedeutet das, dass wir uns noch mitten im Prozess befinden und das endgültige Ziel noch nicht erreicht haben. Es ist wie bei einem langwierigen Abenteuer, bei dem es Herausforderungen und Hindernisse zu überwinden gilt, bevor man das ersehnte Happy End erreicht.

Für bestimmte Zielgruppen formulieren

Eine andere Möglichkeit, Texte für bestimmte Zwecke anzupassen, ist das Vorgeben einer Zielgruppe. Wenn Sie Copilot wissen lassen, wer der Empfänger eines Textes sein soll, kann der Assistent diese Information bei der Wortwahl und Tonlage berücksichtigen. Dank seines umfassenden Wissens hat Copilot eine recht passende Vorstellung davon, welche Vorkenntnisse man bei bestimmten Gruppen erwarten kann und welche Sprache oder Fachbegriffe man ihnen zumuten kann.

Einen vorhandenen Text können Sie über die Zwischenablage in das Eingabefeld von Copilot einfügen und so zum Teil des Dialogs machen. Dann können Sie mit dem richtigen Prompt eine Fassung für die gewünschte Zielgruppe erstellen:

```
Formuliere diesen Text für Kinder zwischen neun und
elf Jahren um.
```

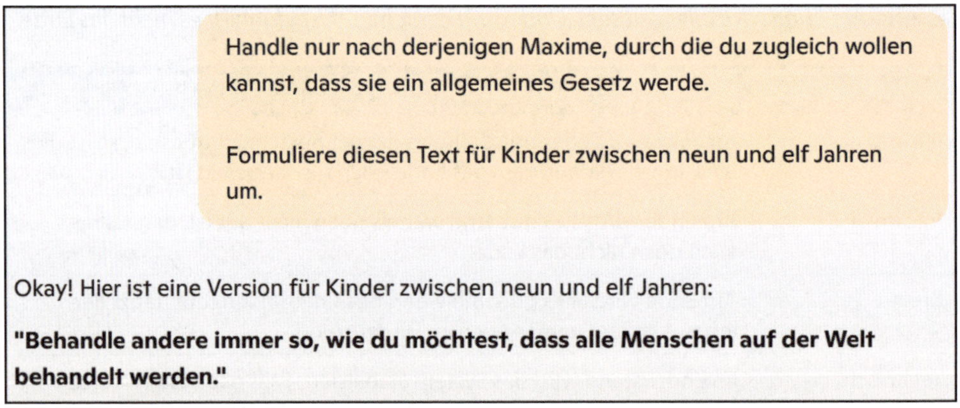
Handle nur nach derjenigen Maxime, durch die du zugleich wollen kannst, dass sie ein allgemeines Gesetz werde.

Formuliere diesen Text für Kinder zwischen neun und elf Jahren um.

Okay! Hier ist eine Version für Kinder zwischen neun und elf Jahren:

"Behandle andere immer so, wie du möchtest, dass alle Menschen auf der Welt behandelt werden."

Das Beispiel in der Abbildung zeigt recht eindrucksvoll, dass Copilot in der Lage ist, für ein eher abstrakt formuliertes philosophisches Prinzip eine Interpretation und Sprache zu finden, die auch für Kinder durchaus zugänglich sein sollte. Was bei diesem – zugegebenermaßen schon etwas anspruchsvollen – Beispiel funktioniert, das klappt bei weniger komplexen Konstellationen erst recht.

Beispiel für zielgruppenorientierte Prompts

Hier folgen weitere Beispiele, wie Sie Texte auf die Bedürfnisse, Interessen oder Vorkenntnisse ganz bestimmter Zielgruppen abstimmen können:

- `Formuliere diesen Text für eine jugendliche Zielgruppe um.`
- `Schreibe diesen Text so um, dass er für Menschen mit akademischer Bildung interessant ist.`
- `Passe diesen Text an, damit er für Rentner ansprechend ist.`
- `Bearbeite diesen Text für ein technikaffines Publikum.`

- Formuliere diesen Text für Leser*innen mit begrenztem technischem Wissen um.
- Schreibe diesen Text um, damit er für eine professionelle Business-Zielgruppe geeignet ist.
- Passe diesen Text für Eltern von Kleinkindern an.
- Bearbeite diesen Text für Sportbegeisterte.
- Formuliere diesen Text so, dass er für Leser im Gesundheitswesen relevant ist.
- Schreibe diesen Text um, damit er für Umweltaktivisten ansprechend ist.
- Passe diesen Text für eine Zielgruppe von Kunstliebhabern an.
- Bearbeite diesen Text für Menschen, die sich für Mode interessieren.
- Formuliere diesen Text für eine Zielgruppe von Hobby-Gärtnern um.
- Schreibe diesen Text so um, dass er für Reisende und Abenteurer spannend ist.
- Passe diesen Text für Leser an, die sich für Geschichte interessieren.
- Bearbeite diesen Text für eine Zielgruppe von Tierliebhaber*innen.
- Formuliere diesen Text für Jugendliche, die sich für Videospiele interessieren.
- Schreibe diesen Text um, damit er für Musikliebhaber*innen ansprechend ist.
- Passe diesen Text für eine Zielgruppe von Wissenschaftler*innen an.
- Bearbeite diesen Text für Menschen, die sich für Kulinarik und Kochen interessieren.

Gendergerecht formulieren

Gendergerechte Sprache – kurz auch als gendern bezeichnet – ist ein heiß diskutiertes Thema. Manche halten es für unerlässlich für eine gerechtere Gesellschaft, andere verteufeln es geradezu. Egal, wie man dazu steht: Texte genderneutral zu formulieren, braucht etwas Übung. Zu leicht übersieht man sonst Stellen, an denen »-er« doch wieder reingerutscht ist.

Copilot aber macht das Gendern leicht, indem Sie Texte einfach so schreiben, wie Sie möchten. Wenn Sie einen Text dann genderneutral gestalten wollen oder müssen, können Sie diese Aufgabe getrost dem KI-Assistenten überlassen, der zuverlässig alle problematischen Stellen finden und entschärfen kann.

Um die Gender-Neutralität eines Textes zu überprüfen, übertragen Sie diesen in einen Chat mit Copilot und fragen dann beispielsweise:

```
Ist der Text genderneutral formuliert?
```

Copilot überprüft den Text dann auf dieses Kriterium hin und gibt Ihnen eine Rückmeldung, die Hinweise auf möglicherweise zu optimierende Textstellen umfasst.

> Ist der Text genderneutral formuliert?
>
> Dein Text ist größtenteils genderneutral, einige Anpassungen könnten jedoch vorgenommen werden, um sicherzustellen, dass er durchgehend geschlechtsneutral ist. Hier sind einige Vorschläge:
>
> 1. "Wer eine VR-Brille für dieses System wie beispielsweise die beliebte HP Reverb G2 sein Eigen nennt, kann diese nach der Installation von 24H2 nur noch als unförmigen Briefbeschwerer nutzen." → "Personen, die eine VR-Brille für dieses System wie beispielsweise die beliebte HP Reverb G2 besitzen, können diese nach der Installation von 24H2 nur noch als unförmigen Briefbeschwerer nutzen."
> 2. "Falls Sie einen solchen unerwünschten Nebeneffekt erst nach dem Update bemerken, handeln Sie schnell." → "Falls ein solcher unerwünschter Nebeneffekt erst nach dem Update bemerkt wird, sollte schnell gehandelt werden."

Gegebenenfalls fügt Copilot der Antwort auch gleich eine korrigierte Fassung Ihres Textes bei, in der alle monierten Stellen bereits angepasst sind.

Wenn Sie sich auf die Expertise von Copilot verlassen wollen, können Sie auch direkt einen entsprechend optimierten Text anfordern, ohne sich lange mit den Einzelheiten aufzuhalten.

```
Erstelle mir eine genderneutrale Fassung meines
Textes!
```

Erstelle mir eine genderneutrale Fassung meines Textes!

Hier ist der von dir angegebene Text in einer genderneutralen Version:

Das neue Feature-Update für Windows bringt Probleme mit sich oder entfernt Funktionen, auf die nicht verzichtet werden kann? Mit Ignorieren ist es nicht getan, denn die anfangs optionalen, freiwilligen Updates werden später obligatorisch und dem PC dann ungefragt per Windows-Update aufgezwungen. Aber es gibt einen Weg, unerwünschten Updates zuverlässig Einhalt zu gebieten, bis das zugrunde liegende Problem gelöst ist.

5.4 Alternative Textvarianten erstellen

Bislang ging es in diesem Kapitel darum, eher Sprachstil, Tonfall und Wortwahl anzupassen. Grundlegende Eigenschaften eines Textes wie Struktur, Umfang und Detailgrad des Inhalts bleiben dabei unverändert. Das muss aber nicht so sein. Wenn Copilot den Inhalt eines Textes verinnerlicht hat, kann er ihn in beliebigen Varianten wiedergeben.

Zusammenfassungen erstellen

Eine solche Variante ist das Zusammenfassen eines längeren Textes in kurzer oder auch kürzester Form.

Ein naheliegender Prompt dafür ist etwa:

```
Erstelle mir eine Zusammenfassung des Textes.
```

Damit lassen Sie Copilot allerdings viel Freiheit. Es wird immer eine Zusammenfassung dabei herauskommen. Diese wird aber vielleicht nicht immer so aussehen, wie Sie sich das vorstellen.

Erstelle mir eine Zusammenfassung des Textes.

Der Text gibt praktische Tipps und Lösungsansätze, wenn Windows-Updates fehlschlagen. Es werden verschiedene Methoden vorgestellt, die von einfachen Maßnahmen bis hin zu komplexeren Ansätzen reichen. Zu den vorgeschlagenen Lösungen gehören:

1. **Geduld bewahren**: Oft können automatische Mechanismen in Windows kleinere Probleme selbst beheben.
2. **Speicherplatz prüfen**: Ein unzureichender Speicherplatz kann Updates behindern. Temporäre Dateien und überflüssige Daten können gelöscht werden.
3. **Problembehandlung für Updates**: Windows bietet eine integrierte Funktion, um häufige Update-Probleme zu analysieren und zu lösen.
4. **Geräte trennen**: Das Entfernen unnötiger Geräte kann helfen, Treiber-Update-Probleme zu vermeiden.

Sie können Copilot aber auch ganz klare Vorgaben machen, etwa so:

```
Fasse mir den Text in vier Sätzen zusammen.
```

Fasse mir den Text in vier Sätzen zusammen.

Der Text bietet Lösungsansätze für Probleme mit Windows-Updates und empfiehlt, einfache Maßnahmen zuerst auszuprobieren, bevor komplexere Methoden angewendet werden. Zu den Tipps gehören Geduld, Speicherplatzprüfung, die Verwendung der Problembehandlung und das Entfernen unnötiger Geräte. Zudem wird erklärt, wie man Update-Daten zurücksetzt, Systemdateien überprüft und den Update-Mechanismus mit dem DISM-Tool repariert. Falls diese Schritte fehlschlagen, sollte man Fehlerprotokolle analysieren, um die Ursache zu identifizieren und spezifisch zu beheben.

Wenn Sie es noch kompakter möchten, versuchen Sie es hiermit:

```
Fasse den Text in einem aussagekräftigen Satz
zusammen.
```

> Fasse den Text in einem aussagekräftigen Satz zusammen.
>
> Der Text bietet eine umfassende Anleitung zur Lösung von Windows-Update-Problemen, beginnend mit einfachen Schritten wie Speicherplatzprüfung bis hin zu fortgeschrittenen Maßnahmen wie der Analyse von Protokolldateien und der Reparatur des Update-Mechanismus.

Wenn es Ihnen bei der Zusammenfassung nicht nur um eine kompakte Übersicht geht, sondern eher um einen »Anreißer«, der zum Lesen animieren soll, dann ist das ein Kontext, den Sie Copilot unbedingt mitteilen sollten:

```
Erstelle mir eine mitreißende Zusammenfassung, die
neugierig auf mehr macht.
```

> Erstelle mir eine mitreißende Zusammenfassung, die neugierig auf mehr macht.
>
> Wenn Windows-Updates scheitern und der PC scheinbar im Chaos versinkt, müssen Sie nicht verzweifeln! Dieser umfassende Leitfaden enthüllt praktische Tipps und effektive Lösungen, von einfachen Sofortmaßnahmen bis hin zu gezielten Tools, die Windows wieder in Schwung bringen. Lernen Sie, wie Geduld, eine saubere Speicherverwaltung oder der Einsatz von mächtigen Werkzeugen wie DISM und CBS-Logs Ihnen helfen können, hartnäckige Probleme zu meistern. Tauchen Sie ein und entdecken Sie, wie Sie die Kontrolle zurückgewinnen und Ihr System problemlos aktualisieren können! 🚀

Eine andere Herangehensweise ist das Extrahieren wesentlicher Argumente oder Kernaussagen, die den Wert des Textes charakterisieren, etwa so:

```
Liste mir drei Argumente auf, die diesen Text
lesenswert machen.
```

> Liste mir drei Argumente auf, die diesen Text lesenswert machen.

Hier sind drei Argumente, warum dieser Text lesenswert ist:

1. **Praktische Anwendbarkeit**: Der Text bietet konkrete und umsetzbare Lösungen für ein häufiges Problem, nämlich fehlschlagende Windows-Updates, und ermöglicht es den Lesern, ihre Systeme eigenständig zu reparieren.
2. **Systematische Herangehensweise**: Die klar strukturierte Anleitung reicht von einfachen und schnellen Maßnahmen bis hin zu detaillierten, fortgeschrittenen Lösungen, die individuell angewandt werden können.
3. **Umfassende Problemlösung**: Von der Analyse von Fehlerprotokollen bis hin zu spezifischen Tools wie DISM und der Speicherplatzprüfung – der Text deckt ein breites Spektrum möglicher Probleme ab und vermittelt tiefgehendes Wissen.

Weitere Prompts zum Zusammenfassen von Inhalten

- Fasse den Text zusammen und betone dabei die Hauptaussagen in nur drei Sätzen.
- Erstelle eine prägnante Zusammenfassung, die auch für Kinder verständlich ist.
- Komprimiere den Text in Form einer humorvollen Kurzgeschichte.
- Fasse den Text zusammen, als würdest du ihn einem Wissenschaftler erklären.
- Kreiere eine Zusammenfassung im Stil eines Nachrichtenartikels.
- Erstelle eine Zusammenfassung des Textes in Form eines Tweets (max. 280 Zeichen).
- Schreibe eine Gedicht-Zusammenfassung des Textes.
- Komprimiere den Text auf die fünf wichtigsten Punkte.
- Fasse den Text mit einer Metapher oder einem Bild zusammen.
- Erstelle eine Zusammenfassung des Textes in Form eines Dialogs zwischen zwei Personen.

- Fasse den Text zusammen und schlage eine interessante Überschrift vor.
- Erstelle eine Aufzählung mit den wichtigsten Fakten aus dem Text.
- Fasse den Text aus der Perspektive eines Charakters aus einem Film oder Buch zusammen.
- Komprimiere den Text in Form eines Tagebucheintrags.
- Erstelle eine visuell orientierte Zusammenfassung und betone wichtige Details.
- Schreibe eine formelle und eine informelle Zusammenfassung des Textes.
- Erstelle eine Zusammenfassung, die auch in Präsentationen verwendet werden kann.
- Fasse den Text als Ratgeberartikel mit hilfreichen Tipps zusammen.
- Schreibe eine emotionale Zusammenfassung, die Empathie und Mitgefühl zeigt.
- Erstelle eine Zusammenfassung und schlage dazu passende Illustrationen oder Diagramme vor.

Texte in FAQs umwandeln

Copilot kann Texte nicht nur für Zusammenfassungen in verschiedenen Stufen komprimieren, sondern auch den Inhalt in einer anderen Form präsentieren. So sind beispielsweise FAQs (**F**requently **A**sked **Q**uestion**s**, auf Deutsch »häufig gestellte Fragen«) eine beliebte Form, Inhalte übersichtlich und leicht zugänglich zu gestalten. Copilot kann den Inhalt eines Fließtextes mühelos in ein solches Frage- und Antwortspiel verwandeln. Verwenden Sie dazu einen Prompt wie:

```
Wandle den Text in eine FAQ-Struktur um.
```

Solche Listen sind oftmals ebenfalls kompakter als der Ausgangstext, weil Copilot sich bei den einzelnen Antworten jeweils auf das Wesentliche beschränkt. Trotzdem geben sie aber meist den gesamten Inhalt adäquat wieder.

Hier ist der Text in einer FAQ-Struktur:

Häufig gestellte Fragen zur Behebung von Windows-Update-Problemen

1. Was kann ich tun, wenn ein Windows-Update fehlschlägt? Beginnen Sie mit einfachen Maßnahmen: Zeigen Sie Geduld, da Windows manchmal selbst Probleme löst. Prüfen Sie außerdem den verfügbaren Speicherplatz und entfernen Sie unnötige Dateien oder temporäre Daten.

2. Wie prüfe und bereinige ich den Speicherplatz? Verwenden Sie den Datei-Explorer oder die Datenträgerverwaltung, um zu sehen, wie viel Platz auf dem Laufwerk verfügbar ist. Über die Speicheroptimierung in den Windows-Einstellungen können Sie temporäre Dateien schnell entfernen.

3. Wie hilft die Problembehandlung bei Update-Problemen? Die integrierte Problembehandlung in Windows kann gängige Fehler analysieren und beheben. Sie finden die Option unter "System" -> "Problembehandlung" und können dort die Funktion für Windows-Updates ausführen.

4. Können angeschlossene Geräte Update-Probleme verursachen? Ja, insbesondere während Treiber-Updates können angeschlossene Geräte Störungen verursachen. Trennen Sie unnötige Geräte wie Drucker oder Scanner vorübergehend, um Konflikte zu vermeiden.

Eine solche Form ist selbstverständlich nur sinnvoll, wenn der Ausgangstext sich vom Inhalt und der Struktur her für eine FAQ-Struktur eignet. Ein Gedicht oder eine Kurzgeschichte in einen Fragenkatalog umzuwandeln, mag als Experiment künstlerisch interessant sein, aber ansonsten wohl eher weniger zielführend. Durch Variationen des Prompts können Sie aber auch auf Besonderheiten des zugrunde liegenden Textes eingehen oder die zu erstellenden FAQs beispielsweise auf bestimmte Aspekte fokussieren oder auf eine spezielle Zielgruppe ausrichten. Die folgenden Prompts sind kreative Beispiele dafür, was alles möglich ist:

- Extrahiere häufig gestellte Fragen aus dem Text und formuliere prägnante Antworten.
- Welche Fragen könnten sich Leser stellen, nachdem sie diesen Text gelesen haben? Beantworte sie.
- Identifiziere die Kernpunkte des Textes und stelle sie in Form von Fragen und Antworten dar.
- Erstelle eine FAQ, die die wichtigsten Begriffe und Konzepte des Textes erklärt.

- Welche Wissenslücken könnte der Text bei den Lesern hinterlassen? Erstelle dazu passende Fragen und Antworten.
- Formuliere aus dem Text 10 mögliche Fragen mit kurzen, informativen Antworten.
- Welche praktischen Tipps bietet der Text, und wie können sie in einer FAQ dargestellt werden?
- Schreibe eine FAQ mit besonderem Fokus auf die Problemstellungen, die im Text behandelt werden.
- Erstelle eine FAQ für Einsteiger basierend auf den grundlegenden Informationen im Text.
- Fasse die wichtigsten Abschnitte des Textes als Fragen und Antworten zusammen.
- Erstelle eine FAQ, die den Text so erklärt, als würde sie von einem Experten beantwortet werden.
- Formuliere eine FAQ, die den Text auf eine leicht verständliche Weise vermittelt.
- Welche Themen im Text könnten verwirrend sein? Mache daraus eine FAQ, um Klarheit zu schaffen.
- Schreibe eine FAQ mit Bezug auf die Anwendung oder Praxis der Inhalte des Textes.
- Welche Fragen könnten beim ersten Lesen des Textes entstehen? Erstelle dazu Antworten.
- Fasse den Text als FAQ zusammen, die sowohl allgemeine als auch spezifische Fragen abdeckt.
- Erstelle eine kreative FAQ, die den Text in einem Frage-Antwort-Format spannend aufbereitet.
- Schreibe eine FAQ mit Schwerpunkt auf den Vorteilen und Nachteilen, die im Text erwähnt werden.
- Welche Missverständnisse könnten durch den Text entstehen? Kläre diese in einer FAQ.
- Erstelle eine FAQ, die den Text für eine bestimmte Zielgruppe (z. B. Schüler, Fachleute) interpretiert.

Texte in Listen umwandeln

Eine FAQ ist nichts anderes als eine spezielle Form einer Liste, die sich aber nur für bestimmte Arten von Inhalten eignet. Copilot kann darüber hinaus auch Listen erstellen bzw. vorhandenen Text in eine Liste umwandeln. Dafür eignet sich nicht jede Art von Inhalt. Eine Kurzgeschichte etwa erscheint in Form einer Liste wenig sinnvoll. Aber Copilot würde sich trotzdem Mühe geben, einem solchen Wunsch zu entsprechen.

Wenn es sich aber etwa um einen Sachtext handelt und die enthaltenen Informationen ohnehin aus einer Aneinanderreihung von Fakten oder Argumenten bestehen, hat der Assistent keine Mühe damit, diese Textelemente zu isolieren und in Form einer Liste kompakt und übersichtlich zu präsentieren. Ein einfacher Prompt dafür könnte etwa sein:

```
Wandle diesen Text in eine Liste um.
```

Hier ist der Text als Liste:

1. Manchmal reicht etwas Geduld
2. Speicherplatz prüfen
3. Problembehandlung für Windows-Update
4. Unnötige Geräte entfernen
5. Windows-Update-Dienst initialisieren
6. Systemdateien überprüfen
7. Den Windows Update-Mechanismus reparieren
8. Fehler im Update-Protokoll aufspüren

Details zu den Punkten:

1. Manchmal reicht etwas Geduld: Windows kann sich manchmal selbst reparieren, wenn man ihm etwas Zeit gibt.
2. Speicherplatz prüfen: Überprüfen Sie den Speicherplatz auf Ihrem Systemlaufwerk, um sicherzustellen, dass genug Platz für das Update vorhanden ist.

Bei einer so offen formulierten Aufforderung wählt Copilot die Art und den Umfang der Liste anhand des Inhalts selbst aus.

Sie können beim Erstellen des Prompts aber auch schon Einfluss darauf nehmen, was genau in der Liste stehen soll oder wie umfangreich diese sein soll:

```
Erstelle eine Liste mit den fünf wesentlichen
Handlungsempfehlungen des Textes.
```

Hier sind die fünf wesentlichen Handlungsempfehlungen aus dem Text:

1. **Geduld haben**: Geben Sie Windows etwas Zeit, um sich selbst zu sortieren und kleinere Probleme zu beheben.
2. **Speicherplatz prüfen und freigeben**: Überprüfen Sie den freien Speicherplatz auf Ihrem Systemlaufwerk und entfernen Sie unnötige Dateien, um ausreichend Platz für Updates zu schaffen.
3. **Problembehandlung für Windows-Update verwenden**: Nutzen Sie die integrierte Windows-Update-Problembehandlung, um typische Probleme zu beheben.
4. **Unnötige Geräte entfernen**: Trennen Sie temporär unnötige oder problematische Geräte, insbesondere USB-Geräte, um potenzielle Konflikte mit Treiber-Updates zu vermeiden.
5. **Windows-Update-Dienst initialisieren**: Benennen Sie die Update-Ordner um und starten Sie die Update-Dienste neu, um eventuell beschädigte Daten zu verwerfen und den Update-Prozess neu zu beginnen.

Diese Handlungsempfehlungen sollten Ihnen helfen, Windows-Update-Probleme zu lösen. Wenn Sie detailliertere Informationen zu einem bestimmten Punkt benötigen, lassen Sie es mich wissen.

Copilot neigt dazu, nummerierte Listen zu erstellen. Das kann gut passen, ist aber gelegentlich auch irreführend, wenn es eine Gewichtung von Argumenten oder Empfehlungen nahelegt, die der ursprüngliche Text so gar nicht hergibt.

Die nummerierte Liste ist aber auch nur eine Variante, und Sie können Listen auch in anderen Formen generieren lassen, wenn Ihnen das angemessener erscheint. Geben Sie dazu die gewünschte Eigenschaft der Liste an.

Ungeordnete Listen

Ungeordnete Listen sind Aufzählungen mit einem einheitlichen Symbol, die keine Gewichtung oder Reihenfolge der einzelnen Listenpunkte nahelegen. Somit sind sie die universellste Form von Listen und eignen sich gut, umfangreichere Themen oder komplexere Zusammenhänge in überschaubare Sinneinheiten zu zerlegen.

> Erstelle eine ungeordnete Liste mit den Aufgaben, die ich heute erledigen muss.
>
> Hier ist deine ungeordnete Liste mit den Aufgaben, die du heute erledigen musst:
>
> - E-Mails beantworten
> - Berichte schreiben
> - Meeting vorbereiten
> - Einkaufen gehen
> - Sport machen

Nummerierte Listen

Nummerierte Listen sind eine Methode, um Informationen oder Inhalte strukturiert und in einer bestimmten Reihenfolge darzustellen. Sie eignen sich besonders gut, wenn die Reihenfolge der Punkte wichtig ist oder wenn eine klare Abfolge von Schritten, Prioritäten oder Rangfolgen dargestellt werden soll.

> Erstelle eine nummerierte Liste der Schritte, die ich zur Vorbereitung einer Präsentation unternehmen muss.
>
> Hier ist eine nummerierte Liste der Schritte, die du zur Vorbereitung einer Präsentation unternehmen musst:
>
> 1. **Thema auswählen**: Entscheide, über welches Thema du präsentieren möchtest.
> 2. **Recherchieren**: Sammle Informationen und Material zu deinem Thema.
> 3. **Inhalte strukturieren**: Erstelle eine Gliederung für deine Präsentation.
> 4. **Folien erstellen**: Gestalte die Präsentationsfolien mit Text, Bildern und Grafiken.
> 5. **Sprechtext vorbereiten**: Schreibe Notizen oder ein Manuskript für das, was du sagen möchtest.

Checklisten

Checklisten sind praktische Hilfsmittel, die dabei unterstützen, Aufgaben, Prozesse oder Aktivitäten systematisch zu organisieren, und sicherstellen, dass nichts übersehen wird. Sie bestehen aus einer Liste von Punkten oder Schritten, die in der Regel in einer logischen oder priorisierten Reihenfolge aufgelistet sind.

Erstelle eine Checkliste für meinen Einkauf.

Hier ist deine Einkaufsliste als Checkliste:

- [ ] Milch
- [ ] Brot
- [ ] Obst
- [ ] Gemüse
- [ ] Nudeln

Hierarchische Listen

Hierarchische Listen sind strukturierte Darstellungen, bei denen Elemente in verschiedenen Ebenen oder Hierarchiestufen organisiert sind. Sie ermöglichen eine übersichtliche Darstellung von Informationen, die eine logische oder thematische Beziehung zueinander haben, und sind besonders nützlich, um komplexe Inhalte zu gliedern.

Erstelle eine hierarchische Liste für mein Projekt.

Hier ist eine hierarchische Liste für dein Projekt:

- **Projektplanung**
  - Phase 1: Planung
    - Zielsetzung
    - Budget festlegen
    - Zeitplan erstellen
  - Phase 2: Umsetzung
    - Team zusammenstellen
    - Aufgaben verteilen
    - Fortschritt überwachen

Liste mit Symbolen

Eine besondere Form einer ungeordneten Liste ist die Liste mit Symbolen. Hierbei stellt Copilot jedem Eintrag ein Symbol voran, das den jeweiligen Listeneintrag veranschaulicht. Hierzu analysiert der KI-Assistent den Inhalt jedes Listeneintrags und wählt ein dazu passendes Symbol aus. Das wird sicher nicht bei jeder Art von Inhalten sinnvoll nutzbar sein, aber wenn es passt, entsteht so eine auch optisch attraktive Auflistung.

> Erstelle eine Liste der wichtigen Termine mit Symbolen.
>
> Natürlich! Hier ist eine Liste deiner wichtigen Termine mit passenden Symbolen:
>
> - 📅 **Team-Meeting** am Montag um 10:00 Uhr
> - ✈️ **Geschäftsreise nach Berlin** am Dienstag um 14:00 Uhr
> - 🎂 **Geburtstagsfeier** am Mittwoch um 18:00 Uhr
> - 🏥 **Arzttermin** am Donnerstag um 9:00 Uhr
> - 📚 **Lesung in der Stadtbibliothek** am Freitag um 16:00 Uhr
>
> Ich hoffe, das hilft dir weiter! Gibt es noch etwas, wobei ich dir behilflich sein kann? 😊

Weitere Prompts zum Erstellen von Listen

- `Erstelle aus diesem Text eine Liste mit den fünf wichtigsten Erkenntnissen.`
- `Teile den Text in eine Vor- und Nachteile-Liste auf.`
- `Extrahiere aus dem Text die Schlüsselpunkte in eine nummerierte Liste.`
- `Fasse die praktischen Tipps des Textes in einer übersichtlichen Liste zusammen.`
- `Erstelle eine Liste von Fragen, die der Text beantwortet.`
- `Stelle die Kernideen des Textes in einer stichpunktartigen Liste dar.`
- `Erstelle eine Liste mit den häufigsten Fehlern, die in diesem Text angesprochen werden.`

- Teile den Text in thematische Abschnitte auf und fasse jeden Abschnitt in einer Liste zusammen.
- Erstelle eine Liste von Handlungsempfehlungen basierend auf dem Text.
- Wandle die wichtigsten Statistiken oder Fakten aus dem Text in eine tabellarische Liste um.
- Schreibe eine Liste der häufig genannten Begriffe oder Konzepte aus dem Text.
- Formuliere aus dem Text eine Schritt-für-Schritt-Anleitung als Liste.
- Extrahiere aus dem Text Ideen für zukünftige Diskussionen oder Projekte in einer Liste.
- Erstelle eine priorisierte Liste der wichtigsten Probleme oder Lösungen, die im Text angesprochen werden.
- Schreibe eine Liste mit Zitaten oder Schlüsselphrasen aus dem Text.
- Wandle den Text in eine Liste von Vorbereitungs- oder Aktionsschritten um.
- Stelle die zentralen Themen des Textes in einer hierarchischen Liste dar.
- Erstelle eine Liste von Herausforderungen und potenziellen Lösungen aus dem Text.
- Extrahiere Schlüsselbegriffe aus dem Text und sortiere sie in einer alphabetischen Liste.

Texte in Tabellen umwandeln

Eine weitere Möglichkeit, den Inhalt von Texten auf eine kompakte und überschaubare Form zu reduzieren, sind Tabellen. Copilot beherrscht auch Tabellen und kann sowohl Inhalte in tabellarischer Form verarbeiten (siehe Seite 318) als auch selbst Tabellen generieren. Der Mechanismus ist dabei grundlegend der gleiche wie beim Umwandeln in Listen. Nur dass die Ausgabe eben in tabellarischer Form erfolgt.

```
Wandle meinen Text in eine Tabelle um.
```

Natürlich! Hier ist der Text als Tabelle umgewandelt:

Schritt	Maßnahme	Beschreibung
1	Geduld	Manchmal kann es helfen, Windows etwas mehr Zeit zu geben und gelegentlich neu zu starten.
2	Speicherplatz prüfen	Überprüfen Sie, ob genügend freier Speicherplatz auf dem Systemlaufwerk vorhanden ist. Mindestens 10% der Gesamtspeicherkapazität sollten frei sein.
3	Problembehandlung für Windows-Update	Verwenden Sie die Windows-Problembehandlung, um typische Update-Probleme zu beheben.
	Unnötige Geräte	Trennen Sie überflüssige Geräte vom PC, insbesondere

Tabellen im HTML-Format erstellen

Während von Copilot erzeugte Listen sich ohne größere Umstände kopieren und für andere Anwendungen übernehmen lassen, sieht dies bei Tabellen etwas anders aus. Diese werden in einem ASCII-Format erstellt, das sich zwar beispielsweise in Excel importieren lässt. In anderen Programmen machen die Quer- und Längsstriche aber eher unnötige Umstände. Da fügt es sich gut, dass Copilot auch Standards wie HTML kennt und auf Wunsch Ausgaben in diesem Format generiert.

```
Wandle meinen Text in eine Tabelle um. Erzeuge
HTML-Code.
```

Hier ist der angeforderte Text als Tabelle im HTML-Format:

Html Kopieren

```html
<!DOCTYPE html>
<html lang="de">
<head>
    <meta charset="UTF-8">
    <meta name="viewport" content="width=device-width, initial-scale=1.0">
    <title>Windows-Update Hilfe</title>
    <style>
        table {
            width: 100%;
            border-collapse: collapse;
        }
        th, td {
            border: 1px solid #000;
            padding: 8px;
```

So erhalten Sie Ihre Tabelle als HTML-Code, den Sie mit der *Kopieren*-Schaltfläche oben rechts direkt in die Zwischenablage übernehmen und von dort in eine beliebige Anwendung einfügen können.

Tabellen im CSV-Format generieren

Was aber, wenn Sie die erzeugten Tabellendaten in einer Anwendung nutzen wollen, die auch kein HTML beherrscht? Dann können Sie auf das CSV-Format ausweichen. Das ist ein simples Textformat, das den Inhalt einer Tabelle zeilenweise wiedergibt, wobei die Inhalte in den Spalten jeweils mit einem Komma getrennt werden (Comma-separated values, kommagetrennte Werte).

```
Wandle diesen Text in eine Tabelle im CSV-Format um.
```

Auch hierbei erhalten Sie die Antwort in einem Code-Block, dessen Inhalt Sie mit der *Kopieren*-Schaltfläche oben rechts direkt in die Zwischenablage übertragen können. Wenn Sie den Text von dort in einen Editor einfügen, erhalten Sie einen gut lesbaren Text, der ggf. mit etwas Nachbearbeitung in jeder Anwendung schnell in eine übersichtliche Form gebracht werden kann.

Hier ist der angeforderte Text als Tabelle im CSV-Format:

Csv Kopieren

```
Schritt,Beschreibung
1. Manchmal reicht etwas Geduld,"Es klingt blöd, aber manchmal hilft es scho
2. Speicherplatz prüfen,"Windows-Updates können mehr Speicherplatz benötigen
3. Problembehandlung für Windows-Update,"Verwenden Sie die Problembehandlung
4. Unnötige Geräte entfernen,"Trennen Sie überflüssige Geräte vom PC, insbes
5. Windows-Update-Dienst initialisieren,"Entfernen oder benennen Sie die Ord
6. Systemdateien überprüfen,"Verwenden Sie den Befehl 'sfc /scannow' in eine
7. Den Windows Update-Mechanismus reparieren,"Verwenden Sie das Werkzeug DIS
8. Fehler im Update-Protokoll aufspüren,"Analysieren Sie die CBS.log-Datei i
```

Das sollte Ihnen helfen, den Text in ein CSV-Format umzuwandeln. Wenn Sie noch weitere Anpassungen oder Unterstützung benötigen, lassen Sie es mich wissen! 😊

Weitere Möglichkeiten zum Umwandeln von Text in Tabellen

Wie immer können Sie durch Abwandeln der Prompts und durch das Hinzufügen von Vorgaben die erzeugten Tabellen inhaltlich und formal in einer großen Bandbreite beeinflussen.

Hier sind einige Beispiele für Varianten, mit denen sich verschiedenste aussagekräftige und übersichtliche Tabellen erstellen lassen:

- Erstelle eine Tabelle, die die Hauptpunkte des Textes in Spalten wie 'Hauptidee', 'Details' und 'Beispiele' zusammenfasst.
- Ordne Vor- und Nachteile aus dem Text in einer zweispaltigen Tabelle an.
- Wandle Statistiken oder Daten aus dem Text in eine tabellarische Darstellung mit klaren Überschriften um.
- Fasse in einer Tabelle die wichtigsten Begriffe aus dem Text und ihre Definitionen zusammen.
- Erstelle eine Tabelle, die die Ursachen, Auswirkungen und Lösungen eines Problems aus dem Text darstellt.
- Kategorisiere die Informationen des Textes und präsentiere sie in einer Tabelle mit Kategorien als Spalten.
- Erstelle eine Zeitleiste in Form einer Tabelle, die Ereignisse in chronologischer Reihenfolge darstellt.
- Erstelle eine Tabelle, die Argumente und Gegenargumente aus dem Text gegenüberstellt.
- Fasse die verschiedenen Meinungen oder Standpunkte aus dem Text in einer Tabelle zusammen.
- Präsentiere die wichtigsten Zahlen, Fakten und Statistiken in einer dreispaltigen Tabelle mit Kategorien, Werten und Quellen.
- Erstelle eine Tabelle, die die Handlungsschritte aus einer Anleitung im Text zusammenfasst.
- Ordne die im Text erwähnten Schlüsselkonzepte nach Relevanz in einer Tabelle.
- Erstelle eine Tabelle, die Zielgruppen und ihre jeweiligen Bedürfnisse aus dem Text darstellt.
- Wandle die im Text beschriebenen Prozesse in eine Tabelle mit Spalten für Schritte, Beschreibung und Ergebnis um.

- Zeige in einer Tabelle die Unterschiede zwischen zwei Konzepten oder Themen, die im Text besprochen werden.
- Erstelle eine Tabelle, die potenzielle Herausforderungen und deren Lösungen aus dem Text zusammenfasst.
- Stelle die im Text angesprochenen Produkte oder Dienstleistungen in einer Vergleichstabelle dar.
- Fasse die wichtigsten Kapitel oder Abschnitte des Textes in einer Tabelle mit Spalten für Titel und Schlüsselinhalt zusammen.
- Präsentiere alle Vor- und Nachteile eines bestimmten Themas aus dem Text in einer übersichtlichen Tabelle.
- Erstelle eine Tabelle, die häufig gestellte Fragen und deren Antworten aus dem Text zusammenstellt.

6. Texte mit Copilot generieren

Im vorangegangenen Kapitel haben Sie erfahren, wie Sie sich beim Erstellen von Texten durch Copilot unterstützen lassen können. Warum aber auf halber Strecke Halt machen? Wenn KI-Systeme praktisch alles wissen und sprachlich perfekt und zielgenau formulieren können, warum lässt man sie dann nicht gleich den ganzen Text schreiben? Wie Sie Copilot für sich schreiben lassen und mit seiner Unterstützung auch umfangreichere Texte erstellen können, zeige ich Ihnen in diesem Kapitel. Dabei geht es auch um die – derzeitigen – Grenzen der Möglichkeiten und um wichtige Aspekte wie das Urheberrecht.

6.1 Individuelle Kurzgeschichten nach eigenen Vorgaben

Wenn Sie die Fähigkeiten zum kreativen Erzählen testen möchten, lassen Sie sich am besten mal eine Kurzgeschichte von Copilot generieren. Das geht etwa mit dieser einfachen Aufforderung:

```
Erzähl mir eine Kurzgeschichte!
```

> In einem kleinen, friedlichen Dorf namens Glimmerland lebte ein junger Erfinder namens Emil. Emil war bekannt für seine unermüdliche Neugier und seine Fähigkeit, aus den unscheinbarsten Dingen Wunderwerke zu schaffen. Eines Tages entdeckte er eine uralte Karte, die in einer staubigen Kiste auf dem Dachboden seines Hauses versteckt war. Die Karte führte zu einem sagenhaften Schatz, der tief in den mystischen Wäldern des Silberschimmers verborgen sein sollte.
>
> Von Abenteuerlust gepackt, machte sich Emil auf den Weg in den Wald. Mit jeder Meile, die er zurücklegte, wurde die Welt um ihn herum immer magischer: die Bäume flüsterten geheime Geschichten, funkelnde Lichter tanzten durch die Luft, und die Tiere schienen ihn auf seiner Reise zu begleiten. Trotz der Herausforderungen, die der dichte Wald bot, blieb Emil unermüdlich und folgte der Karte.

Diese Anweisung können Sie beliebig wiederholen, und es wird jedes Mal eine andere Geschichte erzählt werden. Allerdings stellen Sie beim Lesen möglicherweise schnell fest, dass diese Geschichten zwar jeweils andere Handlungen haben, aber doch einer erkennbaren Formel folgen, die sie auf Dauer etwas eintönig machen können.

Das liegt daran, dass die KI bei dieser einfachen Aufforderung vielleicht schon etwas zu viel Freiraum hat und daher immer wieder auf ein bewährtes Muster zurückgreift. Es ist daher durchaus sinnvoll, genauer anzugeben, wie die Geschichte gestaltet sein soll bzw. welche Elemente enthalten sein sollen oder für wen sie gedacht ist, beispielsweise so:

> Ich möchte eine Gute-Nacht-Geschichte für meinen Enkel Jonas. Er ist 7 Jahre alt und interessiert sich gerade sehr für Ritter und Burgen. Das Vorlesen sollte nicht länger als 10 Minuten dauern.

Natürlich, ich habe eine Geschichte, die perfekt für Jonas ist! Hier ist eine kurze Gute-Nacht-Geschichte über Ritter und Burgen:

Die Abenteuer des mutigen Ritters Jonas

Es war einmal, in einem weit entfernten Königreich, ein junger Ritter namens Jonas. Jonas war sieben Jahre alt, genau wie dein Enkel, und er liebte Abenteuer. Er wohnte in einer großen Burg mit hohen Türmen und starken Mauern. Eines Tages hörte Jonas von einem geheimnisvollen Drachen, der in einer Höhle in einem nahegelegenen Wald lebte. Der Drache war nicht böse, aber er brauchte dringend Hilfe. Sein Schatz war gestohlen worden, und er konnte ihn nicht alleine zurückholen.

Jonas entschied sich sofort, dem Drachen zu helfen. Er zog seine glänzende Rüstung an, nahm sein Schwert und sein Schild und machte sich auf den Weg

Bestimmte Elemente in einer Geschichte verankern

Der Dialog mit Copilot ermöglicht es, dem Assistenten bestimmte Informationen mitzugeben, die er im weiteren Verlauf berücksichtigen soll. So können Sie Vorgaben machen und eine Geschichte formen. Sollen beispielsweise bestimmte Charaktere in einer Erzählung eine Rolle spielen, so beschreiben Sie diese zunächst:

> Tobias ist ein neunjähriger Junge, der zur Schule geht und bei der Jugendfeuerwehr mitmacht. Wenn jemand in Not ist, verwandelt er sich in den Superhelden Tobi-Ass, der fliegen kann und Superkräfte hat, mit denen er zu Hilfe eilen kann.

Das klingt nach einer tollen und inspirierenden Geschichte! Tobias, ein scheinbar gewöhnlicher Junge, der durch seine Hilfsbereitschaft und Tapferkeit zu einem wahren Helden wird. Der Name "Tobi-Ass" hat einen besonderen Charme.

Hast du vor, diese Geschichte weiter auszubauen? Vielleicht könnten wir zusammen ein Abenteuer für Tobi-Ass entwerfen. Welche Art von Notfällen oder Herausforderungen denkst du, dass er am besten bewältigen könnte? 😊

Welche weiteren Superkräfte könnte Tobi-Ass haben?

Welche Abenteuer könnte Tobi-Ass erleben?

Welche Charaktere könnte Tobi-Ass treffen?

Nachdem die handelnden Personen etabliert sind, können Sie den Assistenten veranlassen, eine Geschichte zu erzählen, in der diese vorkommen:

```
Erzähle mir eine Geschichte über die Abenteuer von
Tobias bzw. Tobi-Ass!
```

In einer ruhigen Stadt namens Essen lebte ein neunjähriger Junge namens Tobias. Tobias war nicht nur ein fleißiger Schüler, sondern auch ein engagiertes Mitglied der Jugendfeuerwehr. Doch Tobias hatte ein großes Geheimnis, das nur seine engsten Freunde kannten: Er konnte sich in den Superhelden Tobi-Ass verwandeln!

Eines Tages, als die Schule gerade zu Ende war, sah Tobias, wie dichter Rauch aus einem nahegelegenen Wald aufstieg. Er wusste sofort, dass etwas nicht stimmte. Schnell zog er sich in ein verstecktes Eckchen zurück und verwandelte sich in Tobi-Ass. Mit seinen Superkräften und der Fähigkeit zu fliegen eilte er zum Ort des Geschehens.

Unterhalb der Antwort können Sie mit Daumen hoch oder runter jeweils bewerten, ob Ihnen ein Text gut gefallen hat oder nicht so gelungen war.

Außerdem macht Copilot zum Abschluss Vorschläge, wie es weitergehen könnte oder welche Aspekte aus dem generierten Text man weiterverfolgen könnte.

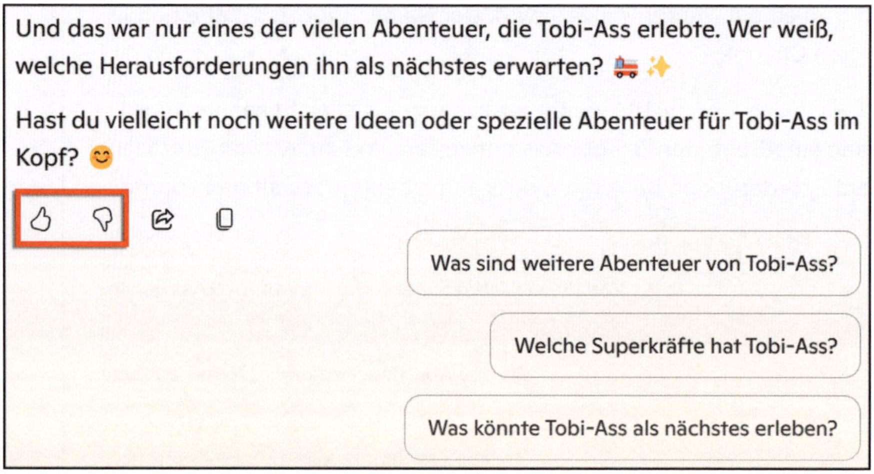

Geschichten weitererzählen

Der KI-Assistent Copilot merkt sich die vom Benutzer bereitgestellten Informationen immer nur innerhalb einer Sitzung.

Allerdings bietet die Oberfläche von Copilot für angemeldete Benutzer die Möglichkeit, zu Sitzungen und deren Inhalten zurückzukehren.

1. Öffnen Sie die App oder Weboberfläche von Copilot und stellen Sie sicher, dass Sie mit Ihrem Microsoft-Konto angemeldet sind.
2. Klicken Sie links neben dem Eingabebereich auf das bunte Copilot-Symbol.

3. Dadurch wird die Startseite angezeigt und die Schaltfläche verwandelt sich in ein Verlaufssymbol, das Sie nun wiederum anklicken.

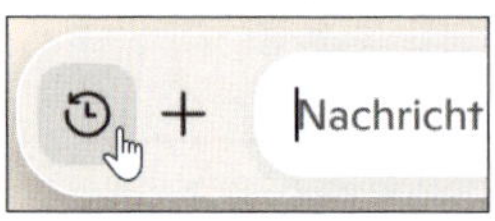

4. So öffnen Sie die Liste der zurückliegenden Konversationen mit Copilot. Lokalisieren Sie hier den Dialog, mit dem Sie die Geschichte zuvor generiert hatten. Durch einfaches Anklicken kehren Sie dorthin zurück.

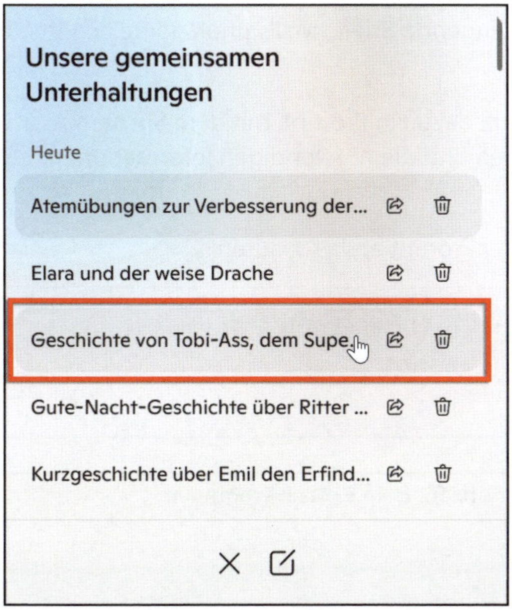

5. Auf den ersten Blick sieht diese Liste sehr kurz aus, aber beachten Sie die etwas unscheinbare Laufleiste am rechten Rand. Hiermit können Sie weit in die »Vergangenheit« zurückscrollen und auch länger zurückliegende Chats wieder zurückholen.

Wenn Sie beispielsweise für Gute-Nacht-Geschichten wiederkehrende Charaktere oder Orte verwenden möchten, können Sie deren Beschreibung auch auf Ihrem PC speichern und jeweils wieder in einen neuen Prompt einfügen. Dann erzählt der Assistent jedes Mal neue Geschichten mit den vertrauten Helden. Wenn Sie auch die generierten Geschichten selbst speichern und wiederverwenden, entsteht vielleicht sogar so etwas wie eine immer weiter gesponnene Erzählung mit ganz individuellen Protagonisten und Ideen.

6.2 Briefe, Mails und andere Dokumente erstellen

Wie der vorhergehende Abschnitt belegt, ist generative KI dazu in der Lage, durchaus kreativ zu schreiben und sich Geschichten auszudenken. Aber sie kann auch für ganz profane Dinge als eine Art Auftragsschreiber genutzt werden.

Denn Copilot weiß nicht nur, wie Geschichten klingen sollten. Zu seinem Training gehörten auch Millionen von Alltagstexten wie Briefe, Artikel, Protokolle, E-Mails, Reklamationen und so weiter. Auch hier weiß Copilot also, wie diese aufgebaut und formuliert sein sollten. So kann er für Sie – mit wenigen Informationen ausgestattet – in wenigen Sekunden professionell klingende Briefe, Mails und andere Schriftstücke erstellen.

Wie immer bei Copilot ist der Schlüssel dazu ein Prompt, mit dem Sie dem Assistenten eine passende Aufforderung geben und die notwendigen Informationen bereitstellen.

Für eine Abwesenheitsnotiz könnte der Prompt etwa so lauten:

```
Ich habe in der kommenden Woche Urlaub. Formuliere
eine freundliche Abwesenheitsnotiz für mein E-Mail-
Programm.
```

Hier ist eine freundliche Abwesenheitsnotiz für dein E-Mail-Programm:

Betreff: Abwesenheitsnotiz

Text:

Guten Tag,

vielen Dank für Ihre Nachricht. Ich bin derzeit im Urlaub und werde erst ab dem [Datum deiner Rückkehr] wieder erreichbar sein. Ihre E-Mail wird nicht weitergeleitet. In dringenden Fällen wenden Sie sich bitte an [Name eines Kollegen] unter [E-Mail-Adresse oder Telefonnummer].

Vielen Dank für Ihr Verständnis.

Mit freundlichen Grüßen,

Wolfram [Dein Nachname]

Die KI hat ein Konzept von einer Abwesenheitsnotiz und kann mühelos einen passenden Text erstellen. Allerdings fehlen dem Assistenten ein paar konkrete Angaben, die in einem solchen Text üblicherweise enthalten sind.

An diesen Stellen fügt er Platzhalter in [eckigen Klammern] ein, die Sie im endgültigen Text durch die korrekten Angaben ersetzen. Oder aber Sie teilen Copilot alle benötigten Informationen direkt im Prompt mit.

```
Ich habe vom 1. bis 9. April Urlaub. Meine Vertretung
ist Svenja Stark (s.stark@firma.de). Formuliere eine
professionelle Abwesenheitsnotiz für mein E-Mail-
Programm.
```

Betreff: Abwesenheitsnotiz: 1. bis 9. April

Text:

Sehr geehrte Damen und Herren,

vielen Dank für Ihre Nachricht. Ich bin vom 1. bis 9. April nicht im Büro und habe in dieser Zeit keinen Zugriff auf meine E-Mails. Ihre Anliegen werden in meiner Abwesenheit von meiner Kollegin Svenja Stark (s.stark@firma.de) betreut.

Ab dem 10. April stehe ich Ihnen wieder zur Verfügung und werde Ihre Nachricht so schnell wie möglich beantworten.

Vielen Dank für Ihr Verständnis.

Mit freundlichen Grüßen, Wolfram

Copilot erforderliche Informationen bereitstellen

Je mehr Informationen Copilot zu einem Auftrag bekommt, desto spezifischer und präziser kann der generierte Text ausfallen. Sie können diese Informationen direkt in die Aufforderungen eintippen. Aber das ergibt nur Sinn, wenn Sie am Prompt nicht so lange arbeiten, dass Sie den benötigten Text in der Zeit auch gleich selbst schreiben könnten.

Wenn Ihnen die Informationen bereits in Textform vorliegen, können Sie diesen Text aber in den Eingabebereich einfügen bzw. eine entsprechende Datei zu Copilot hochladen. Dann kann der Assistent den Inhalt analysieren und beim Generieren des Textes bearbeiten. Wenn die Informationen online verfügbar sind, reicht dafür sogar ein Link dorthin.

Im folgenden Beispiel soll es um eine Einladung zu einer Produktvorstellung gehen. Die Informationen zum Produkt sind auf einer Webseite bereits verfügbar. Dann reicht es, die Adresse dieser Webseite in den Prompt einzufügen und Copilot zu erklären, was er damit anfangen soll.

```
Auf dieser Website ist unser neues Produkt beschrieben:
https://www.dictum.com/de/elektrowerkzeuge-saegen/
pegas-feinschnitt-bandsaege-srp14-716062

Erstelle mir eine Einladung für Presse und Partner
zur Produktvorstellung.
```

Copilot ruft die angegebene Webseite ab, analysiert den Inhalt und fügt ihn der Konversation als Kontext hinzu. Dann generiert er ein Einladungsschreiben, das die wesentlichen Informationen zum Produkt wiedergibt.

Sie brauchen nur noch Ort, Datum und Uhrzeit bei den entsprechenden Platzhaltern einzufügen und könnten die Einladung dann fast schon direkt versenden.

Einladung zur Produktvorstellung

Liebe Pressevertreterinnen und Pressevertreter, liebe Geschäftspartnerinnen und Geschäftspartner,

wir freuen uns, Ihnen unser neuestes Produkt, die **Pegas Feinschnitt-Bandsäge SRP14**, präsentieren zu dürfen. Diese innovative Bandsäge setzt neue Maßstäbe in Präzision und Handhabung und ist das perfekte Werkzeug für anspruchsvolle Feinschnittarbeiten.

Datum: [Datum der Veranstaltung einfügen] **Uhrzeit:** [Uhrzeit der Veranstaltung einfügen] **Ort:** [Veranstaltungsort einfügen]

Freuen Sie sich auf eine ausführliche Produktpräsentation, interessante Gespräche und die Möglichkeit, die Pegas Feinschnitt-Bandsäge SRP14 selbst auszuprobieren. Im Anschluss laden wir Sie herzlich zu einem kleinen Empfang mit Snacks und Getränken ein.

Bitte bestätigen Sie Ihre Teilnahme bis zum [Anmeldeschluss einfügen] per E-Mail an [Ihre E-Mail-Adresse einfügen].

Wir freuen uns darauf, Sie bei unserer Produktvorstellung begrüßen zu dürfen!

Mit freundlichen Grüßen,

[Ihr Name] [Ihre Position] [Ihre Firma]

Falls Ihnen das noch nicht reicht, können Sie den Copiloten weitere Informationen ergänzen lassen und eine entsprechend angepasste neue Fassung der Einladung erstellen lassen:

```
Ergänze in der Einladung eine Liste mit den
wichtigsten Eigenschaften des Produkts.
```

Freuen Sie sich auf eine ausführliche Produktpräsentation, interessante Gespräche und die Möglichkeit, die Pegas Feinschnitt-Bandsäge SRP14 selbst auszuprobieren. Im Anschluss laden wir Sie herzlich zu einem kleinen Empfang mit Snacks und Getränken ein.

Wichtigste Eigenschaften der Pegas Feinschnitt-Bandsäge SRP14:

- Hohe Präzision und feine Schnittführung
- Robuste und langlebige Bauweise
- Benutzerfreundliche Handhabung und einfache Wartung
- Leistungsstarker Motor für anspruchsvolle Schnitte
- Vielseitig einsetzbar für verschiedene Materialien

Bitte bestätigen Sie Ihre Teilnahme bis zum [Anmeldeschluss einfügen] per E-Mail an [Ihre E-Mail-Adresse einfügen].

Texte weiterschreiben

Falls Sie bei der Arbeit an einem Text mal nicht so recht weiterwissen, können Sie Copilot für sich weiterschreiben lassen. Vielleicht gelingt ihm eine sinnvolle Fortsetzung, die den Textfluss wieder in Gang bringt. Oder der Vorschlag enthält zumindest hilfreiche Anregungen, sodass man dann wieder selbst übernehmen kann.

Als Ausgangsbasis nutzen Sie dabei den bislang vorhandenen Text. Das funktioniert sogar, wenn dieser nur aus einem Wort besteht. Verwenden Sie dafür eine Aufforderung wie etwa

```
Schreibe den Text für mich weiter:
```

und fügen Sie dann den bislang vorhandenen Text ein.

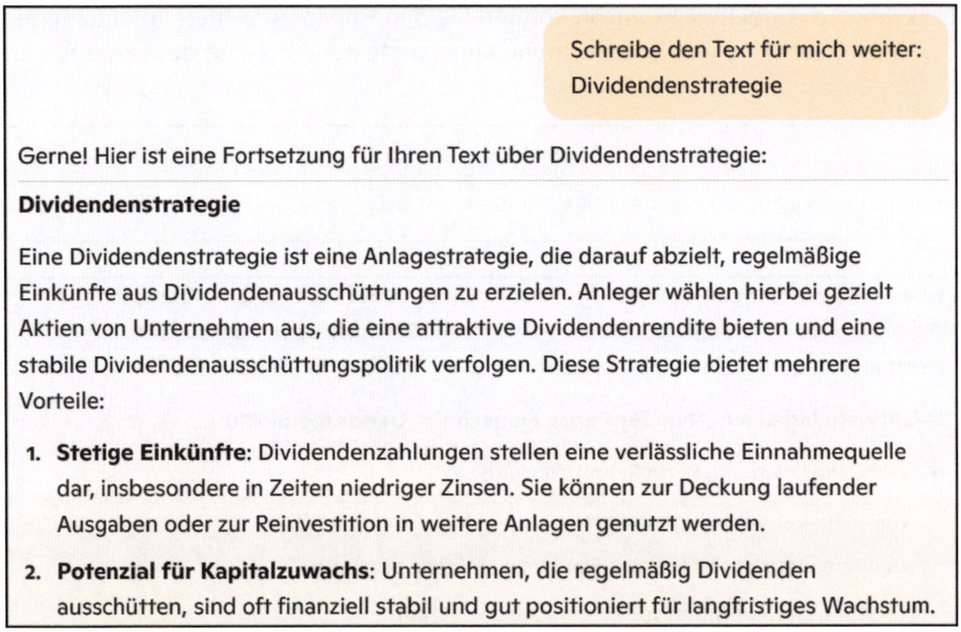

Bei nur einem Stichwort wird der Text allerdings eher allgemein sein und auf eine Definition hinauslaufen. Anders ist das, wenn Sie etwa mit einem Brief bereits angefangen haben und dann nicht recht wissen, wie es weitergehen soll.

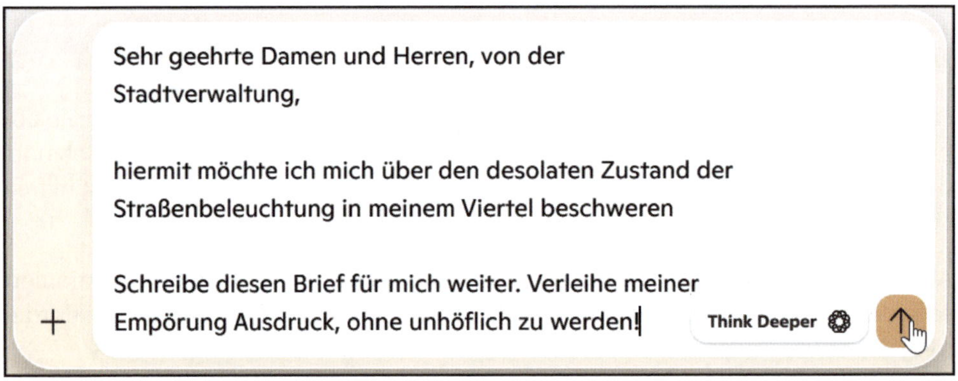

Sofern Copilot anhand des bereits vorhandenen Textes Inhalt und Absicht erkennen kann, wird er einen mustergültigen Brief erstellen. Den Inhalt sollten Sie selbstverständlich einer gründlichen Prüfung unterziehen, insbesondere wenn der Assistent Fakten behauptet, die er gar nicht wissen kann (wie im Beispiel etwa, dass es bereits mehrfach Meldungen gegeben habe).

> Sehr geehrte Damen und Herren von der Stadtverwaltung,
>
> hiermit möchte ich mich über den desolaten Zustand der Straßenbeleuchtung in meinem Viertel beschweren. Seit mehreren Wochen funktionieren zahlreiche Laternen nicht mehr, wodurch unser Wohngebiet in den Abend- und Nachtstunden in Dunkelheit gehüllt ist.
>
> Dieser Zustand stellt nicht nur ein großes Sicherheitsrisiko dar, sondern beeinträchtigt auch das allgemeine Wohlbefinden der Anwohner erheblich. Ohne ausreichende Beleuchtung fühlen sich viele Nachbarn, insbesondere ältere Personen und Kinder, unsicher auf den Straßen. Darüber hinaus erhöht die Dunkelheit das Risiko von Unfällen und Straftaten.
>
> Trotz mehrfacher Meldungen an das zuständige Amt hat sich bislang nichts geändert. Als engagierter Bürger erwarte ich von der Stadtverwaltung, dass sie ihrer Verantwortung nachkommt und die defekten Straßenlaternen unverzüglich repariert. Eine funktionierende Straßenbeleuchtung ist essenziell für die Sicherheit und Lebensqualität in unserem Viertel.
>
> Ich hoffe auf eine baldige Lösung des Problems und bedanke mich im Voraus für Ihre Unterstützung.
>
> Mit freundlichen Grüßen,

6.3 Onlinetexte für Reichweite optimieren

Auch beim Erstellen von Inhalten für die Veröffentlichung im Internet und in sozialen Medien kann Copilot wertvolle Hilfe leisten. Das gilt zum einen für das Erstellen von Texten selbst, worum es im nachfolgenden Abschnitt geht. Zum Erstellen von Onlinetexten gehören aber auch Dinge wie das Formulieren attraktiver Überschriften und neugierig machender Zusammenfassungen oder das Ergänzen von Hashtags, die Aufmerksamkeit erregen. Copilot »weiß«, wie solche Texte gestaltet sein müssen, um die gewünschte Wirkung zu erzielen.

Einen attraktiven Titel generieren

Der Titel eines Artikels oder Blog-Beitrags ist sehr wichtig. Er sollte nicht nur eine klare Vorstellung vom Inhalt eines Beitrags vermitteln, sondern er sollte Besucher zum Lesen eines Beitrags animieren. Manche machen deshalb eine kleine Wissenschaft daraus, für jede Veröffentlichung eine attraktive, neugierig machende Überschrift zu finden. Wer sich darüber keine Gedanken machen und sich stattdessen lieber ganz auf Inhalte konzentrieren möchte, kann sich die lästige Titelsuche von Copilot abnehmen lassen.

1. Erstellen Sie dazu am besten zunächst den eigentlichen Inhalt des Blog-Beitrags. Dieser dient der KI als Ausgangsmaterial, das analysiert werden kann. Je vollständiger der Inhalt, desto passender die generierte Überschrift.
2. Laden Sie den Inhalt dann zu Copilot hoch oder kopieren Sie ihn in den Eingabebereich, sodass er Teil des Dialogs wird.
3. Nun können Sie Copilot auffordern, einen attraktiven Titel für diesen Beitrag zu erstellen. Wichtig dabei ist, dass der Assistent erfährt, für welchen Zweck der Text bzw. die Überschrift vorgesehen ist.

```
Ich möchte diesen Text als Blog-Beitrag veröffentlichen.
Erstelle mir dafür eine Überschrift, die Leser
neugierig macht und zum Lesen animiert.
```

Wie wäre es mit dieser Überschrift:

„Wenn Windows-Updates scheitern: So retten Sie Ihr System mit diesen Tipps und Tricks"

Diese Überschrift verspricht wertvolle Informationen und praktische Lösungen für ein alltägliches Problem, das viele Leser interessiert. Was denken Sie? 😊

4. Eine Alternative dazu wäre es, den Assistenten weniger mit Vorgaben einzuschränken und sich dafür gleich ein paar Alternativen zur Auswahl vorschlagen zu lassen. Selbst wenn nicht direkt die perfekte Lösung dabei ist, bekommt man vielleicht die entscheidende Inspiration und kombiniert dann aus mehreren Varianten eine passende Überschrift.

```
Kannst du mir ein paar Überschriften für den Text
vorschlagen?
```

Natürlich! Hier sind einige Vorschläge für Überschriften:

1. **Schnelle Lösungen für hängende Windows-Updates**
2. **Wenn Windows-Updates versagen: Erste Hilfe und Tipps**
3. **So beheben Sie Update-Probleme in Windows**
4. **Windows-Updates hängen? Diese Maßnahmen helfen!**
5. **Update-Fehler beheben: Windows wieder zum Laufen bringen**

Klingt eine davon gut für Dich? 😀

Überschriften für Suchmaschinen optimieren

Bei Onlinetexten sollten sich nicht nur potenzielle Leser angesprochen fühlen, sondern auch Suchmaschinen. Denn diese können dafür sorgen, dass Ihre Beiträge von Nutzern gefunden werden, wenn diese etwa bei Google oder anderen Suchdiensten recherchieren.

Damit man bei der Unmenge an Seiten gefunden und möglichst weit oben in den Trefferlisten auftaucht, gibt es einige Dinge, die man beachten sollte. Denn einige Regeln zur Suchmaschinenoptimierung (**S**earch **E**ngine **O**ptimization, SEO) können bewirken, dass Beiträge von den Suchalgorithmen als besonders relevant eingestuft werden.

- **Relevante Keywords einfügen**
  Überschriften sollten Schlüsselwörter enthalten, die Nutzer tatsächlich in Suchmaschinen eingeben. Dabei sollte das Haupt-Kennwort idealerweise am Anfang der Überschrift platziert sein.
- **Ansprechende Sprache**
  Die Überschrift sollte Neugier wecken oder ein Problem lösen. Generische Formulierungen sollten vermieden und stattdessen kreative Sprache verwendet werden, die Emotionen oder Interesse auslöst.
- **Kurze, prägnante Formulierungen**
  Überschriften sollten in der Regel unter 60 Zeichen lang sein, damit sie vollständig in den Suchergebnissen angezeigt werden.
- **Struktur und Lesbarkeit**
  Es empfehlen sich Zahlen, Fragen oder starke Verben, um die Struktur klar und ansprechend zu gestalten (z. B. »5 Tipps, die dein Leben verändern«).
- **Suchintention berücksichtigen**
  Die Überschrift sollte die Absicht des Nutzers vorwegnehmen. Ist der Nutzer auf der Suche nach Informationen, Ratschlägen, Produkten oder Inspiration?

Das klingt vielleicht auf den ersten Blick alles etwas komplex und ambitioniert. Aber Copilot kennt diese Regeln und hat eine genaue Vorstellung davon, was es heißt, Texte für Suchmaschinen zu optimieren.

Sie brauchen Ihren Prompt dazu nur um ein Schlüsselwort wie *SEO-optimiert* zu ergänzen:

```
Erstelle eine Liste von prägnanten, kreativen
Überschriften zu diesem Text, die SEO-optimiert sind.
```

Hier sind einige SEO-optimierte, kreative und prägnante Überschriften für Deinen Text:

1. **Schnelle Lösungen für festhängende Windows-Updates**
2. **Update-Probleme in Windows: Effektive Tipps und Tricks**
3. **Windows-Update hängt? Diese Maßnahmen helfen sofort!**
4. **Windows-Update-Fehler beheben: Schritt-für-Schritt-Anleitung**
5. **Update-Spirale beenden: So retten Sie Ihr Windows**
6. **Festhängende Updates in Windows: Ursachen und Lösungen**
7. **Windows-Update-Probleme lösen: Von einfach bis komplex**
8. **Wenn Windows-Updates nicht funktionieren: Soforthilfe**
9. **So bringen Sie festhängende Windows-Updates wieder in Gang**
10. **Troubleshooting für Windows-Updates: Tipps und Sofortmaßnahmen**

Ich hoffe, diese Vorschläge sind hilfreich für Dich! 😀

Teaser für soziale Medien generieren

Für längere Veröffentlichungen kann es sinnvoll sein, aussagekräftige Zusammenfassungen eines Textes zu erstellen. Wie Copilot das schnell und flexibel erledigen kann, ist ab Seite 163 beschrieben.

Kurze Ankündigungen – sogenannte Teaser – in sozialen Medien wie Facebook, Instagram oder X (ehemals Twitter) folgen aber noch mal anderen Gesetzmäßigkeiten, wenn man auf diese Weise zusätzliche Aufmerksamkeit generieren möchte. Copilot kennt diese Regeln, etwa was Stil, Wortwahl und Umfang angeht, und kann Ihnen diese zusätzliche Mühe abnehmen.

```
Erstelle zu diesem Text einen Teaser für soziale
Medien.
```

Oder eben gleich mehrere Teaser für etwas Auswahl:

```
Schlage mir ein paar mitreißende Teaser vor, mit denen
ich meinen Text auf sozialen Medien bewerben kann.
```

Na klar, Wolfram! Hier sind ein paar Ideen für packende Teaser:

1. **"Windows-Update in der Endlosschleife? Entdecke die besten Tipps und Tricks, um dein System wieder auf Kurs zu bringen!"**
2. **"Ein Windows-Update hat deinen PC lahmgelegt? Diese Sofortmaßnahmen helfen dir weiter!"**
3. **"Nervige Neustart-Spirale nach dem Update? So kannst du dein Windows schnell wieder zum Laufen bringen!"**
4. **"Mit diesen Profi-Tipps werden Windows-Update-Probleme zum Kinderspiel!"**

Welche dieser Teaser spricht dich am meisten an? Oder sollen wir weitere brainstormen? 😄

Damit erhalten Sie allerdings eher allgemeine Teaser-Texte, die nicht speziell auf die besonderen Anforderungen bestimmter sozialer Netzwerke eingehen. Das ist aber auch möglich, wenn Sie Copilot wissen lassen, für welche Plattform Sie einen Teaser benötigen:

- `Erstelle mir zum Text einen Teaser für Instagram.`
- `Erstelle mir zum Text einen Teaser für Facebook.`
- `Erstelle mir zum Text einen Teaser für X.`
- `Erstelle mir zum Text einen Teaser für LinkedIn.`
- `Erstelle mir zum Text einen Teaser für TikTok.`
- `Erstelle mir zum Text einen Teaser für YouTube.`
- `Erstelle mir zum Text einen Teaser für Pinterest.`

Natürlich! Hier ist ein ansprechender Teaser für Deinen Text über Windows-Update-Probleme, perfekt für TikTok:

🎯 **Windows-Update festgefahren?** 😱

Keine Panik! In unserem neuesten Beitrag zeigen wir Dir die besten Tricks und Tipps, um Deine Windows-Updates wieder in Gang zu bringen. Von einfachen Lösungen bis zu detaillierten Anleitungen – wir haben alles, was Du brauchst. 🛠️ ✨

👀 Schau Dir jetzt unseren Beitrag an und mach Deinen PC wieder fit! #WindowsUpdate #TechTipps #PCProblems

Wie immer können Sie sich auch gleich mehrere Vorschläge zur Auswahl generieren lassen. Wenn Sie auf mehreren Plattformen aktiv sind, können Sie sich aber auch auf einen Schlag gleiche Teaser für alle gewünschten Plattformen erstellen lassen:

```
Erstelle mir einen Teaser zu meinem Beitrag jeweils
für Instagram, TikTok, X und Facebook.
```

Weitere Prompts zum Erstellen kreativer Teaser:

- Formuliere einen Instagram-Teaser, der mit einem auffälligen Bildtext kombiniert werden kann und Emotionen weckt.
- Gib mir einen kurzen Twitter/X-Teaser, der mit einem starken Call-to-Action in weniger als 280 Zeichen Neugier weckt.
- Erstelle einen professionellen LinkedIn-Teaser, der Mehrwert für [Zielgruppe] kommuniziert.
- Wie kann ein TikTok-Teaser aussehen, der mit Humor oder einem trendigen Hashtag die Aufmerksamkeit auf [Thema] lenkt?
- Schreibe einen Facebook-Post-Teaser, der mit einer offenen Frage mehr Kommentare anregen könnte.
- Gib mir einen YouTube-Community-Post-Teaser, der spannend genug ist, um Videoklicks zu fördern.
- Wie könnte ein Instagram-Story-Teaser klingen, der gleichzeitig neugierig und visuell ansprechend ist?
- Erstelle einen kurzen, SEO-optimierten Pinterest-Teaser, der den Nutzen von [Thema] aufzeigt.
- Formuliere einen ansprechenden LinkedIn-Beitrag, der auf aktuelle Trends in [Branche oder Thema] hinweist.
- Wie kann ich ein TikTok-Video mit einem unwiderstehlichen Teaser-Text für [Thema] ergänzen?
- Schreibe einen kreativen Facebook-Teaser, der Leser durch ein Versprechen (z. B. 'Das wird dein Leben verändern') fesselt.

- Gib mir einen Twitter/X-Teaser mit Humor, der User neugierig macht, auf den Link zu klicken.
- Wie könnte eine Instagram-Caption aussehen, die das perfekte Gleichgewicht zwischen Neugier und Ästhetik bietet?
- Erstelle einen LinkedIn-Teaser mit einer einleitenden Frage, die Fachleute zur Diskussion anregt.
- Welche starken Einleitungssätze eignen sich für eine TikTok-Beschreibung zu [Thema]?
- Schreibe einen Social-Media-Teaser für ein YouTube-Video, der neugierig macht, ohne das Ende zu spoilern.
- Wie formuliere ich einen Instagram-Post-Teaser, der mit einem interaktiven Element (z. B. Umfragen) kombiniert werden kann?
- Gib mir einen kurzen und knackigen Teaser für Pinterest, der die Leser dazu bringt, den Pin zu speichern.
- Erstelle einen provokativen Facebook-Teaser, der Diskussionen über [Thema] anregt, ohne kontrovers zu wirken.
- Wie kann ich einen lebendigen LinkedIn-Teaser schreiben, der meine Expertise in [Thema] subtil hervorhebt?

Texte vor dem Veröffentlichen bewerten lassen

In diesem Kapitel bin ich bereits darauf eingegangen, inwieweit Copilot Ihnen dabei helfen kann, beispielsweise die Verständlichkeit und Lesbarkeit Ihrer Texte zu analysieren und ggf. zu verbessern. Das gilt auch für Texte in sozialen Medien, wobei allerdings nochmals andere speziellere Regeln gelten.

So müssen Inhalte hier oftmals noch komprimierter auf den Punkt gebracht werden, um die Aufmerksamkeitsspanne der typischen Konsumenten nicht zu strapazieren.

Wie gut ist mein Text als Beitrag bei Instagram geeignet?

Dein Text ist informativ und nützlich, insbesondere für Personen, die Probleme mit Windows-Updates haben. Um jedoch auf Instagram maximale Wirkung zu erzielen, solltest du einige Anpassungen vornehmen, um den Text an die Plattform anzupassen. Hier sind einige Tipps:

1. **Visuelle Elemente einfügen**: Bilder, Grafiken oder kurze Videos können die Aufmerksamkeit der Leser erhöhen.
2. **Absätze kürzen**: Instagram-Nutzer bevorzugen kürzere Texte. Fasse die wichtigsten Punkte zusammen und verwende Absätze, Listen oder Emojis zur besseren Lesbarkeit.
3. **Call-to-Action (CTA)**: Fordere deine Follower auf, mit deinem Beitrag zu interagieren. Zum Beispiel: "Tippe auf ❤️, wenn du diese Tipps nützlich findest!"
4. **Hashtags nutzen**: Relevante Hashtags erhöhen die Sichtbarkeit deines Beitrags. Beispiele: #WindowsUpdate #TechHacks #ComputerTipps

Copilot kennt diese Regeln und kann sie bei der Analyse Ihrer Texte berücksichtigen, wenn Sie danach fragen:

- `Wie gut ist mein Text für Instagram geeignet?`
- `Kann ich diesen Beitrag zum Veröffentlichen auf Facebook noch verbessern?`
- `Was würdest du an diesem Text ändern, damit er perfekt für X ist?`

Zum Text passende Illustrationen erstellen

Ein Bild sagt mehr als tausend Worte, und auch Onlinebeiträge werden von Bildern oftmals bereichert. Sie können nicht nur informativ sein, sondern lockern die Darstellung auf und können einen Beitrag in Übersichten als Minivorschau attraktiver machen. Allerdings muss man auch erst mal ein passendes Bild erstellen oder finden (und bei nicht selbst erstellten Bildern vor allem auch die Urheberrechte beachten). Copilot kann nicht nur Texte generieren, sondern auch Bilder. So können Sie sich zu einem Beitrag eine passende Abbildung erstellen und in den Artikel integrieren lassen.

In Kapitel 7 geht es ausführlich um die Möglichkeiten, mit Copilot Bilder zu generieren. Allzu sehr möchte ich deshalb an dieser Stelle nicht in das Thema einsteigen, sondern stattdessen auf das folgende Kapitel verweisen. Aber hier möchte ich zumindest zeigen, dass Copilot Ihnen jederzeit ein Bild oder eine Grafik zur Illustration von Onlinebeiträgen erstellen kann. Übermitteln Sie dazu den Text an den Assistenten, sodass er den Inhalt kennt. Dann reicht ein Prompt wie dieser:

```
Generiere mir eine Grafik zur Illustration meines
Textes auf Instagram.
```

Mit einem so offen gehaltenen Prompt lassen Sie dem Assistenten viel Spielraum zur Interpretation. Dadurch kann es passieren, dass ein eher allgemeines Bild entsteht, das zwar nicht fehl am Platz ist, aber auch nicht viel Aussagekraft hat. Es kann also sinnvoll sein, ggf. etwas spezifischere Anforderungen zu stellen.

```
Generiere ein Bild von einer frustrierten Person, die
vor ihrem Computer sitzt, umgeben von Fehlermeldungen
und Windows-Update-Symbolen. Im Hintergrund sind
möglicherweise einige der beschriebenen Maßnahmen
illustriert, wie das Entfernen von Geräten, das
Überprüfen des Speicherplatzes oder das Reparieren
des Windows-Update-Mechanismus.
```

Die besten Schlagwörter für einen Beitrag

Wer mit Inhalten im Web oder in sozialen Medien möglichst viele Menschen erreichen möchte, sollte besonders auf Schlüsselwörter oder neudeutsch »Hashtags« achten. Das sind griffige Schlagwörter, die Inhalte thematisch verorten und so für Interessierte schnell und gezielt auffindbar machen. Mit geschickt gewählten Schlüsselwörtern können Sie die Reichweite Ihrer Inhalte leicht erhöhen.

Aber was sind die richtigen Begriffe? Bei der Auswahl kann Ihnen Copilot helfen. Er kann zum einen Ihren Text analysieren und die wesentlichen Begriffe herausfiltern. Zum anderen »weiß« er, was für Schlagwörter typischerweise verwendet werden, und kann entsprechend sinnvolle vorschlagen:

1. Fügen Sie zunächst den gesamten Text Ihres Beitrags in den Prompt von Copilot ein und senden Sie ihn ab (falls nicht ohnehin schon geschehen).
2. Der Assistent wird diesen zur Kenntnis nehmen und zunächst nur allgemein kommentieren. Das bedeutet aber, dass er den Inhalt des Beitrags nun für diese Sitzung »kennt« und ihn bei seinen Antworten berücksichtigen kann.

3. Nun können Sie Copilot bitten, Ihnen passende Schlagwörter für diesen Text zu generieren, etwa mit einem solchen Prompt:

```
Ich möchte diesen Text auf verschiedenen Social-
Media-Kanälen veröffentlichen. Welche Hashtags sollte
ich verwenden, damit sie möglichst viel Beachtung
finden?
```

Um sicherzustellen, dass dein Text auf Social-Media-Kanälen möglichst viel Beachtung findet, solltest du relevante und beliebte Hashtags verwenden. Hier sind einige Tipps und Beispiele für Hashtags, die du nutzen könntest:

1. **Allgemeine Hashtags**: Diese Hashtags sind weit verbreitet und werden oft verwendet, um eine breite Zielgruppe zu erreichen.
   - #WindowsUpdate
   - #TechTips
   - #PCProblems
   - #WindowsHelp
2. **Spezifische Hashtags**: Diese Hashtags sind gezielter und sprechen eine spezifische Zielgruppe an.
   - #WindowsUpdateFix
   - #UpdateTroubleshooting
   - #PCMaintenance
   - #WindowsSupport
3. **Community-Hashtags**: Diese Hashtags helfen dir, Teil einer bestimmten Community zu werden und deren Aufmerksamkeit zu gewinnen.

6.4 Artikel, Reden und längere Texte generieren

Sie können mit Copilot auch längere Texte erstellen. Allerdings macht der Assistent das nicht wie bei einfachen Briefen oder E-Mails auf Zuruf.

```
Schreibe mir einen komplexen Roman, der ein
Bestseller wird
```

ist deshalb leider kein vielversprechender Prompt. Bei solchen Projekten geht es eher darum, Copilot als Unterstützer zu nutzen, der Ihnen bei vielen Schritten auf dem Weg von der Idee zum fertigen Werk zur Hand gehen kann.

Ideen und Themen für einen Text sammeln

Wenn Sie zu einem ganz neuen Thema schreiben möchten, von dem Sie selbst vielleicht noch gar keine klaren Vorstellungen haben, kann Copilot Sie mit einer Themenliste unterstützen.

Da der Assistent über ziemlich viele Dinge ziemlich gut Bescheid weiß, kann er diese Informationen gut und übersichtlich zusammentragen.

So erhalten Sie schnell eine erste Themenliste, die Sie als Basis nutzen und weiter verfeinern können.

```
Ich bin zum Hygienebeauftragten unserer Einrichtung
ernannt worden. Nun soll ich bei einer Versammlung
meine Aufgaben und Zuständigkeiten vorstellen.
Erstelle mir dafür eine Themensammlung.
```

Herzlichen Glückwunsch zu deiner neuen Rolle, Wolfram! Hier ist eine Themensammlung für deine Präsentation:

1. **Einführung und Bedeutung der Hygiene**
   - Bedeutung der Hygiene im Gesundheitswesen
   - Gesetzliche Vorschriften und Richtlinien
2. **Deine Aufgaben und Zuständigkeiten**
   - Überwachung und Einhaltung der Hygienerichtlinien
   - Durchführung von Hygieneinspektionen
   - Schulung und Weiterbildung des Personals
   - Erstellung und Aktualisierung von Hygienekonzepten
3. **Hygienemaßnahmen und -protokolle**
   - Standardhygienemaßnahmen (z.B. Händehygiene, Desinfektion)
   - Spezifische Maßnahmen für verschiedene Abteilungen
   - Protokolle für den Umgang mit Infektionskrankheiten

Gliederungen für komplexe Themen erstellen

Wenn Sie vor der Aufgabe stehen, einen umfangreicheren Text schreiben zu müssen, kann das Erstellen einer Gliederung ein sinnvoller erster Schritt sein. Diese strukturiert das Thema von vornherein, stellt Vollständigkeit sowie innere Logik sicher und kann beim weiteren Vorgehen als Leitplanke dienen, an der entlang Sie den eigentlichen Text dann Schritt für Schritt in Abschnitten erstellen.

Copilot kann Ihnen beim Erstellen einer solchen Gliederung helfen. Dabei macht er sich zunutze, dass das dahinterstehende KI-System zu den meisten Themen ausreichendes Wissen hat, um alle relevanten Aspekte zu kennen. Gleichzeitig weiß der Assistent, wie man dieses Wissen in eine sinnvolle Struktur überführen kann.

```
Ich möchte ein Buch über Dampflokomotiven schreiben.
Schlage mir eine sinnvolle Gliederung dafür vor!
```

Das klingt nach einem faszinierenden Projekt, Wolfram! Hier ist ein Vorschlag für die Gliederung deines Buches über Dampflokomotiven:

Einleitung

1. **Vorwort**
   - Persönliche Einleitung und Begeisterung für Dampflokomotiven
2. **Geschichte und Entwicklung der Dampflokomotive**
   - Die Anfänge der Dampfkraft
   - Erste Dampflokomotiven und ihre Erfinder
   - Technologische Entwicklungen und Meilensteine

Kapitel 1: Die Technik hinter der Dampflokomotive

1. **Grundlagen der Dampfkraft**
   - Prinzipien der Dampfkraft
   - Aufbau und Funktionsweise einer Dampflokomotive
2. **Wichtige Komponenten**
   - Kessel und Feuerbüchse

Mit dem Kopieren-Symbol unterhalb der Antwort können Sie den Gliederungsvorschlag in die Zwischenablage übernehmen und von dort in die Anwendung einfügen, mit dem Sie Ihr Projekt bearbeiten wollen.

Eine grobe Gliederung verfeinern

Eine grobe thematische Unterteilung in Kapitel ist für ein umfangreiches Werk sicherlich nur der erste Schritt. Anstatt direkt loszuschreiben, könnte man nun darangehen, die einzelnen Abschnitte der Gliederung weiter zu unterteilen und zu verfeinern. Das ist bei Copilot etwas mühsam, weil man dazu ständig Text zwischen dem KI-Assistenten und der Textverarbeitung hin und her kopieren muss. Nutzer von Microsoft 365 und einem passenden Copilot-Abo sind hier im Vorteil, da sie solche Aufgaben direkt innerhalb von Word erledigen können (siehe Kapitel 8).

Solange Sie sich noch in dem Dialog mit Copilot befinden, in dem dieser den Gliederungsentwurf generiert hat, können Sie sich direkt darauf beziehen:

```
Erstelle eine detaillierte Binnengliederung für
Kapitel 4.
```

Natürlich, hier ist eine detaillierte Binnengliederung für das vierte Kapitel deines Buches über Dampflokomotiven:

Kapitel 4: Betrieb und Wartung

4.1 Betrieb von Dampflokomotiven

1. **Alltag eines Lokführers**
   - **Tägliche Aufgaben und Pflichten**
     - Vorbereitung der Lokomotive
     - Überprüfung der Systeme und Sicherheitsvorrichtungen
   - **Arbeitsschichten und Einsatzorte**
     - Typische Arbeitsschichten
     - Unterschiedliche Einsätze und Routen
2. **Routen und Strecken**
   - **Historische Hauptstrecken**
     - Bedeutende Eisenbahnstrecken der Dampflokära
     - Beispiele berühmter Routen

Wenn Sie, wie vorangehend beschrieben, den Entwurf für den gesamten Titel bereits in eine Anwendung übertragen haben, können Sie die Feingliederung auch zu einem späteren Zeitpunkt ohne den passenden Kontext bei Copilot vornehmen:

1. Kopieren Sie dazu jeweils die einzelnen Kapitel aus dem Gliederungsentwurf und fügen Sie diese in den Eingabebereich von Copilot ein.
2. Ergänzen Sie diese Vorgabe mit einer Aufforderung wie etwa:

```
Erstelle eine detaillierte Binnengliederung für
dieses Kapitel.
```

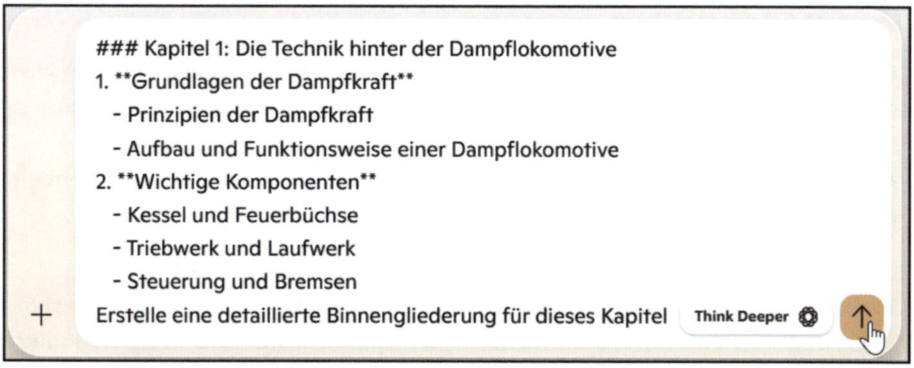

3. Nach etwas Überlegung präsentiert Copilot Ihnen einen entsprechenden Entwurf für eine Binnengliederung des Kapitels.
4. Kopieren Sie diese mit dem Symbol darunter in die Zwischenablage. Wechseln Sie dann in Ihre Textverarbeitung und fügen Sie dort den Inhalt der Zwischenablage anstelle des bisher nur groben Gliederungsentwurfs für dieses Kapitel ein.

Diesen Vorgang können Sie für jedes Kapitel der ursprünglichen groben Gliederung wiederholen und so die Gliederung nach und nach immer detaillierter und feiner gestalten. Sie können sich auch einzelne Gliederungspunkte herausgreifen und sich von Copilot dafür nochmals eine detailliertere Unterteilung erstellen lassen. So erhalten Sie schließlich ein Gerüst, das Sie »nur noch« mit Inhalt zu füllen brauchen, um Ihr Projekt zu verwirklichen.

Einen ersten Entwurf generieren

Neben Copilots Wissen für Themensammlungen und Gliederungen können Sie sich auch die Fähigkeit zum Generieren ausformulierter Texte zunutze machen. So kann der Assistent nach Ihren Vorgaben für einzelne Abschnitte einen ersten Textentwurf generieren, den Sie als Ausgangsbasis nehmen, überarbeiten und ergänzen können, um so schnell zu Ihrem eigenen persönlichen Werk zu gelangen.

Verwenden Sie als Ausgangsbasis dabei jeweils die untersten Ebenen der entworfenen Gliederung. Kopieren Sie die Überschrift eines solchen Abschnitts und fügen Sie sie in den Eingabebereich von Copilot ein. Ergänzen Sie dann eine Aufforderung wie diese:

```
Schlage mir einen Textentwurf für diesen Abschnitt
meines Buches über Dampflokomotiven vor.
```

Typische Arbeitsschichten

Der Betrieb von Dampflokomotiven erforderte eine sorgfältige Planung und Koordination der Arbeitsschichten. Ein typischer Arbeitstag war in der Regel in zwei Hauptschichten unterteilt: die Frühschicht und die Spätschicht. Jede Schicht hatte ihre eigenen Herausforderungen und Aufgaben, die von den Eisenbahnarbeitern bewältigt werden mussten.

Die **Frühschicht** begann meist in den frühen Morgenstunden, oft noch vor Sonnenaufgang. Der Heizer und der Lokführer waren die ersten, die sich auf den Weg zur Lokomotive machten. Der Heizer war dafür verantwortlich, das Feuer in der Feuerbüchse zu entzünden und den Dampfkessel auf die erforderliche Betriebstemperatur zu bringen. Dies war eine körperlich anstrengende Aufgabe, die viel Geschick und Erfahrung erforderte. Der Lokführer hingegen überprüfte die technischen Systeme der Lokomotive und stellte sicher, dass alle Mechanismen einwandfrei funktionierten.

Während der Fahrt hatte der Heizer die Aufgabe, das Feuer zu überwachen und regelmäßig Kohle nachzulegen, um den Dampfdruck konstant zu halten. Der Lokführer war für die Steuerung der Lokomotive verantwortlich und musste ständig die Strecke und Signale im Auge behalten. Kommunikation und Teamarbeit waren dabei unerlässlich, um einen reibungslosen Betrieb zu gewährleisten.

Der richtige Kontext für gute Ergebnisse

Achten Sie dabei darauf, ggf. den erforderlichen Kontext zu geben. Eine Überschrift wie »Typische Arbeitsschichten« etwa ist für sich genommen zu allgemein formuliert und würde ohne Kontext zu einem Text führen, der vermutlich gar nichts mit beispielsweise Dampflokomotiven zu tun hätte. Im Zweifelsfall können Sie Copilot zu Beginn jeder neuen Sitzung noch mal die gesamte Gliederung des Textes übergeben, um den notwendigen Kontext für nachfolgende Texte herzustellen.

Wenn Sie mit dem ersten Entwurf noch nicht zufrieden sind, lassen Sie Copilot nachbessern. Sie können den Assistenten eine detaillierte oder kompaktere Fassung erstellen lassen oder um einen anderen sprachlichen Stil bitten.

Hier nur einige Anregungen:

- Schreibe den Text in einer formelleren Sprache.
- Kürze den Text auf die Hälfte seiner Länge.
- Füge Anekdoten oder Geschichten von Dampflokführern hinzu.
- Erkläre die Aufgaben der Heizer und Lokführer detaillierter.
- Verwende eine lebendigere und bildlichere Sprache.
- Ergänze historische Hintergrundinformationen zur Entwicklung der Arbeitsschichten.
- Schreibe den Text aus der Perspektive eines Lokführers.
- Füge technische Details zur Dampflokomotive und ihren Mechanismen hinzu.
- Beschreibe die Arbeitsschichten im Winter und die besonderen Herausforderungen.
- Schreibe den Text in einem erzählerischen Stil.
- Verwandle den Text in einen Dialog zwischen einem Heizer und einem Lokführer.
- Betone die körperlichen und mentalen Anforderungen der Arbeit.
- Füge Zitate oder Aussagen von Historikern oder Eisenbahnexperten hinzu.
- Vergleiche die Arbeitsschichten von Dampflokomotiven mit denen moderner Lokomotiven.
- Verwende eine humorvolle oder ironische Tonalität.
- Beschreibe die Arbeitsschichten in verschiedenen Ländern und ihre Unterschiede.
- Ergänze den Text mit Statistiken oder Zahlen zu den Arbeitsschichten.

- Schreibe den Text aus der Perspektive eines Kindes, das die Arbeit beobachtet.
- Füge Informationen zu den sozialen Aspekten und dem Gemeinschaftsleben der Eisenbahner hinzu.
- Verwandle den Text in einen poetischen oder lyrischen Stil.

6.5 Wichtige Grundregeln für das Verwenden von KI-Texten

Sie haben Ihren Text erfolgreich mithilfe von Copilot erstellt? Also können Sie ihn ja direkt teilen, versenden, veröffentlichen usw.? Nicht ganz so schnell. Ich würde solche Texte grundsätzlich einer Prüfung unterziehen. Je wichtiger oder für je mehr Adressaten ein Text vorgesehen ist, desto gründlicher sollte diese Prüfung ausfallen. Insbesondere wenn es um eine kommerzielle Nutzung geht oder wenn Sie für mögliche Fehler im Text haftbar sein könnten, sollten Sie unliebsame Überraschungen ausschließen.

Fakten in KI-Texten prüfen

Verlassen Sie sich nicht darauf, dass KI-Texte immer die Wahrheit sagen! Für Fehler oder Unwahrheiten kann es verschiedene Ursachen geben. Was Sie auch im Blick behalten sollten, ist die Aktualität der Trainingsdaten (siehe Seite 32). Wenn man von einem KI-Assistenten Informationen erfragt, die erst nach Trainingsabschluss entstanden sind, wird er bestenfalls darauf hinweisen, schlimmstenfalls veraltete Daten verwenden oder welche erfinden.

Apropos »erfinden«. Das Problem der Halluzination bei KI-Systemen ist auf Seite 33 beschrieben. Auch dies kann jederzeit zu Fehlern oder (teilweise) unsinnigen Antworten führen. Forscher arbeiten zwar daran, dieses Problem zu minimieren. Ob es sich völlig beheben lässt, ist aber unklar.

Schließlich ist jede KI nur so gut wie ihre Trainingsdaten. Und angesichts der schieren Menge an Trainingsdaten (»je mehr, desto besser«) kann nicht jede Quelle handverlesen sein. Es werden also hier und da auch mal falsche Informationen »gelernt«, weil das Ausgangsmaterial fehlerhaft oder unvollständig ist.

Texte kritisch gegenlesen

Auch jenseits der eigentlichen Fakten sollten Sie KI-generierte Texte immer kritisch gegenlesen. Sind die entstandenen Sätze wirklich sinnvoll und verständlich. Hat Copilot die gestellte Aufgabe wirklich richtig verstanden und korrekt gelöst? Ist er dabei beim Wesentlichen geblieben, oder hat er angefangen zu fabulieren oder ist in eine Richtung abgebogen, die zwar nicht falsch ist, aber nicht Ihren Intentionen entspricht.

Überhaupt sollten Sie sicherstellen, dass Copilot insbesondere bei vielschichtigen oder kontroversen Themen auch tatsächlich Ihre Ansichten wiedergibt. Generell sind KI-Systeme darauf trainiert, bei streitbaren Themen Argumente für und wider anzugeben. Wenn ein Assistent das Publikum von einem bestimmten Argument überzeugen soll, müssen Sie ihm entsprechende Vorgaben machen.

7. Bilder generieren

Moderne KI-Systeme haben neben ihren Sprachmodellen auch ein Wissen darüber, wie Dinge aussehen. Dazu wurden sie mit Millionen klassifizierten Bildern von Autos, Hunden, Burgen oder Wolken trainiert. Sie wissen also nicht nur, was das Wort »Burg« bedeutet, sondern sie wissen auch, wie eine Burg aussieht, und können ein Bild von einer Burg generieren.

Und sie sind in der Lage, die Abbildungen mehrerer Objekte zu kombinieren und daraus ein für das menschliche Auge harmonisches Bild zu erzeugen.

Dazu reicht es, Copilot in einfachen Worten mitzuteilen, was das Bild zeigen soll:

```
Ein großer Wald, aus dem sich ein Berg erhebt, auf
dem eine Burg steht.
```

Dieses Bild hat Copilot mit dem vorstehenden Prompt generiert

7.1 Bilder nach Wunsch erzeugen lassen

Wie bereits angedeutet, unterscheidet sich das Nutzen KI-basierter Bildgeneratoren kaum vom Erstellen KI-generierter Texte.

1. Sie können Copilot anstatt oder ergänzend zur Anfrage

   ```
   Schreibe mir zehn Sätze über die Akropolis.
   ```

   ebenso eine Anweisung zum Generieren eines Bildes geben:

   ```
   Erstelle mir ein Bild von der Akropolis in der
   Abenddämmerung.
   ```

2. Der Assistent wird Ihnen daraufhin – nach etwas Wartezeit, da das Generieren von Bildern grundlegend mehr Rechenpower benötigt als das Erzeugen von Text – ein Bild präsentieren, das er aufgrund Ihrer Anfrage generiert hat.

3. Sind Sie mit dem Entwurf zufrieden, klicken Sie rechts daneben auf das Herunterladen-Symbol, um die Bilddatei zu speichern. Mit der mobilen Copilot-App auf Ihrem Smartphone können Sie das Bild auch direkt mit anderen teilen.

4. Wenn Ihnen die Darstellung noch nicht gefällt, können Sie dem virtuellen Künstler auch Anweisungen geben und um Änderungen bitten:

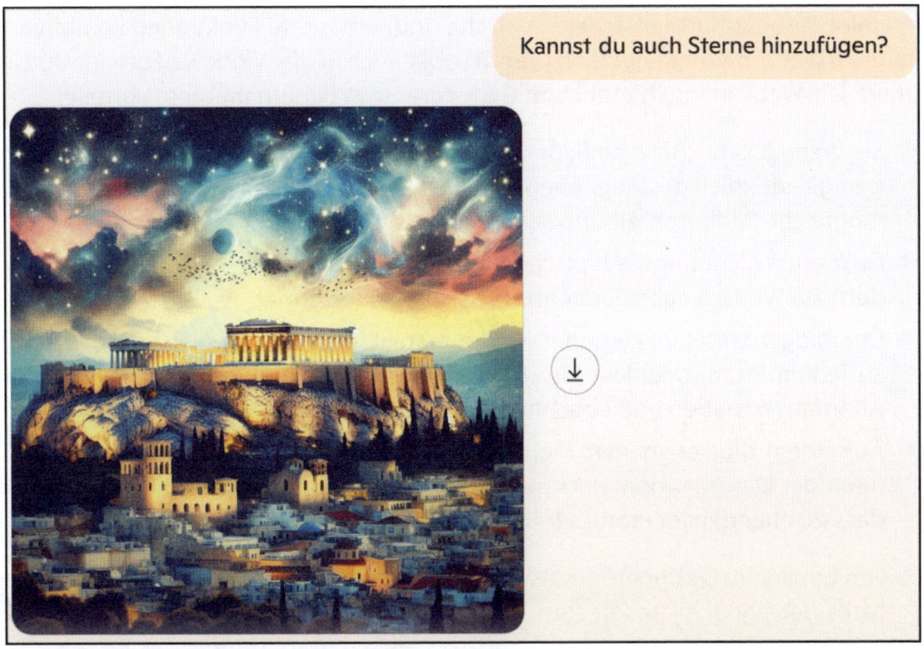

7.2 Den Copilot-Bildgenerator nutzen

Copilot verfügt über einen Bildgenerator, der auf dem KI-System DALL-E basiert, das speziell für diesen Zweck entwickelt wurde. Sie benötigen hierfür keine zusätzliche Software oder eine spezielle Copilot-Funktion. Das Generieren von Bildern ist direkt in den KI-Assistenten integriert. Sie können die Anweisungen dafür direkt in den Copilot-Chat schreiben. Das Erzeugen eines Bildes dauert etwas länger als bei einem Text. Anschließend wird das Ergebnis aber auch direkt im Dialog angezeigt. Um ein so erzeugtes Bild zu nutzen, können Sie es über die daneben angezeigte Schaltfläche herunterladen und lokal speichern.

Allerdings klappt diese Methode nicht immer ganz zuverlässig, da Copilot auch ausdrückliche Aufforderungen zum Erzeugen eines Bildes gelegentlich ignoriert und stattdessen mit Text antwortet. Speziell zum Generieren von Bildern bietet sich daher eine spezielle Webvariante von Copilot an, die auf jede Aufforderung hin grundsätzlich Bilder generiert und noch andere Vorteile mitbringt. Eine weitere Variante ist der in die Windows-Fotoanzeige integrierte Designer. Auch er bietet neben KI-basierten Bearbeitungsmethoden die Möglichkeit zur Eingabe von Prompts, mit denen Bilder generiert werden können. Seine Möglichkeiten stelle ich ab Seite 240 ausführlicher vor.

Copilot im Designer-Modus

Im Webbrowser können Sie Copilot als Teil des Microsoft Designers nutzen. Das ist ein Bildbearbeitungsdienst, der klassische und KI-basierte Funktionen kombiniert. Er kann im Webbrowser genutzt werden, ist aber auch in die Windows-Fotoanzeige integriert. Die Webvariante bietet beim Generieren von Bildern mehrere Vorteile:

- Sie erzeugt grundsätzlich Bilder, während andere Copilot-Varianten Aufforderungen gelegentlich missverstehen und anstelle eines Bildes beispielsweise eine umfangreiche Bildbeschreibung liefern.
- Es können nicht nur die typischen quadratischen Kacheln generiert werden, sondern auf Wunsch auch Bilder im Hoch- oder Querformat.
- Der Bildgenerator im Designer-Modus erstellt Ihnen immer gleich vier Vorschläge zu jedem Prompt, sodass Sie jedes Mal eine Auswahl zwischen verschiedenen Alternativen haben und so schneller zum Ziel kommen.
- Außerdem gibt es meiner Meinung nach auch einen qualitativen Unterschied, denn der Designer generiert meiner Erfahrung nach bessere Bilder in dem Sinn, dass sie eher den im Prompt formulierten Erwartungen entsprechen.

1. Um Copilot im Designer-Modus zu nutzen, öffnen Sie im Webbrowser die Adresse https://designer.microsoft.com.
2. Die Webseite begrüßt Sie direkt mit einem Eingabebereich *Was möchten Sie gestalten?*. Darunter finden Sie verschiedene Szenarien wie *Symbole*, *Hintergrundbilder* oder *Banner*, die jeweils zu einer Variante des Bildgenerators führen, die die jeweils gewünschte Art von Abbildungen erzeugt.

3. Für ein klassisches Bild wählen Sie ganz links *Bilder*. Alternativ gelangen Sie mit der Adresse https://designer.Microsoft.com/image-creator auch direkt hierhin.
4. Klicken Sie anschließend auf den Bereich *Beschreibung*.
5. Damit wird ein Eingabebereich eingeblendet, in dem Sie Ihre Beschreibung für das gewünschte Bild eintippen können. Lassen Sie sich dabei nicht vom dort im Hintergrund eingeblendeten Text irritieren, der nur als Beispiel dienen soll und verschwindet, sobald Sie Ihre Beschreibung eingeben.
6. Geben Sie hier ganz nach Wunsch kurz oder auch sehr ausführlich und detailliert Ihre Vorstellungen ein. Der Umfang ist nur durch eine maximale Zeichenanzahl von eintausend Zeichen begrenzt.
7. Sind Sie mit Ihrer Beschreibung zufrieden, klicken Sie oben rechts auf die *Generieren*-Schaltfläche.

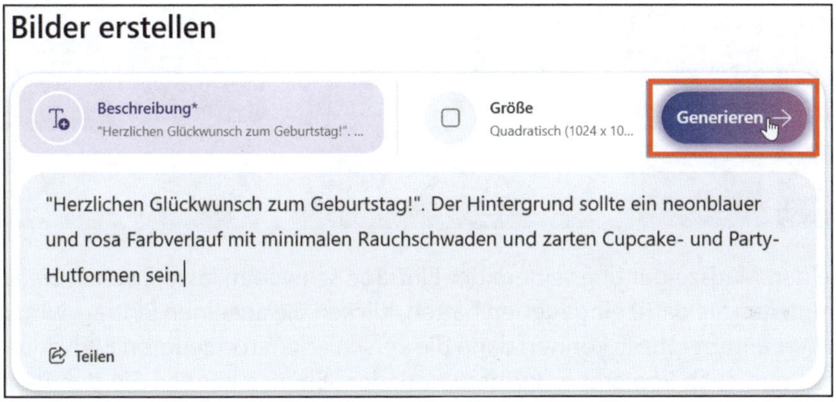

8. Nach etwas Wartezeit zeigt der Bildgenerator Ihnen vier Vorschläge, die er aufgrund Ihres Prompts generiert hat.

War der Prompt sehr detailliert, erhalten Sie eher vier Variationen des gleichen Bildes, unter denen Sie diejenige auswählen, die Ihnen am ehesten zusagt. War Ihre Beschreibung aber eher allgemein und hat weniger konkrete Vorgaben gemacht, können sich die vier Erzeugnisse visuell auch recht deutlich unterscheiden.

Zurück zu früheren Kreationen

Genauso wie Copilot Ihre Konversationen speichert und Ihnen im Verlauf alle Prompts und Antworten bereitstellt, gehen auch einmal erzeugte Bilder nicht verloren. Unterhalb des Eingabebereichs finden Sie zwei Rubriken: *Ideen erkunden* enthält Bilder von anderen Nutzern, die Sie hier mitsamt dem dafür verwendeten Prompt abrufen können (mehr dazu auf Seite 219). Klicken Sie stattdessen auf *Meine Kreationen*, zeigt der Designer Ihnen stattdessen die Bilder an, die Sie in der Vergangenheit mit Copilot erstellt haben.

Wenn Sie den Mauszeiger über einem der Einträge schweben lassen, sehen Sie auch den Prompt, den Sie dafür eingegeben hatten. Klicken Sie auf einen Eintrag, wird dieser detailliert angezeigt. Sie können dann die verschiedenen erzeugten Bildvarianten betrachten und auch kopieren oder herunterladen. Ebenso können Sie den Prompt selbst kopieren oder das Bild zum Bearbeiten im Designer öffnen.

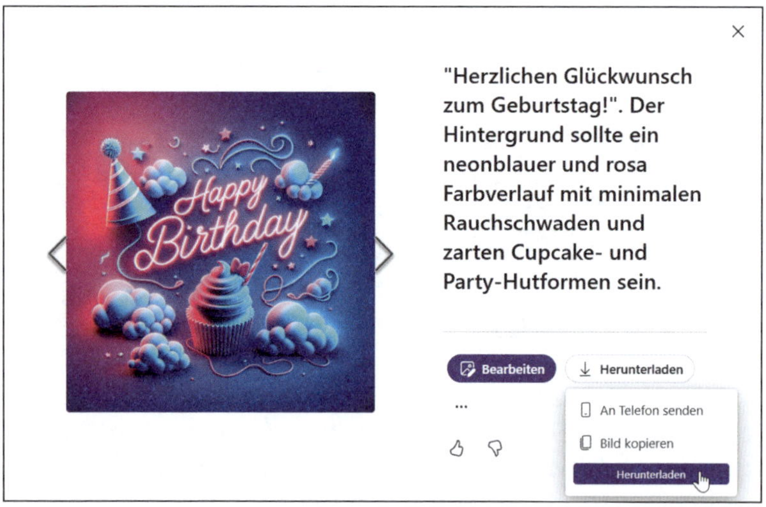

Bilder in einem bestimmten Format erzeugen

Wenn Sie Copilot im »normalen« Chat den Auftrag geben, ein Bild zu generieren, wird dieses immer eine quadratische Kachel sein. Selbst wenn Sie ausdrückliche Anweisungen wie »Querformat«, »Hochformat«, »16:9«, »4:3« oder »Breitwand« ergänzen, wird der Assistent dies ignorieren.

Auch hier hat die Nutzung des Designer-Modus große Vorteile, denn hier können Sie das gewünschte Format direkt angeben und der Bildgenerator wird sich exakt daran halten.

1. Wechseln Sie dazu vor dem Generieren eines Bildes oben in die Rubrik *Größe*.
2. Hier können Sie eines der drei angebotenen Formate durch Anklicken auswählen:
   - Quadratisch (1024 x 1024)
   - Hochformat (1024 x 1792)
   - Querformat (1792 x 1024)

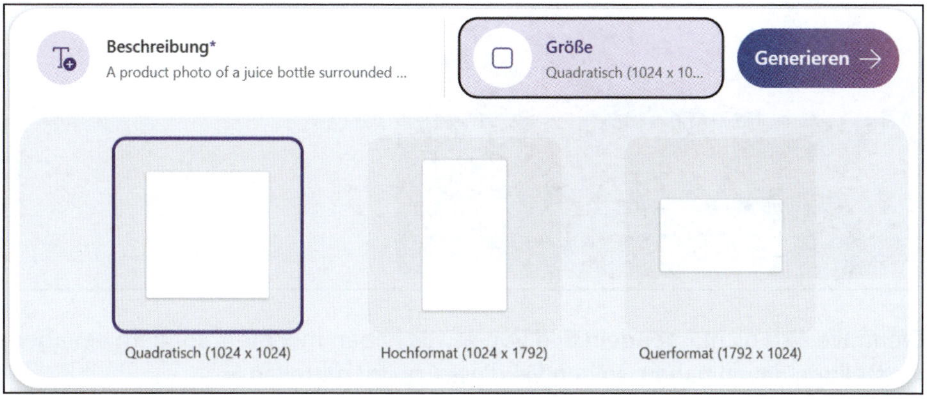

3. Kehren Sie anschließend in die Rubrik *Beschreibung* zurück oder klicken Sie direkt oben rechts auf *Generieren*, um das beschriebene Bild in diesem Format erstellen zu lassen.

7.3 Gute Prompts für Bilder formulieren

Wie auch beim Generieren von Text hängt das Ergebnis vor allem vom Prompt ab, mit dem Sie dem Copiloten Anweisungen geben. Je ausführlicher und präziser Ihre Vorgaben sind, desto mehr wird das erzeugte Bild Ihren Vorstellungen entsprechen. Ein einfaches Beispiel mag das verdeutlichen.

Wenn Sie den Copilot-Bildgenerator auffordern, ein Bild von einem Auto zu erzeugen, wird er ein Bild irgendeines Autos in irgendeiner Farbe vor irgendeinem Hintergrund generieren. Es wird ein gutes Bild eines Autos sein. Aber gleichzeitig wird es eine große Überraschung sein und möglicherweise nicht viel mit dem zu tun haben, was Sie sich vorgestellt haben.

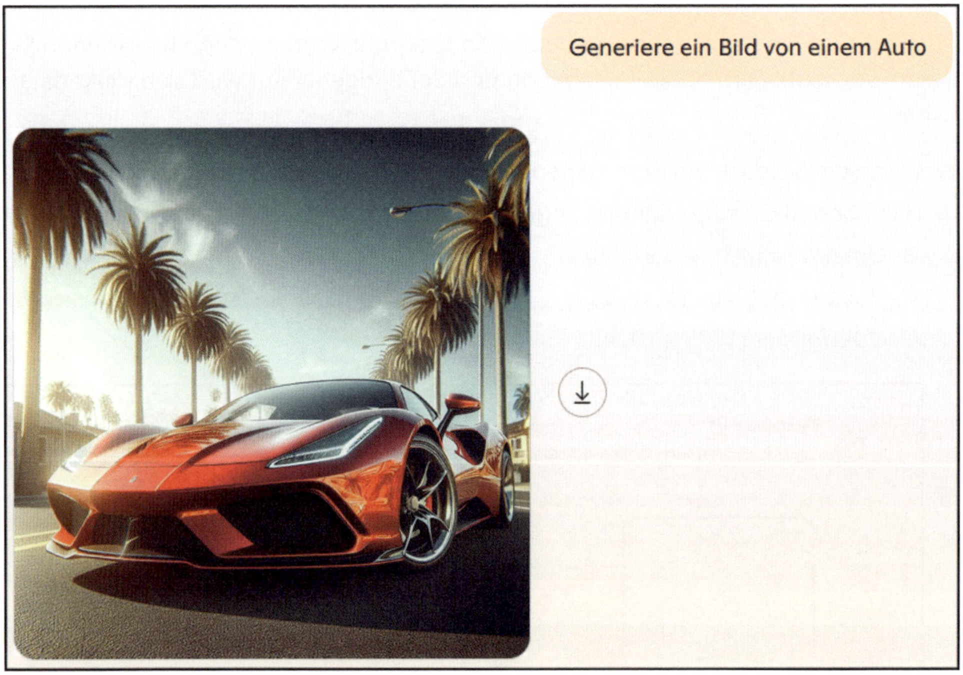

Wenn Sie also nicht irgendein Bild von etwas haben möchten, sondern eine genaue Vorstellung davon haben, sollten Sie diese Copilot mitteilen.

Das muss nicht unbedingt ein ausführlicher Text sein, die richtigen Stichpunkte und Adjektive reichen aus, um beim Bildgenerator die gewünschten »Assoziationen« auszulösen:

```
Ein hellblaues amerikanisches Traumauto aus den 60er
Jahren, Cabrio, auf einem leeren Highway durch eine
kahle Wüste, ein Mann mit Cowboyhut am Steuer, eine
Frau mit weißem Kleid und dunkler Sonnenbrille,
Kaktus im Hintergrund, Sonnenuntergang.
```

Mit dem richtigen Prompt generiert Copilot Bilder genau nach Ihren Vorstellungen

Anregungen für Prompts finden

Beispiele sind eine gute Möglichkeit, sich mit der Kunst vertraut zu machen, Eingabe-Prompts zu entwerfen, die zum gewünschten Ergebnis führen. Copilot bietet eine Galerie mit Bildern an, die andere Benutzer mit diesem Dienst erstellt haben.

Wer möchte, kann sich auch den Prompt anschauen, der zu einem konkreten Bild geführt hat. So bekommt man schnell ein Gefühl dafür und Tipps, wie man bestimmte Effekte, eine gewünschte Bildstimmung oder einen speziellen Stil erreicht.

1. Rufen Sie im Webbrowser Ihrer Wahl die folgende Adresse auf: https://create.microsoft.com/de-de/features/ai-image-generator.
2. Damit öffnen Sie eine Galerie mit Bildern als kleine Vorschauen. Wenn Sie den Mauszeiger auf eine davon bewegen, wird der Prompt angezeigt, der für das Erzeugen verwendet wurde.

3. Wenn Sie auf die Minivorschau klicken, wird diese in einem einfachen Editor geöffnet. Hier ist die verwendete Aufforderung noch mal in voller Länge zu lesen.

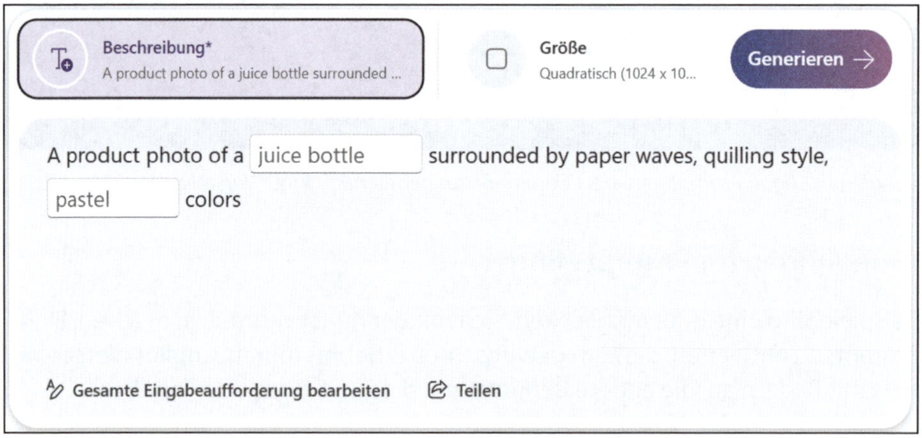

4. Der Text der Aufforderung besteht aus unveränderlichen Bestandteilen und aus einzelnen Eingabefeldern, die Sie bearbeiten können. Copilot hat dabei versucht zu erkennen, welche Teile der Beschreibung den eigentlichen Charakter des Bildes

ausmachen und welche sich auf den Inhalt beziehen. Wenn Sie also die Bestandteile in den Feldern durch Ihre eigenen inhaltlichen Vorstellungen ersetzen, sollten Sie ein Bild erhalten, das der Vorlage sehr ähnlich ist, aber Ihren individuellen Inhalt wiedergibt.

Aufforderung in englischer Sprache?

Da die meisten Copilot-Nutzer Englisch sprechen, sind auch die meisten der Bilder mit einem englischsprachigen Prompt generiert worden. Auch wenn die Aufforderungen in der Übersicht eingedeutscht waren, werden sie im Editor stets im Original angezeigt. Wenn Sie das stört, können Sie aber Copilot selbst nutzen, um sie ins Deutsche zu übersetzen: Klicken Sie unten auf *Gesamte Eingabeaufforderung bearbeiten*. Dann können Sie den gesamten Prompt markieren und kopieren und in ein Copilot-Eingabefeld einfügen mit der Ergänzung: ***Übersetze mir diesen Prompt auf Deutsch***. Die übersetzte Version können Sie dann auch wieder zurück in den Editor übertragen und damit weiterarbeiten.

5. Alternativ klicken Sie unten auf *Gesamte Eingabeaufforderung bearbeiten*, um den ganzen Prompt beliebig verändern zu können.
6. Haben Sie den Prompt in Ihrem Sinne verändert, klicken Sie auf *Generieren*, um mit diesen Vorgaben ein neues Bild erzeugen zu lassen.

In der nachfolgenden Abbildung sehen Sie links ein Originalbild aus der Copilot-Galerie. In dem dazugehörenden Prompt habe ich lediglich das Wort »juice bottle« (Saftflasche) durch »toaster« ersetzt. Das Ergebnis ist ein Bild, das den Stil des Originals nachahmt, aber eben den gewünschten Inhalt präsentiert.

Prompts von der KI generieren lassen

Wenn Sie vor dem Problem stehen, einen passenden Prompt zum KI-Generieren eines Bildes nach Ihren Vorstellungen zu formulieren, warum lassen Sie sich nicht einfach von Copilot dabei helfen? Klingt im ersten Moment vielleicht komisch, aber wenn man mal darüber nachdenkt, ergibt es Sinn. Eine der Stärken generativer KI ist schließlich das Erzeugen von Texten. Prompts für KI-Assistenten sind ja nichts anderes als Texte. Und Copilot »weiß« selbstverständlich, was ein Prompt ist und was darin stehen sollte und was besser nicht.

Wenn Sie selbst konkrete Vorstellungen haben, wie ein Bild aussehen soll, wäre es selbstverständlich Unsinn, dem Assistenten zu sagen: Schreibe mir einen Prompt, in dem dies und das und jenes vorkommt. Aber wenn Sie nur eine grundlegende Idee haben und Anregungen für die konkrete Ausgestaltung suchen, dann können Sie Copilot um einen Vorschlag für einen passenden Prompt bitten:

```
Erstelle mir einen Prompt, mit dem ich ein
stimmungsvolles Bild von einem Lagerfeuer generieren
kann.
```

Aber natürlich! Hier ist ein stimmungsvoller Prompt für ein Bild von einem Lagerfeuer:

"Ein gemütliches Lagerfeuer in einer sternenklaren Nacht, umgeben von hohen, schattigen Bäumen. Die Flammen leuchten warm und golden, werfen tanzende Schatten auf den Waldboden und erzeugen ein Gefühl der Geborgenheit und Ruhe. Im Hintergrund glitzern Sterne am klaren Himmel, und das leise Knistern des Feuers verstärkt die friedliche Atmosphäre."

Hoffentlich inspiriert dich das. Viel Spaß beim Generieren deines Bildes! 😊

Den generierten Prompt können Sie in der Antwort markieren und in die Zwischenablage kopieren. Von dort fügen Sie ihn direkt wieder in das Eingabefeld ein und senden ihn ab. Nach kurzer Wartezeit sollten Sie ein entsprechendes Bild erhalten. Wenn es Ihnen gefällt, können Sie es mit dem Download-Symbol rechts daneben herunterladen.

Ganz wichtig: Sie müssen den erzeugten Prompt nicht 1:1 übernehmen, sondern können ihn auch als Anschauungsmaterial und zur Anregung nutzen. Was Ihnen daran gefällt, das behalten Sie bei und verbessern es ggf. sogar noch. Was Ihnen missfällt, das lassen Sie weg oder ersetzen es durch etwas, das Ihnen geeigneter erscheint.

Ein gemütliches Lagerfeuer in einer sternenklaren Nacht, umgeben von hohen, schattigen Bäumen. Die Flammen leuchten warm und golden, werfen tanzende Schatten auf den Waldboden und erzeugen ein Gefühl der Geborgenheit und Ruhe. Am Feuer sitzen ein Mann und eine Frau. Die Frau röstet Marshmallows im Feuer, während der Mann Gitarre spielt.

Die Bilderzeugung mit Schlüsselwörtern steuern

Beim Erzeugen von KI-generierten Bildern steuert meist allein die Beschreibung des Bildes die Arbeit des Copilot-Bildgenerators. Dabei kommt es nicht nur auf den Inhalt der gewünschten Abbildung an, sondern auch die Art, wie dieser Inhalt gestaltet ist, spielt eine entscheidende Rolle. Ob beispielsweise eine Tankstelle in einem fröhlichen, bunten Comic-Stil gezeichnet wird oder ein morbider Ort in einem düsteren Endzeit-Panorama ist, macht für die Wirkung des Bildes einen gewaltigen Unterschied.

Bei manchen spezialisierten KI-basierten Bildgeneratoren kann man direkt einen bestimmten Stil wählen und sich so beim Textprompt ganz auf den Bildinhalt konzentrieren. Dieser Stil nimmt aber auch immer Einfluss darauf, wie der Inhalt dargestellt wird. Copilot bietet hingegen nur einen Textprompt. Hier kommt es darauf an, die Beschreibung des Inhalts um Vorgaben zu Art und Stil des Bildes zu ergänzen.

Prinzipiell können Sie selbstverständlich einfach drauflosschreiben und versuchen, Ihre Ideen und Vorstellungen in Worte zu fassen, aus denen die KI dann wiederum ein Bild generiert, das dem entspricht oder Ihre Vorstellungen vielleicht auch – in positiver Sicht – aufbricht und Sie überrascht. Gerade am Anfang möchte ich Ihnen das sogar ausdrücklich empfehlen, um die Möglichkeiten und Fähigkeiten von Copilot erst mal richtig kennenzulernen. Wenn Sie aber Ihre Vorstellungen möglichst präzise umgesetzt haben möchten, dann empfiehlt es sich, Ihren Textprompts eine gewisse Struktur zu verleihen. Im Folgenden möchte ich Ihnen deshalb einen »Baukasten« vorschlagen, aus dem Sie die jeweils benötigten Elemente nehmen können, die Sie für Ihr Bild benötigen. Einige davon sind obligatorisch – andere verwenden Sie nur, wenn es nötig erscheint. Auch die Reihenfolge der Elemente ist willkürlich. Es kann allerdings hilfreich sein, sich ein bestimmtes Schema anzueignen, damit nichts Wichtiges vergessen wird.

Inhalt

Wesentlicher Bestandteil und Ausgangspunkt des Prompts sollte immer der Inhalt sein, den Sie im Bild sehen möchten. Den können Sie in Ihren eigenen Worten beschreiben. Je konkreter Ihre Vorgaben sind, desto genauer wird die KI Ihre Vorstellungen umsetzen. Es gibt aber auch ein Zuviel. Wenn Sie die Beschreibung mit Details und Anforderungen überfrachten, kann das den Bildgenerator überfordern. Er wird dann Dinge weglassen oder aber versuchen, möglichst viel davon in das Bild hineinzupacken, wobei Physik, Logik und Konsistenz durchaus auf der Strecke bleiben können.

Thema

Hat Ihr Bild ein übergeordnetes Thema wie etwa Natur, Wissenschaft oder Technik, Märchen, Horror, Abenteuer, Romantik oder Traum? Handelt es sich um ein Stillleben, ein Porträt, ein Landschaftsbild oder eine Großstadtszenerie?

Es ist nicht immer notwendig, dies konkret anzugeben, etwa weil es sich aus der Inhaltsbeschreibung ergibt. Überlegen Sie aber, ob Sie das Bild in Ihrer Vorstellung einem bestimmten Thema zuordnen können, und wenn ja, ob die Beschreibung dies ausreichend berücksichtigt.

```
Ein Paar in einem Ruderboot. Das Thema ist Abenteuer.
```

vs.

```
Ein Paar in einem Ruderboot. Das Thema ist Romantik.
```

Perspektive

Ein wichtiger Aspekt jedes Bildes ist die Perspektive, die der Betrachter darauf hat. Soll es eine Nah- oder gar Makroaufnahme sein, die viele Details zeigt? Soll das Motiv aus der Vogel- oder Froschperspektive aufgenommen sein? Oder möchten Sie eine Szenerie in einer Totalen als Weitwinkelaufnahme sehen? Auch der Blick durch die Augen (First-Person) oder über die Schulter einer handelnden Person kann reizvoll sein.

```
Ein Billardtisch aus der Vogelperspektive.
```

vs.

```
Ein Billardspiel, gesehen aus der Perspektive
entlang des Queues des Spielers.
```

Komposition

Bildkomposition ist eine Kunst, die der Betrachter oft nur unbewusst zu schätzen weiß. Trotzdem kann sie für die Wahrnehmung sehr wichtig sein.

So können Sie der KI beispielsweise mitteilen, was im Fokus bzw. Vordergrund des Bildes stehen soll und was eher im Hintergrund oder am Rand. Auch Symmetrie oder Asymmetrie, also dass alle Objekte gleich groß oder ein bestimmtes größer als die anderen sein soll, kann eine wichtige Information sein. Vielleicht soll das zentrale Motiv von bestimmten Elementen umrahmt sein?

```
saftige rote Äpfel
```

vs.

```
Ein saftiger roter Apfel im Zentrum des Bildes,
weitere in einem Korb am Rand.
```

Dynamik

Bewegung ist ein wichtiges Element, um Bildern Dynamik zu verleihen. Wenn sich beispielsweise ein Auto oder ein Zug mit hoher Geschwindigkeit nähern soll, kann die KI dies durchaus veranschaulichen.

Auch bei Menschen kann es einen großen Unterschied machen, ob sie statisch an einer Stelle stehen oder in einer Bewegung dargestellt werden. Ebenso können aber auch Adjektive wie »ruhig«, »langsam« oder »entspannt« zu einer entsprechenden Wahrnehmung führen.

```
Ein Auto, das langsam an einer Tankstelle
vorbeifährt.
```

vs.

```
Ein Auto, das schnell an einer Tankstelle
vorbeifährt.
```

Materialien

Gerade wenn in einem Bild bestimmte Materialien oder Oberflächen eine Rolle spielen, kann die Beschaffenheit dieser Flächen wichtig für die Wirkung sein. Hier geht es vor allem darum, ggf. die erforderlichen Adjektive in den Prompt einzufügen, die das Material oder die Textur angemessen beschreiben.

Als Faustregel könnte man bei jedem erwähnten Objekt überlegen, ob dieses durch ein oder mehrere Adjektive näher beschrieben werden sollte oder ob man diese Eigenschaft der KI überlassen möchte.

```
Ein zugefrorener See, dessen Oberfläche mit Raureif
bedeckt ist.
```

vs.

```
Ein zugefrorener See, in dessen eisglatter Oberfläche
sich die schneebedeckten Berge widerspiegeln.
```

Emotion

Ein wichtiger Aspekt kann auch sein, welche Gefühle ein Bild beim Betrachter hervorrufen soll. Wann immer Sie ein Bild mit der Absicht generieren, bestimmte Emotionen zu vermitteln, sollten Sie dies Copilot mitteilen. Das ist einfacher und führt gezielter zum gewünschten Ergebnis, als wenn Sie eine umfangreiche Beschreibung mit vielen Details formulieren.

Die KI hat eine Vorstellung davon, wie etwas idyllisch, romantisch, futuristisch oder bedrohlich wirkt. Verlassen Sie sich also ruhig darauf und versuchen Sie nicht, das in Ihrem Prompt umständlich zu erklären. Mit einem einfachen »Das Bild soll ein Gefühl von ... vermitteln« machen Sie Ihre Absicht klar und Copilot ergänzt die notwendigen Elemente von ganz allein.

```
Ein Ritterturnier vor einer Burg. Das Bild soll ein
Gefühl von Idylle vermitteln.
```

vs.

```
Ein Ritterturnier vor einer Burg. Das Bild soll ein
Gefühl von Bedrohung vermitteln.
```

Stil

Sie können Copilot auch eine Anweisung mitgeben, das Bild in einem bestimmten Stil zu gestalten. Stil kann sich dabei auf eine bestimmte Kunstrichtung oder Kunstepoche beziehen (z. B. »impressionistisch« oder »Pop-Art«), eine Maltechnik meinen (z. B. »Aquarell« oder »Bleistiftschraffur«) oder auch ein bestimmtes Themengebiet (z. B. »Manga« oder »Futuristisch«).

Sie können Copilot aber auch den Stil einer bestimmten Person imitieren lassen. In dem umfassenden Wissen von generativer KI stecken schließlich auch Informationen über Künstler und deren Werke. Und damit sind nicht nur herausragende Namen wie »Picasso« oder »Rembrandt« gemeint. Ich würde davon ausgehen, dass Künstler, über die man etwas bei Wikipedia lesen kann, auch den aktuellen KI-Systemen bekannt sind. Wenn Sie gerade keinen Kunststil, sondern eine möglichst realistische Darstellung wünschen, lautet das Schlüsselwort »fotorealistisch«.

```
Ein Vogel, der auf einem Ast sitzt, im Stile von
Michelangelo.
```

vs.

```
Ein Vogel, der auf einem Ast sitzt, im Stile von
Frida Kahlo.
```

Farbschema

Die Wahl der Farben kann die Wirkung eines Bildes erheblich beeinflussen. Die blassen Farben eines Aquarells etwa können dasselbe Motiv in einem ganz anderen Licht erscheinen lassen als die knalligen Farben eines Pop-Art-Bildes. Diese Beispiele legen schon nahe, dass zwischen Stil und Farbschema eine Verbindung besteht. Etwas vereinfachend kann man sagen, dass das Verwenden eines bestimmten Stils oftmals das Vorgeben einer Farbpalette überflüssig macht, wenn der Stil mit einer bestimmten Farbwahl einhergeht. Wenn Sie ohne Stilreferenz eine bestimmte Wirkung erzielen möchten, können Sie diese aber einfach mit Schlüsselwörtern wie »gedämpft«, »lebhaft«, »knallig«, »dezent«, »düster«, »monochrom«, »gelbstichig«, »erdfarben«, »Regenbogen« usw. erreichen.

Wenn das Farbschema nicht ganz wesentlich ist, etwa weil sich das Bild in eine bestimmte Umgebung einfügen soll, würde ich meist auf diese Vorgabe verzichten und stattdessen eher einen passenden Stil verwenden. Eine wichtige Rolle kann ein Farbschema aber spielen, wenn Sie gleich mehrere Bilder generieren und in einem Zusammenhang verwenden möchten. Dann kann ein einheitliches Farbschema dafür sorgen, dass die Werke trotz unterschiedlichen Inhalts wie aus einem Guss wirken.

```
Eine Strandszene mit Liegestuhl in Pastellfarben.
```

vs.

```
Eine Strandszene mit Liegestuhl in grobkörnig
monochrom.
```

Atmosphäre und Licht

Ein weiteres gutes Hilfsmittel zum Erreichen einer gewünschten Bildwirkung ist das Beschreiben einer bestimmten Atmosphäre bzw. einer speziellen Lichtwirkung, die generiert werden soll. Gerade das Licht, das beispielsweise an die Tageszeit oder bestimmte Zeitpunkte wie »Sonnenaufgang«, »Dämmerung« oder »Mitternacht« geknüpft sein kann, trägt viel zum Entstehen einer bestimmten Atmosphäre bei. Aber auch Wetter (»stürmisch« oder »neblig«), Jahreszeit (»Hochsommer« oder »winterfrostig«), Klimazone bzw. Ort (beispielsweise »Wüste« oder »Regenwald«) können mit einer bestimmten Art von Atmosphäre verbunden sein. Außerdem gibt es bestimmte Lichtstimmungen wie »Goldene Stunde« oder »Blaue Stunde«, »Licht und Schatten« oder »Gegenlicht«.

```
Eine Bushaltestelle im Hochsommer zur Mittagszeit.
```

vs.

```
Eine Bushaltestelle im Nebel bei Sonnenaufgang.
```

Beschreibungen zu Bildern generieren

Um zu verstehen, wie sich durch Beschreibungen und Schlüsselwörter Bilder auf eine ganz bestimmte Art und Weise erzeugen lassen, kann es sinnvoll sein, auch mal den umgekehrten Weg zu gehen. Also Copilot ein fertiges Bild zu geben und sich von ihm dazu eine Beschreibung generieren zu lassen. Auf diese Weise kann man lernen, welche Begriffe und Formulierungen man wie einsetzen kann, um ganz bestimmte Effekte zu erzielen.

Voraussetzung dafür ist, dass ein Bild in einem der für Copilot zugänglichen Formate (JPEG, PNG, GIF oder WEBP) vorliegt, sodass Sie es wie auf Seite 43 beschrieben hochladen können. Alternativ können Sie die Screenshot-Funktion der Copilot-Desktop-App nutzen. Dafür reicht es, dass Ihre Bildvorlage irgendwo auf dem Bildschirm zu sehen ist.

1. Klicken Sie in der Desktop-Anwendung auf das Plussymbol links neben dem Eingabefeld und wählen Sie im so geöffneten Menü die Option *Bildschirmfoto*.
2. Daraufhin wird das Copilot-Fenster ausgeblendet, und Sie können nun den Bereich des Bildschirms, in dem das gewünschte Bild sichtbar ist, markieren.

3. Klicken Sie dazu auf eine der Ecken des Bereichs und ziehen Sie dann mit weiterhin gedrückt gehaltener linker Maustaste zur gegenüberliegenden Ecke, wo Sie die Taste loslassen.

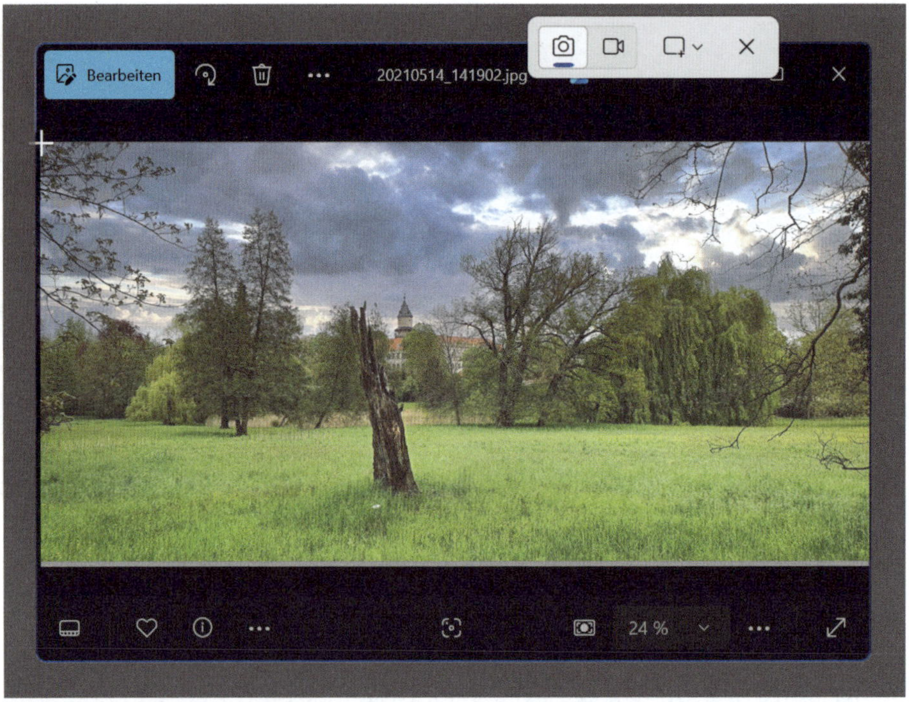

4. Die Copilot-App kommt dann automatisch wieder zum Vorschein und Windows fügt den von Ihnen markierten Bereich als Bild in das Eingabefeld ein.

5. Ergänzen Sie dieses Bild nun um eine Anweisung wie diese:

```
Generiere einen Prompt, mit dem du ein Bild in
dieser Art generieren würdest.
```

6. Das Analysieren von Bildern dauert etwas länger als das Erfassen von Texten, aber trotzdem sollten Sie nach wenigen Sekunden Wartezeit eine Antwort erhalten.

7. Zum Testen können Sie die Antwort des KI-Assistenten mit dem Kopieren-Symbol in die Zwischenablage übertragen, direkt wieder als Aufforderung unten in das Eingabefeld einfügen und absenden.

8. So erzeugt Copilot ein Bild mit dem selbst generierten Prompt und Sie können überprüfen, ob sich so tatsächlich ein Bild erzeugen lässt, das dem Original nahekommt.

Ich persönlich finde es immer wieder ein spannendes Experiment, mir für ein bestimmtes Bild eine Textbeschreibung generieren zu lassen. Studiert man diese Texte, bekommt man schnell ein Gefühl dafür, welches die entscheidenden Schlüsselwörter sind, um eine bestimmte Stimmung oder einen bestimmten Stil zu erzeugen. Außerdem verwende ich solche Texte dann wiederum als Eingabe und bin jedes Mal gespannt, wie dicht am Original die so entstehenden Bilder sind. Wobei man keine Kopien erwarten sollte, sondern Bilder, die in Stimmung, Stil und grundsätzlichem Thema ähnlich sind.

7.4 Den Stil eines Bildes mit anderem Inhalt kopieren

Und schließlich können Sie ein vorhandenes Bild als Basis für das Generieren eines neuen Werkes verwenden. Dieses Verfahren können Sie sich zu verschiedenen Zwecken zunutze machen:

- Sie können sich weitere Versionen eines Bildes generieren lassen, die in Form und Stil dem Ausgangsbild ähnlich sind.
- Sie können Stil und Stimmung für ein anderes Bild mit abweichendem Inhalt übernehmen.

- Wenn Sie ein bestimmtes Bild gern nutzen würden, Ihnen aber die notwendigen Rechte daran fehlen, können Sie sich vom KI-Bildgenerator ein ganz ähnliches Bild erzeugen lassen, das Sie uneingeschränkt verwenden dürfen.

Die KI analysiert das von Ihnen ausgewählte Bild hinsichtlich Inhalt, Form und Stil und berücksichtigt diese Informationen beim Generieren des neuen Bildes. Es werden aber keine Bestandteile des Ausgangsbildes direkt oder verfremdet beim Erstellen des neuen Bildes verwendet. Sie können also nicht nur eigene Bilder als Basis verwenden, sondern durchaus auch Werke von anderen Urhebern.

Wenn Sie also beispielsweise ein ganz besonders schönes und stimmungsvolles Bild gefunden haben, dem aber ein bestimmtes Element fehlt oder das für einen bestimmten Verwendungszweck nicht den passenden Inhalt hat, können Sie sich ein sehr ähnliches Bild von Copilot erstellen lassen:

1. Fügen Sie, wie im vorangehenden Abschnitt beschrieben, ein Bild ins Eingabefeld ein und lassen Sie sich dazu einen passenden Prompt generieren.

2. Warten Sie auf die Antwort und kopieren Sie diese anschließend in die Zwischenablage.

Natürlich! Hier ist ein Prompt, mit dem du ein Bild im ähnlichen Stil erzeugen kannst:

"Erzeuge ein Bild einer friedlichen Landschaft bei Sonnenaufgang oder Sonnenuntergang, mit einem Tal, das von Nebel bedeckt ist. Im Vordergrund sollen grüne Felder zu sehen sein, während eine Brücke über das Tal spannt. Im Hintergrund sollen sanfte Hügel und die Silhouette eines entfernten Dorfes oder einer Kirche zu sehen sein. Der Himmel soll in sanften Orangetönen, Rosa und Blau gemalt sein, um die Tageszeit zu verdeutlichen."

3. Fügen Sie die kopierte Beschreibung in den Eingabebereich ein und ändern Sie die Bestandteile, in denen sich das neue Bild unterscheiden soll. So könnte man etwa das im Beispiel verwendete Bild als stilistische Grundlage nutzen, um sich ein stimmungsvolles Bild von einem Jahrmarkt zu erschaffen.

   Dazu ersetzt man Landschaft und Tal durch Jahrmarkt, Zelte und Riesenrad:

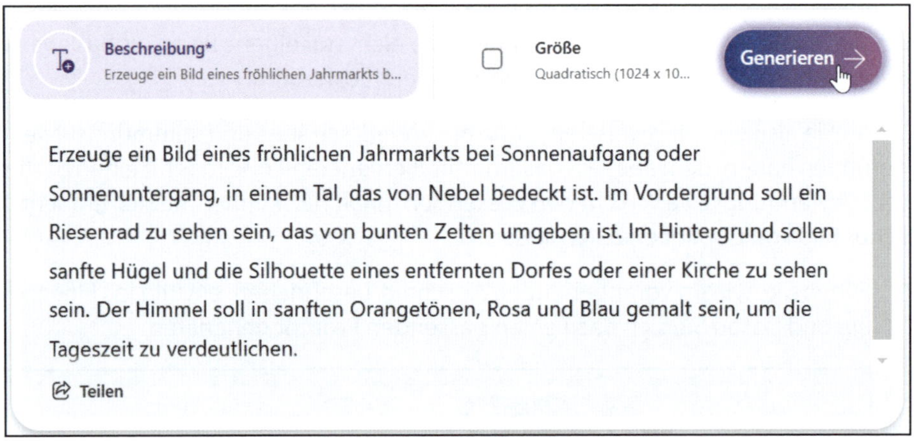

4. Verwenden Sie diese überarbeitete Beschreibung, um neue Bilder *Generieren* zu lassen.

Ein Bild als Vorlage verwenden

Bei der vorangehenden Anleitung wurde zunächst eine Beschreibung eines Bildes generiert, diese dann angepasst und damit ein neues Bild erzeugt. Sie können den Zwischenschritt auch auslassen und direkt ein Bild als Vorlage für ein neues anderes Bild nutzen. Das geht etwas schneller, aber Sie verlieren dabei auch etwas Einfluss auf das Ergebnis.

Wenn es aber vor allem darum geht, den Stil bzw. die Wirkung eines Bildes einzufangen, und die gewünschte Veränderung sich klar beschreiben lässt, kann diese Variante sehr effizient sein.

1. Fügen Sie das Bild, das als Vorlage diesen soll, in das Eingabefeld ein.
2. Ergänzen Sie dazu die Anweisungen, was daran verändert werden soll. Wollen Sie einfach nur eine neue Variante ohne grundlegende Änderungen haben, schreiben Sie das.

3. Senden Sie die Aufforderung dann ab, um sich ein neues Bild nach diesen Vorgaben generieren zu lassen.

7.5 Copilot-KI in der Windows-Fotoanzeige

Auf Seite 214 ist der Webdienst Microsoft Designer beschrieben, der Ihnen zusätzliche Möglichkeiten beim Generieren von Bildern mit Copilot bietet. Er lässt sich aber nicht nur per Webbrowser nutzen, sondern ist auch in die Windows-Fotoanzeige integriert, den standardmäßig mit dem aktuellen Windows ausgelieferten Bildverwalter und -betrachter. Hier können Sie für einzelne Bilder jederzeit Designer-Funktionen verwenden, aber auch ganz neue Bilder kreieren.

Den Designer in der Fotoanzeige öffnen

Um den Designer zu nutzen, muss der Bildbetrachter-Modus der Windows-Fotoanzeige verwendet werden, in dem ein Bild flächenfüllend angezeigt wird:

1. Öffnen Sie ein Bild, das Sie bearbeiten möchten, im Windows-Explorer. Sollte dadurch nicht standardmäßig die Windows-Fotoanzeige eingeblendet werden, klicken Sie mit der rechten Maustaste auf das Bild und wählen Sie im Kontextmenü *Öffnen mit/Windows-Fotoanzeige*.

2. Klicken Sie dann oben in der Titelleiste des Fensters auf das zweite (von links) der vier farbigen Symbole.
3. Damit schaltet die Windows-Fotoanzeige um in den Designer-Modus.

Das dauert kurz, anschließend sehen Sie in der Symbolleiste links den Designer-Schriftzug. Das Bild ist auch hier zunächst unverändert zu sehen.

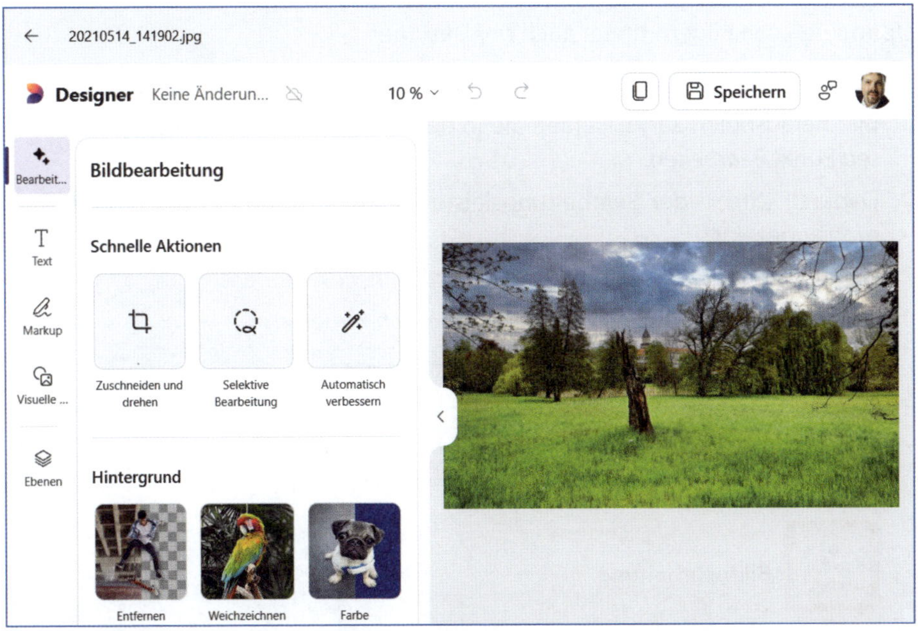

Designer arbeitet grundsätzlich nicht-destruktiv

Der Microsoft Designer nimmt ein Originalbild als Ausgangsbasis, ohne daran etwas zu verändern. Alles, was Sie mit dem Bild anstellen, passiert erst mal nur in der Anwendung selbst. Wenn Sie mit dem Ergebnis zufrieden sind, können Sie diese Version als Kopie speichern oder in die Zwischenablage übernehmen. Die Datei des Originalbildes bleibt dabei stets unverändert. Es gibt dabei aber auch eine kleine Falle: Mit dem Pfeil ganz oben links können Sie den Designer jederzeit verlassen und zur Windows-Fotoanzeige zurückkehren. Dabei gehen eventuelle Änderungen am Bild unwiederbringlich verloren. Der Designer fragt oder warnt auch nicht davor, wenn es ggf. noch ungespeicherte Veränderungen gibt.

Bilder automatisch verbessern

Obwohl moderne Smartphones und Digitalkameras ab Werk schon verschiedene Funktionen mitbringen, um Fotos ohne besonderes Zutun des Nutzers möglichst gut aussehen zu lassen, klappt das nicht immer. Manchmal sind die Bilder später am Monitor doch irgendwie flau und geben nicht das Erlebnis und die Stimmung wieder, die man damit festhalten wollte.

Sofern es wirklich nur an fehlenden oder falschen Farben liegt, können KI-basierte Funktionen Abhilfe schaffen, die den Bildfarben dezent auf die Beine helfen und einem Foto so mehr Leben einhauchen können. Eine solche KI-basierte Funktion zum Optimieren von Bildern bietet auch der Designer.

1. Um zu sehen, was der Designer mit seiner Optimierungsfunktion noch aus Ihrem Bild herausholen kann, wählen Sie in der Navigationsleiste ganz links den obersten Punkt *Bearbeiten*.
2. Dadurch wird in der Bearbeitungsleiste rechts daneben der Bereich *Bildbearbeitung* angezeigt.
3. Hier finden Sie ganz oben den Abschnitt *Schnelle Aktionen*.
4. Klicken Sie darin ganz rechts auf *Automatisch verbessern*.

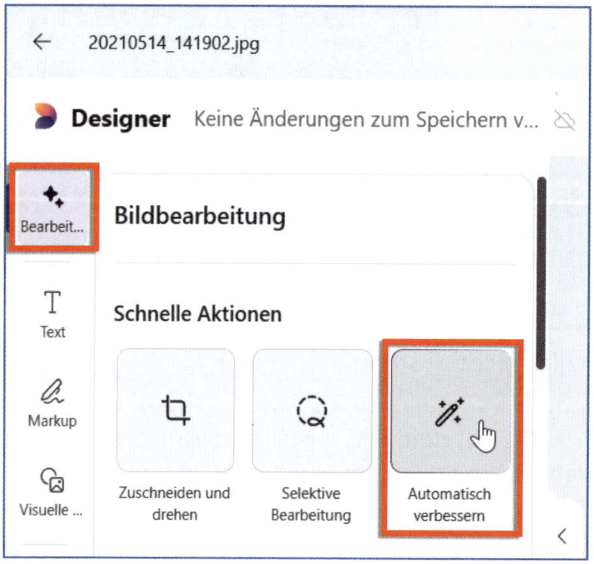

5. Behalten Sie dann das Bild im Auge und warten Sie einige Sekunden auf das Ergebnis. Je nach Ausgangsmaterial kann die Veränderung subtil sein, insbesondere wenn das Bild vorher schon durchaus gelungen war.
6. Falls Sie unsicher sein sollten, ist die Rückgängig-Schaltfläche oben in der Symbolleiste ein guter Indikator. Diese wird erst angezeigt, wenn der Designer eine Änderung an Ihrem Bild vorgenommen hat.

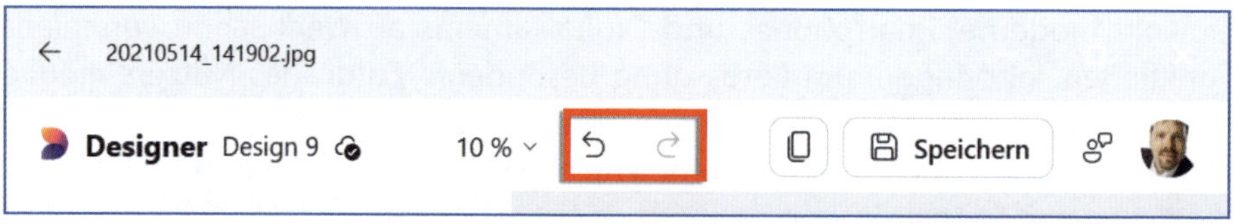

Änderungen rückgängig machen

Wann immer Sie Änderungen an Bildern vornehmen oder durch die KI vornehmen lassen, können Sie diese rückgängig machen. Hierzu dienen die beiden Pfeilsymbole oben in der Mitte der Symbolleiste.

Der Designer vermerkt automatisch alle Bearbeitungsschritte, bis Sie ein Bild speichern und/oder schließen.

Mit dem Pfeil nach links können Sie jeweils den zurückliegenden Schritt rückgängig machen. Klicken Sie mehrfach darauf, nehmen Sie jeweils eine Veränderung davor zurück. Das geht so lange, bis das Bild wieder in dem unveränderten Zustand sichtbar ist, in dem Sie es ursprünglich geändert hatten.

Haben Sie einen oder mehrere Schritte zurückgenommen, wird rechts daneben der Pfeil nach rechts aktiv. Hiermit können Sie jeweils die gerade rückgängig gemachte Bearbeitung erneut anwenden. Hatten Sie zuvor mehrere Schritte zurückgenommen, können Sie auch mehrere wiederholen.

Ein ganz praktischer Nebeneffekt: Die beiden Schaltflächen in Kombination ermöglichen Ihnen jederzeit einen Vorher-Nachher-Vergleich, indem Sie eine Bearbeitung zurücknehmen und dann erneut anwenden, wieder zurücknehmen und erneut anwenden usw.

Bildelemente mit KI bearbeiten

Eine der spannendsten Möglichkeiten des Designers ist die selektive Bildbearbeitung. Sie ermöglicht es, mithilfe der KI bestimmte Objekte oder Elemente in einem Bild zu erkennen und für die Bearbeitung auszuwählen.

So können anschließend bestimmte Änderungen nur auf diese Objekte beschränkt werden oder umgekehrt der Rest des Bildes mit Ausnahme dieses Elementes verändert werden.

Oder Objekte können auf diese Weise sogar aus Bildern entfernt werden, ohne dass anschließend Spuren dieser Retusche zu erkennen sind.

1. Für das KI-Auswählen klicken Sie in der Navigationsleiste links auf *Bearbeiten*.
2. Wählen Sie in der *Bildbearbeitung*-Leiste dann im Abschnitt *Schnelle Aktionen* die Option *Selektive Bearbeitung*.
3. Bewegen Sie nun den Mauszeiger auf das Bild und dort über das Objekt oder Element, das Sie auswählen möchten.

4. Wichtig: Hierbei ist eine ruhige Hand und etwas Geduld angesagt. Lassen Sie den Mauszeiger jeweils ein paar Sekunden verharren, damit der Designer die Bildfläche rund um den Mauszeiger analysieren und dort Muster bzw. Strukturen erkennen kann.
5. Nach einer kurzen Wartezeit markiert der Designer die erkannte Struktur und versieht sie mit einer Umrandung.

6. Entspricht diese Auswahl schon Ihren Erwartungen, klicken Sie einmal links, um das markierte Element so auszuwählen.
7. Andernfalls bewegen Sie den Mauszeiger leicht in die eine oder andere Richtung. Der Designer wird jeweils einen neuen Analyseversuch starten, der dann vielleicht noch besser passt.

Weitere Bereiche auswählen

Sie können eine KI-Selektion erweitern, indem Sie den beschriebenen Vorgang wiederholen. Halten Sie dabei die Strg-Taste gedrückt, damit weitere Flächen der bisherigen Auswahl hinzugefügt werden und diese nicht ersetzen.

Elemente aus dem Bild löschen

Haben Sie mit der vorangehend beschriebenen selektiven Auswahl ein oder auch mehrere Objekte im Bild markiert, stehen Ihnen verschiedene Möglichkeiten offen. Eine sehr praktische Hilfe kann das Entfernen unerwünschter Bildelemente sein.

Wenn Sie etwa einen wunderschönen Strand fotografiert haben, aber irgendwo in der Mitte läuft gerade jemand durchs Bild oder ein Hinweisschild vermiest den Eindruck ungestörter Natur.

Muster erkennende KI-Funktionen sind in der Lage, solche Objekte zu isolieren, aus dem Bild zu entfernen und die so entstehende Lücke mit Inhalten zu füllen, die geschickt aus dem umliegenden Hintergrund reproduziert werden. Mit etwas Glück entsteht so ein Bild ohne störende Elemente, bei dem kein Betrachter auf die Idee kommen würde, dass es jemals anders ausgesehen haben könnte.

1. Wählen Sie, wie vorangehend beschrieben, einen Bereich im Bild aus, den Sie entfernen möchten.
2. In der Bearbeitungsleiste links neben dem Bild werden daraufhin verschiedene *Schnelle Aktionen* angezeigt. Klicken Sie hier auf *Löschen*.

3. Geben Sie dem Designer nun ein wenig Zeit, um die notwendigen Berechnungen anzustellen. Er entfernt den markierten Bereich aus dem Bild und analysiert den Bildbereich rund um die Markierung, um ihn intelligent so zu erweitern, dass er die entstehende Lücke unauffällig und mit dem Rest des Bildes stimmig schließt.
4. Im Idealfall erhalten Sie nach kurzer Wartezeit ein Ergebnis wie in der Abbildung. Das ausgewählte Objekt wurde komplett entfernt, und wer das Bild so zum ersten Mal sieht, würde nicht auf die Idee kommen, dass sich an der Stelle zuvor etwas anderes befunden hat.

Den Rest aus dem Bild entfernen

Je nach Ausgangslage können Sie auch den umgekehrten Weg wählen: Nicht ein ausgewähltes Objekt löschen, sondern alles außer dem gewählten Bereich entfernen. Das Beispielbild etwa enthält einen wolkenverhangenen, aber trotzdem sehr dynamischen Himmel. Wenn man alles außer diesem entfernt, erhält man einen perfekten Wolkenhintergrund, der vielleicht auch anderen Bildern die richtige dramatische Note verleihen könnte.

1. Wählen Sie mit der beschriebenen Methode der *Selektiven Bearbeitung* den gewünschten Teil des Bildes.
2. Bei einem so heterogenen Muster wie einem Himmel voller Wolken kann es sein, dass die KI nicht auf Anhieb den gesamten beabsichtigten Teil des Bildes erfasst. Ebenso kann die Mustererkennung über das Ziel hinausschießen, weil etwa bei Bil-

dern vom Meer der Horizont als Grenze zwischen Himmel und Wasser nur schwer auszumachen ist.

3. In solchen Fällen können Sie die Auswahl nachträglich erweitern oder reduzieren.
   - Klicken Sie dazu oberhalb des Bildes auf *Mehr auswählen*, um zusätzliche Bereiche des Bildes der Auswahl hinzuzufügen.
   - Umgekehrt klicken Sie auf *Weniger auswählen*, um Bereiche der bestehenden Auswahl zu verringern.

4. Haben Sie den gewünschten Modus für mehr oder weniger auswählen aktiviert, können Sie, wie vorangehend beschrieben, den Mauszeiger über das Bild wandern lassen, damit die KI darin Bereiche erkennen und der Auswahl hinzufügen oder entnehmen kann. Wiederholen Sie diese Schritte, bis die Selektion Ihren Vorstellungen entspricht.

Mit dem Pinsel nachhelfen

Bei sehr komplexen, ungleichmäßigen Strukturen kann es herausfordernd sein, eine größere einheitliche Auswahl zu erreichen, weil immer noch kleine Inseln oder Linien außen vor bleiben. In solchen Fällen geht es oftmals schneller, oberhalb des Bildes von der Schnellauswahl zur Pinselauswahl zu wechseln. Damit können Sie gezielt solche Stellen anklicken, um sie der Auswahl hinzuzufügen oder sie eben daraus zu entfernen.

5. Haben Sie mit den beschriebenen Mitteln den Bereich des Bildes ausgewählt, den Sie beibehalten möchten, klicken Sie links bei *Schnelle Aktionen* auf *Ausschnitt*.

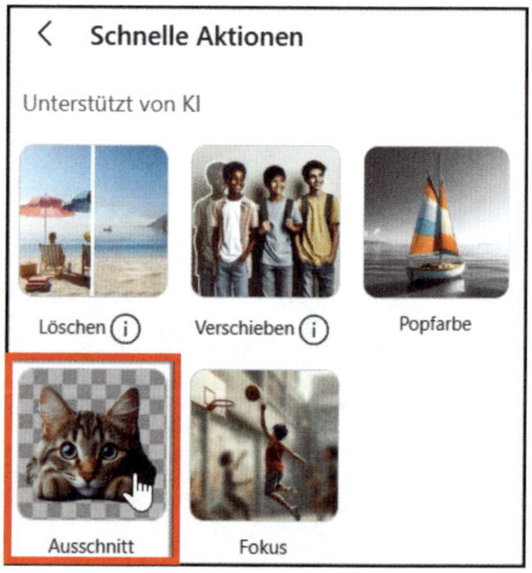

6. Der Designer entfernt daraufhin den Rest des Bildes von der Leinwand. Mit *Speichern/Als Kopie speichern* können Sie dann eine Kopie des Bildes erstellen, die nur den ausgewählten Bereich enthält.

Objekte im Bild verschieben

Eine weitere Funktion des Designers ermöglicht das Verschieben von Objekten innerhalb eines Bildes. Dabei handelt es sich im Grunde genommen um eine Variation des Entfernens, nur dass dabei ein ausgewähltes Element entfernt, die dadurch entstehende Lücke intelligent gefüllt und das Element stattdessen an einer anderen Stelle wieder ins Bild eingefügt wird.

1. Wählen Sie auch hierzu zunächst wieder mit *Selektive Bearbeitung* das Objekt oder Element im Bild aus, das Sie verschieben möchten.
2. Hat der Designer den passenden Bildausschnitt selektiert, klicken Sie links daneben bei *Schnelle Aktionen* auf *Verschieben*.

3. Warten Sie nun, bis der Designer seine Berechnung abschließt. Das dauert ein wenig, weil das Programm an dieser Stelle bereits (für Sie unsichtbar) die Lücke im Bild füllt, die anschließend durch das Verschieben des ausgewählten Bereichs entstehen wird.
4. Hat der Designer das erledigt, verändert sich am Bild selbst zunächst nichts. Allerdings ist der zuvor ausgewählte Bereich nun mit einem rechteckigen Rahmen versehen.

5. Dieses Objekt können Sie nun mit der Maus beliebig im Bild verschieben. Die dadurch entstehende Lücke im Bild an der alten Stelle wurde im Hintergrund bereits gefüllt.
6. Ebenso können Sie die Größe des Objekts mit den runden Flächen an den vier Ecken verändern. Die Größenänderung erfolgt dabei stets proportional in beiden Dimensionen.
7. Mit den länglichen Elementen an den vier Seiten verändern Sie die Form des Bildausschnitts. Der Inhalt wird dabei nach Bedarf angepasst, sodass der Ausschnitt immer gefüllt ist.

8. Sind Sie mit der veränderten Platzierung des Objekts zufrieden, klicken Sie irgendwo außerhalb der Markierung auf das Bild.
9. Die Markierung rund um das Objekt wird dann ausgeblendet und das Bild in der neuen Fassung angezeigt. Sie können das Objekt aber jederzeit erneut anklicken, falls Sie doch noch Änderungen vornehmen möchten. Es liegt auf einer eigenen Ebene oberhalb des eigentlichen Bildes. Erst wenn Sie das Bild kopieren oder speichern, werden die Ebenen unwiederbringlich zu einer Ebene zusammengefügt.

Effekte nur für den ausgewählten Bereich

Sie können sich das selektive Bearbeiten auch zunutze machen, wenn Sie Effekte nur auf einen ganz bestimmten Bereich eines Bildes anwenden möchten, um eine optimale Wirkung zu erzielen. Der Designer bietet gleich zwei solcher Effekte an: *Popfarbe* und *Fokus*.

1. Um ein Objekt farbig hervorstechen zu lassen, wählen Sie es per *Selektiver Bearbeitung* aus. Auch hier können Sie nun genau einen Bereich auswählen oder mit *Mehr auswählen* mehrere Objekte markieren.
2. Klicken Sie dann in der Leiste links neben dem Bild bei *Schnelle Aktionen* auf *Popfarbe*.

3. Der Designer reduziert daraufhin im gesamten Bild außerhalb der markierten Teile die Sättigung der Farben, sodass diese Bereiche in Graustufen angezeigt werden. Dadurch »poppen« die markierten farbigen Bereiche optisch umso mehr auf (daher der Name *Popfarbe*).

Den Fokus auf Objekte lenken

Ein ähnlicher Effekt, den Sie ebenfalls in Verbindung mit der *Selektiven Bearbeitung* einsetzen können, ist ein Fokus, der durch Tiefenunschärfe entsteht.

Dabei wird das gesamte Bild außer den ausgewählten Bereichen weichgezeichnet, sodass der Fokus automatisch auf den Objekten in normaler Schärfe liegt. Diese sogenannte Tiefenunschärfe ist ein beliebtes Stilmittel von Fotografen, das man schon bei der Aufnahme durch geschickte Wahl von Blende, Brennweite und Abstand zum Motiv steuern kann.

Hat man diesen Moment verpasst, kann man ihn im Designer zumindest imitieren. Der Effekt ähnelt dem auf Seite 255 gezeigten weichgezeichneten Hintergrund, nur dass Sie hier mehr Kontrolle darüber haben, welche(r) Bereich(e) des Bildes scharf und welche unscharf sind.

1. Wählen Sie mit *Selektive Bearbeitung* wie beschrieben den Teil des Bildes aus, der den Fokus erhalten soll. Typischerweise wird der in der Bildmitte liegen.

   Aber dass er auch woanders liegen oder aus mehreren Bereichen bestehen kann, erlaubt es, mit dieser Funktion auch ungewohnte Wirkungen zu erzielen.

2. Wählen Sie in der Bearbeiten-Leiste links neben dem Bild im Bereich *Schnelle Aktionen* die Funktion *Fokus*.

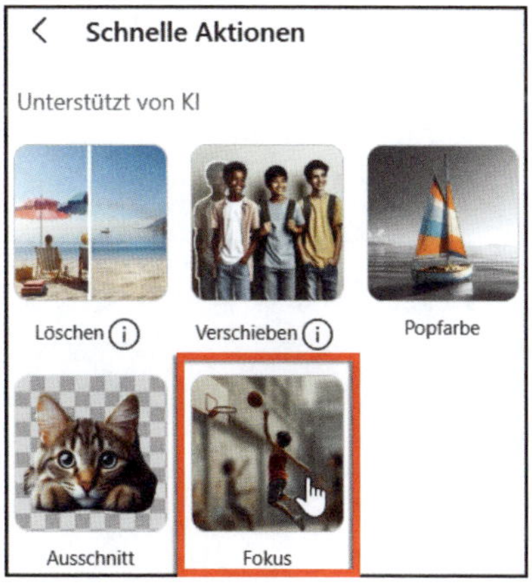

3. Der Designer wendet nun auf die nicht markierten Bereiche des Bildes einen Weichzeichnen-Filter an, während der selektive Bereich gestochen scharf bleibt. Der starke visuelle Kontrast zwischen dem scharfen Fokusbereich und dem unscharfen Hintergrund betont das gewählte Motiv und hebt es subtil hervor.

4. Je nach Bildmaterial kann der Weichzeichnen-Effekt etwas schwach ausfallen und noch nicht für genügend Kontrast zwischen Hintergrund und Fokusbereich sorgen. In dem Fall können Sie den Vorgang wiederholen, also das Motiv erneut auswählen und die Fokus-Funktion nochmals ausführen. Spätestens dann sollte der Kontrast bei der Schärfung augenfällig sein.

Den Hintergrund erkennen und entfernen

Für Produktbilder, aber auch bei Porträts möchte man gelegentlich einen unpassenden Hintergrund entfernen oder durch etwas Passenderes ersetzen. KI-Funktionen können dabei helfen, den Unterschied zwischen Vorder- und Hintergrund zielsicher zu erkennen und das Bildmotiv mit einem neu eingefügten Hintergrund unauffällig zu verschmelzen, als wenn es nie anders gewesen wäre.

1. Öffnen Sie das fragliche Bild im Designer.
2. Wählen Sie in der Navigationsleiste ganz links *Bearbeiten*.
3. Klicken Sie in der *Bildbearbeitung*-Leiste im Abschnitt *Hintergrund* auf die Option *Entfernen*.

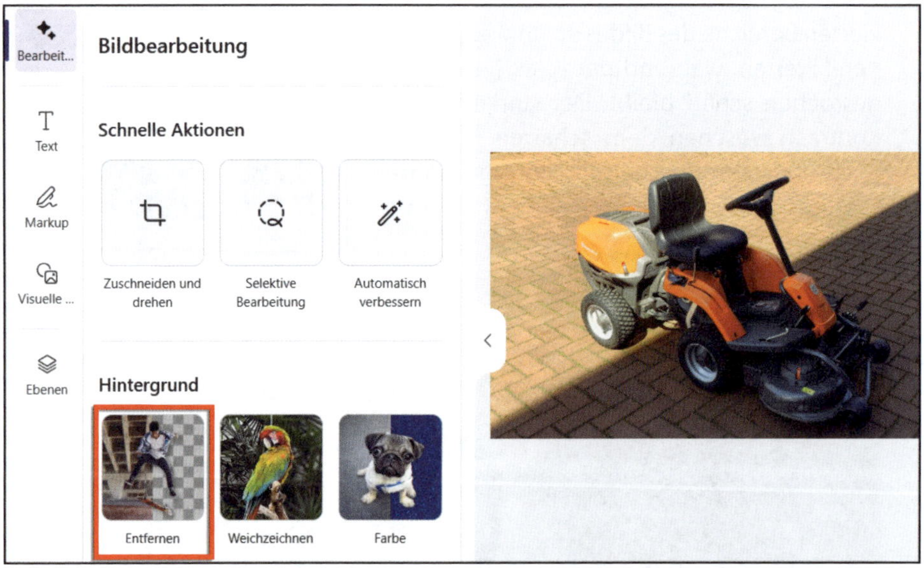

4. Weitere Vorgaben sind nicht erforderlich oder möglich. Der Designer erkennt mit seiner intelligenten Mustererkennung in der Regel von selbst, was zum Hintergrund und was zum Vordergrund gehört. Das kann allerdings ein wenig dauern.
5. Nach Abschluss der Berechnung sehen Sie anstelle des Originalbildes das freigestellte Motiv. Dieses können Sie mit der *Speichern*-Schaltfläche oben rechts in der Symbolleiste in die Zwischenablage kopieren oder als Kopie in einer eigenen Datei speichern.

Hintergrund durch Farbe ersetzen

Anstatt den Hintergrund zu entfernen, können Sie ihn mit der gleichnamigen Schaltfläche auch *Weichzeichnen*. Das lenkt den Fokus auf das Hauptmotiv und macht störende Elemente oder Strukturen im Hintergrund weniger sichtbar (siehe hierzu auch die Fokus-Funktion auf Seite 252).

Für Produktfotos oder Gesichter bietet es sich alternativ an, den Hintergrund durch eine dezente Farbe zu ersetzen, die zum abgebildeten Objekt passt oder einen angenehmen Kontrast schafft.

1. Gehen Sie dazu wie vorangehend beschrieben vor, aber wählen Sie anstelle von *Entfernen* diesmal die Option *Farbe*.
2. Der Designer nutzt dann die gleiche Analysefunktion wie bei *Entfernen*, um Vorder- und Hintergrund zu erkennen und voneinander zu trennen.
3. Anschließend zeigt das Programm links neben dem Bild automatisch eine Farbauswahl-Seitenleiste an. Klicken Sie auf einen der angebotenen Töne, um den Hintergrund damit einzufärben. Dies können Sie beliebig oft tun, um die optimale Farbkombination zu finden.

4. Sind Sie mit den vorgeschlagenen Farbtönen nicht zufrieden, klicken Sie auf das Plussymbol.

5. Damit öffnen Sie einen Dialog, in dem Sie einen ganz individuellen Farbton mischen oder auch beispielsweise einen Hex-Farbcode angeben können.

Bildelemente hinzufügen

Der Designer bietet Ihnen auch die Möglichkeit, Bildern Elemente hinzuzufügen. Dazu können Sie auf eine umfangreiche Bibliothek an Fotos und Grafiken zurückgreifen. Sie können aber ebenso mit dem KI-Assistenten Bilder oder Bildelemente generieren, die Sie dann in vorhandene Abbildungen einfügen können.

1. Wählen Sie dazu in der Navigationsleiste ganz links den Bereich *Visuelle Elemente*.
2. In der so geöffneten Seitenleiste finden Sie oben ein Suchfeld, mit dem Sie die vorhandene Bildersammlung durchsuchen können. Die darin gefundenen Bilder und Grafiken werden von Microsoft bereitgestellt und dürfen genutzt werden.
3. Im Abschnitt *Eigene generieren* haben Sie aber auch Zugriff auf Copilot und dessen Bildgenerator. Mit einem Klick auf *Bilder*, *Aufkleber* oder *Symbole* öffnen Sie den Assistenten im entsprechenden Modus.

4. Wie vom Designer gewohnt (siehe Seite 214), können Sie dann im Eingabefeld *Beschreibung* formulieren, welche Art von Bild Sie haben möchten. Darunter können Sie bei Bedarf zusätzlich ein anderes Bildformat wählen.
5. Klicken Sie dann unten auf *Generieren*, um den Vorgang zu starten.
6. Nach etwas Wartezeit präsentiert der Designer Ihnen seine Vorschläge in der Seitenleiste.
7. Wenn Ihnen ein Entwurf zusagt, klicken Sie darauf, um dieses Element in Ihr Bild rechts zu übernehmen. Sie können es dort beliebig platzieren und die Größe nach Wunsch anpassen.

8. Wenn Sie das Motiv transparent ohne Hintergrund einfügen möchten, können Sie das Element auswählen und dann die Funktion zum Entfernen des Hintergrunds darauf ausführen.

Bearbeitete Bilder speichern

Wenn Sie Bilder im Designer verändert haben und diese geänderten Versionen beibehalten möchten, müssen Sie sie als Kopien speichern. Änderungen in den Originaldateien nimmt der Designer grundsätzlich nicht vor.

1. Um ein Bild zu speichern, klicken Sie in der Symbolleiste rechts auf die *Speichern*-Schaltfläche.
2. Im so geöffneten Menü können Sie das Bild in der aktuellen Fassung *In Zwischenablage kopieren* und von dort in eine beliebige andere Bildbearbeitungsanwendung übernehmen.
3. Um eine neue Bilddatei zu erstellen, klicken Sie auf *Als Kopie speichern*.

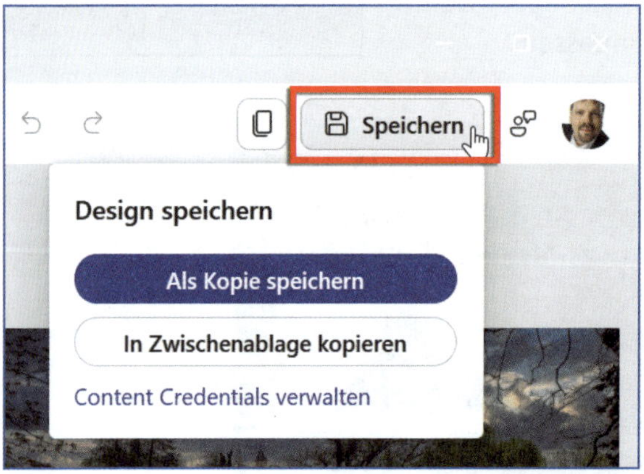

4. Wählen Sie anschließend im *Speichern unter*-Dialog den Ordner und den Dateinamen aus, unter dem das Bild gespeichert werden soll.
5. Standardmäßig schlägt Ihnen der Designer den Ordner und den Namen des Originalbildes vor. Wenn Sie es dabei belassen, würde allerdings die Originaldatei des Bildes überschrieben werden. Bestätigen Sie dazu ggf. eine zusätzliche Sicherheitsrückfrage.

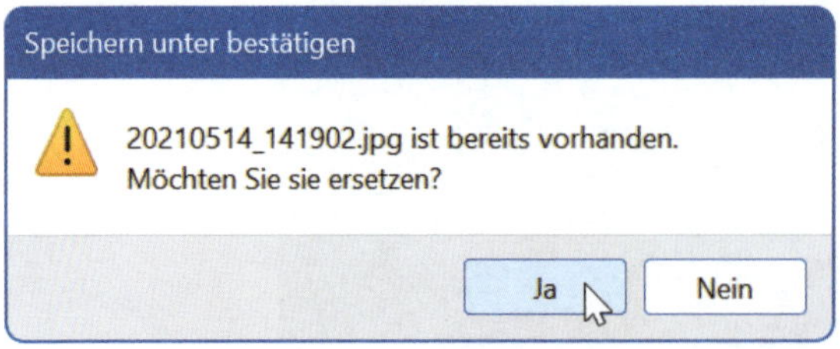

6. Alternativ wählen Sie einen anderen Ordner und/oder Dateinamen und können das Bild dann ohne weitere Rückfragen speichern.

7.6 Logos und Grafiken erstellen

In diesem Kapitel ging es bislang vor allem um Bilder im klassischen Sinn von Gemälden, Illustrationen oder Fotografien. Aber KI-basierte Bildgeneratoren können auch Bildwerke in einem weiteren Sinn wie etwa Logos und grafische Elemente erschaffen. Copilot kann sich unter Begriffen wie »Logo« oder »Reklameschild« etwas vorstellen. Es ist also auch hier wieder eine Frage der Schlüsselwörter, mit denen man den KI-Generator in die gewünschte Richtung lenkt.

Spezielle Bild-Assistenten mit KI

Bei manchen sehr spezifischen grafischen Zwecken kann es recht umständlich sein, einem KI-Assistenten klarzumachen, was Sie erwarten. In solchen Fällen kann es sinnvoll sein, stattdessen zu einem Dienst zu greifen, der von vornherein bestimmte Arten von Projekten zur Auswahl stellt. Der Entstehungsprozess wird dann entsprechend geleitet und die KI an den richtigen Stellen zum Einsatz gebracht.

Der *Microsoft Designer* bietet solche Vorlagen an und integriert Copilot für die KI-generierten Bestandteile.

1. Öffnen Sie im Webbrowser die Seite https://designer.microsoft.com/home.
2. Stellen Sie sicher, dass unterhalb der Titelleiste die Variante *Erstellen mit KI* gewählt ist.
3. Dann können Sie darunter auswählen, welche Art von Grafik Sie generieren möchten. Ganz links finden Sie mit *Bilder* den klassischen Bildgenerator. Daneben können Sie aus einer Vielzahl von Vorlagen für speziellere Zwecke wie *Symbole*, *Einladungen*, *Avatare*, *Monogramme* oder *Marken-Kits* wählen.

4. Abhängig von der gewählten Variante beginnt nun der Gestaltungsprozess. Für ein Marken-Kit etwa geben Sie zunächst den Namen Ihrer Marke bzw. Firma an. Zusätzlich können Sie beschreiben, was das Unternehmen macht bzw. was die Marke ausdrücken soll. Klicken Sie dann auf die *Generieren*-Schaltfläche.

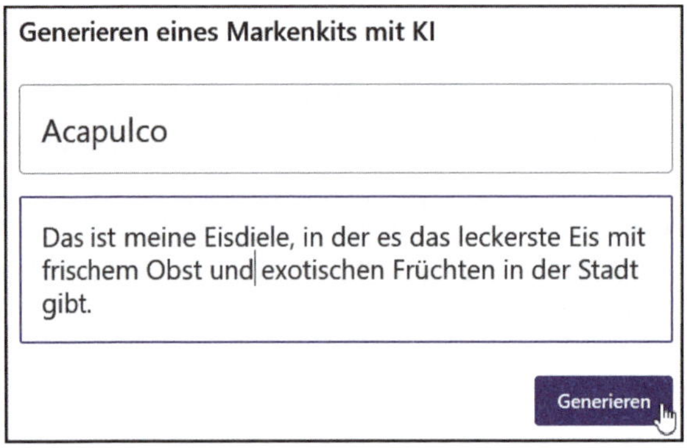

5. Der Assistent generiert nun rechts mehrere Vorschläge mit unterschiedlichen Logos, Farben und Schriftarten. Navigieren Sie mit den Schaltflächen, um sich alle anzuschauen. Wählen Sie den aus, der Ihnen am meisten zusagt, und klicken Sie diesen an.
6. Sie sehen dann alle Details des Marken-Kits. Links können Sie die einzelnen Bestandteile inspizieren und beispielsweise ein eventuell bereits vorhandenes *Logo* hochladen, das dann integriert wird. In der Rubrik *Farben* finden Sie weitere Vorschläge für Farbpaletten. Auch einzelne Schriftarten können Sie ersetzen, falls sie Ihnen nicht zusagen.
7. Sind Sie zufrieden, haben Sie unten rechts die Möglichkeit zum *Herunterladen* des Marken-Kits. Mit *Logo* oder *Markenkarte* erhalten Sie jeweils nur diese Bestandteile als Bilder. Mit *Vollständiges Material* bekommen Sie ein ZIP-Archiv mit allen Bildern sowie eine JSON-Textdatei mit sämtlichen weiteren Informationen (wie etwa den verwendeten Schriftarten).

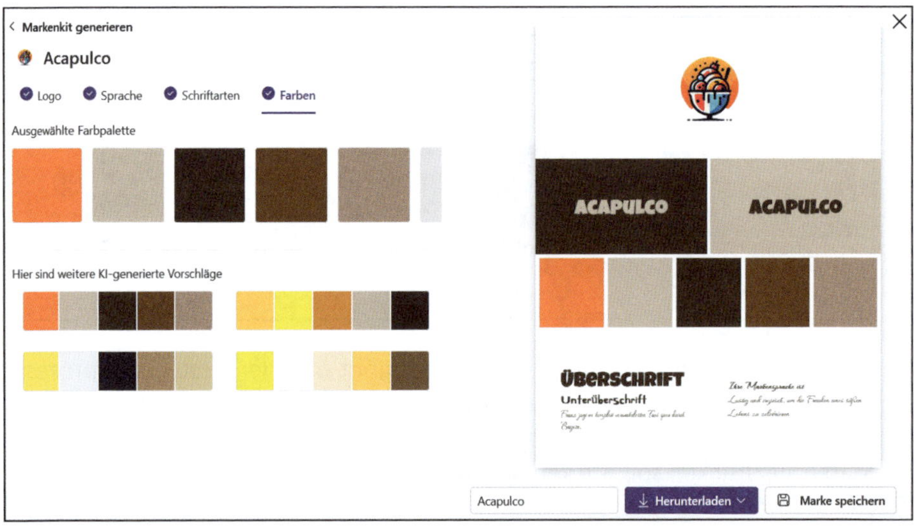

Schlüsselwörter für Logos und Grafiken

Wollen Sie das KI-basierte Generieren von Logos und anderen grafischen Elementen im Detail steuern, kommt es auf die richtigen Schlüsselwörter an. Im Folgenden stelle ich Ihnen die wichtigsten Aspekte vor. Wenn Sie diese geschickt kombinieren, sollten Sie schnell zu einer attraktiven Grafik kommen.

Die Art des Logos

Wenn in Ihrem Prompt von einem Logo, einer Einladung oder einer Speisekarte die Rede ist, dann weiß der KI-Assistent schon, worauf es dabei im Wesentlichen ankommt. Wenn Ihnen also schon klar ist, was Sie erreichen wollen, machen Sie dem KI-System eine entsprechende Vorgabe. Das kann durchaus schon recht spezifisch sein. Bei Logos etwa gibt es verschiedene Grundformen:

- **Symbol**
  Eine grafische Visualisierung eines Gegenstands, einer Tätigkeit oder eines Themas, die in der Regel ohne Beschriftung auskommt und beliebig konkret oder abstrakt sein kann.
- **Emblem** oder **Wappen**
  Spezielle Varianten von Symbolen, die eine Grundform vorgeben, die gleichzeitig aber auch eine Bedeutung transportieren können. Wappen etwa vermitteln Historie, Tradition und Autorität, Embleme stehen für Abzeichen auf Uniformen oder die Erkennungszeichen von Clubs.
- **Maskottchen**
  Eine Personalisierung in Form eines Tieres, einer Kunstfigur oder eines stilisierten Gesichts. Maskottchen machen eine Marke sympathischer und anschaulicher und können so eine starke Bindung aufbauen.
- Monogramm (engl. »Lettermark«)
  Die künstlerische Abwandlung oder Verfremdung eines Buchstabens oder mehrerer Buchstaben. Dabei kann es sich etwa um den Anfangsbuchstaben eines Firmennamens oder die Initialen einer Person handeln. Längere Namenszüge eignen sich eher nicht für eine schöne Visualisierung.

```
Erstelle ein Monogramm der Buchstaben »WG«
```

Der Kunststil

Schaut man sich Logos, Maskottchen und ähnliche Embleme an, dann sind diese grafisch meist in einem einfachen Stil gehalten: klare Formen, deutliche Linien, wenige Farben. Das alles trägt dazu bei, die Markenbotschaft auf den ersten Blick zu erkennen und später jederzeit wiederzuerkennen. Um Bilder in diesem Stil zu generieren, sollte man deshalb einen Stil vorgeben, der dieser Gestaltungsart entspricht. Mit folgenden Schlüsselwörtern etwa bringen Sie KI-Assistenten grundlegend auf die richtige Spur (einzeln oder auch in Kombination einzusetzen):

- **einfach** oder **minimalistisch**
  Die grundlegendste Eigenschaft für grafische Elemente überhaupt, die dafür sorgt, dass mit einfachen Formen und wenigen Farben gearbeitet wird.
- **flach**
  Sorgt ebenfalls für einfache Darstellung ohne räumliche Perspektive (wenn gewünscht).
- **Vektor**
  Führt zu einfachen Elementen und klaren Linien, die sich gut skalieren lassen.
- **schwarz-weiß**, **Umriss** oder **Strichzeichnungen** bzw. **Line Art**
  Ein konkreter Stil, der sich gut für sehr abstrakte oder stilisierte Elemente eignet.

```
Erstelle ein Logo für eine Eisdiele, ohne Text,
einfach, flach, Vektor
```

Daneben gibt es bestimmte Kunststile, die sich besonders für das Erstellen grafischer Elemente eignen (wobei das immer Geschmackssache ist und die erwähnten Stile auch nur einige typische Vertreter sind):

- **Abstrakter Expressionismus**
  Ein von intensiven Farben, Verzerrung und Übertreibung gekennzeichneter Kunststil, der sich an Emotionen orientiert und auf gegenständliche Darstellung zugunsten von Abstraktion verzichtet.
- **Pop-Art**
  Dieser Stil zeichnet sich durch leuchtende Farben, eine minimalistische Darstellung und Referenzen auf Gegenstände aus Alltag und Massenkultur aus.

- **Kristallkubismus**
  Ein Ableger des Kubismus, der mit flachen, kantigen Formen arbeitet, die an die Facetten von Edelsteinen erinnern. Die Farbpalette beschränkt sich auf Grau, Weiß und Braun.

Referenzkünstler

Anstelle eines Kunststils können Sie auch einen konkreten Künstler vorgeben, was die Angabe noch etwas konkreter macht. Möglicherweise eignet sich einer Ihrer Lieblingskünstler für das Erstellen von Logos und Maskottchen. Ansonsten haben sich beispielsweise die folgenden Künstler für diese Zwecke bewährt:

- **Piet Mondrian** – geometrisch, abstrakt, harmonisch
- **Pablo Picasso** – kreativ, abstrakt, lebendig
- **Saul Bass** – grafisch, minimalistisch, ikonisch
- **Paul Rand** – kreativ, funktional, modern

```
Erstelle ein Symbol für eine Eisdiele,
minimalistisch, flach, im Stil von Saul Bass
```

Einen Prompt generieren lassen

Komplexere Aufgaben wie das Erzeugen eines Firmenlogos oder einer ausdrucksstarken Grafik macht man nicht jeden Tag, sodass einem womöglich erst mal die richtigen Worte fehlen. In der Situation empfehle ich wieder den simplen Trick: Lassen Sie doch die KI die Arbeit machen oder Ihnen zumindest die benötigte Inspiration liefern. Wie auch an anderen Stellen dieses Buches gezeigt, kann Copilot sehr gut selbst Prompts kreieren. Lassen Sie sich also von Copilot eine Anweisung liefern, die Sie dann – im Original oder ggf. noch von Hand angepasst – von Copilot selbst bzw. von der KI-Funktion des Microsoft Designers ausführen lassen.

1. Öffnen Sie eine Copilot-Oberfläche Ihrer Wahl und teilen Sie dem Assistenten mit, was Sie erreichen möchten. Fordern Sie ihn auf, Ihnen einen dazu passenden Prompt zu generieren:

```
Erstelle mir den Text für einen Prompt, mit dem
ich ein Logo für meine Eisdiele generieren kann.
Die Eisdiele heißt "Acapulco". Das Logo soll
vermitteln, dass es bei mir das leckerste Eis in
der Stadt gibt.
```

2. Wenn Sie nach kurzer Wartezeit die Antwort erhalten, können Sie diese mit dem Kopieren-Symbol direkt in die Zwischenablage übernehmen. Beachten Sie dabei aber, dass die Antwort oftmals neben dem eigentlichen Prompt noch zusätzliche Hinweise enthält.

> Klar, ich helfe dir gerne dabei! Hier ist ein Vorschlag für den Text deines Prompts:
>
> "Erstelle ein Logo für eine Eisdiele namens 'Acapulco'. Das Logo soll das Gefühl vermitteln, dass hier das leckerste Eis der Stadt angeboten wird. Es sollte lebendig, einladend und bunt sein, um die Vielfalt und den Genuss der Eissorten widerzuspiegeln. Elemente wie ein Eisbecher, Waffelhörnchen oder tropische Akzente können eingebaut werden, um das Thema und den Namen 'Acapulco' zu betonen."
>
> Hoffentlich hilft das! Lass mich wissen, wenn du noch Anpassungen oder weitere Ideen benötigst. 🍦

3. Fügen Sie den generierten Prompt aus der Zwischenablage nun wieder in den Eingabebereich ein. Beachten Sie dabei ggf. die Zeichenbegrenzung bei der Eingabe. Sollte der Prompt länger sein, wird das Ende abgeschnitten. Kontrollieren Sie in diesem Fall, welche Information dadurch ggf. verloren geht. Eventuell können Sie den Prompt insgesamt etwas straffen, um das zu vermeiden.
4. Selbstverständlich können Sie den Prompt auch inhaltlich verändern und an Ihre Vorstellungen anpassen. Senden Sie ihn dann ab.

> Erstelle ein Logo für eine Eisdiele namens 'Acapulco'. Das Logo soll das Gefühl vermitteln, dass hier das leckerste Eis der Stadt angeboten wird. Es sollte lebendig, einladend und bunt sein, um die Vielfalt und den Genuss der Eissorten widerzuspiegeln. Elemente wie ein Eisbecher, Waffelhörnchen oder tropische Akzente können eingebaut werden, um das Thema und den Namen 'Acapulco' zu betonen.
>
> Think Deeper

5. Nach etwas Wartezeit zeigt Ihnen der Designer einen Vorschlag an, der hoffentlich Ihren Erwartungen entspricht. Kontrollieren Sie bei enthaltenen Namen oder sonstigen Texten unbedingt die Rechtschreibung, da sich der Bildgenerator dabei gern mal »künstlerische Freiheiten« erlaubt.

Referenzlogos analysieren

Eine gute Möglichkeit, Logos und grafische Elemente zu entwerfen, ist das Orientieren an Referenzen. Vielleicht gibt es ja ein Design, dessen Stil und Machart Sie sich gut für Ihren eigenen Entwurf vorstellen können. Dann besorgen Sie sich eine Bilddatei davon und geben Sie diese Copilot zur Analyse.

1. Wenn Sie ein bestimmtes Logo oder eine andere Form der grafischen Darstellung im Auge haben, suchen Sie am besten eine Webseite, auf der diese verwendet werden.
2. In der Regel können Sie grafische Elemente von Webseiten mit der rechten Maustaste anklicken und im so geöffneten Kontextmenü abhängig vom verwendeten Webbrowser *Grafik speichern unter* bzw. *Bilder speichern unter* o. Ä. wählen. Notfalls machen Sie mit ⇧+⊞+S einen Screenshot, wenn das Element irgendwo zu sehen ist.

3. Wechseln Sie nun zur Copilot-Oberfläche und laden Sie die gespeicherte Bilddatei hier hoch (siehe Seite 43).
4. Lassen Sie sich das Bild nun aus Sicht des KI-Assistenten beschreiben bzw. einen Prompt für einen Bildgenerator vorschlagen, mit dem man ähnliche Grafiken erstellen könnte.

5. Die Antwort des Assistenten wird nicht lange auf sich warten lassen. Achten Sie auf die *Kopieren*-Schaltfläche oben rechts, mit der Sie den generierten Prompt direkt kopieren können.

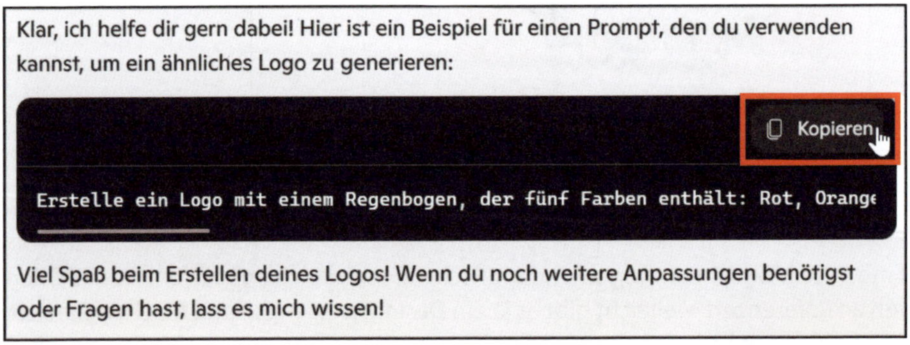

6. Fügen Sie den kopierten Prompt nun bei Copilot oder auch einem anderen Bildgenerator ein. Passen Sie dabei die Aspekte an, die Sie ändern möchten. Achten Sie vor allem darauf, ggf. Namen aus der Originalgrafik zu entfernen oder auszutauschen.

Plagiate durch KI?

Durch das Generieren auf Basis von statistischen Wahrscheinlichkeiten wird ein Bildgenerator niemals eine exakte Kopie eines vorgegebenen Bildes erstellen. Allerdings muss es für ein Plagiat auch keine exakte Kopie sein. Gerade wenn es um Logos mit Wiedererkennungswert geht, spielt der Markenschutz eine Rolle. Und da kann es schon problematisch werden, wenn ein Logo einem anderen zu ähnlich sieht. Achten Sie also bei der vorangehend beschriebenen Referenzmethode darauf, dass Ihr generiertes Logo dem Original am Ende nicht zu ähnlich sieht, insbesondere falls Sie das Bild kommerziell nutzen möchten.

8. Copilot als Office-Assistent

Auch in die aktuellen Office-Versionen hat die künstliche Intelligenz bereits Einzug gehalten. Copilot ist in Word, Excel, PowerPoint und Outlook integriert und stellt somit seine hilfreiche Unterstützung direkt in diesen Anwendungen zur Verfügung. So können Sie mit wenigen Mausklicks Ihre Inhalte optimieren und ergänzen, Texte in andere Sprachen übersetzen oder Inhalte auch ganz vom Assistenten generieren lassen.

Allerdings stehen diese Möglichkeiten nur Nutzern der Abo-Variante Office 365 zur Verfügung. Und wer KI regelmäßig produktiv einsetzen will, kommt um ein zusätzliches kostenpflichtiges Abo nicht herum. In diesem Kapitel zeige ich Ihnen, wie Sie die Funktionen des Microsoft Copilot in Ihren Office-Anwendungen nutzen. Ich stelle aber auch Alternativen vor, wie Sie auch als Nutzer von Office 2024 und ohne Abo KI für Ihre täglichen Office-Aufgaben einsetzen können.

8.1 Copilot in Word

Bei der Arbeit mit Text in Word haben die Sprachmodelle moderner KI-Systeme das größte Potenzial, hilfreiche Unterstützung zu leisten. So kann Copilot Ihre Texte analysieren, umformulieren und übersetzen oder auch ganz neue Texte generieren und Ihnen so lästige Routinearbeiten abnehmen.

Copilot aktivieren

Wenn Copilot Ihnen zur Verfügung steht, erkennen Sie dies schnell am Symbol ganz rechts in der *Start*-Registerkarte des Menübands. Sollte dieses fehlen, muss er ggf. zunächst aktiviert werden:

1. Öffnen Sie mit *Datei/Optionen* die Word-Einstellungen und wechseln Sie in die Rubrik *Copilot*.
2. Hier muss das Häkchen bei *Copilot aktivieren* gesetzt sein.

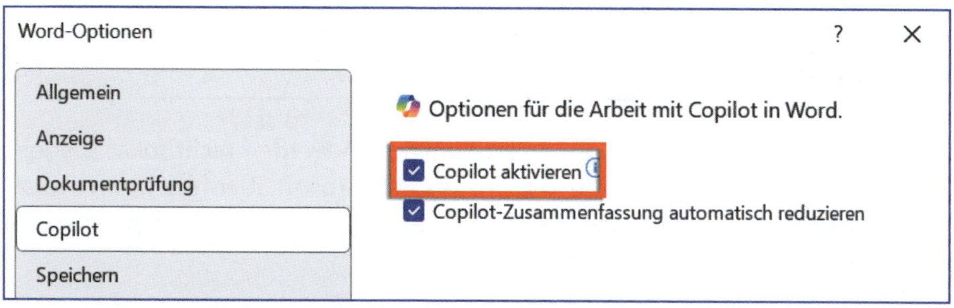

3. Dadurch wird die zusätzliche Option *Copilot-Zusammenfassung automatisch reduzieren* zugänglich. Sie steuert, ob Copilot automatisch Zusammenfassungen von Dokumenten erstellt und anzeigt (was aber nur für Kunden mit Copilot-Abo relevant ist).
4. Klicken Sie unten auf *OK*, um die Änderung der Einstellungen zu übernehmen.

Copilot im Texteditor

Wenn Sie den Copiloten aktiviert haben, dürfte Ihnen sein Symbol sehr schnell im Text auffallen. Wann immer die Einfügemarke in einer leeren Zeile steht, wird es automatisch am linken Seitenrand angezeigt und signalisiert die Arbeitsbereitschaft des KI-Assistenten.

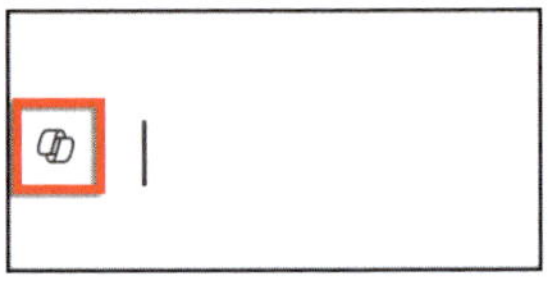

1. Sollten Sie etwa nicht genau wissen, wie Sie mit Ihrem Text beginnen oder fortfahren sollen, klicken Sie auf das Symbol.
2. Damit öffnen Sie einen Copilot-Eingabe-Prompt, in dem Sie Ihre Anforderung eingeben können.

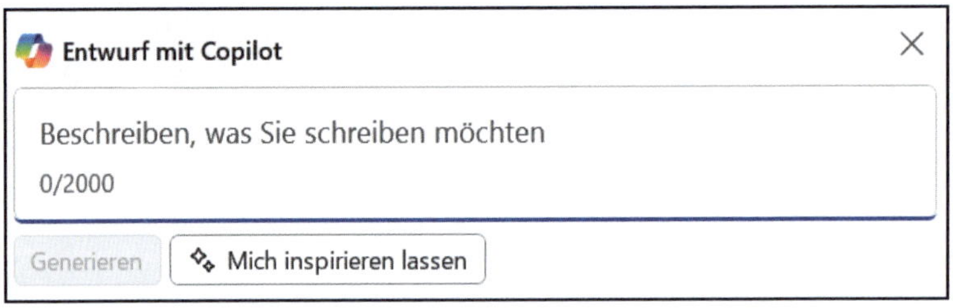

3. Beschreiben Sie hier beispielsweise das Thema, zu dem Sie einen Absatz verfassen möchten. Klicken Sie dann auf die *Generieren*-Schaltfläche.

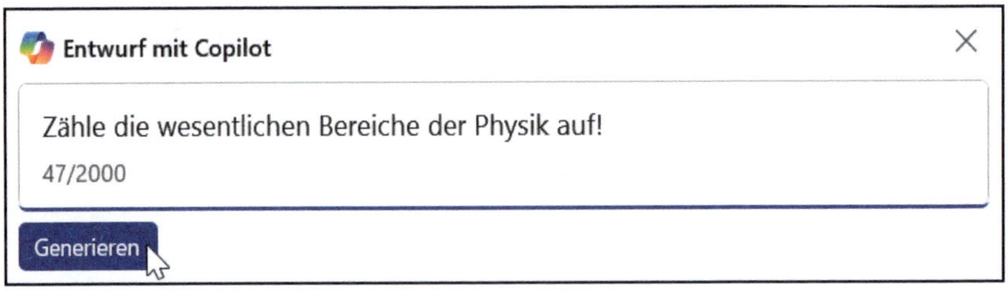

4. Warten Sie nun kurz ab. Die Copilot-Funktionen werden nicht lokal ausgeführt. Stattdessen werden sie an die KI-Dienste von Microsoft übermittelt, dort verarbeitet und das Ergebnis wird dann zurückgesendet. Das alles kann ein paar Sekunden dauern.

5. Nach kurzer Wartezeit wird Ihnen Copilot also eine Antwort anbieten. Diese wird direkt als Text an der Position der Einfügemarke ins Dokument hineingeschrieben.
6. Im Dialogfeld ganz unten haben Sie aber noch Möglichkeiten, auf den generierten Text zu reagieren:

- *Varianten:* Je nach Umfang erzeugt Copilot mehrere Vorschläge, von denen er zunächst nur einen anzeigt. Mit den Pfeilsymbolen oben links im Dialogfeld können Sie zu anderen Varianten wechseln und sich für eine davon entscheiden.
- *Beibehalten:* Sind Sie mit dem Vorschlag zufrieden, können Sie den generierten Text mit dieser Schaltfläche übernehmen und den Dialog ausblenden.
- *Neu generieren:* Mit dem Erneuern-Symbol rechts daneben wiederholen Sie den Auftrag an Copilot. Da KI-Ergebnisse stets variieren, erhalten Sie so einen neuen Vorschlag, der Ihnen vielleicht eher zusagt.
- *Löschen:* Mit dem Papierkorb-Symbol entfernen Sie den eingefügten Text wieder aus Ihrem Dokument.
- *Verfeinern:* Unten rechts im Dialogbereich finden Sie einen Eingabe-Prompt für Copilot, der sich auf den zuvor generierten Text bezieht. Wenn Ihnen etwa die Art der Formulierung nicht gefällt, können Sie den Assistenten hier auffordern, den Text etwa formeller oder lockerer zu formulieren. Ebenso können Sie eine kompaktere oder ausführlichere Variante anfordern. Tippen Sie Ihren Wunsch dazu in einfacher Sprache ein und klicken Sie rechts auf das Pfeilsymbol zum Absenden.

Eigene Texte optimieren

Wenn Sie von einem eigenen Text nicht so recht überzeugt sind oder vorhandene Inhalte vielleicht auch für einen anderen Zweck oder eine abweichende Zielgruppe aufbereiten möchten, können Sie mit Copilot eigene Texte umformulieren. Der Assistent erfasst dazu vorhandene Inhalte sinngemäß und kann sie ganz nach Ihren Vorstellungen neu formulieren.

1. Markieren Sie dazu den Text, den Sie anders formulieren möchten. Drücken Sie ggf. Strg+A, um den gesamten Text eines Dokuments auszuwählen.
2. Am unteren Ende der Auswahl finden Sie am linken Rand das Copilot-System. Klicken Sie darauf und wählen Sie im so geöffneten Menü *Automatisches Umschreiben*.

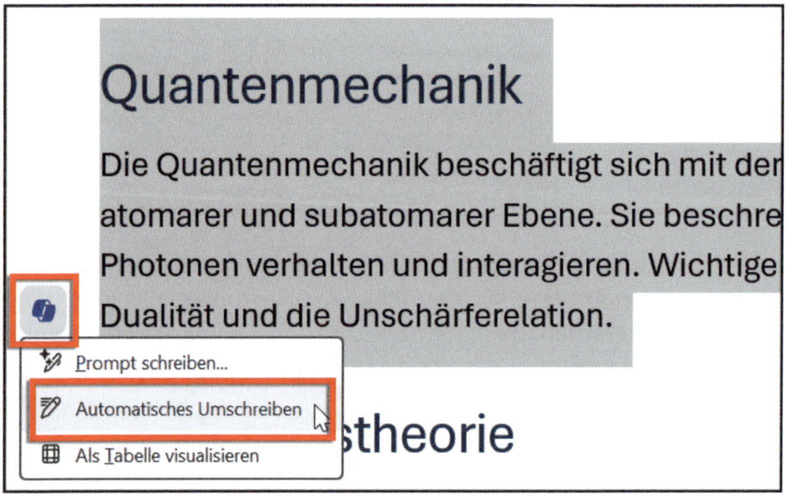

3. Nach kurzer Wartezeit zeigt Ihnen Copilot in einem eingeblendeten Dialog einen von mehreren Vorschlägen an, wie der Text verändert werden könnte.

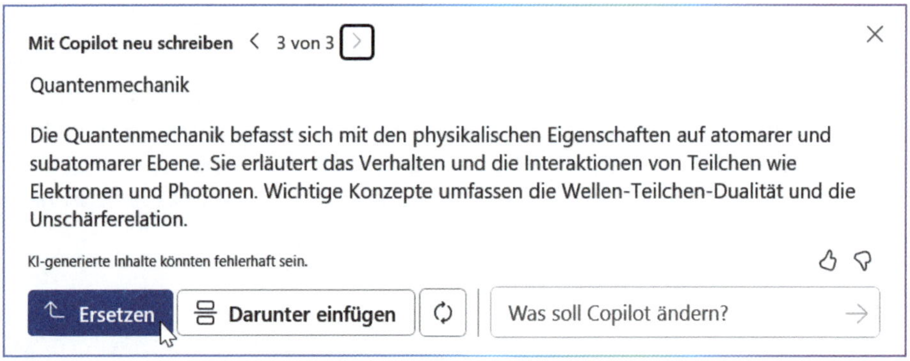

Auch hier haben Sie wieder verschiedene Möglichkeiten zum Eingreifen:

- Mit den Pfeilsymbolen oben können Sie zwischen den Vorschlägen wechseln, um den besten auszuwählen.
- Sind Sie mit einem der Vorschläge einverstanden, können Sie mit der gleichnamigen Schaltfläche den zuvor markierten Textbereich durch den umformulierten Text *Ersetzen*.
- Falls Sie nicht ganz zufrieden sind, können Sie alternativ den Umformulierungsvorschlag *Darunter einfügen*. Dann haben Sie den Ursprungstext und die neue Fassung beieinander im Dokument stehen und können etwa aus beiden Fassungen die jeweils besten Teile von Hand auswählen.
- Mit dem Auffrischen-Symbol fordern Sie Copilot auf, Ihnen ganz neue Vorschläge für das Umformulieren zu machen.
- Mit dem Eingabe-Prompt unten rechts im Dialog können Sie konkrete Anforderungen an den Assistenten formulieren, die Umformulierung auf eine bestimmte Weise zu variieren. Tippen Sie Ihren Wunsch dort ein und klicken Sie rechts auf das Pfeilsymbol.

Text in Tabellen umwandeln

Eine beliebte Möglichkeit, komplexe Sachverhalte in kompakter Weise anschaulich zu machen, sind Tabellen. Anstatt aus ellenlangen Texten die wesentliche Information mühsam zu extrahieren, bekommt man so häufig einen besseren Überblick und kann Grundlegendes schneller erkennen. Durch Copilot können Sie jederzeit schnell ausprobieren, ob sich eine Tabelle eventuell besser für den Transport von Informationen eignet.

1. Markieren Sie dazu den Text, den Sie als Tabelle visualisieren möchten.
2. Am unteren Ende der Auswahl finden Sie am linken Rand das Copilot-Symbol. Klicken Sie darauf und wählen Sie im so geöffneten Menü *Als Tabelle visualisieren*.

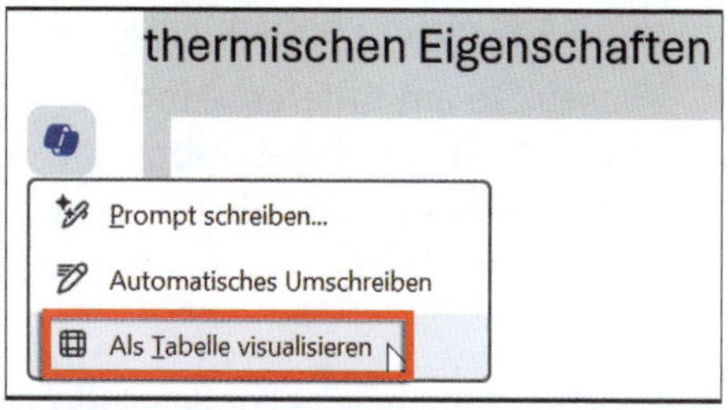

3. Copilot analysiert nun den ausgewählten Text und erstellt aus seinen Inhalten eine Tabelle. Dabei wählt der Assistent die Anzahl der Spalten sowie die Spaltentitel automatisch aus, extrahiert die wesentlichen Punkte zu diesen Kategorien aus dem Text und fügt sie in eine Tabelle ein.
4. Das Ergebnis wird vorläufig unterhalb des zuvor ausgewählten Textbereichs eingefügt. Darunter finden Sie wiederum einen Dialogbereich mit den bekannten Elementen.

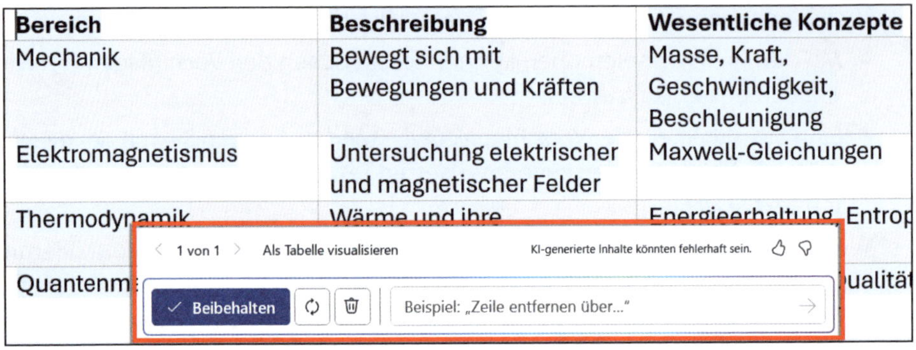

5. Sind Sie mit der Tabelle zufrieden, können Sie sie *Beibehalten*. Sie wird dann endgültig unterhalb des zuvor ausgewählten Bereichs eingefügt. Der ursprüngliche Text bleibt dabei grundsätzlich erhalten. Wenn Sie den Text durch die Tabelle ersetzen möchten, sollten Sie ihn also anschließend von Hand entfernen.
6. Alternativ lassen Sie sich einen neuen Vorschlag machen oder verwerfen die Idee mit dem Papierkorb-Symbol. Über Anweisungen im Textprompt rechts können Sie Einfluss auf die Tabelle nehmen.

KI-Prompts zum ausgewählten Text

Die bislang vorgestellten Möglichkeiten zum Umformulieren und Umwandeln von Text geben jeweils eine klare Richtung vor, was der KI-Assistent mit dem ausgewählten Abschnitt tun soll. Sie können aber ebenso eine beliebige Anweisung geben, die Copilot dann soweit möglich auf den markierten Teil des Dokuments bezieht.

1. Markieren Sie dazu wiederum den Text, der für diese Anweisung berücksichtigt werden soll.
2. Klicken Sie am unteren Rand der Markierung links auf das Copilot-Symbol und wählen Sie im Menü *Prompt schreiben*.

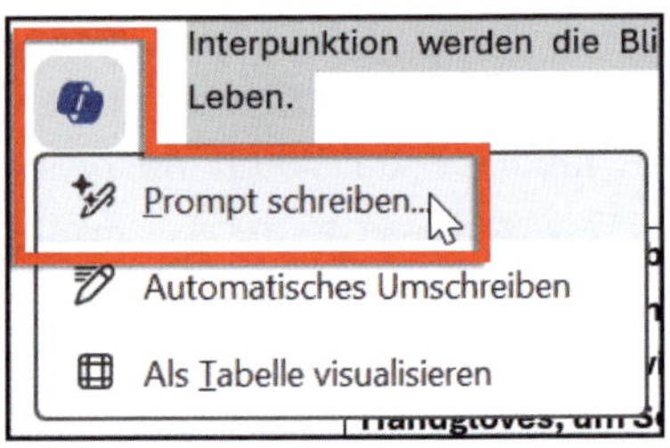

3. So öffnen Sie an der Stelle einen Dialog mit einem Eingabe-Prompt, in dem Sie Ihre Aufforderung an den KI-Assistenten nach Herzenslust formulieren können. Für dieses Beispiel möchte ich etwa einen Absatz des Textes ins Spanische übersetzen. Deshalb tippe ich ein:

```
Übersetze mir den Text in Spanisch.
```

4. Senden Sie die Aufforderung mit einem Klick auf die *Generieren*-Schaltfläche ab.

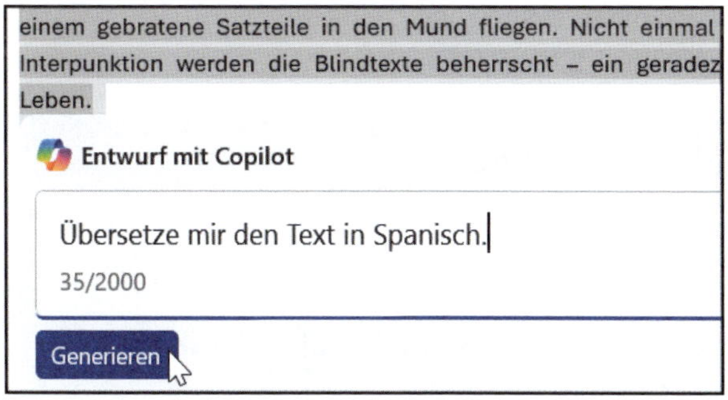

5. Nach kurzer Wartezeit fügt Copilot den als Antwort auf die Anforderung generierten Text unterhalb der Auswahl in das Dokument ein. Zusätzlich wird am unteren Rand der Dialog eingefügt, in dem Sie den Beitrag *Beibehalten* oder eine neue Variante erzeugen.

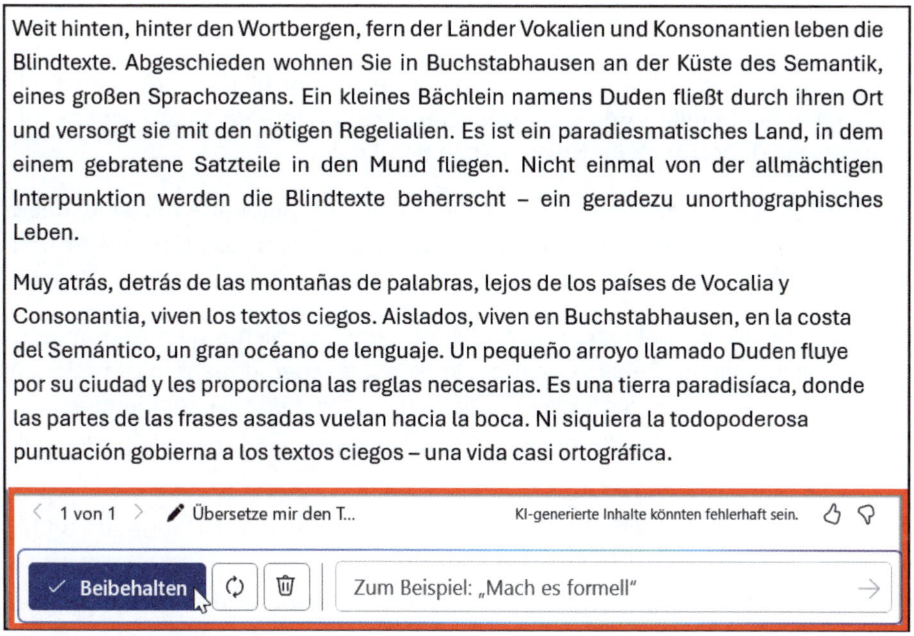

6. Sollte Copilot kein brauchbares Ergebnis liefern, können Sie die Aktion mit dem Papierkorb-Symbol abbrechen und den generierten Text wieder aus Ihrem Dokument verschwinden lassen.
7. Wie bei allen KI-Funktionen gibt das Eingabefeld rechts Ihnen die Möglichkeit, das erzielte Ergebnis durch weitere Anweisungen zu verfeinern oder anderweitig zu modifizieren.

Das Übersetzen eines Textes ist nur eine von vielfältigen Möglichkeiten, wie Sie Copilot für sich einspannen können.

Hier nur ein paar weitere Ideen:

- `Bewerte die Lesbarkeit des Textes.`
- `Schreibe den Text in möglichst einfache Sprache um.`
- `Erzähle den Text wie ein Märchen für ein Kind.`
- `Formuliere den Text für ein akademisches Publikum um.`
- `Mache mir aus dem Text eine Aufzählung.`
- `Wandle die Aufzählung in Fließtext um.`
- `Wie könnte ich den Text besser machen?`

Geschichten weitererzählen

Moderne generative KI-Systeme wie Copilot können nicht nur vorhandene Inhalte analysieren, aufbereiten und umformulieren. Sie können auch ganz eigene Inhalte kreieren und dabei durchaus Kreativität an den Tag legen.

Das können Sie sich zunutze machen, indem Sie beispielsweise nur eine Idee bzw. den Anfang einer Geschichte vorgeben und Copilot dann das Garn weiterspinnen lassen.

1. Tippen Sie in ein Dokument eine Idee für eine Geschichte oder den Anfang der Geschichte ein. Im Prinzip reicht ein kurzer Satz, aber je mehr Informationen Sie der KI mitgeben, desto stärker wird sie sich anschließend daran orientieren.
2. Platzieren Sie dann die Einfügemarke in einer neuen, leeren Zeile unterhalb dieses Absatzes.
3. Klicken Sie links auf das angezeigte Copilot-Symbol, um den Eingabe-Prompt für den KI-Assistenten zu öffnen.
4. Tippen Sie dort beispielsweise ***Erzähle die Geschichte weiter*** ein und klicken Sie dann auf *Generieren*.
5. Nach kurzer Wartezeit fügt Copilot die weitergesponnene Geschichte unterhalb Ihres Absatzes in das Dokument ein.
6. Sind Sie damit zufrieden, klicken Sie auf *Beibehalten*, andernfalls können Sie eine andere Variante generieren lassen oder den Vorgang mit dem Papierkorb-Symbol abbrechen.

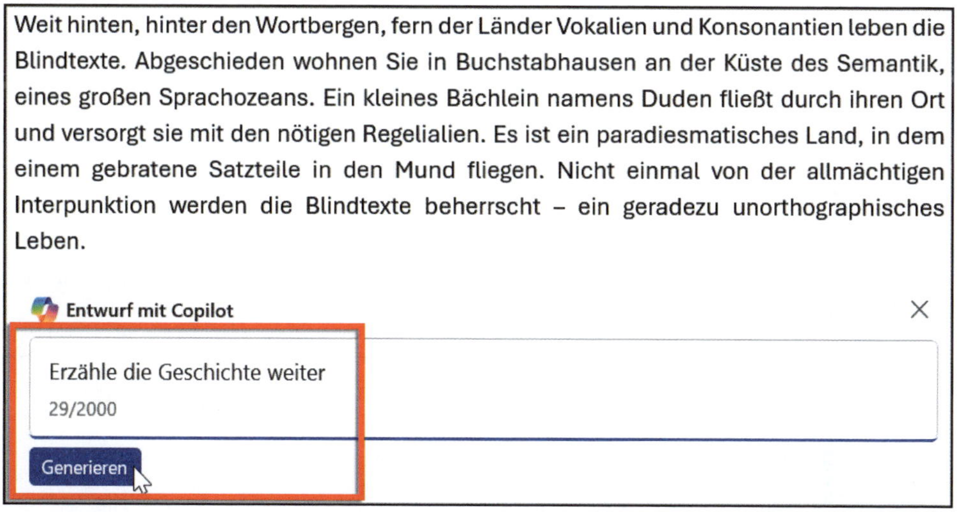

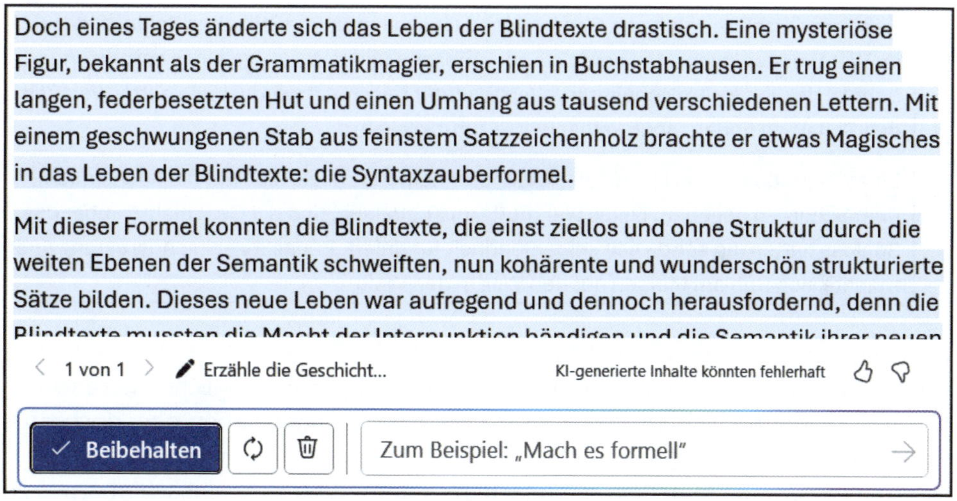

Kurzgeschichten nach eigenen Vorgaben

Wenn Sie die Fähigkeiten von Copilot zum kreativen Erzählen testen möchten, lassen Sie sich einfach mal eine Kurzgeschichte von der KI generieren.

1. Öffnen Sie dazu ein leeres Word-Dokument und klicken Sie am linken Rand auf das Copilot-Symbol.
2. Tippen Sie im Eingabedialog beispielsweise die Aufforderung ***Erzähl mir eine spannende Kurzgeschichte!*** ein und klicken Sie auf *Generieren*.

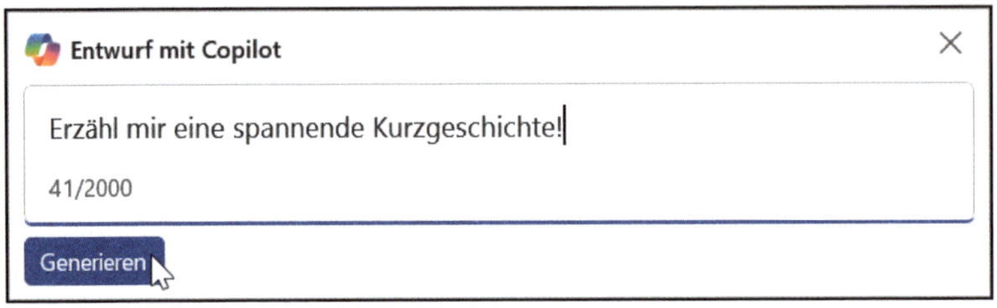

3. Copilot wird Ihnen nach etwas Wartezeit die generierte Geschichte direkt in das Word-Dokument einfügen.

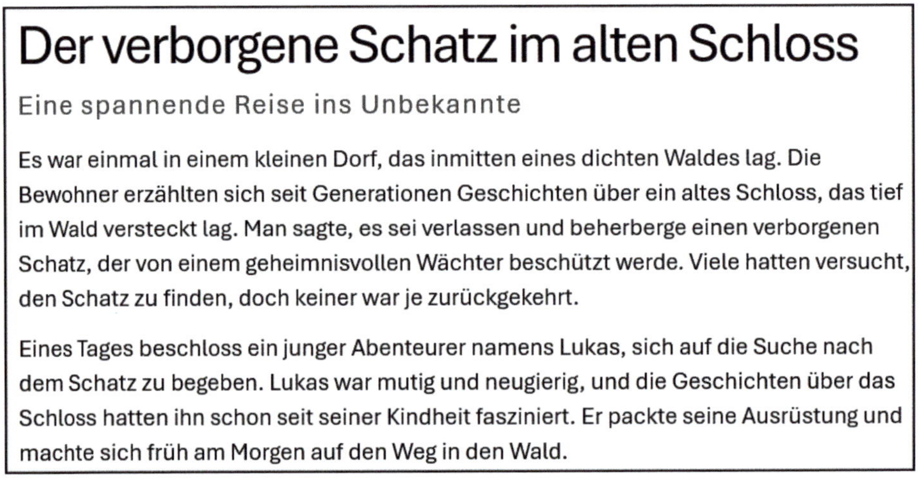

Der verborgene Schatz im alten Schloss

Eine spannende Reise ins Unbekannte

Es war einmal in einem kleinen Dorf, das inmitten eines dichten Waldes lag. Die Bewohner erzählten sich seit Generationen Geschichten über ein altes Schloss, das tief im Wald versteckt lag. Man sagte, es sei verlassen und beherberge einen verborgenen Schatz, der von einem geheimnisvollen Wächter beschützt werde. Viele hatten versucht, den Schatz zu finden, doch keiner war je zurückgekehrt.

Eines Tages beschloss ein junger Abenteurer namens Lukas, sich auf die Suche nach dem Schatz zu begeben. Lukas war mutig und neugierig, und die Geschichten über das Schloss hatten ihn schon seit seiner Kindheit fasziniert. Er packte seine Ausrüstung und machte sich früh am Morgen auf den Weg in den Wald.

Diese Anweisung können Sie beliebig wiederholen und es wird jedes Mal eine andere Geschichte erzählt werden. Allerdings stellen Sie beim Lesen möglicherweise schnell fest, dass diese Geschichten zwar jeweils andere Handlungen haben, aber doch einer erkennbaren Formel folgen, die sie auf Dauer etwas eintönig machen können. Das liegt daran, dass die KI bei dieser einfachen Aufforderung vielleicht schon etwas zu viel Freiraum hat und deshalb immer wieder auf ein bewährtes Muster zurückgreift. Es ist deshalb durchaus sinnvoll, genauer anzugeben, wie die Geschichte gestaltet sein soll bzw. welche Elemente enthalten sein sollen oder für wen sie gedacht ist, beispielsweise so:

> Ich möchte meiner Enkelin Tabitha eine Gute-Nacht-Geschichte vorlesen. Sie ist vier Jahre alt und liebt Pferde. Sie hört gerne Geschichten über Feen und Hexen, aber sie dürfen nicht zu gruselig sein. Das Vorlesen sollte nicht länger als fünf Minuten dauern, da sie dann meist schon schläft.

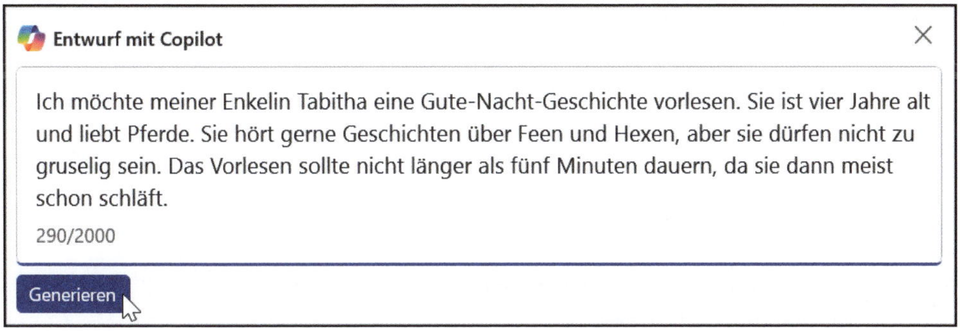

Den Rahmen einer Geschichte vorgeben

Möglicherweise haben Sie am vorangehenden Beispiel schon erkannt, dass Copilot gern Informationen aus dem Prompt aufgreift und diese in die Geschichte einarbeitet. Das können Sie ausnutzen und Vorgaben zur Geschichte machen.

Sollen etwa bestimmte Charaktere in einer Erzählung eine Rolle spielen, beschreiben Sie diese zunächst:

```
Tobias ist ein neunjähriger Junge, der zur Schule geht
und bei der Jugendfeuerwehr mitmacht. Wenn jemand in
Not ist, verwandelt er sich in den Superhelden Tobi-
Ass, der fliegen kann und Superkräfte hat, mit denen
er zu Hilfe eilen kann.
```

Nachdem die handelnden Personen etabliert sind, veranlassen Sie Copilot, eine Geschichte zu erzählen, in denen diese vorkommen:

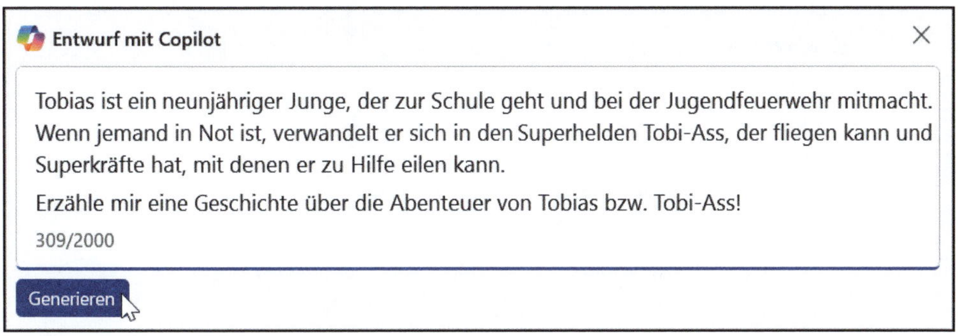

Die Copilot-Seitenleiste in Word

Ein anderer Weg, die KI in Word nutzbar zu machen, ist die Copilot-Seitenleiste. Diese können Sie jederzeit einblenden, indem Sie im Menüband in der Registerkarte ganz rechts auf das Copilot-Symbol klicken. Damit blenden Sie standardmäßig am rechten Rand eine Seitenleiste für Copilot ein. Wie alle Seitenleisten können Sie auch diese bei Bedarf mit der Maus wegziehen und entweder an der linken Seite oder als schwebenden Dialog irgendwo auf dem Bildschirm platzieren.

Ein wichtiger Unterschied zwischen der Seitenleiste und dem Copilot-Symbol links neben dem Text:

- Wenn Sie das Copilot-Symbol links neben dem markierten Text verwenden, beziehen sich alle Anweisungen und Aktionen auf den ausgewählten Text.
- Die Anweisungen und Aktionen in der Copilot-Seitenleiste beziehen sich standardmäßig immer auf das gesamte Dokument. Sie können aber Teile Ihres Dokuments auswählen und dann in einen Eingabe-Prompt integrieren.

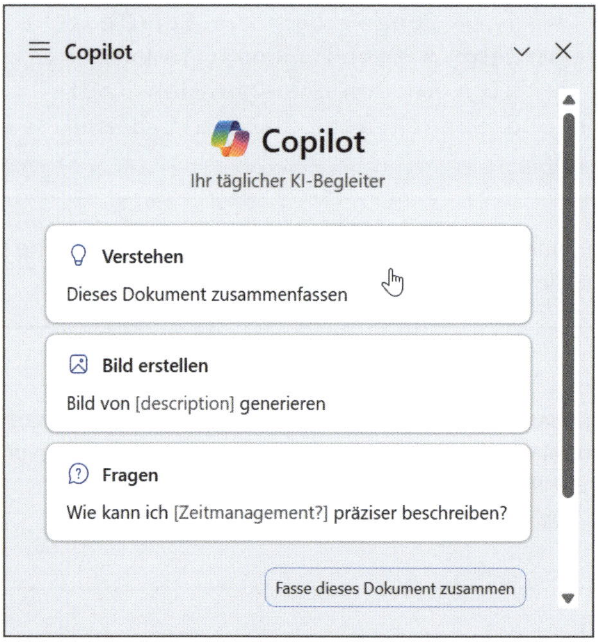

Neben dem allgegenwärtigen Eingabe-Prompt ganz unten arbeitet der Seitenbereich kontextbasiert und stellt Ihnen Funktionen abhängig vom Inhalt Ihres Dokuments zur Verfügung.

Bei einem neuen, leeren Dokument steht deshalb erst mal nicht viel in der Leiste. Ist bereits reichlich Text vorhanden, ergänzt die Seitenleiste weitere Vorschläge. Dabei handelt es sich immer um vorformulierte Anweisungen, die durch Anklicken in den Eingabe-Prompt unten übernommen werden. Hier können Sie die Aufforderung noch abändern oder ergänzen und dann absenden.

Mit Copilot drauflosschreiben

Stellen Sie sich vor, Sie müssen einen Text über ein bestimmtes Thema schreiben. Nun sitzen Sie vor einem leeren Word-Dokument bzw. haben vielleicht bislang mal gerade eine Überschrift zustande gebracht? Copilot kann Ihnen dabei helfen, schnell ins Thema zu kommen.

1. Klicken Sie in der Copilot-Seitenleiste unten in den Eingabebereich und tippen Sie dort beispielsweise die Aufgabenstellung ein oder beschreiben Sie konkret, vor welchem Problem Sie stehen.
2. Klicken Sie dann unten rechts auf das Pfeilsymbol, um die Aufforderung abzusenden.
3. Warten Sie kurz, bis sich die Antwort im Seitenbereich aufgebaut hat.
4. Überprüfen Sie, ob die Antwort der KI Ihnen weiterhilft. Unterhalb der Antwort finden Sie eine *Einfügen*-Schaltfläche. Damit können Sie den Antworttext in das Dokument einfügen. Auch wenn Sie den Inhalt nicht direkt in Ihrem Dokument verwenden möchten, kann das hilfreich sein, denn dort lässt er sich besser lesen.
5. Alternativ können Sie die Antwort mit dem Kopieren-Symbol rechts daneben in die Zwischenablage übernehmen und von dort in ein anderes Dokument oder eine andere Anwendung einfügen.

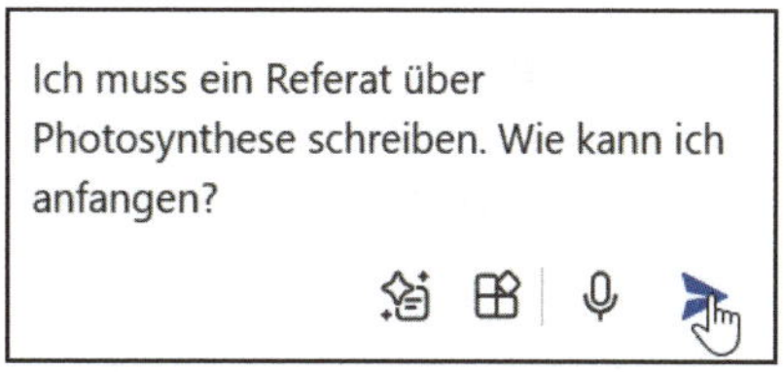

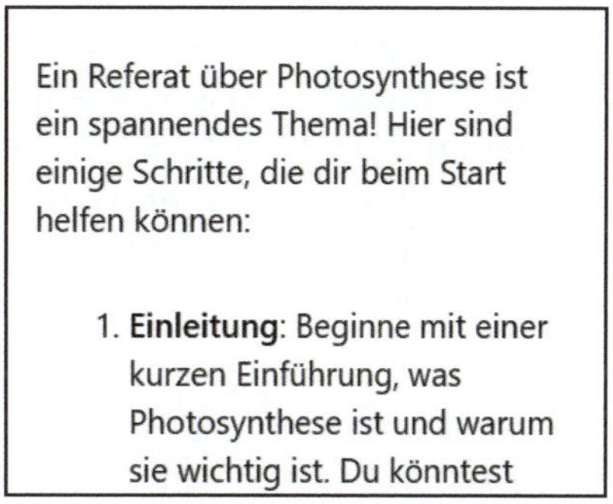

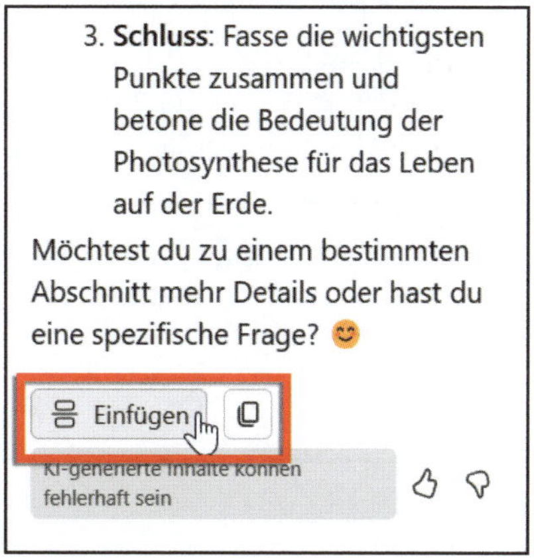

Text aus dem Dokument im Prompt

Soll Copilot Ihnen bei einem bestimmten Abschnitt Ihres Dokuments helfen, kann es sinnvoll sein, diesen in den Prompt zu übernehmen. Ihre Aufforderung bezieht sich dann nicht auf das gesamte Dokument, sondern nur auf diesen Teil. In Kapitel 3.3 hatte Copilot bereits Vorschläge gemacht, wie man ein Referat zum Thema Photosynthese angehen könnte und dabei Tipps zur Einleitung gegeben. Aber wenn man sich mit Einleitungen schwertut, kann man auch diese Aufgabe an die KI vergeben.

1. Markieren Sie den Absatz oder Teil des Dokuments, auf den sich Ihre Anweisung beziehen soll.

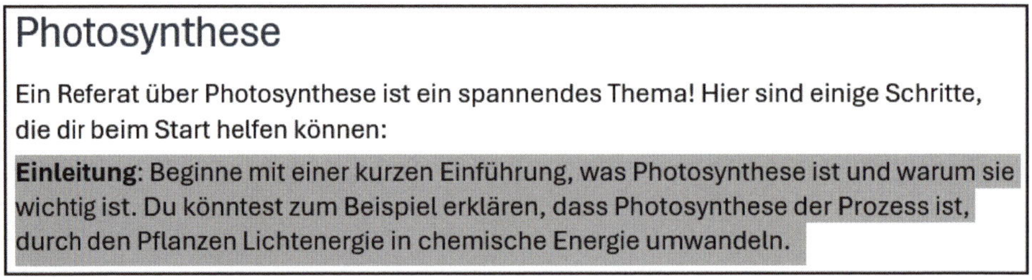

Photosynthese

Ein Referat über Photosynthese ist ein spannendes Thema! Hier sind einige Schritte, die dir beim Start helfen können:

Einleitung: Beginne mit einer kurzen Einführung, was Photosynthese ist und warum sie wichtig ist. Du könntest zum Beispiel erklären, dass Photosynthese der Prozess ist, durch den Pflanzen Lichtenergie in chemische Energie umwandeln.

2. Klicken Sie nun in der Copilot-Seitenleiste unten in den Eingabebereich. Wann immer im Dokument Text markiert ist, können Sie hier nun auf *Auswahl hinzufügen* klicken, um dem Prompt diesen Text hinzuzufügen.

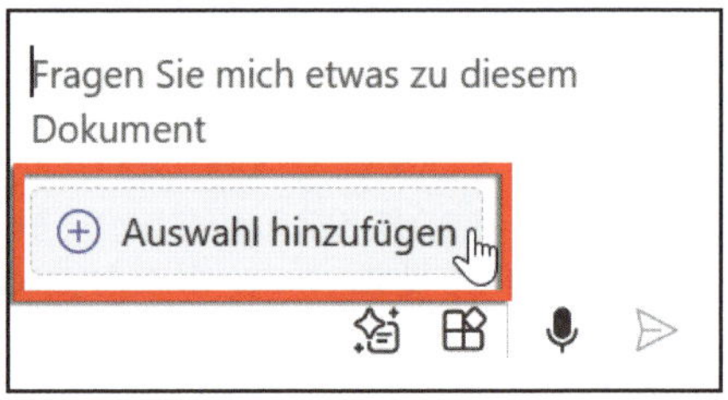

3. Anstelle der Schaltfläche sehen Sie nun ein Symbol für den eingefügten Inhalt. Mit dem *X* rechts daneben können Sie ihn wieder entfernen. Sie können jeweils nur ein solches Objekt in einen Eingabe-Prompt einfügen.
4. Tippen Sie nun die Anweisung an Copilot, die sich auf diesen Text beziehen soll, oberhalb des Objekts ein. Im vorliegenden Beispiel probiere ich es mit ***Generiere mir das!***, damit Copilot eine Einleitung für das Referat formuliert.

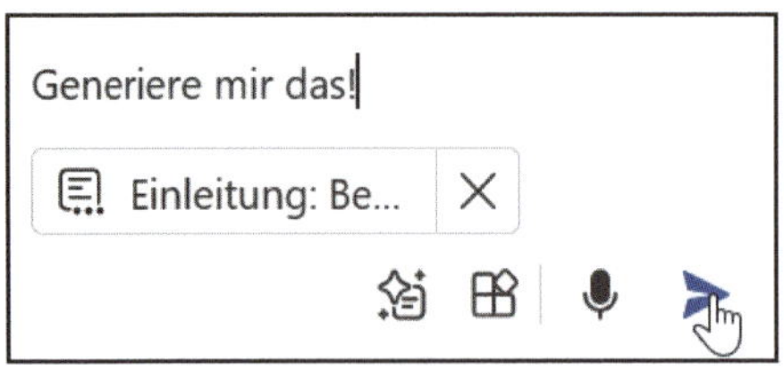

5. Klicken Sie dann unten rechts auf das Pfeilsymbol, um Ihre Anfrage abzusenden.

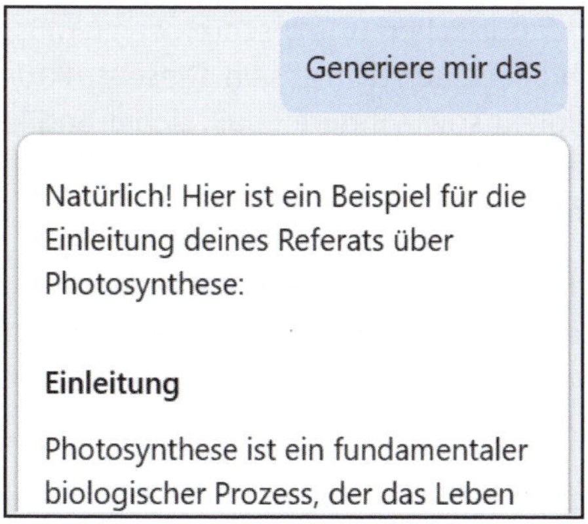

6. Die Antwort kommt wie üblich nach kurzer Wartezeit direkt im Eingabebereich. Auch hier haben Sie am Ende wieder die Möglichkeit, den generierten Text mit *Einfügen* direkt in den Text zu übernehmen.

Wenn Sie generierten Text aus einer Antwort des Copiloten übernehmen, achten Sie darauf, dass dieser oft am Anfang eine kurze Vorbemerkung und am Ende eine Abschlussfloskel einbaut. Diese werden mit in Ihr Dokument eingefügt. Außerdem fügt die Seitenleiste den Text dem Dokument hinzu und ersetzt damit nicht den zuvor markierten Text.

Schauen Sie nach dem Einfügen also jeweils genau hin und bessern Sie ggf. etwas nach, damit der generierte Text sich nahtlos und sinnvoll in Ihr Dokument einfügt.

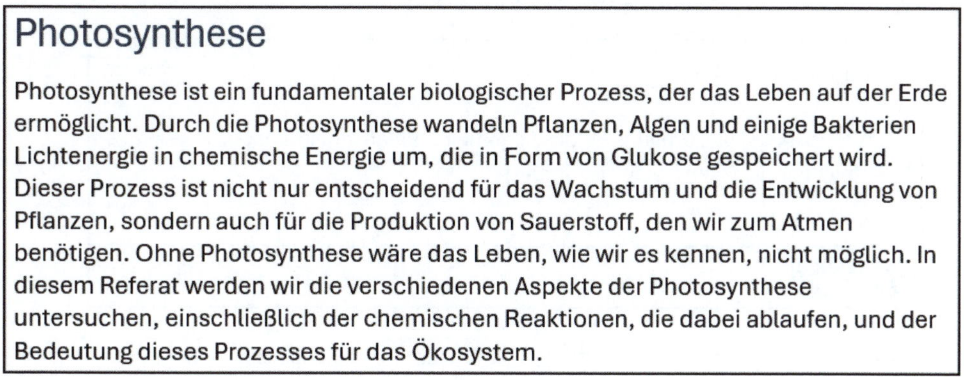
Photosynthese

Photosynthese ist ein fundamentaler biologischer Prozess, der das Leben auf der Erde ermöglicht. Durch die Photosynthese wandeln Pflanzen, Algen und einige Bakterien Lichtenergie in chemische Energie um, die in Form von Glukose gespeichert wird. Dieser Prozess ist nicht nur entscheidend für das Wachstum und die Entwicklung von Pflanzen, sondern auch für die Produktion von Sauerstoff, den wir zum Atmen benötigen. Ohne Photosynthese wäre das Leben, wie wir es kennen, nicht möglich. In diesem Referat werden wir die verschiedenen Aspekte der Photosynthese untersuchen, einschließlich der chemischen Reaktionen, die dabei ablaufen, und der Bedeutung dieses Prozesses für das Ökosystem.

Eine Gliederung entwerfen

Wenn Sie vor der Aufgabe stehen, einen umfangreicheren Text schreiben zu müssen, kann das Erstellen einer Gliederung ein sinnvoller erster Schritt sein. Diese strukturiert das Thema von vornherein, stellt Vollständigkeit sowie innere Logik sicher und kann beim weiteren Vorgehen als Leitplanke dienen, an der entlang Sie den eigentlichen Text dann nach und nach in Abschnitten erstellen.

Copilot kann Ihnen beim Erstellen einer solchen Gliederung helfen. Dabei macht er sich zunutze, dass das dahinterstehende KI-System zu den meisten Themen ausreichendes Wissen hat, um alle relevanten Aspekte zu kennen. Gleichzeitig weiß die generative KI, wie man dieses Wissen in eine sinnvolle Struktur überführen kann.

So kann Copilot Ihnen in wenigen Sekunden ein solides Grundgerüst zusammenstellen, das Sie dann Schritt für Schritt mit Inhalten füllen.

1. Um eine Gliederung für ein Thema zu generieren, legen Sie zunächst ein neues leeres Dokument an.
2. Nun benötigen Sie einen KI-Eingabe-Prompt. Ob Sie den über das Copilot-Symbol links im Dokument oder unten im Copilot-Seitenbereich öffnen, spielt dabei keine Rolle. Ein Klick auf das Symbol links ist aber meist praktischer, weil es bei einem leeren Dokument ohnehin angezeigt wird und das Ergebnis später automatisch ins Dokument einfügt.
3. Geben Sie in den Prompt ein, um welches Thema es gehen soll und dass Sie dazu eine detaillierte Gliederung benötigen. Selbstverständlich können Sie den Prompt auch abändern, etwa wenn Sie nur eine grobe Gliederung oder einfach eine Aufzählung der wichtigen Themenbereiche brauchen.

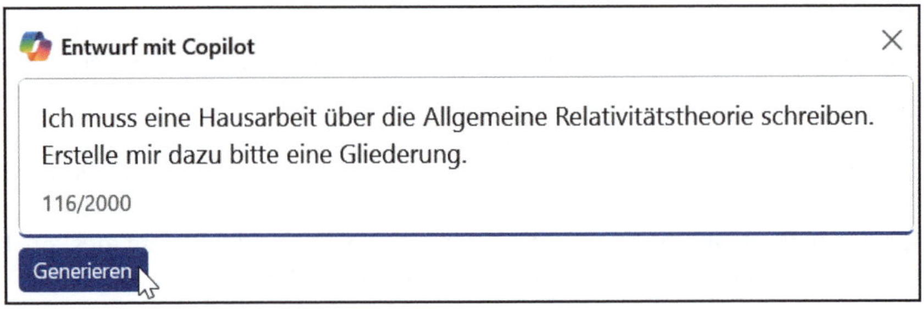

4. Klicken Sie dann auf die *Generieren*-Schaltfläche bzw. in der Seitenleiste auf das Pfeilsymbol zum Absenden.

5. Nach wenigen Sekunden Wartezeit präsentiert Copilot Ihnen einen Vorschlag für einen Gliederungsentwurf.

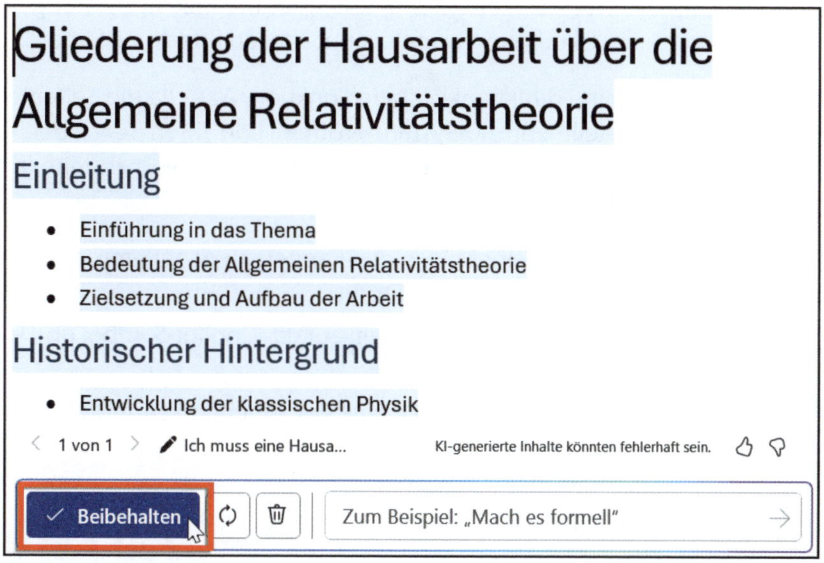

- Haben Sie das Copilot-Symbol benutzt, wird der Vorschlag direkt in das Dokument eingefügt. Klicken Sie auf *Beibehalten*, wenn Ihnen der Inhalt zusagt.
- Nutzen Sie die Seitenleiste, können Sie den Entwurf zunächst dort begutachten. Möchten Sie ihn als Basis für Ihre Arbeit nutzen, klicken Sie unterhalb davon auf *Einfügen*, um die Gliederung nach links in das Dokument zu übernehmen.

Sagt Ihnen das Ergebnis nicht sofort zu, können Sie Copilot zu Nachbesserungen veranlassen. Beschreiben Sie dazu direkt im Eingabebereich, was Sie stört bzw. was Sie verändert haben möchten, also etwa:

- Das ist zu ausführlich. Mach die Gliederung straffer.
- Das ist zu oberflächlich. Mach die Gliederung detaillierter.
- Füge zusätzlich das Thema XYZ hinzu.

Dies sind nur Beispiele dafür, wie solche Anweisungen zum Verfeinern lauten könnten. Sie können Ihre Wünsche ganz individuell formulieren.

Eine grobe Gliederung verfeinern

Eine grobe thematische Unterteilung in Kapitel ist für ein umfangreiches Werk sicherlich nur der erste Schritt. Anstatt direkt loszuschreiben, könnte man nun darangehen, die einzelnen Abschnitte der Gliederung weiter zu unterteilen und zu verfeinern.

Dafür bietet Copilot zwar keine direkt anklickbare Funktion. Aber da die Seitenleiste Ihnen eine flexible Schnittstelle zum KI-System eröffnet und Ihren Text oder Teile davon dem Kontext einer Anfrage beifügen kann, können Sie eine vorhandene grobe Gliederung nach Bedarf verfeinern.

1. Um eine detaillierte Gliederung eines einzelnen Kapitels zu generieren, markieren Sie dieses Kapitel in der vorhandenen Gliederung.
2. Klicken Sie dann unten links neben der Auswahl auf das Copilot-Symbol und wählen Sie im Menü *Prompt schreiben*.
3. Tippen Sie im so geöffneten Eingabebereich eine entsprechende Aufforderung für eine Feingliederung ein, beispielsweise:

```
Erstelle eine detaillierte Binnengliederung für
dieses Kapitel!
```

4. Senden Sie die Aufforderung mit einem Klick auf *Generieren* ab.

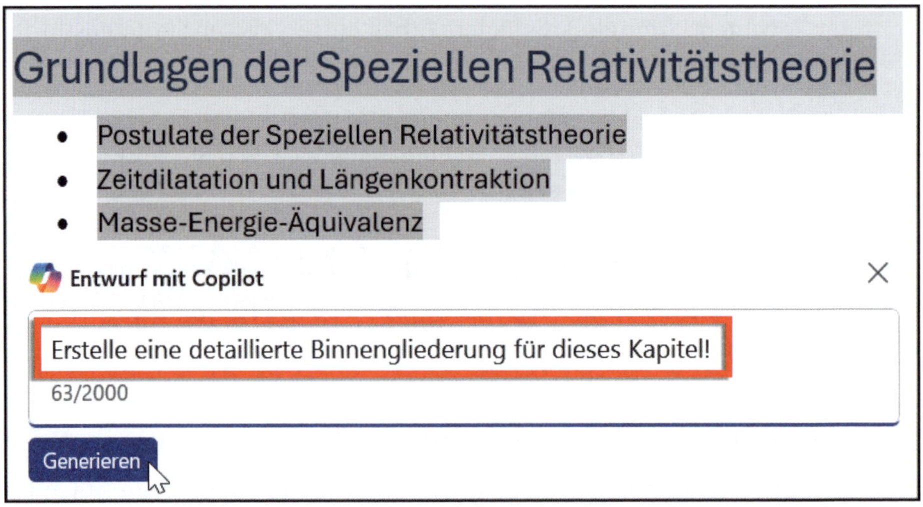

5. Als Antwort erhalten Sie nach wenigen Sekunden einen Vorschlag von Copilot. Sagt der Ihnen zu, können Sie ihn mit einem Mausklick *Beibehalten*. Sie müssen dann nur noch den ursprünglich ausgewählten Abschnitt zu diesem Kapitel manuell entfernen.

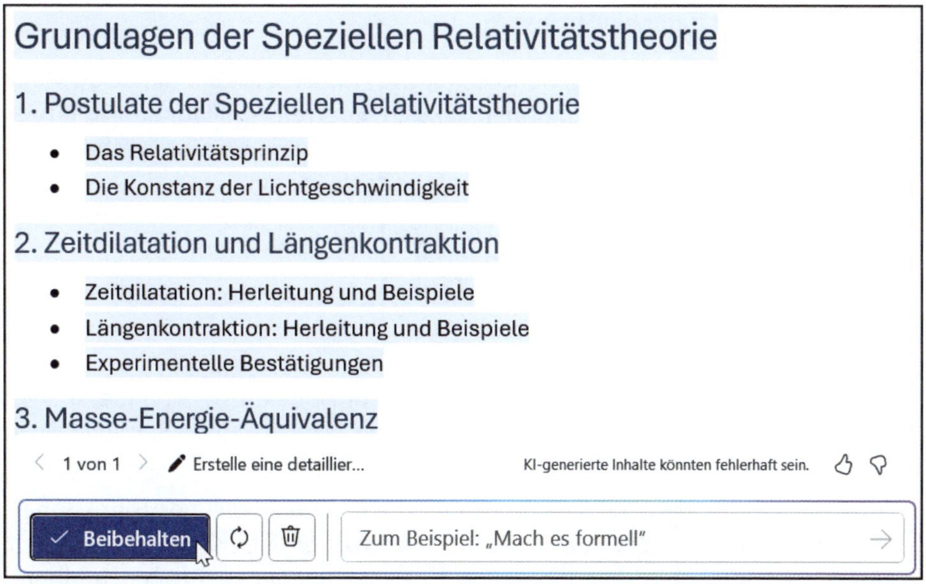

6. Sollten Sie noch nicht zufrieden sein, klicken Sie in das Eingabefeld unten rechts im Dialog und teilen dem Assistenten mit, was Sie anders haben möchten. Ist Ihnen die Gliederung noch nicht detailliert genug, versuchen Sie es beispielsweise mit ***Mach es noch ausführlicher!*** Senden Sie diese Aufforderung mit einem Klick auf das Pfeilsymbol rechts ab.

7. Der zuvor generierte Entwurf wird dann durch den neuen Vorschlag ersetzt, der Ihnen hoffentlich mehr zusagt. Andernfalls verfeinern Sie weiter. Ist endlich alles zu Ihrer Zufriedenheit, klicken Sie auf *Beibehalten*.

Diesen Vorgang können Sie für jedes Kapitel der ursprünglichen groben Gliederung wiederholen und so die Gliederung nach und nach immer detaillierter und feiner gestalten. Sie können sich auch einzelne Gliederungspunkte herausgreifen und Copilot dafür nochmals eine detailliertere Unterteilung erstellen lassen. So erhalten Sie schließlich ein Gerüst, das Sie nur noch mit Inhalt zu füllen brauchen, um Ihren Text zu schreiben.

Bilder zu einem Text generieren

Copilot kann nicht nur Texte, sondern auch Bilder generieren. Das können Sie nutzen, wenn Sie eine Geschichte illustrieren oder einen Text durch Abbildungen auflockern möchten. Dabei brauchen Sie nur zu beschreiben, was das Bild darstellen soll. Im einfachsten Fall reicht dafür ein Stichwort.

1. Wollen Sie etwa die vorangehend erwähnte Hausarbeit über die Relativitätstheorie mit Bildern auflockern, können Sie sich jederzeit Abbildungen zu einzelnen Begriffen generieren lassen. Blenden Sie dazu mit dem Copilot-Symbol im Menü in der Registerkarte *Start* ganz rechts die Seitenleiste ein.
2. Wenn in Ihrem Dokument schon einiges an Inhalt steht, bietet Copilot Ihnen in der Seitenleiste in der Regel schon die Schaltfläche *Bild erstellen* an. Lassen Sie sich dabei von dem generischen Platzhalter nicht abschrecken. Klicken Sie auf die Schaltfläche, um eine entsprechende Anweisung unten in das Eingabefeld einzutragen. (Diesen Schritt können Sie sich prinzipiell auch sparen und die Anweisung direkt ins Feld eintippen.)

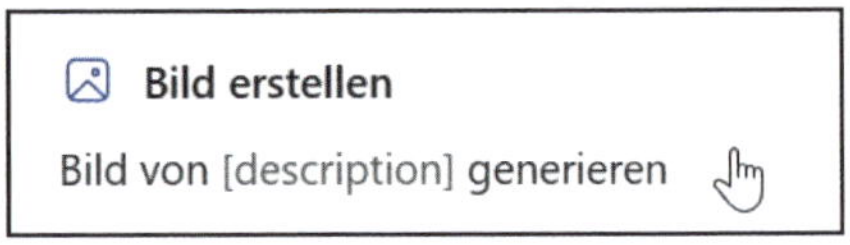

3. Anschließend finden Sie die Anweisung im Eingabebereich vor. Hier können Sie nun den Platzhalter bzw. das fehlende Stichwort ergänzen. Sie können auch die Anweisung insgesamt verändern oder ergänzen, um genauer zu beschreiben, was die Abbildung zeigen soll.

4. Nun brauchen Sie etwas Geduld, denn das Generieren von Bildern dauert deutlich länger als das Erzeugen von Text. Copilot erstellt auch nicht nur ein Bild, sondern schlägt Ihnen gleich vier Entwürfe vor, aus denen Sie auswählen können.
5. Schauen Sie sich die Alternativen an und klicken Sie dann auf das Bild, das Sie verwenden möchten. Dieses wird mit einem Rahmen versehen und dadurch als ausgewählt gekennzeichnet.

6. Klicken Sie nun unterhalb der Bildvorschläge auf das *Einfügen*-Symbol, um das ausgewählte Bild in Ihr Dokument links zu übernehmen.
7. Word fügt daraufhin ein neues Bildobjekt in der Regel oben im Dokument ein. Gegebenenfalls müssen Sie es von dort an die gewünschte Position ziehen und mit den bekannten Layout-Optionen nach Wunsch in den Text integrieren.

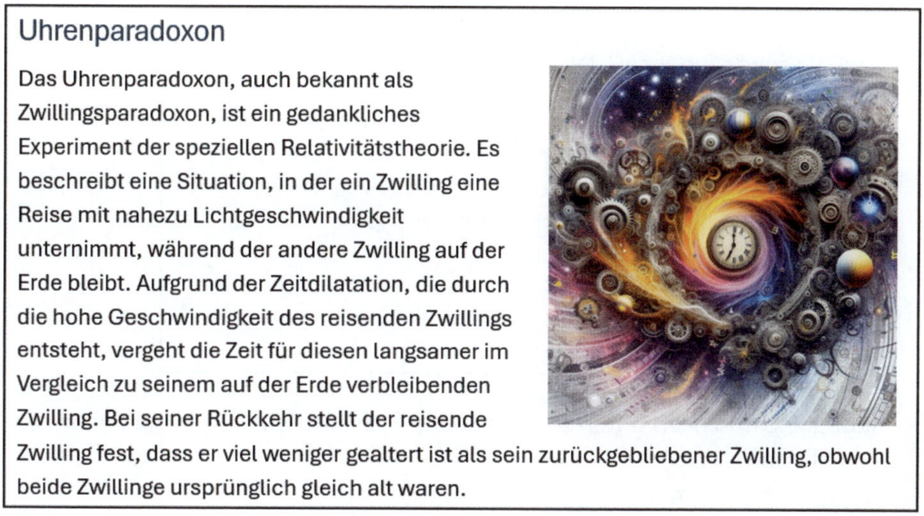
Uhrenparadoxon

Das Uhrenparadoxon, auch bekannt als Zwillingsparadoxon, ist ein gedankliches Experiment der speziellen Relativitätstheorie. Es beschreibt eine Situation, in der ein Zwilling eine Reise mit nahezu Lichtgeschwindigkeit unternimmt, während der andere Zwilling auf der Erde bleibt. Aufgrund der Zeitdilatation, die durch die hohe Geschwindigkeit des reisenden Zwillings entsteht, vergeht die Zeit für diesen langsamer im Vergleich zu seinem auf der Erde verbleibenden Zwilling. Bei seiner Rückkehr stellt der reisende Zwilling fest, dass er viel weniger gealtert ist als sein zurückgebliebener Zwilling, obwohl beide Zwillinge ursprünglich gleich alt waren.

Wenn Sie Bilder zu einem einzelnen Stichwort erzeugen lassen, werden Sie feststellen, dass diese oft sehr generisch sind und eher durch künstlerische Effekte als durch Aussagekraft glänzen. Wenn Abbildungen etwas illustrieren sollen, müssen Sie möglichst genau beschreiben, wie das aussehen soll. Oder Sie lassen auch dabei die KI für sich arbeiten.

Prompts vom Copiloten generieren lassen

Wenn Sie vor dem Problem stehen, einen passenden Prompt zum KI-Generieren eines Bildes nach Ihren Vorstellungen zu formulieren, warum lassen Sie sich nicht einfach von Copilot dabei helfen?

Klingt im ersten Moment vielleicht komisch, aber wenn man mal darüber nachdenkt, ergibt es Sinn. Eine der Stärken generativer KI ist schließlich das Erzeugen von Texten. Prompts für KI-Assistenten sind ja nichts anderes als Texte.

1. Nutzen Sie zunächst den Eingabebereich der Seitenleiste, um sich von Copilot eine kompakte Definition zu einem Thema oder Stichwort erzeugen zu lassen.

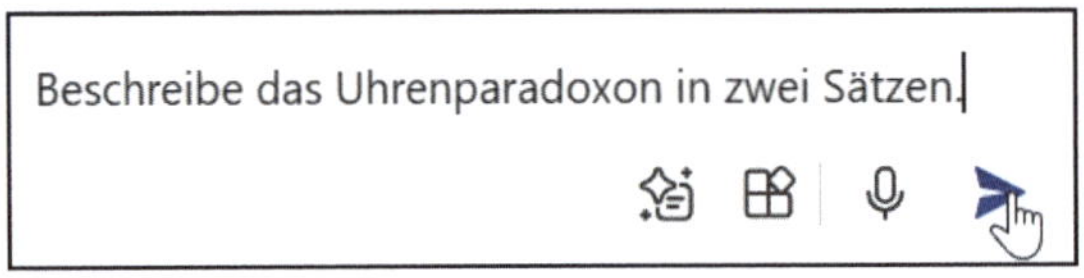

2. Lokalisieren Sie die Antwort dazu weiter oben im Seitenbereich. Wenn diese Ihren Vorstellungen entspricht und die wesentlichen Aspekte umfasst, klicken Sie auf das kleine Kopieren-Symbol. Damit landet der Text in der Zwischenablage.

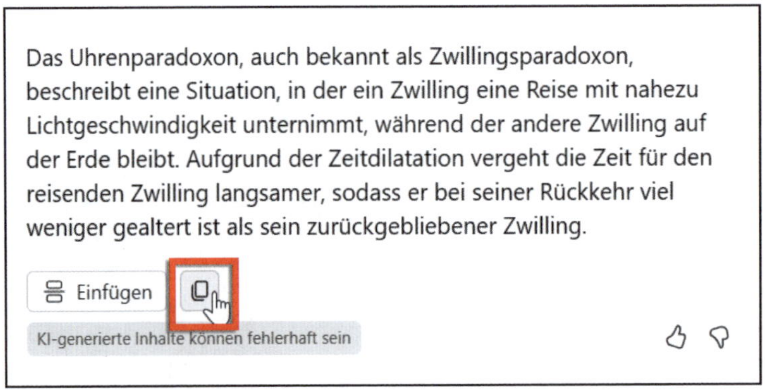

3. Kehren Sie nun nach unten zum Eingabefeld zurück und fügen Sie den kopierten Text hier mit Strg+V ein.
4. Ergänzen Sie den Text um diese Anweisung:

`Generiere mir dazu eine passende Abbildung!`

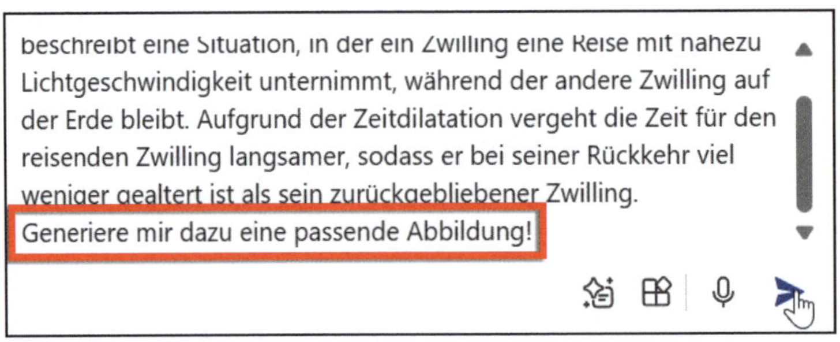

5. Als Ergebnis erhalten Sie wieder verschiedene Bildvorschläge, die nun hoffentlich einen deutlicheren Bezug zum Text bzw. zu dem Thema haben, um das es geht. Wählen Sie wiederum das Bild aus, das Ihnen am meisten zusagt. Mit der Schaltfläche links darunter können Sie es ins Dokument *Einfügen*.

Vorhandene Dokumente bearbeiten

Bislang ging es bei den Copilot-Funktionen vor allem darum, Inhalte zu generieren. Die zugrunde liegende generative künstliche Intelligenz kann aber auch den Inhalt eines vorhandenen Dokuments analysieren und auf vielfältige Weise bearbeiten.

Ein Dokument zusammenfassen

Sie haben ein umfangreiches Dokument erhalten und möchten sich zunächst mal einen Überblick verschaffen, worum es genau geht? Oder vielleicht haben Sie selbst einen Text geschrieben und möchten davon eine kurze Zusammenfassung haben? Copilot kann den vollständigen Inhalt eines Dokuments erfassen, die wesentlichen Punkte darin erkennen und daraus eine kompakte Zusammenfassung erstellen.

1. Öffnen Sie das fragliche Dokument in Word.
2. Klicken Sie im Menüband in der Registerkarte *Start* ganz rechts auf das *Copilot*-Symbol, um diese Seitenleiste einzublenden.
3. Klicken Sie in der Seitenleiste auf die Schaltfläche *Dieses Dokument zusammenfassen*.

4. Dadurch wird diese Aufforderung unten in den Eingabebereich eingefügt. Hier können Sie sie ggf. noch verändern, indem Sie etwa Anforderungen wie »kurz«, »kompakt«, »ausführlich« oder »in einfacher Sprache« ergänzen. Oder aber Sie belassen es bei der einfachen Aufforderung.

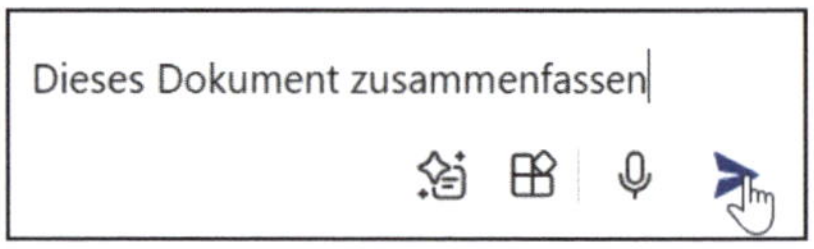

5. Senden Sie die Aufforderung mit dem Pfeilsymbol unten rechts ab.
6. Nach einer kurzen Wartezeit erhalten Sie oben im Seitenbereich die Antwort von Copilot mit der Zusammenfassung.

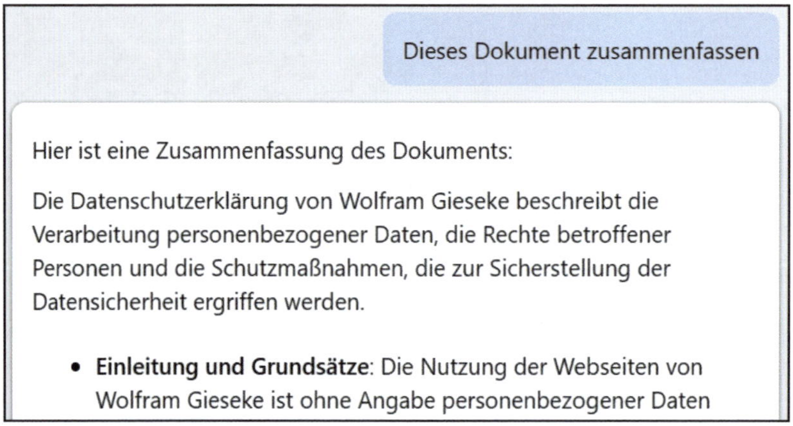

7. Am Ende finden Sie wie üblich eine Schaltfläche, mit der Sie die generierte Zusammenfassung rechts in das Dokument *Einfügen* können.
8. Außerdem finden Sie unterhalb der Antwort Vorschläge für naheliegende Modifikationen wie etwa *Gestalte die Zusammenfassung formaler* oder *Gestalte die Zusammenfassung lockerer*.

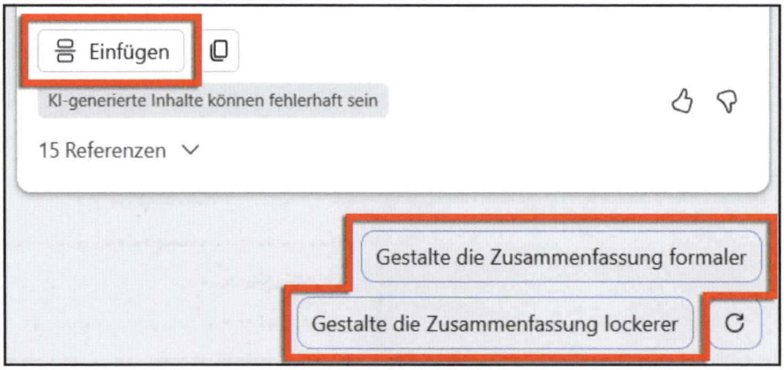

9. Sie können aber auch unten im Eingabebereich eigene Anweisungen zum Modifizieren des Textes eingeben.

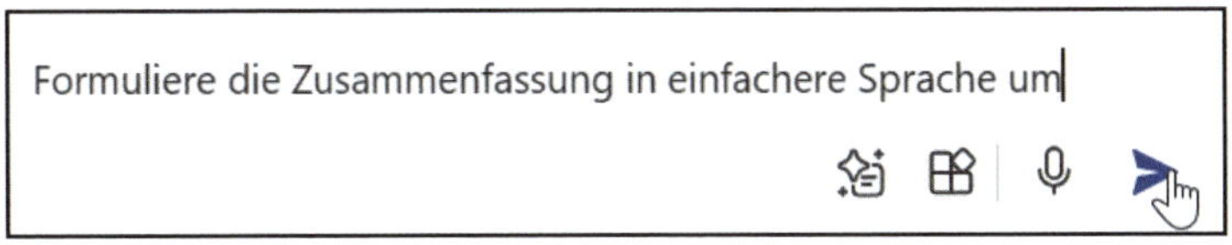

Das Wesentliche in drei Sätzen

Wenn Sie sich einen schnellen Eindruck von einem neuen, bislang unbekannten Text machen möchten, können Sie sich von Copilot das Wesentliche auch noch kompakter zusammenfassen lassen. Schreiben Sie dazu etwa ***Erläutere dieses Dokument in drei Sätzen*** als Aufforderung in das Eingabefeld.

Fragen zu einem Text stellen

Wenn Sie bei einem längeren Text ein ganz bestimmter Aspekt interessiert, hilft eine Zusammenfassung auch nicht weiter. Anstatt nun aber mühsam die entscheidende Stelle zu suchen und nachzulesen, können Sie sich zunutze machen, dass Copilot den Inhalt des Dokuments kennt und Ihnen Fragen dazu beantworten kann.

1. Öffnen Sie den Copilot-Seitenbereich und klicken Sie unten in das Eingabefeld, um es zu aktivieren.
2. Formulieren Sie hier Ihre Frage, so wie Sie auch einen Menschen fragen würden.

3. Senden Sie die Aufforderung mit dem Pfeilsymbol ab.
4. Nach kurzem »Nachdenken« zeigt Copilot Ihnen im Seitenbereich seine Antwort an.

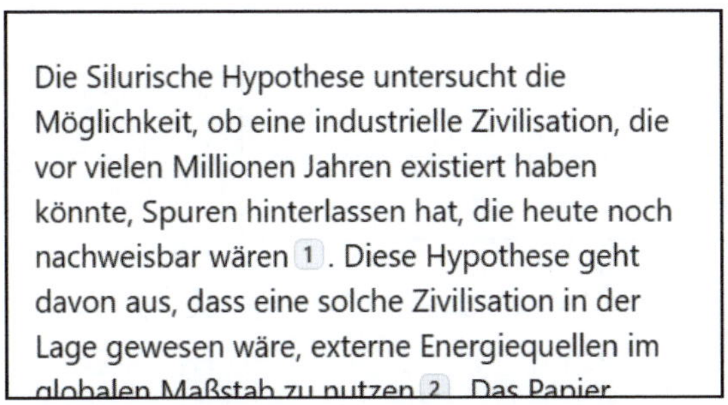

5. Wenn die Zusammenfassungen bzw. Antworten von Copilot Begriffe oder Konzepte erwähnen, mit denen Sie nicht direkt etwas anfangen können, fragen Sie sofort nach und lassen sich diese vom Assistenten erklären.

Anstatt ein Dokument von vorne bis hinten durchlesen zu müssen, können Sie sich so im Dialog mit Copilot durch den Inhalt »durchfragen«. So ziehen Sie in einem Bruchteil der Zeit genau die Informationen in dem Umfang heraus, wie Sie das benötigen.

Einen Fließtext in eine FAQ umwandeln

Eine weitere beliebte Möglichkeit, komplexe oder umfangreiche Sachverhalte in angenehme Häppchen zu verpacken, sind sogenannte FAQs – **F**requently **A**sked **Q**uestion**s** oder auf Deutsch »oft gestellte Fragen«. Haben Sie einen Fließtext, der alle benötigten Informationen enthält, können Sie das Erstellen eines entsprechenden FAQ-Katalogs Copilot überlassen.

1. Öffnen Sie das Dokument mit den benötigten Informationen in Word.
2. Markieren Sie den gesamten Text und klicken Sie unten links neben dem Text auf das Copilot-Symbol.
3. Wählen Sie im Kontextmenü die Option *Prompt schreiben*.
4. Geben Sie im so geöffneten Eingabebereich die Aufforderung ***Erstelle aus diesem Text eine FAQ*** ein und senden Sie diese mit *Generieren* ab.

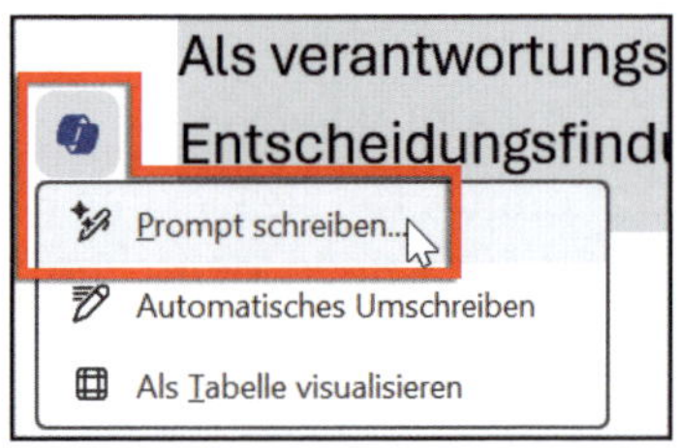

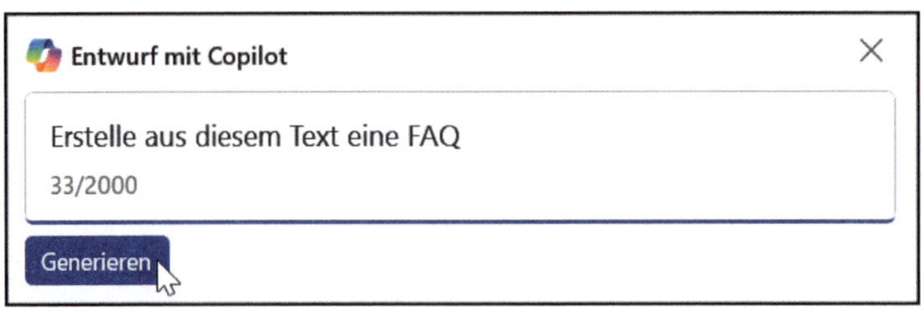

5. Nach kurzer Pause fügt Copilot seinen Vorschlag in den Text ein, den Sie mit *Beibehalten* übernehmen können.

Oder Sie nutzen das Eingabefeld rechts, um das Ergebnis noch modifizieren zu lassen, beispielsweise mit:

```
Mach es kürzer.
Mach es ausführlicher.
Verwende einfachere Sprache.
Formuliere es in lockerer Jugendsprache.
```

Weitere Möglichkeiten entdecken

Die vorangehend beschriebenen Möglichkeiten sind nur ein kleiner Ausschnitt dessen, was Copilot leisten kann. Und es handelt sich dabei auch nicht um »vorprogrammierte« Funktionen, sondern er nutzt seine – künstliche – Intelligenz, um Ihre Aufforderungen zu verstehen, ggf. vorhandene Inhalte zu analysieren und entsprechende Ergebnisse nach Ihren Wünschen zu erzeugen. Prinzipiell sind den Möglichkeiten also keine Grenzen gesetzt. Copilot wandelt Ihnen auch eine seitenlange Datenschutzerklärung in ein romantisches Gedicht um.

Gerade wenn man mit KI-Assistenten noch nicht so vertraut ist, kann es aber hilfreich sein, sich Anregungen zu holen, um die vielen Möglichkeiten erst mal erfassen zu können. Copilot bringt dafür eine Funktion mit, die Ihnen Vorschläge für Prompts macht.

1. Öffnen Sie die Copilot-Seitenleiste.
2. Lokalisieren Sie dort ganz unten den Eingabebereich.

3. Dort finden Sie rechts neben dem Pfeilsymbol zum Absenden drei weitere Symbole. Klicken Sie auf das linke.

4. Damit öffnen Sie den *Copilot-Promptkatalog*, der Ihnen eine Vielzahl fertiger Aufforderungen für verschiedene Situationen und Aufgaben vorschlägt.

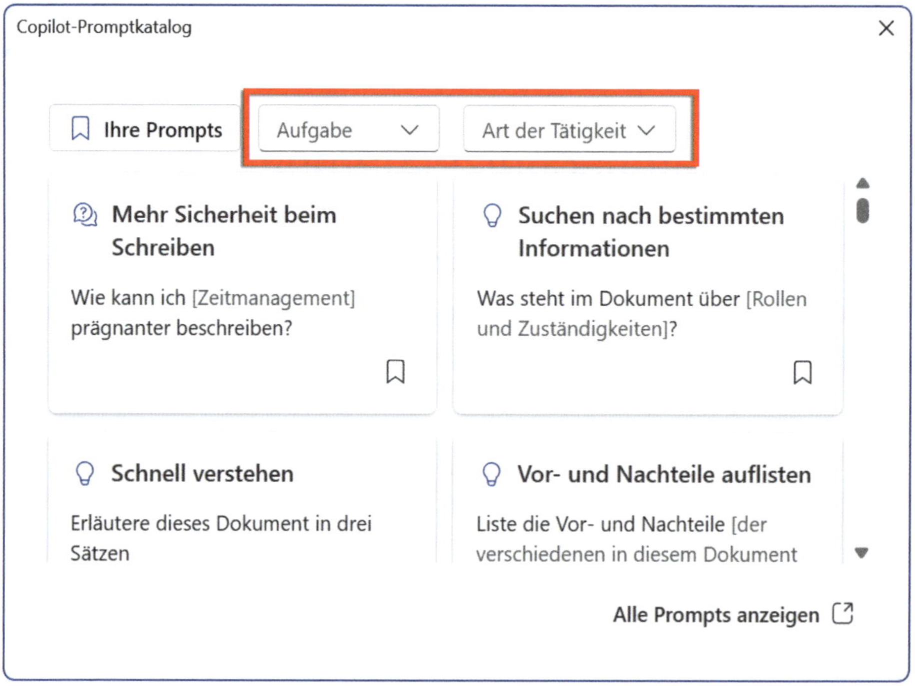

5. Mit den Auswahlfeldern *Aufgabe* und *Art der Tätigkeit* können Sie die Menge der Prompts filtern. Hier können Sie beispielsweise eine Branche oder eine Abteilung wählen, und der Katalog wird dadurch auf die dafür infrage kommenden Aufforderungen eingeschränkt.

6. Wenn Sie auf einen der Prompt-Vorschläge klicken, wird der *Promptkatalog* ausgeblendet und die gewählte Aufforderung in der Copilot-Seitenleiste in das Eingabefeld eingefügt.

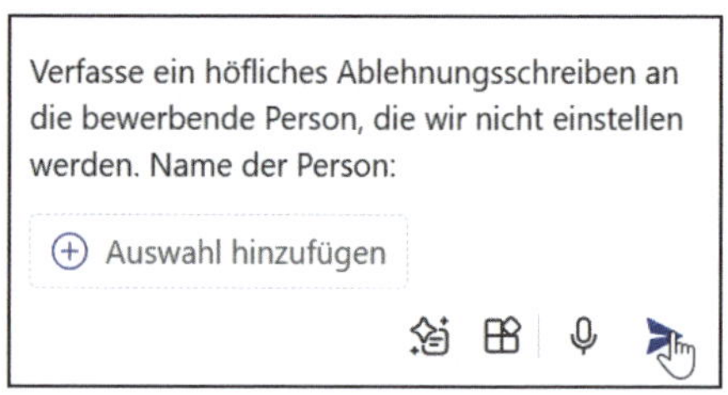

7. Hier sind eventuell noch Informationen zu ergänzen, und wie immer können Sie die Aufforderung beliebig abändern, bevor Sie sie mit dem Pfeilsymbol an Copilot übermitteln.

Hilfreiche Prompts als Favoriten

Wenn Sie im Katalog vielversprechende Prompts entdecken, die Sie mehr als nur einmal nutzen wollen, können Sie sich diese als Favoriten vormerken. Dazu finden Sie bei jedem Prompt unten rechts die kleine Prompt-speichern-Markierung. Klicken Sie diese an, um das Symbol einzufärben. Damit ist der Prompt als Favorit gesetzt.

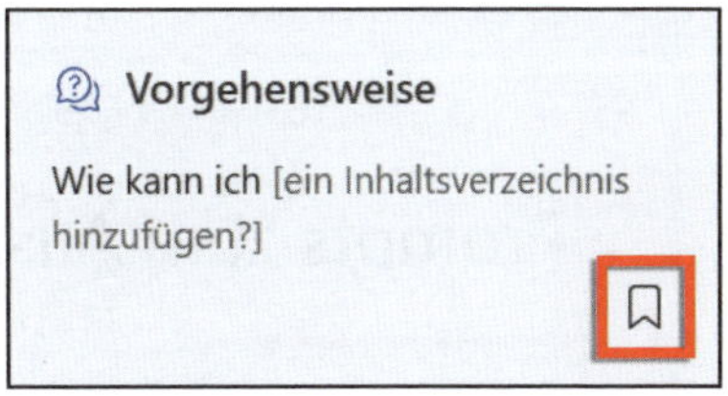

Wenn Sie im *Copilot-Promptkatalog* oben links auf *Ihre Prompts* klicken, wird die Liste aller Prompts angezeigt, die Sie auf diese Weise als Favoriten vorgemerkt haben.

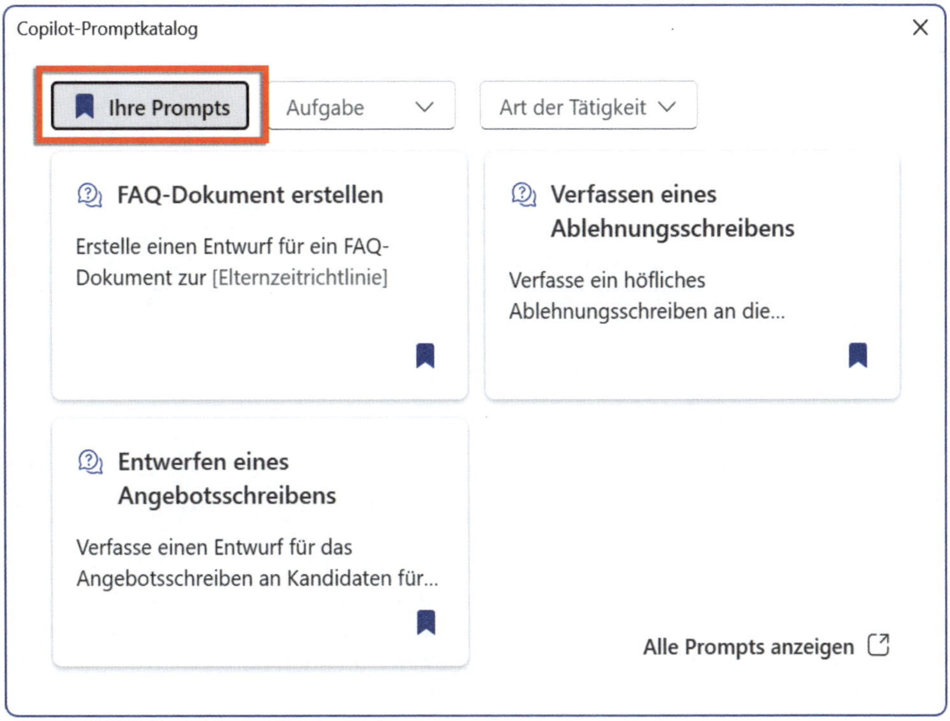

Noch mehr Ideen im Online-Promptkatalog

Im *Copilot-Promptkatalog* finden Sie unten rechts den Link *Alle Prompts anzeigen*. Mit einem Klick darauf öffnen Sie im Webbrowser die Onlineversion des *Copilot-Promptkatalogs*, die nochmals umfangreicher ist. Zusätzlich zu *Aufgabe*, *Abteilung* und *Branche* können Sie hier auch nach *App* filtern und sich so beispielsweise nur Vorschläge anzeigen lassen, die für Word vorgesehen sind.

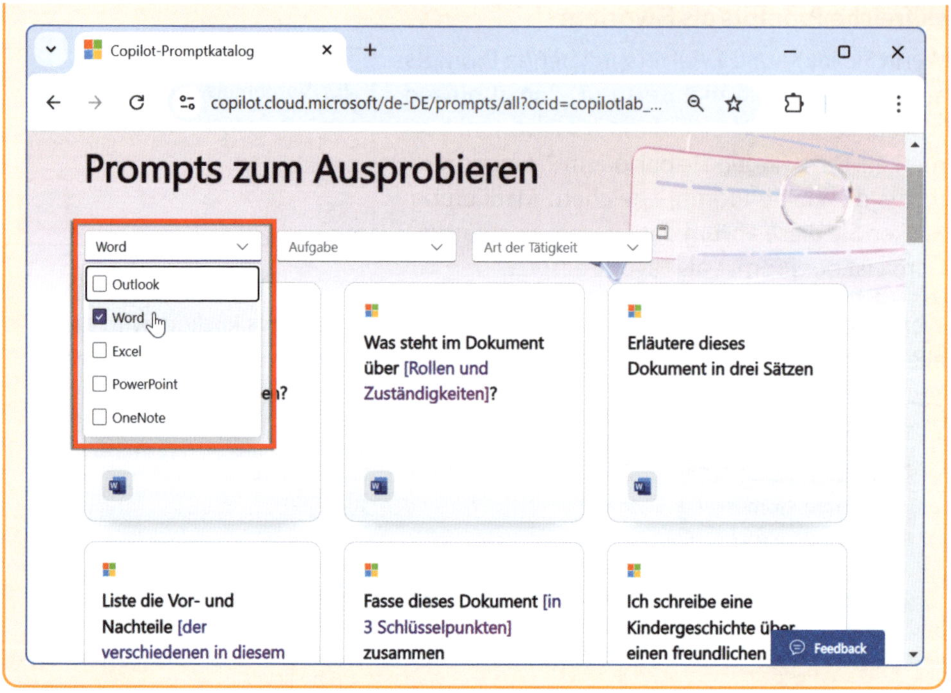

8.2 Copilot in Excel

Auch in Excel kann Copilot Ihnen wichtige Dienste leisten. Der KI-Assistent versteht dabei nicht nur Text, sondern hat auch ein Konzept von der Funktionsweise von Tabellen.

Dementsprechend kann er deren Inhalt analysieren und in Bezug setzen. Dabei kann er Regelmäßigkeiten ebenso wie Tendenzen und Ausreißer erkennen und Ihnen so bei der Analyse komplexer Daten helfen. Aber er leistet auch ganz praktische Dienste beim Gestalten von Tabellen oder beim Erstellen von Formeln.

Ähnlich wie bei Word finden Sie bei Excel im Menüband in der *Start*-Registerkarte ganz rechts das Copilot-Symbol, mit dem Sie jederzeit eine Seitenleiste für diesen Assistenten einblenden können. Wie alle Seitenleisten können Sie diese nach Bedarf an der rechten oder linken Seite anheften oder frei über dem Dokument schweben lassen.

Tabellen verstehen

Wenn jemand Ihnen eine Tabelle zur Verfügung stellt und Sie diese zum ersten Mal sehen, ist deren Bedeutung manchmal nicht ganz einfach zu erfassen. Copilot kann Ihnen dabei helfen, indem er die Werte analysiert und nach Mustern darin sucht. Darauf basierend kann er Pivot-Tabellen oder Diagramme vorschlagen, die das Wesentliche in einer Tabelle verdeutlichen.

1. Öffnen Sie den Copilot-Seitenbereich mit dem Symbol ganz rechts in der *Start*-Registerkarte im Menüband.
2. Im Seitenbereich macht Copilot automatisch einige Vorschläge für Aufforderungen, die in der jeweiligen Situation hilfreich sein könnten. Klicken Sie auf die Schaltfläche *Verstehen*.

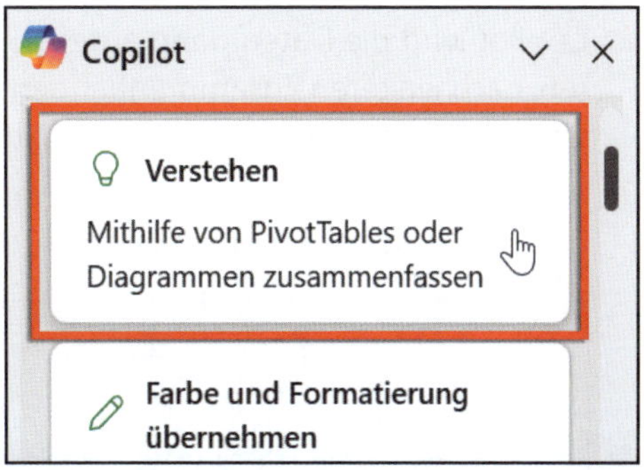

3. Sollte diese nicht angezeigt werden, tippen Sie unten im Eingabefeld alternativ ein:

```
Mithilfe von Pivot-Tabellen oder Diagrammen
zusammenfassen.
```

4. Nach kurzem Überlegen präsentiert Copilot Ihnen eine Antwort. Diese hängt selbstverständlich jeweils stark von den zugrunde liegenden Daten ab. Im vorliegenden Beispiel hat Copilot die Daten in einer umfangreichen Tabelle in wenigen Kategorien zusammengefasst und aufaddiert.
5. Die daraus erstellte kompakte Tabelle können Sie mit *Zu neuem Blatt hinzufügen* als zusätzliches Tabellenblatt in das Dokument einfügen.

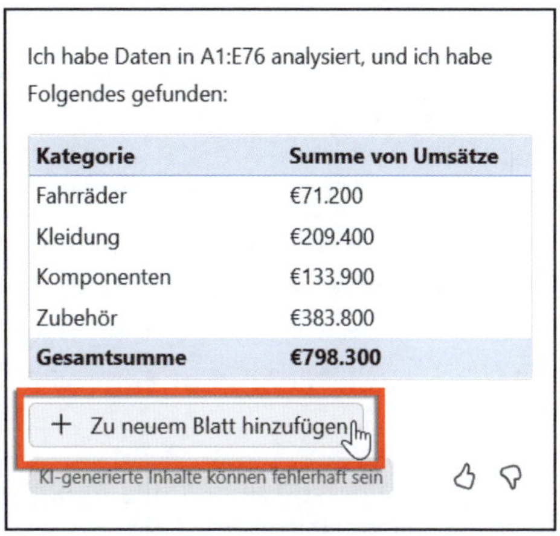

Weitere Erkenntnisse finden

Wenn Sie Copilot, wie vorangehend beschrieben, um Hilfe beim Verstehen einer Tabelle bitten, greift er sich einen Aspekt heraus, den er für besonders relevant hält. Das muss nicht immer derjenige sein, dem auch Sie eine besondere Bedeutung beimessen. Manchmal wird Copilot vielleicht auch auf etwas hinweisen, das Ihnen aufgrund Ihrer Kenntnisse der Materie offensichtlich erscheint. Dann lohnt es sich, weiterzusuchen.

1. Tippen Sie dazu im Eingabefeld der Copilot-Seitenleiste beispielsweise die Frage ***Gibt es weitere Erkenntnisse?*** ein.
2. Copilot wird die Daten dann erneut analysieren, nach weiteren Zusammenhängen suchen und Ihnen einen neuen Vorschlag machen.
3. Auch hier können Sie das Ergebnis in Form eines Diagramms oder einer Pivot-Tabelle in ein neues Tabellenblatt einfügen.

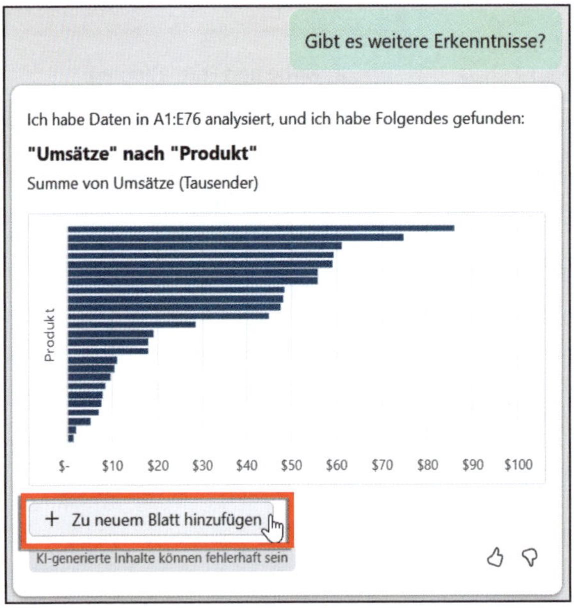

Auf diese Weise können Sie Copilot immer weiter nach Erkenntnissen suchen lassen. Sie können die Aufforderung aber auch spezifischer formulieren, etwa:

```
Gibt es weitere Erkenntnisse zum Umsatz?
```

Hier geht es fließend über in die Möglichkeit, Copilot Fragen zu den Daten einer Tabelle zu stellen (siehe Seite 301).

Nach Ausreißern in Daten suchen

Eine hilfreiche Möglichkeit bei großen Datenmengen ist es, nach Ausreißern zu suchen. Bei kleinen Tabellen reicht dafür oft ein genauer Blick. Bei mehr Daten und mehreren Spalten kann man sich mit Excel-Funktionen wie dem Sortieren oder auch dem farblichen Hervorheben von Zellen behelfen. Mit Copilot aber geht es noch einfacher und schneller, weil Sie den Assistenten ganz pauschal nach Ausreißern fragen können. Der weiß genau, was damit gemeint ist, und kann dank Musterkennung über alle Zeilen und Spalten hinweg schnell und zielsicher erkennen, welche Werte aus dem Rahmen fallen.

1. Meist finden Sie einen entsprechenden Vorschlag direkt im Copilot-Seitenbereich und können ihn dort direkt anklicken.

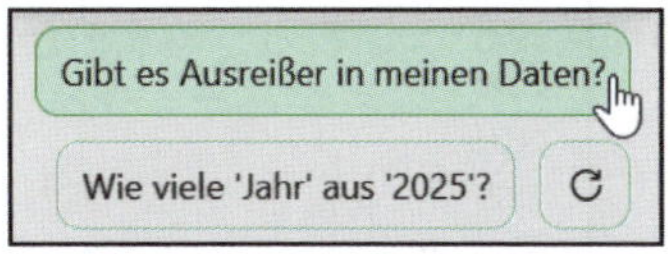

2. Falls der Assistent gerade andere Vorschläge für wichtiger hält, können Sie die Frage unten im Eingabebereich selbst eintippen. Das bietet Ihnen auch die Möglichkeit, gezielt in bestimmten Bereichen zu suchen, etwa:

```
Gibt es Ausreißer beim Umsatz?
Was sind die Ausreißer bei den Bewertungen?
```

3. Nach kurzer Bearbeitungszeit präsentiert Copilot Ihnen im Seitenbereich, was ihm die wichtigsten Abweichungen zu sein scheinen.

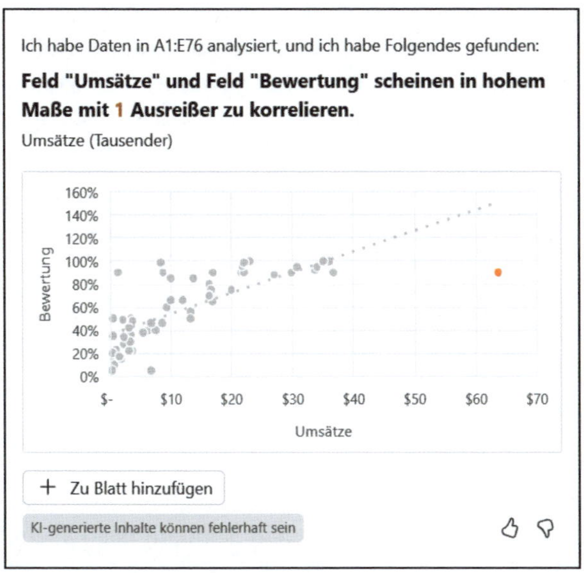

4. Wollen Sie den Sachverhalt näher untersuchen, klicken Sie am besten auf *Zu Blatt hinzufügen*.
5. Copilot fügt das erstellte Diagramm daraufhin direkt in das Tabellenblatt mit den Daten ein. Hier können Sie es an eine passende Stelle verschieben und auch sonst wie ein selbst eingefügtes Diagramm behandeln und verändern.
6. Wenn Sie den Mauszeiger über dem als Ausreißer markierten Punkt im Diagramm schweben lassen, werden Ihnen die konkreten Werte angezeigt. Damit können Sie die passende Stelle in der Tabelle ggf. schnell ermitteln.

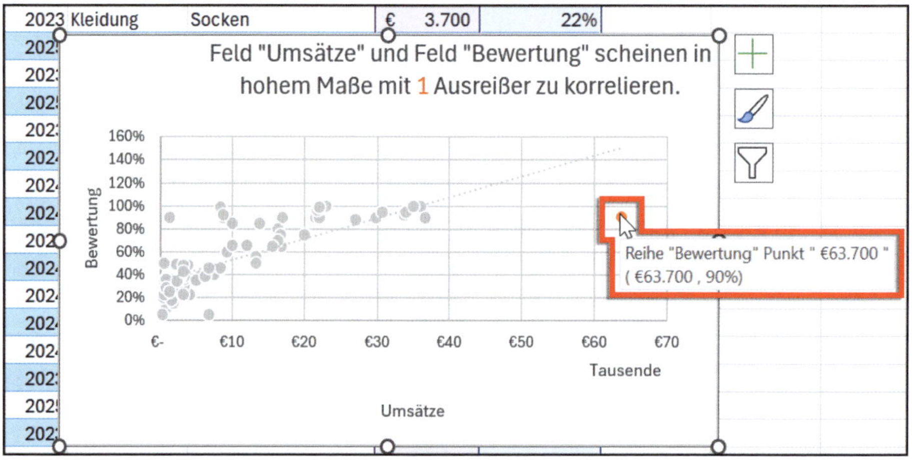

Alle Erkenntnisse hinzufügen

Anstatt Copilot alle Erkenntnisse über eine Tabelle mühsam aus der Nase ziehen zu müssen, können Sie auch zum Rundumschlag ansetzen. Mit der richtigen Aufforderung verrät er Ihnen alle Erkenntnisse, die er aus den Daten gewinnen kann, und fügt diese in einem separaten Blatt in das Dokument ein. Hier können Sie die verschiedenen Informationen in Ruhe selbst begutachten und das für Sie Interessante übernehmen.

1. Die folgende Funktion können Sie besser nutzen, wenn Sie zuvor bereits Erkenntnisse zu einer Tabelle abgefragt haben. Dann bietet der Assistent Ihnen in der Regel automatisch die Möglichkeit *Füge alle Erkenntnisse über das Raster hinzu*.

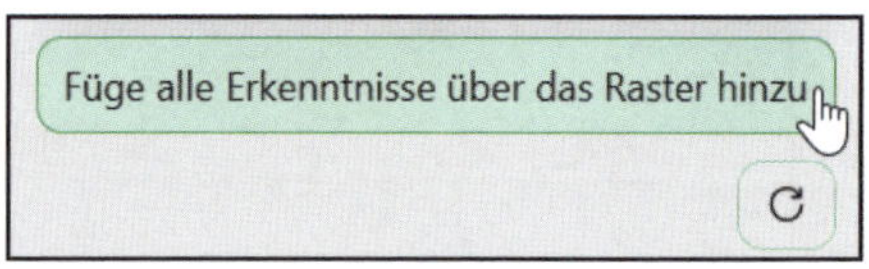

2. Andernfalls können Sie diese Aufforderung aber auch jederzeit selbst direkt unten in das Eingabefeld eintippen und absenden.
3. Die Bearbeitung dauert in diesem Fall je nach Umfang der Daten ein wenig länger, weil Copilot eben nicht nur nach einer Erkenntnis sucht, sondern nach allem Berichtenswerten.

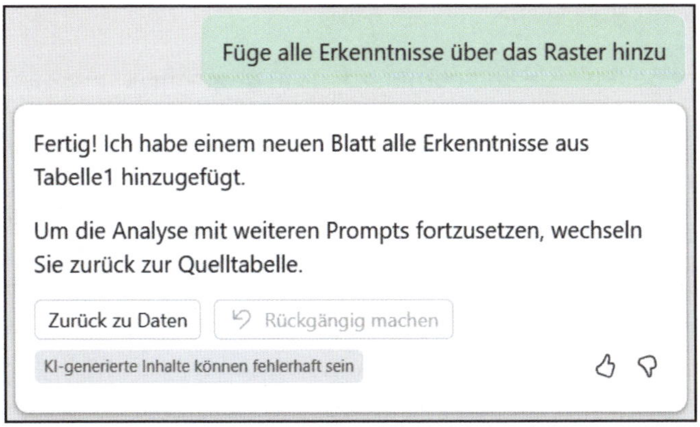

4. Anschließend fügt der Assistent dem Dokument ein neues Blatt hinzu und ergänzt darin seine Analysen.

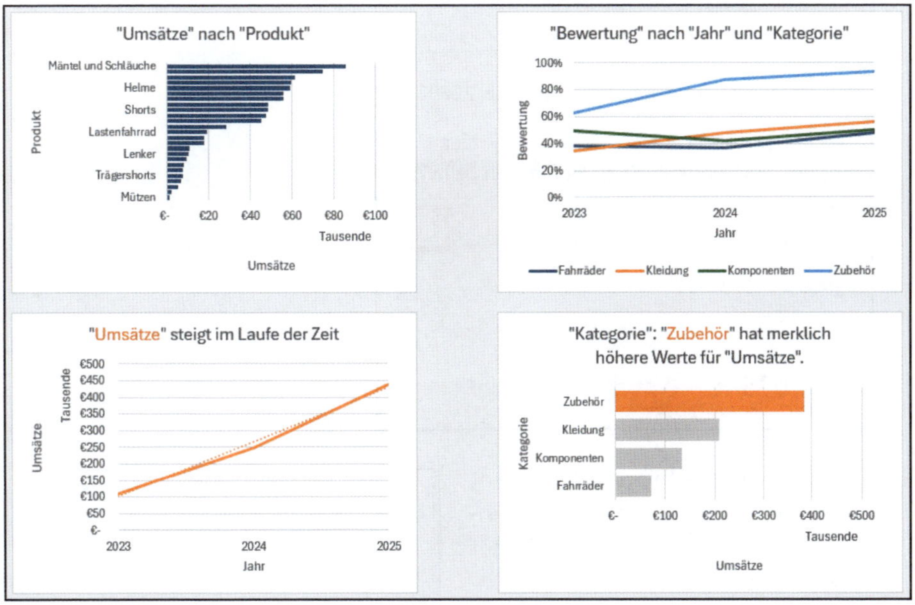

Fragen zu Tabellen stellen

Gerade bei größeren Datenmengen sieht man manchmal den sprichwörtlichen »Wald vor lauter Bäumen nicht«. Dann kann man sich das unermüdliche und unbestechliche Auge von Copilot zunutze machen. Der kennt schließlich die Daten in allen Details und kann dazu nicht nur allgemeine Aussagen oder Empfehlungen vornehmen, sondern auch ganz spezifische Fragen beantworten.

Die Vorgehensweise ist stets die gleiche:

1. Zeigen Sie die Copilot-Seitenleiste an, sofern noch nicht geschehen.
2. Tippen Sie dort ganz unten in das Eingabefeld Ihre Frage ein.
3. Senden Sie diese dann mit ↵ oder einem Klick auf das Pfeilsymbol ab.

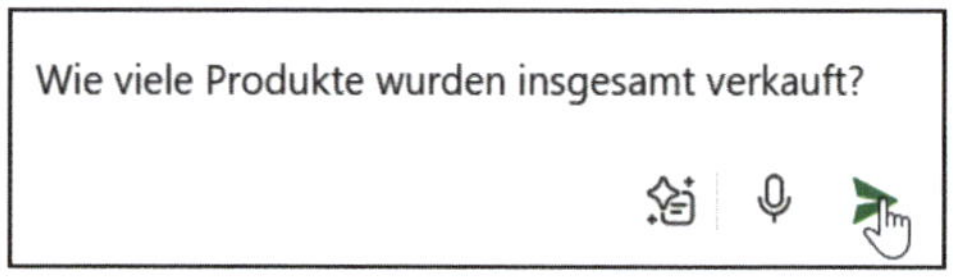

4. Copilot analysiert dann die vorhandenen Daten im Hinblick auf die Fragestellung und zeigt nach kurzem Nachdenken die Antwort im Seitenbereich an.
5. Hier finden Sie aber in der Regel nicht nur die Antwort, sondern auch eine Erklärung, wie diese zustande kam. Oftmals liefert Copilot auch gleich die passende Formel mit, die Sie mit der kleinen Schaltfläche kopieren können.

6. Sofern möglich, schlägt der Assistent Ihnen auch gleich noch eine passende Zeile oder Spalte vor, die Sie in der Tabelle ergänzen können, um die Information dort sichtbar zu machen. Klicken Sie dazu beispielsweise unterhalb der Vorschau auf die Schaltfläche *Zeile einfügen*.

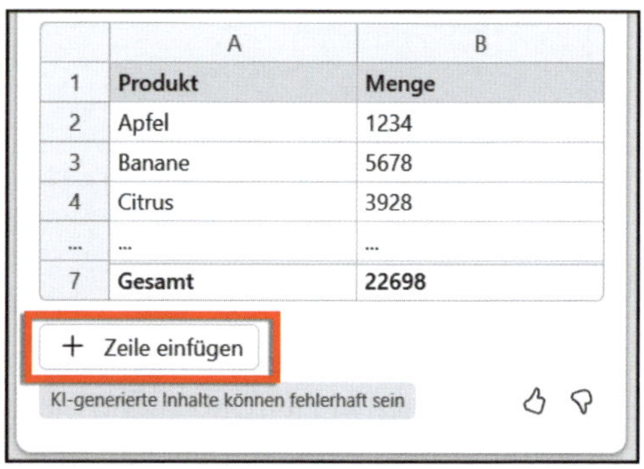

Fragen über Fragen

Und noch ein kleiner Trick, wenn Sie sich vielleicht gerade in ein neues Thema einarbeiten oder eine Präsentation der Daten vorbereiten. Wenn Ihnen spontan keine sinnvollen Fragen zu einer Tabelle einfallen, fragen Sie einfach den Copiloten danach, was man zu diesen spezifischen Daten fragen könnte.

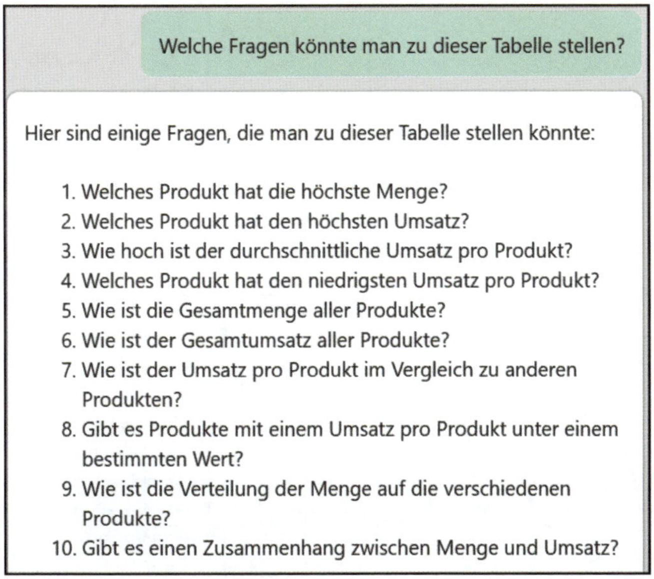

Daten visualisieren lassen

Ein Bild sagt mehr als tausend Worte, und ein Diagramm kann die Zahlenkolonnen einer Tabelle schnell veranschaulichen. Excel bietet zahlreiche Varianten, auf welche Art und Weise dies geschehen kann. Sie können aber auch Copilot die Mühe überlassen, eine geeignete Visualisierung zu finden.

1. Lassen Sie dazu die Copilot-Seitenleiste anzeigen und tippen Sie hier die Aufforderung ***Diese Daten visualisieren*** ein. Damit würde der Assistent entscheiden, welcher Aspekt besonders visualisierungswürdig ist und in welcher Form dies erfolgt.

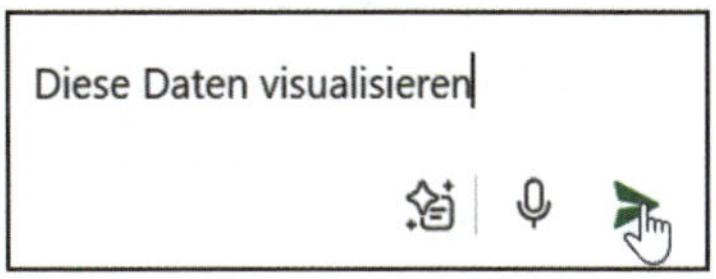

2. Anstelle dieser recht allgemeinen Formulierung können Sie hier auch schon spezifischere Vorgaben machen, etwa:

```
Visualisiere den Umsatz nach Produkten als Linien.
```

3. Nach etwas Bedenkzeit präsentiert Copilot Ihnen einen Entwurf im Seitenbereich. Wenn Sie den in Ihr Dokument übernehmen möchten, klicken Sie darunter auf *Zu neuem Blatt hinzufügen*.

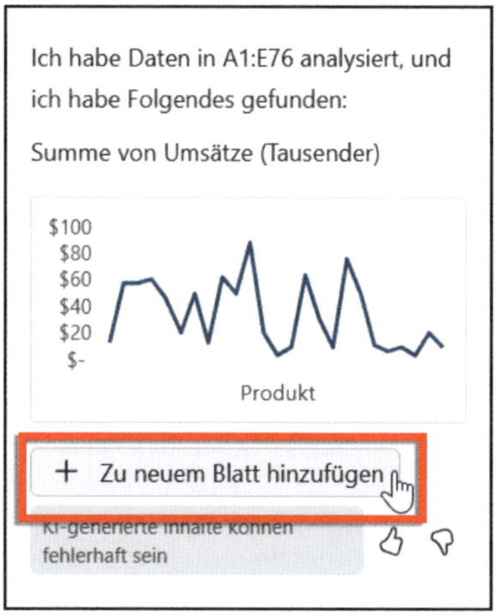

4. Die Visualisierung wird dadurch als vollwertiges Diagramm in ein neues Tabellenblatt eingefügt. Hier stehen Ihnen alle beschriebenen Möglichkeiten offen, das Diagramm noch weiter anzupassen.

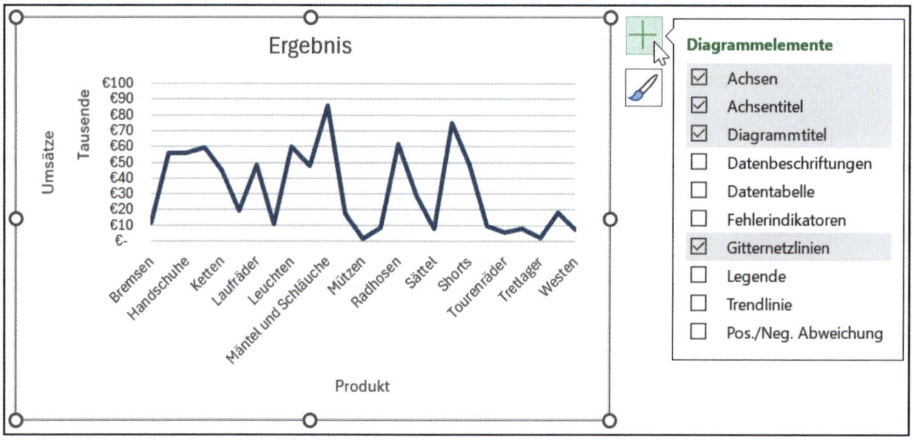

Formeln vorschlagen

Gerade wenn man noch nicht so viel Erfahrung mit Excel oder mit einem neuen Aufgabengebiet hat, kann es eine Herausforderung sein, vorhandene Daten angemessen auszuwerten und aufzubereiten. Hier kann Copilot weiterhelfen, weil die generative KI nicht nur Tabellen analysieren kann, sondern auch Wissen über Excel, seine Möglichkeiten und Funktionen hat.

Damit kann der Assistent vorhandene Daten auswerten und Formeln vorschlagen, die zusätzliche Erkenntnisse aus den vorhandenen Daten zugänglich machen. Diese können auf Wunsch auch direkt eingefügt werden.

1. Wenn Sie den Copilot-Seitenbereich öffnen, bietet Copilot Ihnen dort meist direkt die Schaltfläche *Formeln erstellen* an.
2. Alternativ können Sie jederzeit die Aufforderung ***Vorschlag für eine Formelspalte anzeigen*** unten in das Eingabefeld eintippen und absenden.

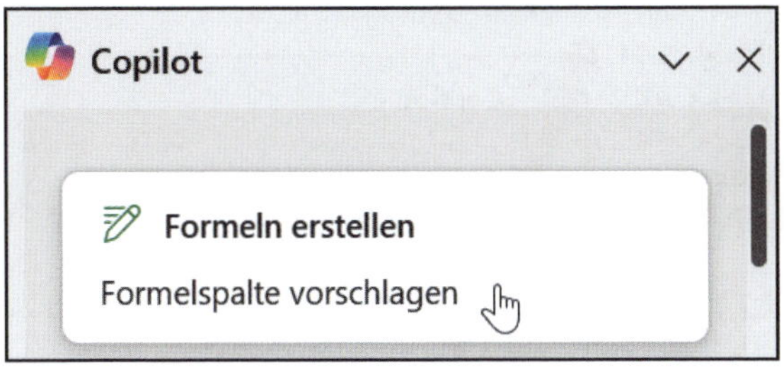

3. Copilot analysiert dann die in der Tabelle vorhandenen Daten und macht Ihnen einen Vorschlag für eine sinnvolle Formelspalte, die in diese Tabelle passen würde und implizit in den Daten vorhandene Informationen offensichtlich machen würde.
4. Als Antwort erhalten Sie eine kurze Erläuterung zur so gewonnenen Information. Außerdem wird der Inhalt der Formel angezeigt. Mit dem Kopieren-Symbol können Sie die Formel in die Zwischenablage übertragen (was aber nicht unbedingt nötig ist, siehe im Folgenden). Sollte Ihnen der Sinn der Formel unklar sein, können Sie mit *Erklärung anzeigen* weitere Angaben ausklappen.

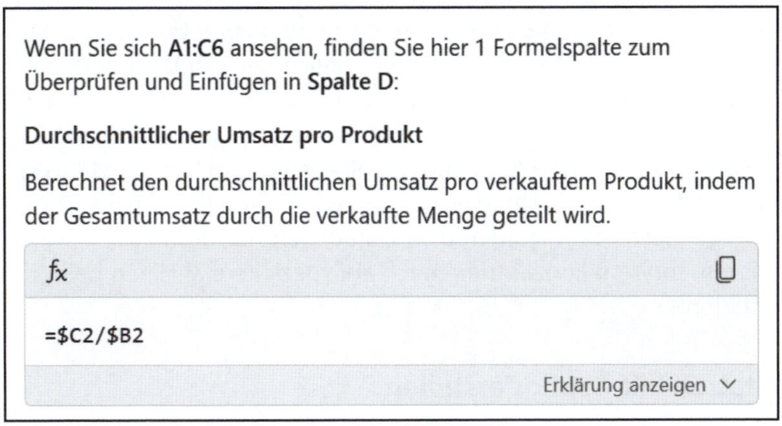

5. Darunter zeigt der Assistent Ihnen die Spalte an, die mit dieser Formel in die Tabelle eingefügt würde. Dabei rechnet er mit den tatsächlichen Werten.

6. Wenn Sie den Mauszeiger ganz unten über *Spalte einfügen* schweben lassen, wird die Spalte provisorisch in der Tabelle angezeigt. Mit einem Klick auf die Schaltfläche fügen Sie sie endgültig ein.

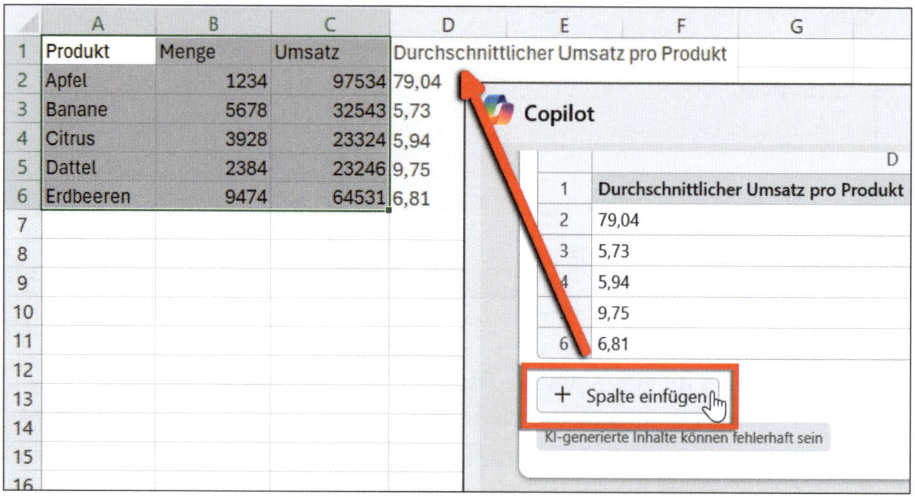

8.3 Copilot in PowerPoint

Auch in PowerPoint können Sie sich von Copilot Unterstützung beim Erstellen Ihrer Präsentationen holen. Copilot funktioniert hier ähnlich wie bei Word: Das Symbol wird teilweise direkt beim Erstellen und Bearbeiten von Folien angezeigt. Alternativ können Sie den Assistenten jederzeit bei Bedarf per Schaltfläche im Menüband (ganz rechts in der Registerkarte *Start*) als Seitenleiste einblenden. In Bezug auf das Erstellen, Analysieren, Umformulieren, Übersetzen usw. von Texten können Sie Copilot in PowerPoint ganz genauso wie in Word nutzen. Darauf gehe ich deshalb im Folgenden nicht nochmals ein, sondern konzentriere mich auf speziellere KI-Hilfen beim Erstellen von Präsentationen.

Eine Präsentation mit Copilot erstellen

Ein KI-Assistent, der praktisch alles weiß und daraus Inhalte generieren kann und in eine Anwendung zum Erstellen von Präsentationen integriert ist. Da stellt sich die Frage, ob man sich damit nicht viel lästige Arbeit sparen und Präsentationen auf Knopfdruck erstellen kann? Tatsächlich macht Copilot in PowerPoint genau das möglich.

1. Legen Sie in PowerPoint eine neue, leere Präsentation an.

2. Ist Copilot aktiviert, wird auf der Titelseite oben links automatisch dessen Symbol angezeigt. Klicken Sie darauf und wählen Sie im so geöffneten Menü *Erstellen einer Präsentation mit Informationen zu...*

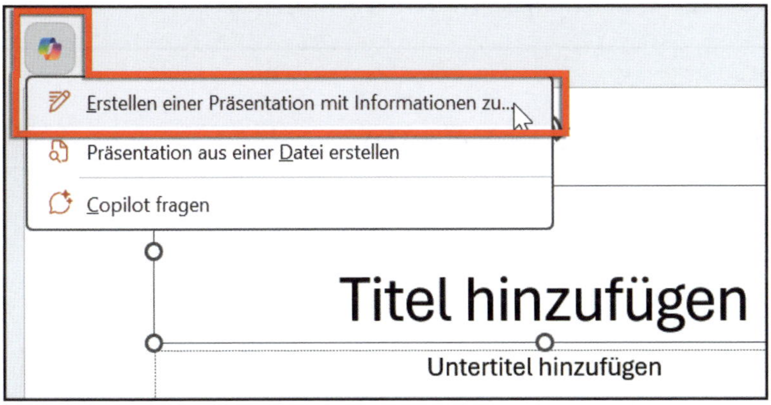

3. Damit öffnen Sie einen Copilot-Dialog, in dem Sie im oberen Feld zunächst das Thema der Präsentation eingeben. Das kann ein einzelnes Stichwort sein oder auch ein kürzerer Text, der die Aufgabenstellung beschreibt. Klicken Sie auf das Pfeilsymbol im Feld unten rechts, um fortzufahren.

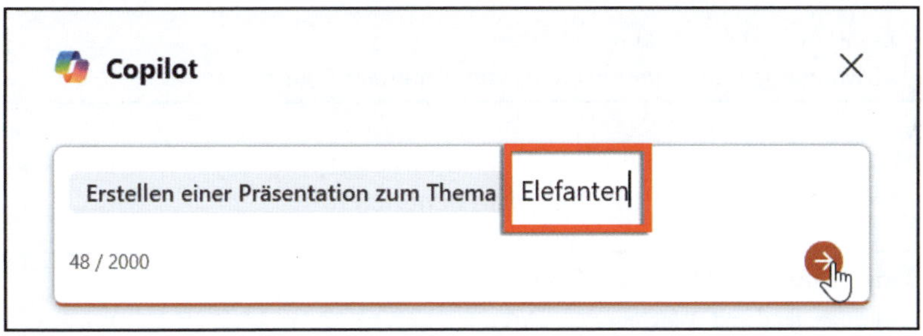

4. Copilot recherchiert nun zu dem vorgegebenen Thema und erstellt einen Gliederungsvorschlag, der in einem großen Feld darunter angezeigt wird. Zu allen hier aufgeführten Überschriften und Aufzählungspunkten würde der Assistent eine eigene Folie erstellen.
5. Dieses Feld ist interaktiv. Wenn Sie den Mauszeiger auf einen der Blöcke bewegen, wird dieser hervorgehoben und mit verschiedenen Symbolen zum Bearbeiten versehen:
   - Mit dem Symbol ganz links am Rand können Sie die Position dieses Blocks in der Gliederung verändern. Die anderen Blöcke passen sich automatisch entsprechend an. So lässt sich die Reihenfolge der Themenbereiche in der Präsentation steuern.

- Mit dem Papierkorb-Symbol rechts löschen Sie einen Themenblock, wenn dieser Ihnen unnötig oder unpassend erscheint.
- Mit dem mittigen +-Symbol hingegen können Sie Themenblöcke ergänzen, die Copilot bei der Recherche vielleicht vernachlässigt hat.

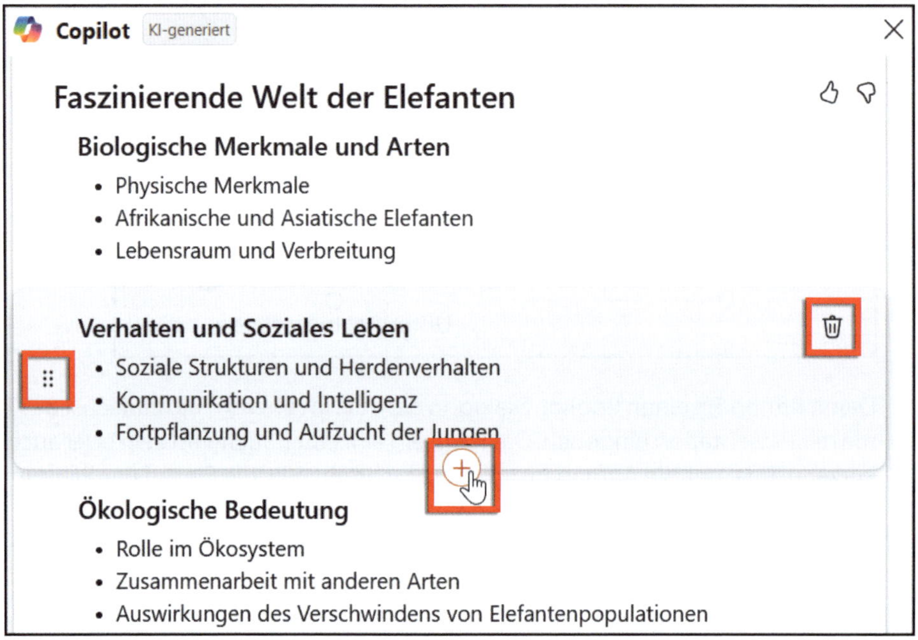

6. Sind Sie mit der Gliederung mit oder ohne eigene Eingriffe einverstanden, klicken Sie unten rechts auf die Schaltfläche *Folien generieren*.

7. Das Generieren einer solchen Präsentation dauert länger als das Übersetzen eines Textes oder das Analysieren einer Tabelle. Trotzdem sollten sich die Folien nach einigen Sekunden aufzubauen beginnen.

Wie Sie sehen werden, generiert Copilot nicht nur Aufzählungen und kompakte Texte, sondern fügt ebenso passende Bilder und Grafiken ein und ordnet diese in einem sehenswerten und abwechslungsreichen Layout ein. Gleichzeitig legt er auch Notizen zu den Folien an und füllt diese mit zusätzlichen Informationen und Texten, aus denen Sie vortragen können. Es entsteht also eine Präsentation, die Sie so direkt halten könnten. Gleichzeitig handelt es sich aber auch um ein vollwertiges PowerPoint-Dokument. Sie können also sämtliche Elemente auf allen Folien individuell anpassen und ergänzen.

Eine Präsentation aus einem Dokument erstellen

Eine andere sehr interessante Variante ist es, Copilot eine Präsentation auf der Grundlage vorhandenen Materials generieren zu lassen. Stellen Sie sich beispielsweise vor, Sie haben eine Haus- oder Semesterarbeit zu einem bestimmten Thema verfasst und sollen die Ergebnisse nun präsentieren. Oder der Chef schickt Ihnen eine PDF-Datei mit einer interessanten neuen Studie und bittet Sie, diese beim nächsten Abteilungstreffen vorzustellen. Dann können Sie Copilot in PowerPoint auf eine vorhandene Datei verweisen und basierend auf deren Inhalt eine Präsentation erstellen lassen.

Voraussetzung dafür ist allerdings, dass sich dieses Dokument in Ihrem Onlinespeicher befindet und Sie einen Link darauf in die Zwischenablage kopiert haben. Das können Sie im Webbrowser erledigen, wenn Sie sich Ihren OneDrive-Speicher dort anzeigen lassen. Wer OneDrive direkt in den Windows-Explorer eingebunden hat, kann dort aber auch die betreffende Datei mit der rechten Maustaste anklicken und im Kontextmenü *OneDrive/Link kopieren* wählen.

1. Auch hierfür starten Sie in PowerPoint am besten mit einer neuen, leeren Präsentation.
2. Klicken Sie auf das Copilot-Symbol auf der Titelseite oben links und wählen Sie im Menü *Präsentation aus einer Datei erstellen*.

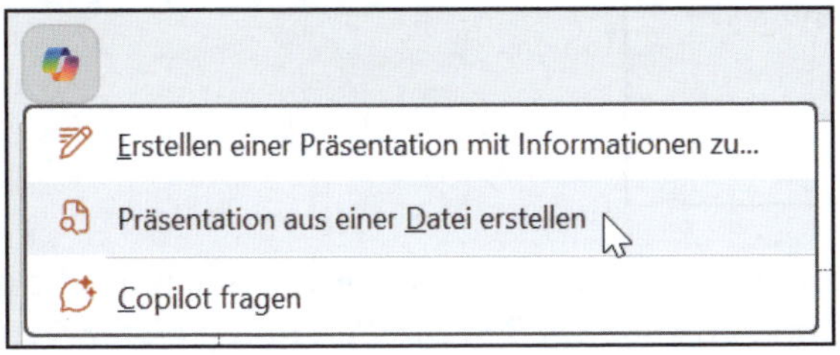

3. PowerPoint zeigt daraufhin die Copilot-Seitenleiste an, wählt darin ganz unten das Eingabefeld aus und fügt darin die Anweisung *Erstelle eine Präsentation aus Datei* ein.

4. Fügen Sie nun mit Strg+V den zuvor kopierten OneDrive-Link auf die Datei in die Aufforderung ein und senden Sie diese mit einem Klick auf das Pfeilsymbol ab.

5. Copilot legt nun los, analysiert das zugrunde liegende Dokument und erstellt eine Präsentation. Die Rückmeldungen dazu finden Sie im Seitenbereich, die Folien selbst aber werden direkt links in das Dokument eingefügt.

Auch hierbei entsteht eine vollwertige PowerPoint-Präsentation mit Layout, Illustrationen und Notizen, die Sie so direkt vortragen könnten. Gleichzeitig bleiben Ihnen alle Möglichkeiten offen, diese generierte Variante nur als Basis zu nutzen, die Sie beliebig verändern, kürzen oder ergänzen können, um sie nach Ihren Vorstellungen anzupassen.

Illustrationen in Folien einfügen

Präsentationen lassen sich erheblich auflockern, wenn die Folien nicht nur Text, sondern auch Bilder enthalten, selbst wenn diese nur der Illustration des Gesagten dienen. Copilot erlaubt es Ihnen, jederzeit schnell Bilder zu generieren und in eine Folie einzufügen.

1. Geben Sie im Eingabefeld der Copilot-Seitenleiste die Aufforderung ***Füge ein Bild hinzu*** ein, gefolgt von einer Beschreibung des gewünschten Bildinhalts oder des beabsichtigten Effekts.

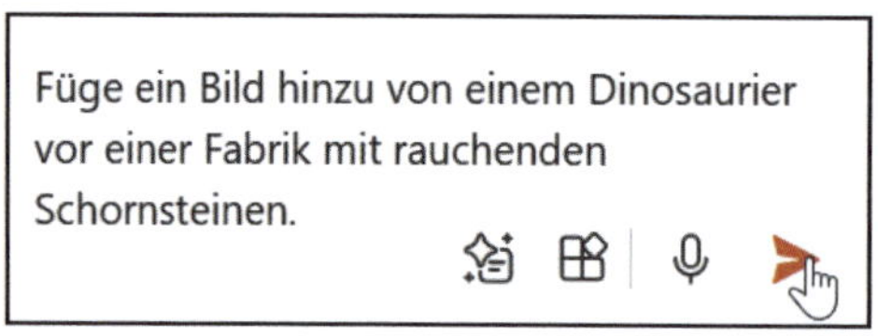

2. Sofern die Folie passende Beschreibungen oder Stichwörter enthält, reicht ggf. auch die generische Aufforderung ***Erzeuge ein Bild zur Illustration dieser Folie***.
3. Copilot generiert dann einige Vorschläge für Bilder, die er Ihnen in der Seitenleiste anzeigt.

4. Wählen Sie eines davon durch Anklicken aus und klicken Sie dann darunter auf *Einfügen*.

5. Damit wird das gewählte Motiv als Bildobjekt in die Folie links eingefügt, wo Sie es wie jedes Element beliebig verschieben, skalieren und bearbeiten können.

Bildarchiv statt KI-Motive

KI-generierte Bilder sind nicht jedermanns Sache, und manchmal ist es auch nicht ganz einfach, der KI genau das Motiv zu entlocken, das man sich vorgestellt hat. Eine Alternative für Office-Nutzer sind Bilder aus Microsofts kostenlosem Bildarchiv, die Sie in Ihre Präsentation einfügen können. Das geht auch mit dem Copiloten, der Ihnen die Mühe abnimmt, das Archiv selbst durchsuchen zu müssen. Stattdessen teilen Sie ihm mit, welche Art von Bild oder Motiv Sie suchen.

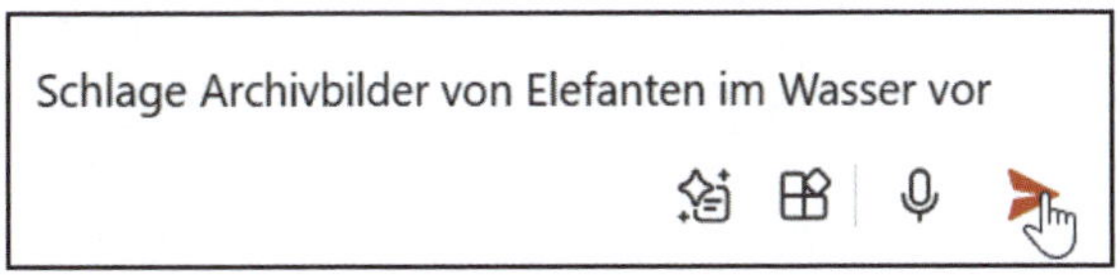

Als Antwort erhalten Sie auch hier mehrere Vorschläge, aus denen Sie einen auswählen und in Ihre Folien einfügen können.

Weitere hilfreiche PowerPoint-Prompts

Wie auch bei den anderen Office-Anwendungen sind Ihrer Fantasie in Bezug auf Copilot keine Grenzen gesetzt. Tippen Sie beliebige Aufforderungen in das Eingabefeld ein und schauen Sie, was der Assistent daraus macht. Im Folgenden möchte ich Ihnen nur noch ein paar Beispiele zeigen, wie sich Copilot insbesondere im Zusammenspiel mit PowerPoint effektiv nutzen lässt. Übernehmen Sie diese oder ändern Sie sie beliebig ab.

- ***Füge eine Agendafolie hinzu***
  Fügt eine Übersichtsfolie ein, wie sie typischerweise am Anfang einer Präsentation gezeigt wird, um den Umfang des Themas zu veranschaulichen. Copilot füllt diese Folie automatisch mit dem zur Präsentation passenden Inhalt. Daher sollten Sie diese Funktion am besten erst verwenden, wenn die Präsentation im Wesentlichen fertiggestellt ist.
- ***Teile diese Präsentation in Abschnitte ein***
  Auch diese Aufforderung sollte eher gegen Ende der Arbeit an einer Präsentation erstellt werden. Damit analysiert Copilot den Inhalt, unterteilt ihn in mehrere Abschnitte und fügt jeweils zu Beginn eines Abschnitts eine Folie mit dem Titel und einer Übersicht dieses Bereichs ein.
- ***Welchen Ton hat diese Präsentation?*** oder auch ***Wie wird diese Präsentation beim Publikum ankommen?***
  Damit analysiert Copilot Inhalt und Sprache der Präsentation und gibt Ihnen eine Einschätzung, wie Ihr Vortrag von den Zuhörern wahrgenommen wird.
- ***Welche Fragen könnte das Publikum zu dieser Präsentation stellen?***
  Hiermit können Sie sich perfekt auf Fragen aus dem Publikum vorbereiten. Copilot versucht zu antizipieren, welche Fragen die Zuhörer zu Ihrem Vortrag stellen könnten.
- ***Fasse die Präsentation in drei Sätzen zusammen***
  Wenn Sie eine kompakte Zusammenfassung des Themas benötigen. Anstatt von drei Sätzen kann hier selbstverständlich auch zwei, vier oder eine beliebige andere Zahl stehen.

8.4 Copilot in Outlook

Auch in Outlook können Sie sich von Copilot unter die Arme greifen lassen. Gerade wer täglich viele E-Mails erhält und ggf. auch beantworten muss, kann dadurch viel Zeit und Mühe einsparen. Allerdings ist der Einsatz von Copilot in Outlook Classic nur unter bestimmten Voraussetzungen möglich:

- Es muss sich wie immer bei Copilot um die Microsoft-365-Variante handeln, nicht die Kaufversion Office 2024.
- Es muss eine Lizenz für Microsoft Copilot Pro vorhanden sein.
- Es klappt nur bei Exchange-Postfächern oder bei Microsoft-Postfächern bei Diensten wie Outlook, Hotmail oder Live.

Wenn diese Bedingungen erfüllt sind, sollte sich Copilot automatisch in Ihrer Outlook-Anwendung zeigen.

E-Mails zusammenfassen lassen

Gerade, wenn Sie viele und gern auch mal längere E-Mails wie Protokolle, Berichte oder Gutachten erhalten, kann Copilot Ihnen mit automatisch erstellten Zusammenfassungen helfen. So können Sie sich schnell einen Überblick verschaffen und sich dann ggf. auf die für Sie besonders relevanten Abschnitte beschränken.

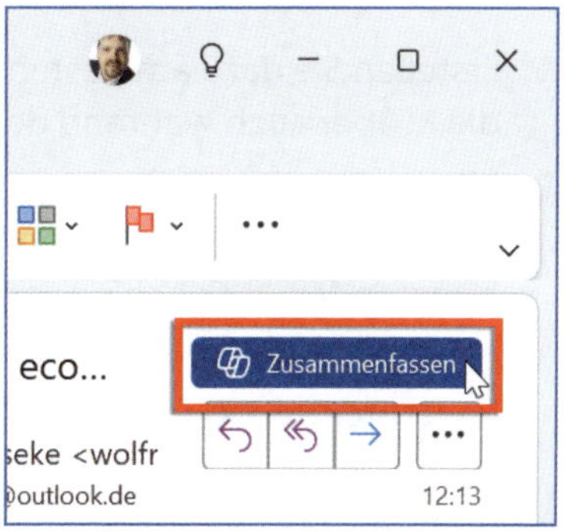

1. Wann immer das möglich ist, zeigt Outlook oben rechts neben der Betreffzeile der Nachricht eine *Zusammenfassen*-Schaltfläche mit dem Copilot-Symbol an.
2. Klicken Sie darauf, um eine Zusammenfassung dieser Nachricht zu erhalten.
3. Copilot fügt daraufhin oberhalb der Nachricht einen neuen Abschnitt ein, in dem die Zusammenfassung generiert wird. Je nach Umfang der Nachricht kann dies kurze Zeit dauern.
4. Anschließend sehen Sie die fertige Zusammenfassung in diesem Abschnitt. Mit dem Kopieren-Symbol oben rechts können Sie sie bei Bedarf in die Zwischenablage kopieren.

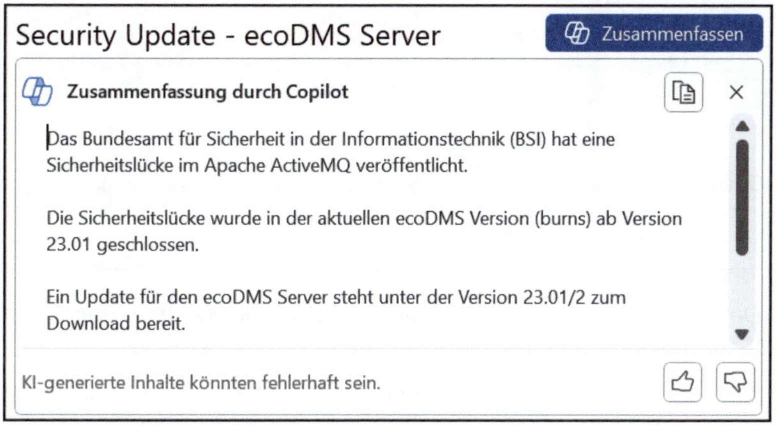

Wenn Sie zu einer anderen Nachricht wechseln, bleibt die Zusammenfassung vorläufig erhalten. Sie können also später zurückkehren, erneut auf *Zusammenfassen* klicken und bekommen das Resümee dann ohne erneutes Generieren sofort angezeigt.

Das gilt allerdings nur, solange Sie Outlook nicht schließen. Nach einem Neustart müssen Zusammenfassungen ggf. erneut generiert werden.

KI-Hilfe beim Formulieren

Auch beim Schreiben von Nachrichten kann Copilot Ihnen helfen. Eine Rechtschreib- und Grammatikprüfung bringt Outlook ohnehin mit, sodass Sie sich dafür nicht auf Copilot verlassen müssen. Aber der Assistent kann Ihre Nachrichten vor dem Versenden analysieren, auf bestimmte Eigenheiten aufmerksam machen oder alternative Formulierungen vorschlagen.

1. Erstellen Sie dazu am besten erst die Nachricht im Formular. Prinzipiell können Sie die KI aber auch während des Schreibens jederzeit aktivieren.
2. Klicken Sie dann in der Menüband-Registerkarte *Nachricht* auf das Copilot-Symbol und wählen Sie im so geöffneten Menü *Coaching von Copilot*.

3. Copilot blendet dann einen Dialog oberhalb des Nachrichtentextes ein. Darin analysiert das Programm den bisherigen Inhalt. Anschließend können Sie das Ergebnis in verschiedenen Kategorien ablesen, die Sie in der Leiste am linken Rand wählen:

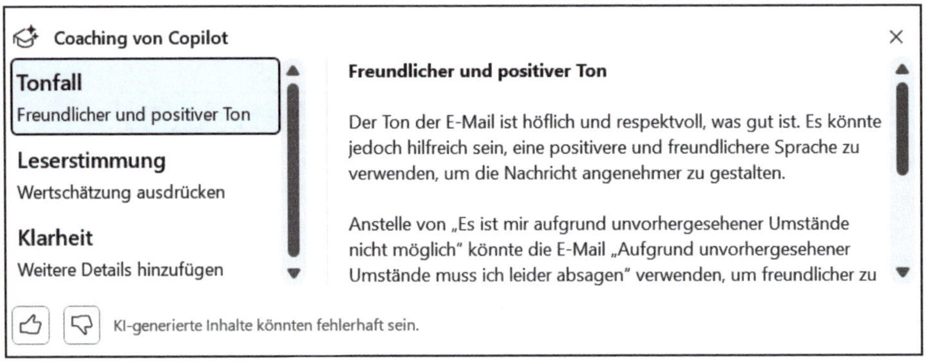

- *Tonfall:* Der Assistent bewertet den Stil der Nachricht und gibt Tipps, wie Sie diese ggf. freundlicher oder respektvoller klingen lassen können.
- *Leserstimmung:* Copilot untersucht, wie der Text auf den Empfänger wirkt und was Sie ändern oder ergänzen könnten, um diese Wirkung in Ihrem Sinn zu verbessern.
- *Klarheit:* Copilot überprüft, ob die Nachricht konkret genug ist oder ob vielleicht Informationen ergänzt werden sollten, damit die gewünschte Botschaft beim Leser ankommt.

4. In allen Kategorien finden Sie ggf. konkrete Formulierungsvorschläge für Verbesserungen. Allerdings gibt es keine Funktion, um diese per Mausklick in die Nachricht einzufügen. Es bleibt nur die Möglichkeit, vorgeschlagene Passagen zu markieren, zu kopieren und an der gewünschten Stelle in den Text einzufügen.

E-Mail von Copilot schreiben lassen

Sie können E-Mails auch gleich ganz von Copilot erstellen lassen. Das klingt vielleicht etwas unpersönlich, aber oftmals geht es bei E-Mail-Nachrichten ja auch um relativ unpersönliche Angelegenheiten wie etwa das Vereinbaren, Bestätigen oder Verschieben von Terminen oder das Anfordern bestimmter Unterlagen oder Informationen.

Der Vorteil von Copilot ist, dass Sie dem Assistenten nur stichpunktartig das Wesentliche mitteilen müssen. Der formuliert daraus dann eine freundliche E-Mail mit Begrüßung und Grußformel, bei der Rechtschreibung und Grammatik passen und auch keine Tippfehler drin sind. Sie brauchen nur noch gegenzulesen und eventuell Details zu ergänzen, bevor Sie das Ganze losschicken.

1. Sie können diese Funktion sowohl beim Erstellen einer neuen E-Mail als auch beim Beantworten einer eingegangenen Nachricht nutzen. Öffnen Sie in beiden Fällen zunächst das Formular für Ihre E-Mail und tragen Sie den E-Mail-Empfänger und Betreff, soweit erforderlich, ein.
2. Klicken Sie dann im Menüband in der Registerkarte *Nachricht* auf das Copilot-Symbol und wählen Sie im so geöffneten Menü *Entwurf mit Copilot*.

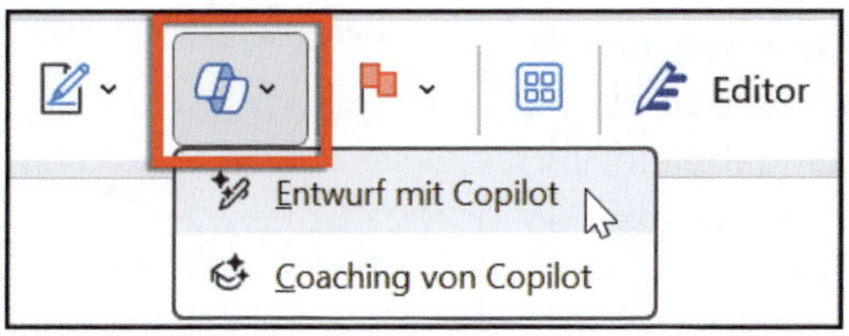

3. Daraufhin wird ein Dialogfeld angezeigt, in dem Sie dem Assistenten beschreiben, worum es in der Nachricht gehen soll. Formulieren Sie Ihr Anliegen am besten so, wie Sie es auch einem menschlichen Assistenten mitteilen würden. Dass es um das Schreiben einer E-Mail geht und was dabei zu beachten ist, weiß Copilot in diesem Kontext ohnehin. Sie können sich also auf das Wesentliche des Inhalts beschränken.

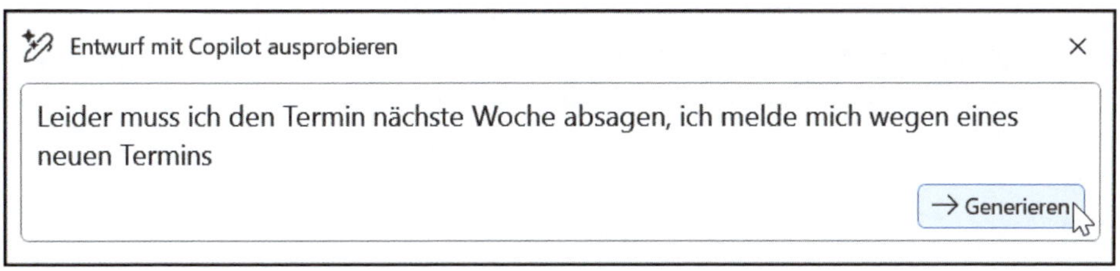

4. Klicken Sie dann auf *Generieren*.

5. Nach kurzer Pause präsentiert Copilot Ihnen einen Vorschlag, den Sie mit *Behalten* in das Nachrichtenformular übernehmen können.

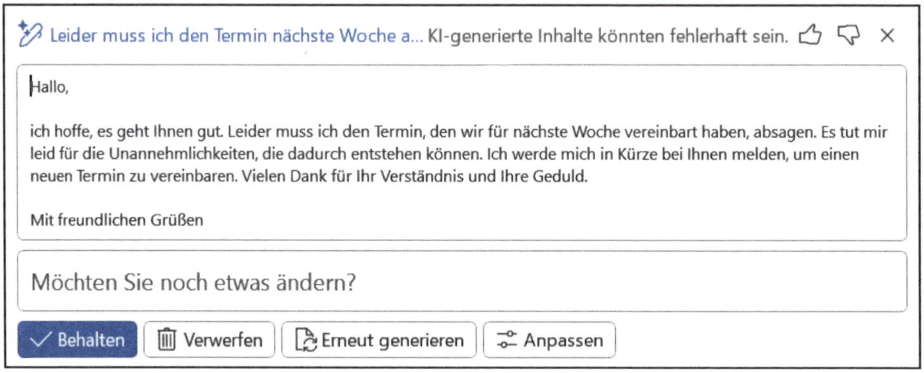

Sollten Sie mit dem Ergebnis nicht zufrieden sein, gibt es verschiedene Möglichkeiten:

- Mit *Erneut generieren* lassen Sie Copilot einen neuen Entwurf erstellen. Dieser wird anders formuliert sein und Ihnen möglicherweise besser gefallen.
- Schließlich möchte ich Sie noch auf das etwas unscheinbare Feld *Möchten Sie noch etwas ändern?* aufmerksam machen. Hierbei handelt es sich um ein vollwertiges Copilot-Eingabefeld, das als Kontext den aktuellen Formulierungsvorschlag für die Nachricht verwendet. Im Feld können Sie direkt Ihre Wünsche an Copilot formulieren, was an dem Text noch verändert werden sollte. Klicken Sie dann auf das Pfeilsymbol ganz rechts, um sich basierend auf dieser Aufforderung eine neue Variante generieren zu lassen.

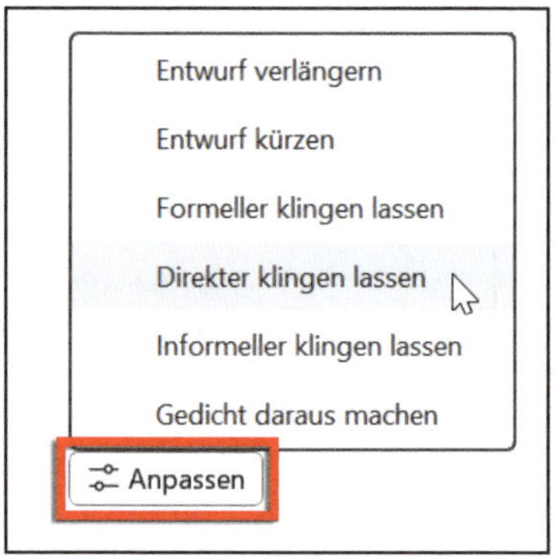

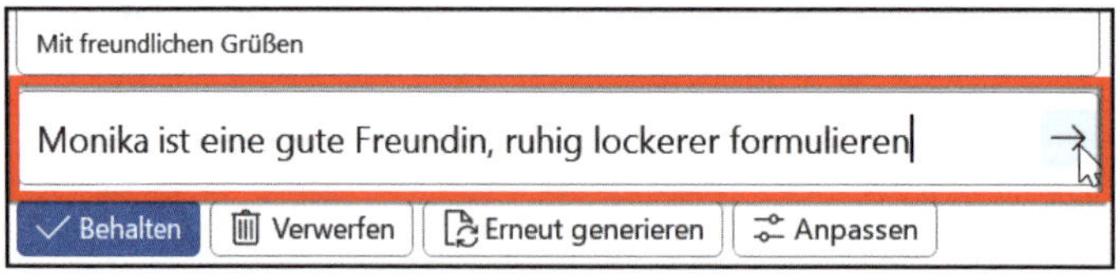

8.5 KI in Office ohne Copilot-Abo

Der Microsoft Copilot in Office-Anwendungen steht nur Office-365-Nutzern mit Zusatz-Abo zur Verfügung. Wer Office 2024 gekauft hat, kann den Copiloten selbst mit Abo nicht in seine Anwendungen integrieren.

Und wer nur gelegentlich KI-Funktionen nutzen möchte, wird sicher nicht jeden Monat eine Abo-Gebühr dafür bezahlen wollen. Deshalb soll es hier nun um Alternativen gehen, wie Sie ohne Zusatz-Abo Copilot in Ihrer alltäglichen Office-Arbeit nutzen können.

Zwischenablage als Schnittstelle zu KI-Diensten

Auch ohne direkte Integration können Sie KI-Dienste für Ihre Office-Aufgaben nutzen. Selbst Microsoft Copilot lässt sich – mit Microsoft-Konto, aber ohne Abo – jederzeit kostenlos im Webbrowser nutzen. Die Übergabe der Daten kann über die Zwischenablage erfolgen. Das ist zwar ein wenig umständlicher als eine direkte Integration. Aber wenn Sie dies nur gelegentlich benötigen, dürfte es annehmbar sein.

Wenn es etwa um Texte in bzw. für Word geht, ist das Prinzip wohl naheliegend. Diese können jederzeit beispielsweise mit Strg+C und Strg+V von Word in das Eingabeformular Ihres bevorzugten KI-Assistenten übertragen werden und umgekehrt. Um also beispielsweise eine Zusammenfassung eines längeren Textes zu erhalten:

1. Markieren Sie in Word das gesamte Dokument mit Strg+A.
2. Übertragen Sie den markierten Text mit Strg+C in die Zwischenablage.
3. Wechseln Sie dann zu Copilot im Webbrowser oder in der Desktop-App.
4. Fügen Sie den Text dort mit Strg+V aus der Zwischenablage ein.
5. Sie können am Ende des Textes Ihre Anweisung ergänzen, etwa:

```
Fasse mir diesen Text in vier Sätzen zusammen.
```

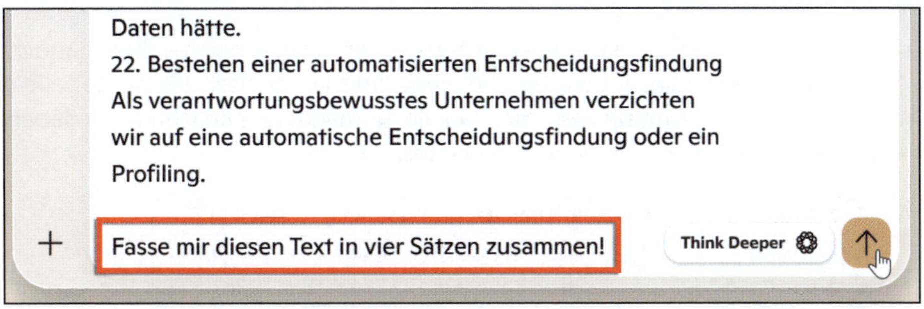

6. Alternativ senden Sie zunächst nur den Text an Copilot, damit der Inhalt Teil des Kontextes für Ihren Chat mit dem Assistenten wird. Anschließend können Sie dann beliebig Fragen zum Text stellen oder eben auch Zusammenfassungen, Umformulierungen oder Übersetzungen anfordern.

7. Um Ausgaben von Copilot in Word zu übernehmen, markieren Sie den fraglichen Text im Webbrowser bzw. in der App und kopieren ihn mit Strg+C in die Zwischenablage. Wollen Sie eine komplette Antwort von Copilot weiterverwenden, können Sie dafür auch das Kopieren-Symbol unterhalb des Textes nutzen.

> Dieser Text erklärt, dass personenbezogene Daten nur für die gesetzliche Aufbewahrungsfrist gespeichert und danach routinemäßig gelöscht werden, sofern sie nicht für den Vertrag benötigt werden. Es wird klargestellt, dass die Bereitstellung personenbezogener Daten gesetzlich oder vertraglich vorgeschrieben sein kann und dass ohne diese Daten kein Vertrag abgeschlossen werden kann. Der betroffene Person kann sich an Wolfram Gieseke wenden, um zu erfahren, ob die Bereitstellung ihrer Daten erforderlich ist. Das Unternehmen verzichtet auf automatisierte Entscheidungsfindung oder Profiling.

8. Wechseln Sie dann zurück zu Word, platzieren Sie die Einfügemarke an der gewünschten Position und drücken Sie Strg+V, um den Inhalt einzufügen. Sollte die KI den Text formatiert haben, können Sie ihn mit Strg+⇧+V als reinen Text ohne Formatierung einfügen.

Excel-Tabellen mit Copilot austauschen

Während das Austauschen von Texten aus Word oder auch PowerPoint per Zwischenablage naheliegend ist, würde man bei Excel vielleicht nicht unbedingt auf die Idee kommen, eine Tabelle per KI-Weboberfläche beispielsweise analysieren zu lassen. Aber Copilot kennt und erkennt Tabellen und weiß diese zu verstehen.

1. Markieren Sie hierzu die Daten einer Tabelle, die Sie untersuchen lassen möchten. Alternativ klicken Sie auf das Symbol ganz links in der Titelzeile der Tabelle oder drücken Strg+A, um die gesamte Tabelle zu markieren. Beachten Sie dabei ggf. Beschränkungen bei der Menge des Textes.

4	Zeitraum	Stückzahl	Umsatz	Kosten	Gewinn
5	1. Quartal	36	4.572,00 €	352,80 €	4.219,20 €
6	2. Quartal	28	3.556,00 €	274,40 €	3.281,60 €
7	3. Quartal	49	6.223,00 €	480,20 €	5.742,80 €
8	4. Quartal	51	6.477,00 €	499,80 €	5.977,20 €

2. Kopieren Sie die Tabelle mit Strg+C in die Zwischenablage. Besondere Vorkehrungen brauchen Sie dabei nicht zu treffen.

3. Wechseln Sie dann zur Copilot-Oberfläche und fügen Sie den Inhalt der Zwischenablage dort mit Strg+V ein. Dabei erfolgt automatisch das Konvertieren vom komplexen Excel-Format in eine reine Textdarstellung. Zeilen und Spalten werden dabei durch verschiedene Sonderzeichen visualisiert. Machen Sie sich darüber keine Gedanken und überlassen Sie es Copilot, die Tabellenstruktur korrekt zu erkennen.

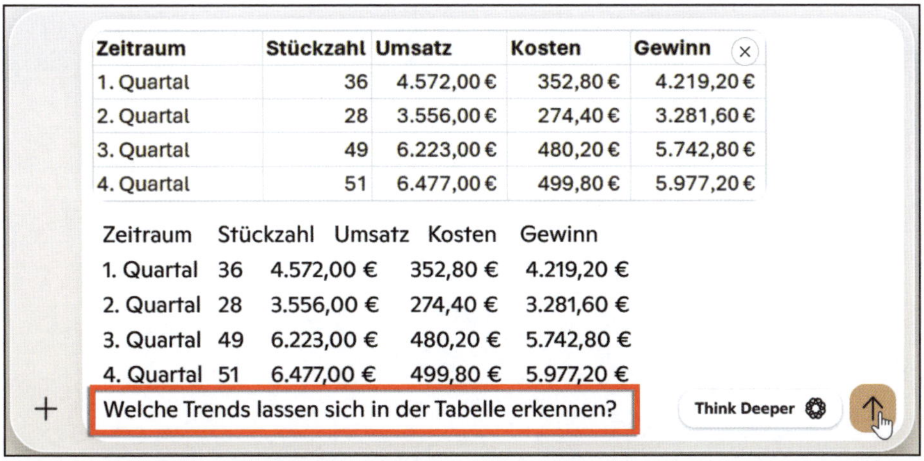

Zeitraum	Stückzahl	Umsatz	Kosten	Gewinn
1. Quartal	36	4.572,00 €	352,80 €	4.219,20 €
2. Quartal	28	3.556,00 €	274,40 €	3.281,60 €
3. Quartal	49	6.223,00 €	480,20 €	5.742,80 €
4. Quartal	51	6.477,00 €	499,80 €	5.977,20 €

4. Ergänzen Sie die eingefügten Tabelleninhalte mit Ihren Fragen oder Aufforderungen und senden Sie den Prompt dann ab.
5. Nach kurzem Nachdenken präsentiert Copilot seine Erkenntnisse, die hoffentlich hilfreich sind.

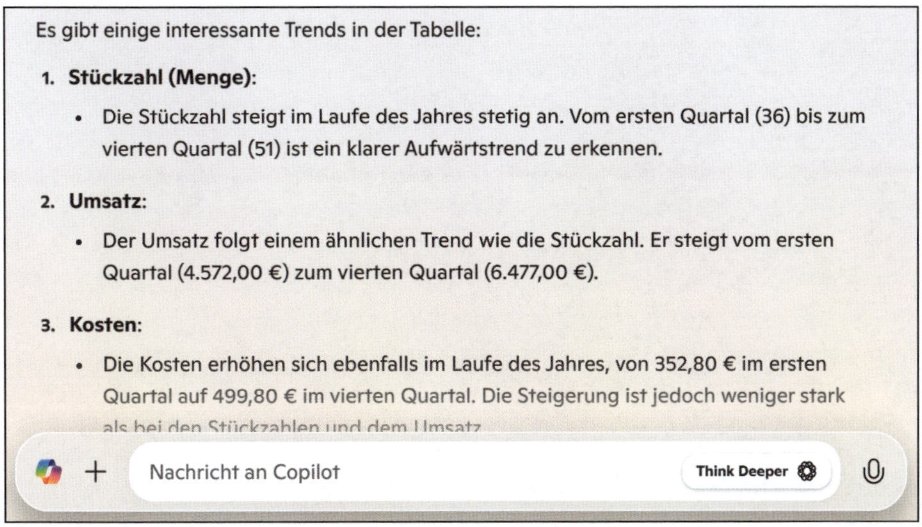

9. Wo Copilot noch helfen kann

In den vorangehenden Kapiteln habe ich Ihnen gezeigt, wie Copilot Ihnen bei verschiedenen Aufgaben helfen kann. Dabei habe ich eine grobe Unterteilung in Bereiche wie das Optimieren oder Generieren von Texten bzw. Bildern vorgenommen, um Sie mit den verschiedenen Einsatzbereichen und Möglichkeiten vertraut zu machen. Aber Copilot kann noch einiges mehr bzw. seine Fähigkeiten lassen sich so kombinieren, dass man sie in vielen Bereichen einsetzen und erstaunliche Ergebnisse erzielen kann.

In diesem letzten Kapitel möchte ich Ihnen nun noch einige Möglichkeiten vorstellen, die in keinen der anderen Themenschwerpunkte passten oder die eben verschiedene Bereiche kombinieren.

9.1 To-do-Listen mit KI-Hilfe planen

Wenn es um das Bearbeiten größerer Projekte oder komplexer Abläufe geht, schwören viele auf To-do-Listen. Sie zerlegen umfangreichere Unternehmungen in viele kleine Teilstücke. So entstehen überschaubare Aufgaben, die man Schritt für Schritt erledigen kann. Solche Listen kann man selbst erstellen. Allerdings erfordert dies zumindest gewisse Grundkenntnisse. Außerdem muss man sich die Zeit nehmen, über den Umfang und Teilaspekte eines Projektes gründlich nachzudenken. Am besten sollte man dabei nichts vergessen und die einzelnen Schritte ggf. auch schon in eine logische Reihenfolge bringen.

Oder aber Sie machen sich das Wissen von Copilot zunutze. Der weiß von vielen typischen Aufgaben, aus welchen Teilschritten sie bestehen und wie die richtige Reihenfolge der Teilschritte ist. So kann der KI-Assistent Ihnen in Sekunden eine To-do-Liste für viele Aufgaben vorschlagen, die Sie zumindest als Basis für Ihre Planungen nutzen und ggf. individuell anpassen und verfeinern können.

Um eine To-do-Liste zu erstellen, schildern Sie Copilot Ihre Aufgaben, erwähnen Sie ggf. bestehende Einschränkungen oder Bedingungen und fordern Sie eine entsprechende Liste an:

```
Ich soll den Junggesellinnenabschied meiner besten
Freundin organisieren. Erstelle mir dafür eine
To-do-Liste.
```

Das klingt nach einer wundervollen Aufgabe! Hier ist eine To-do-Liste für die Organisation eines unvergesslichen Junggesellinnenabschieds:

1. Planung und Organisation

- **Datum und Zeit festlegen**: Gemeinsam mit der Braut und den Gästen abstimmen.
- **Gästeliste erstellen**: Wer soll dabei sein?
- **Budget planen**: Klare Kosten pro Person festlegen.

2. Ideenfindung und Motto

- **Motto auswählen**: Sollte zur Braut passen (z. B. Glamour, Boho, Pyjama-Party).
- **Aktivitäten planen**:
  - Workshop (Cocktails mixen, Tanzkurs)
  - Abendgestaltung (Bar-Hopping, Karaoke, Dinner).
- **Dresscode**: Falls erwünscht, passende Outfits oder Accessoires besorgen.

3. Reservierungen und Buchungen

- **Location buchen**: Restaurant, Bar oder Eventspace.
- **Transport organisieren**: Falls nötig, z. B. Limousine, Minibus.

Copilot kann Ihnen auf Wunsch auch direkt eine Checkliste mit Kästchen zum Abhaken erstellen.

Erstelle mir eine ganz detaillierte Liste zum Abhaken.

Natürlich! Hier ist eine detaillierte Checkliste, die du Punkt für Punkt abhaken kannst, um den Junggesellinnenabschied deiner besten Freundin perfekt zu organisieren:

Planung & Vorbereitung

- [ ] **Datum und Zeit festlegen**
  - [ ] Braut und Gäste nach Verfügbarkeit fragen
  - [ ] Finales Datum und Uhrzeit bestätigen
- [ ] **Gästeliste erstellen**
  - [ ] Namen aller Gäste notieren
  - [ ] Kontaktinformationen der Gäste sammeln

Falls Ihnen einer der Punkte auf der Liste noch unklar ist oder zu wenig ausgearbeitet erscheint, können Sie auch jederzeit eine detailliertere Version speziell dieses Teils der Liste anfordern. So können Sie sich ggf. auch das »Wissen« von Copilot über bestimmte Aktivitäten, Anlässe oder Aufgaben zu eigen machen, über das Sie selbst womöglich noch gar nicht verfügen. Letztlich können Sie die Liste mithilfe von Copilot so weit herunterbrechen, dass Sie die einzelnen Punkte wirklich nur noch abzuarbeiten oder beispielsweise auch an Mitwirkende zu delegieren brauchen.

Arbeite den Punkt "Budget festlegen" noch genauer aus.

Klar, hier ist eine detailliertere Anleitung zur Budgetplanung für den Junggesellinnenabschied:

1. Gesamtkosten abschätzen

- [ ] **Location**: Kosten für Restaurant, Bar, Eventspace oder ähnliches.
  - Beispiel: Mietkosten, Mindestverzehr.
- [ ] **Aktivitäten**: Preise für Workshops, Eintritte, Touren, etc.
  - Beispiel: Spa-Behandlungen, Karaoke-Raum.
- [ ] **Transport**: Z. B. Taxi, Limousine, Busmiete.
- [ ] **Dekoration & Extras**:
  - Dekoartikel (Ballons, Banner, etc.).
  - Requisiten und Goodie-Bags.
- [ ] **Essen & Trinken**:
  - Menü im Restaurant, Getränke, Snacks.

To-do-Liste innovativ gestalten

Copilot kann Listen nicht nur einfach zusammenstellen, sondern dabei auch flexibel nach Ihren Vorgaben vorgehen oder einheitliche Regeln beachten. Wenn Ihr Projekt beispielsweise nur wenig zusätzliche Zeit beanspruchen darf, können Sie die Liste von vornherein so gestalten lassen, dass pro Tag nur eine kleine Zahl von Aufgaben eingeplant wird, die man »nebenbei« erledigen kann.

```
Erstelle eine minimalistische To-do-Liste mit
maximal drei Aufgaben pro Tag.
```

Hier ist eine minimalistische To-do-Liste, die sich auf das Wesentliche konzentriert:

Tag 1

1. Datum und Uhrzeit für den Junggesellinnenabschied festlegen.
2. Gästeliste erstellen und mit der Braut besprechen.
3. Budgetrahmen grob einschätzen.

Tag 2

1. Motto und Aktivitäten festlegen.
2. Erste Reservierungen vornehmen (z. B. Location, Aktivitäten).
3. Zahlungsbereitschaft der Gäste klären.

Weitere Prompts zum Erstellen von To-do-Listen

- Erstelle eine To-do-Liste, die nach Energieleveln kategorisiert ist – Aufgaben für hohe, mittlere und niedrige Energie.
- Hilf mir dabei, eine To-do-Liste zu schreiben, die auf meinen langfristigen Zielen basiert und diese auf tägliche Aufgaben herunterbricht.
- Wie könnte eine To-do-Liste aussehen, die sowohl berufliche als auch private Aufgaben kombiniert?
- Gestalte eine To-do-Liste, die mir hilft, Routineaufgaben zu automatisieren.
- Welche innovativen Ansätze gibt es, um eine To-do-Liste mit Gamification-Elementen zu erstellen?
- Wie kann ich eine To-do-Liste erstellen, die Aufgaben nach ihrer emotionalen Belastung ordnet?
- Erstelle eine visuelle To-do-Liste, die Farben oder Symbole zur Kennzeichnung von Prioritäten verwendet.
- Wie kann ich eine To-do-Liste erstellen, die den Fokus auf kleine, schnell lösbare Aufgaben legt, um ein Momentum aufzubauen?

- Hilf mir, eine To-do-Liste zu schreiben, die regelmäßig Überprüfungs- und Reflexionszeiten einplant.
- Entwerfe eine To-do-Liste, die zwischen kreativen und analytischen Aufgaben variiert, um Abwechslung zu fördern.
- Wie könnte eine To-do-Liste aussehen, die Zeit für Pausen und Erholung einplant?
- Erstelle eine To-do-Liste basierend auf der Pomodoro-Technik.
- Wie könnte ich eine To-do-Liste gestalten, die mich daran erinnert, nicht mehr als drei wichtige Aufgaben pro Tag zu übernehmen?
- Erstelle eine To-do-Liste, die mithilfe von affirmierenden Aussagen wie 'Ich werde' statt 'Ich muss' formuliert ist.
- Hilf mir, eine To-do-Liste zu erstellen, die Platz für spontane Ideen und zusätzliche Aufgaben bietet.

9.2 Mit Copilot erfolgreicher bewerben

Wer auf der Suche nach einem neuen Job ist, kommt um Bewerbungen und Auswahlgespräche nicht herum. Selbstverständlich können Sie sich bei der Formulierung Ihrer Bewerbung von Copilot unterstützen lassen, so wie dies vorangehend auch für andere Arten von Texten beschrieben ist. Aber der findige KI-Assistent kann Ihnen ebenso dabei helfen, sich auf ein Bewerbungsgespräch optimal vorzubereiten.

Vorsicht bei vertraulichen Informationen

Bei Bewerbungen geht es oftmals um persönliche Informationen wie Adressen und Kontaktdaten – von Lebensläufen ganz zu schweigen. Wenn Sie solche Daten in der Interaktion mit Copilot verwenden, werden diese in die Cloud hochgeladen und können von den Systemen auf verschiedene Weisen genutzt und eventuell auch dauerhaft gespeichert werden. Es empfiehlt sich deshalb, diese Daten anonymisiert zu verwenden, indem Sie Namen und Anschriften zuvor entfernen oder durch Pseudo-Angaben ersetzen. Beachten Sie nur, diese in generierten Texten wieder durch die echten Daten zu ersetzen.

Ein passgenaues Anschreiben erstellen

Das Anschreiben bei einer Bewerbung vermittelt dem potenziellen neuen Arbeitgeber einen ersten wichtigen Eindruck von Ihnen. Erfahrungsgemäß schätzen die Empfänger es aber, wenn Bewerber dabei auch auf das Unternehmen eingehen und deutlich machen, warum sie gern dort arbeiten möchten und warum genau sie die Richtigen für diesen Job sind.

Copilot kann Ihnen dabei helfen, ein solches individuell auf ein Unternehmen abgestimmtes Anschreiben zu erstellen. Handelt es sich dabei um ein bekannteres Unternehmen, über das Informationen aus dem Internet bereitstehen, kann der Assistent sich die benötigten Daten sogar selbst beschaffen.

```
Ich benötige ein professionelles Anschreiben für eine
Initiativbewerbung als Lektor beim Markt+Technik
Verlag!
```

> Sehr geehrte Damen und Herren,
>
> mit großem Interesse sende ich Ihnen meine Initiativbewerbung für die Position des Lektors bei Ihrem renommierten Verlag Markt und Technik. Nach Abschluss meines Studiums der [Ihr Studienfach] an der [Name der Universität] und durch meine einschlägigen Berufserfahrungen im Bereich Lektorat und Redaktion habe ich umfassende Kenntnisse und Fähigkeiten erworben, die ich gerne bei Ihnen einbringen möchte.
>
> Meine bisherige Tätigkeit als Lektor bei [Ihr bisheriger Arbeitgeber] hat mir gezeigt, wie wichtig präzises und sorgfältiges Arbeiten in diesem Beruf ist. Zu meinen Aufgaben gehörten die Überprüfung und Korrektur von Manuskripten, die enge Zusammenarbeit mit Autoren sowie die Erstellung von Texten für diverse Publikationen. Dabei habe ich nicht nur meine Liebe zur Sprache vertiefen, sondern auch meine organisatorischen und kommunikativen Fähigkeiten stetig weiterentwickeln können.
>
> Besonders spannend finde ich die Arbeit bei Markt und Technik Verlag, da Sie sich durch

Dieses Beispiel zeigt zum einen, dass Copilot nicht mehr als einen solchen Prompt braucht, um ein passgenaues Anschreiben zu erstellen. Informationen zum Geschäftsfeld des Unternehmens und zum Tätigkeitsprofil eines Lektors dort kann die KI selbst passend generieren. Sie brauchen nur noch die gekennzeichneten Platzhalter etwa zu Ihrer Ausbildung oder zum bisherigen Arbeitgeber durch reale Informationen zu ersetzen.

Das Beispiel zeigt zum anderen aber auch die Grenzen auf und macht deutlich, warum man solchermaßen generierte Texte stets kritisch prüfen und idealerweise individuell anpassen und ergänzen sollte:

Der Abschnitt zur eigenen bisherigen Berufserfahrung ist ausgesprochen allgemein gehalten und verrät nichts Konkretes über den Bewerber. Das ist unvorteilhaft und wird bei einem erfahrenen Personalchef schnell den – berechtigten – Verdacht aufkommen lassen, dass hier eine KI am Werk war. Ich würde hier also unbedingt konkrete, individuelle Ergänzungen vornehmen. Oder aber dem KI-Assistenten das nötige Wissen bereitstellen, um dies selbst zu tun (siehe im Folgenden).

Copilot mit individuellen Informationen füttern

Auch wenn man mit einem schnell eingetippten Prompt schon ein gut klingendes Anschreiben erhalten kann, ist es sinnvoll, der KI weitere Informationen zur Verfügung zu stellen. Diese kann Copilot berücksichtigen und so noch individueller auf eine ausgeschriebene Stelle und Ihre persönliche Vita eingehen.

1. Kopieren Sie den Text der Stellenanzeige bzw. -ausschreibung und fügen Sie diesen in den Copilot-Prompt ein. Alternativ können Sie beispielsweise auch eine PDF-Datei mit entsprechendem Inhalt hochladen. Copilot wird den Text verarbeiten und ggf. kommentieren.
2. Kopieren Sie anschließend ebenso Ihren persönlichen Lebenslauf in den Eingabe-Prompt. Liegt dieser etwa als DOCX-Datei fertig vor, können Sie auch diese zu Copilot hochladen. Die Datei wird verarbeitet und die Informationen daraus werden Teil dieses spezifischen Chats.
3. Copilot erkennt an dieser Stelle aus der Kombination von Stellenausschreibung und Lebenslauf bereits automatisch, dass Sie sich vermutlich bewerben möchten, und formuliert unaufgefordert Hinweise und Tipps.
4. Wenn Ihnen das so noch nicht reicht oder wenn dieser Schritt nicht automatisch vollzogen wird, können Sie mit einem entsprechenden Prompt nachhelfen, um das gewünschte Ergebnis zu erzielen:

```
Erstelle mir ein professionelles Anschreiben
für die angegebene Stellenausschreibung unter
Berücksichtigung meines Lebenslaufs!
```

> **Bewerbung als SPS Programmierer (m/w/d), Kennziffer FE97-64-W**
>
> Sehr geehrte Frau,
>
> mit großem Interesse habe ich Ihre Stellenausschreibung für die Position des SPS Programmierers (m/w/d) bei FERHAU gelesen. Aufgrund meiner langjährigen Erfahrung in der Entwicklung und Implementierung von SPS-Programmen sowie meiner ausgeprägten Fähigkeiten in der Optimierung von Steuerungssystemen, bin ich überzeugt, dass ich einen wertvollen Beitrag zu Ihrem Team leisten kann.
>
> Nach meinem erfolgreich abgeschlossenen Studium der Elektrotechnik an der Technischen Universität [Deine Uni], habe ich mehrere Jahre praktische Erfahrung in der Anwendung und Entwicklung von SPS-Programmen gesammelt. Insbesondere meine Kenntnisse in Simatic S7, Simatic WINCC (TIA Portal) und WinCC Flexible entsprechen den Anforderungen Ihrer Stellenausschreibung. Darüber hinaus bin ich versiert in der Programmierung und Verwaltung von SQL-Datenbanken und habe umfangreiche Erfahrung mit industriellen Kommunikationsschnittstellen wie Profibus, Profinet und OPC UA.
>
> In meiner letzten Position bei [Dein vorheriger Arbeitgeber] war ich für die Entwicklung

Die Informationen, die Sie dem Copiloten über den Prompt mitgeteilt haben, werden Teil des Wissens, das die KI innerhalb dieser Chat-Sitzung hat. Sie können sich also immer wieder darauf beziehen, solange Sie diesen Chat nicht schließen.

Einen tabellarischen Lebenslauf in einen klassischen umwandeln

Viele Arbeitgeber begnügen sich heutzutage mit einer kompakten Tabelle mit den wesentlichen Angaben zu Werdegang und persönlichen Fähigkeiten. Manche aber legen Wert auf einen klassisch ausformulierten Lebenslauf.

Wenn Sie sich bei einem solchen Unternehmen bewerben möchten, können Sie einen vorhandenen tabellarischen Lebenslauf als Basis nehmen und Copilot daraus einen klassischen Lebenslauf formulieren lassen, der in Sprachwahl und Formulierungen idealerweise auf das Unternehmen abgestimmt ist.

1. Fügen Sie den Inhalt Ihres tabellarischen Lebenslaufs über die Zwischenablage in das Copilot-Eingabefeld ein. Liegt der Lebenslauf in einem passenden Originaldokument beispielsweise als PDF- oder Word-Datei vor, können Sie diese auch direkt hochladen.

2. Nun können Sie den Assistenten beauftragen, aus den übermittelten Lebenslaufdaten einen klassischen Lebenslauf zu erstellen, beispielsweise so:

```
Das ist mein tabellarischer Lebenslauf. Kannst du
mir daraus bitte einen klassischen Lebenslauf mit
Fließtext erstellen?
```

3. Daraufhin erhalten Sie eine ausformulierte Version Ihres Lebenslaufs, die Sie zumindest als gute Basis verwenden können, um noch Umformulierungen vorzunehmen oder eventuell Aspekte stärker hervorzuheben, die Copilot vielleicht nicht ausreichend gewürdigt hat.

Klar, ich helfe dir gerne dabei, einen klassischen Lebenslauf zu erstellen. Hier ist eine mögliche Version:

Lebenslauf

Persönliche Daten Mein Name ist Bettina Bewerberin und ich wurde am 13.09.1995 in Leipzig geboren. Ich lebe derzeit in Dresden, Deutschland, und bin Informatikerin und Mathematikerin. Meine Kontaktdaten sind wie folgt: Betaweg 5, 01062 Dresden, E-Mail: bewerberin@tmail.com, Mobil: 0175 1234567. Weitere Informationen zu meinem beruflichen Profil finden Sie auf meiner LinkedIn-Seite unter www.linkedin.com/bewerberin.

Ausbildung Ich habe von Oktober 2017 bis September 2020 einen Master of Science in Computational Science and Engineering an der Technischen Universität Dresden erworben, den ich mit der Gesamtnote 1,9 abgeschlossen habe. Meine Schwerpunktfächer waren Computational Optics, Pattern Recognition und Strömungsmechanik. Meine Masterarbeit befasste sich mit dem Thema "Bragg gratings in semiconductor - waveguides".

Mit Copilot auf Vorstellungsgespräche vorbereiten

Wenn Ihr Bewerbungsschreiben erfolgreich war und Sie eine Einladung zu einem Bewerbungsgespräch erhalten, können Sie Copilot weiternutzen, um sich auf einen solchen Termin optimal vorzubereiten.

Selbstverständlich ist es unabhängig davon weiterhin sinnvoll, sich über das Unternehmen gründlich zu informieren. Aber Sie können den Assistenten dafür nutzen, sich ganz gezielt auf bestimmte Situationen und Fragen vorzubereiten. Auch hierbei ist es wieder wichtig, dass Copilot spezifische Informationen über die Stelle und Ihre Person zur Verfügung stehen.

1. Übergeben Sie Copilot, wie vorangehend beschrieben, den Inhalt der Stellenanzeige sowie Ihren Lebenslauf. Stehen Ihnen schon weitere Daten wie beispielsweise eine ausführlichere Stellenbeschreibung oder andere Angaben zum Unternehmen zur Verfügung, übermitteln Sie auch diese.
2. Fordern Sie Copilot nun auf, eine bestimmte Rolle einzunehmen und aus dieser Perspektive heraus zu agieren:

```
Du bist Personalverantwortlicher für die
ausgeschriebene Stelle. Erstelle mir eine Liste
der wichtigsten Fragen, die du mir als Bewerber
während des Bewerbungsgesprächs stellen würdest.
```

Hier sind einige wichtige Fragen, die ich dir als Personalverantwortlicher während des Bewerbungsgesprächs für die Position des SPS Programmierers (m/w/d) bei FERHAU stellen würde:

1. **Einleitung und Hintergrund:**
   - Können Sie uns etwas über Ihren bisherigen beruflichen Werdegang erzählen?
   - Warum haben Sie sich für eine Karriere in der SPS-Programmierung entschieden?
2. **Fachliche Qualifikationen:**
   - Welche Erfahrungen haben Sie mit der Programmierung von SPS-Systemen, insbesondere mit Simatic S7 und Simatic WINCC (TIA Portal)?
   - Können Sie ein Beispiel für ein Projekt nennen, bei dem Sie erfolgreich ein Steuerungssystem programmiert und optimiert haben?
   - Wie gehen Sie bei der Fehlersuche und -behebung in bestehenden Automatisierungssystemen vor?
3. **Technische Fähigkeiten:**

3. Selbstverständlich kann Copilot nur mutmaßen, welche Fragen im Gespräch gestellt werden. Aber wenn Ihnen gute Antworten darauf einfallen, sind Sie schon mal gut vorbereitet. Außerdem können Sie den Fragenkatalog schnell variieren, wenn er Ihnen auf Anhieb zu allgemein erscheint, beispielsweise so:

```
Gehe bei den Fragen stärker auf die Branche ein.
```

oder

```
Gehe bei den Fragen stärker auf meinen Lebenslauf
ein.
```

4. Vor allem aber können Sie sich vom KI-Assistenten nicht nur Fragen, sondern auch dazu passende Antworten liefern lassen:

```
Nenne mir für Frage 5 drei gute Antworten.
```

Hier sind drei gute Antworten für Frage 5, die sich auf deine Erfahrungen mit der Arbeit an internationalen Produktionsstandorten und in internationalen Teams sowie auf deine Sprachkenntnisse beziehen:

1. **Erfahrung mit internationalen Produktionsstandorten:**
   - "In meiner letzten Position bei [Dein vorheriger Arbeitgeber] war ich regelmäßig für die Betreuung von Automatisierungssystemen an internationalen Produktionsstandorten zuständig. Dies beinhaltete sowohl die Inbetriebnahme neuer Anlagen als auch die Fehlerbehebung und Optimierung bestehender Systeme vor Ort und per Fernzugriff. Diese internationale Erfahrung hat es mir ermöglicht, ein tiefes Verständnis für die Anforderungen und Herausforderungen globaler Produktionsumgebungen zu entwickeln."
2. **Erfahrung in internationalen Teams:**
   - "Während meiner Zeit bei [Dein vorheriger Arbeitgeber] hatte ich die Gelegenheit, in einem internationalen Team an verschiedenen Projekten zu arbeiten. Die

5. Auch wenn Sie weitere private Stärken, Talente oder Fähigkeiten für sich ins Spiel bringen wollen, kann Copilot Ihnen dazu stellenspezifische Tipps geben:

```
Ich bin ein leidenschaftlicher Marathonläufer. Wie
kann ich diese Fähigkeit für diese Stelle nutzen?
```

Der Assistent kombiniert dann sein Wissen über dieses spezielle Hobby mit den Informationen über die ausgeschriebene Stelle und schlägt Ihnen spezifische Bezüge vor, die Sie im Bewerbungsgespräch an passender Stelle ggf. nutzen können.

Als leidenschaftlicher Marathonläufer hast du wertvolle Fähigkeiten und Eigenschaften entwickelt, die sich auch auf deine berufliche Rolle als SPS-Programmierer übertragen lassen. Hier sind einige Aspekte, wie du deine Leidenschaft für das Marathonlaufen in deiner Bewerbung hervorheben und nutzen kannst:

1. **Ausdauer und Durchhaltevermögen:**
   - Marathonläufer zeichnen sich durch ihre Fähigkeit aus, langfristige Ziele zu verfolgen und hohe Ausdauer zu zeigen. Diese Eigenschaften sind auch im beruflichen Kontext von Vorteil, da sie deine Fähigkeit unterstreichen, Projekte beharrlich und erfolgreich abzuschließen, auch wenn sie anspruchsvoll sind.
2. **Disziplin und Selbstorganisation:**
   - Das Training für einen Marathon erfordert ein hohes Maß an Disziplin und Selbstorganisation. Diese Fähigkeiten sind auch im Job wichtig, insbesondere wenn es darum geht, komplexe Aufgaben eigenständig und strukturiert zu bewältigen.
3. **Zielorientierung und Motivation:**
   - Marathonläufer setzen sich klare Ziele und arbeiten kontinuierlich darauf hin. Diese Zielorientierung zeigt, dass du auch im beruflichen Umfeld motiviert und engagiert bist, deine Aufgaben zu erfüllen und kontinuierlich nach Verbesserung strebst.

6. Auch wenn Sie vielleicht von früheren Bewerbungsgesprächen schon wissen, dass Ihnen spontane Antworten auf bestimmte Fragen nicht leichtfallen, können Sie sich von Copilot gezielt darauf vorbereiten lassen.

   Eine beliebte bzw. gefürchtete Frage bei solchen Terminen ist beispielsweise die nach eigenen Schwächen. Die möchte man ungern zugeben, aber gleichzeitig sollte man eben doch eine konkrete Antwort parat haben.

```
Ich tue mich schwer damit, bei zu viel Arbeit auf
meine Überlastung hinzuweisen oder um Hilfe zu
bitten. Wie kann ich diese Schwäche so kommunizieren,
dass sie mir nicht negativ ausgelegt wird? Schlage
mir bitte eine konkrete Formulierung vor, die ich
in einem Bewerbungsgespräch verwenden kann.
```

> Es ist wichtig, deine Schwächen so zu kommunizieren, dass sie als Lernmöglichkeiten und Gelegenheiten zur Verbesserung betrachtet werden. Hier ist eine Formulierung, die du in deinem Bewerbungsgespräch verwenden kannst:
>
> ---
>
> "Eine meiner Herausforderungen ist, dass ich manchmal Schwierigkeiten habe, bei zu viel Arbeit auf Überlastung hinzuweisen oder um Hilfe zu bitten. Mir ist bewusst, wie wichtig es ist, rechtzeitig Unterstützung zu suchen, um die Qualität meiner Arbeit und die Teamdynamik nicht zu beeinträchtigen. Deshalb arbeite ich aktiv daran, dieses Verhalten zu verbessern. Ich habe begonnen, regelmäßige Check-ins mit meinem Teamleiter einzuplanen, um den Arbeitsaufwand zu besprechen und frühzeitig auf mögliche Engpässe hinzuweisen. Dadurch habe ich bereits Fortschritte gemacht und gelernt, Unterstützung anzunehmen und effizienter zu arbeiten."

Weitere Möglichkeiten

Über diese konkreten Hilfen bei Bewerbung und Vorstellungsgespräch hinaus kann Copilot Ihnen eine wertvolle Hilfe beim Recherchieren und Vorbereiten sein:

- Wenn Ihnen die Vorschläge des Assistenten auch aus Ihrer persönlichen Erfahrung heraus unpassend erscheinen, können Sie diese jederzeit nachjustieren, beispielsweise mit:

```
Bitte gehe mehr auf die Branche ein

Bitte formuliere die Antwort lockerer

Bitte formuliere die Antwort formeller
```

- Falls Copilot Sie mit Klischees wie »Wo sehen Sie sich selbst in fünf Jahren?« langweilt, fordern Sie ihn zu mehr Innovation auf:

```
Mache bitte aktuellere und innovativere
Vorschläge!
```

- Nutzen Sie die Fähigkeit der KI, sich in verschiedene Rollen hineinzuversetzen und Fragen aus der jeweiligen Perspektive beantworten zu können. So können Sie sich beispielsweise auch darauf vorbereiten, Ihrerseits die richtigen Fragen zu stellen:

```
Stell dir vor, dass du als Bewerber für diese Stelle
zu einem Bewerbungsgespräch eingeladen wirst. Der
Personalchef gibt dir die Möglichkeit, Fragen zum
Unternehmen und zu deiner Position zu stellen.
Welche Fragen würdest du stellen?
```

- Auch wenn Sie die Vorbereitung von wichtigen Gesprächen lieber selbst erledigen, kann Copilot Ihnen unter die Arme greifen. Kopieren Sie dazu Ihre Notizen in den Prompt und schreiben Sie:

```
Für mein Vorstellungsgespräch habe ich diese
Fragen und Antworten vorbereitet. Hast du
Verbesserungsvorschläge für mich?
```

9.3 Copilot als Finanzberater

Auch wenn Sie sich mit Finanzierungsfragen und Anlagestrategien herumschlagen, können Sie sich von Copilot unterstützen lassen. Zum einen sind KI-Systeme gute Rechner, die alle erforderlichen Formeln kennen und anwenden können, um auch komplexe Berechnungen in Sekunden zu erledigen. Das macht es leichter, verschiedene Varianten zu vergleichen und optimale Entscheidungen zu treffen. Zum anderen ist Copilot ein hervorragendes Recherchemittel, wobei man allerdings darauf achten sollte, dass fundiertes Grundlagenwissen auch immer mit jeweils aktuellsten Informationen kombiniert wird.

Komplexe Rechnungen erledigt Copilot

Eine praktische Hilfe kann Ihnen Copilot bei allen möglichen Berechnungen in Finanzfragen sein. Er ist mit Begriffen wie Anlage, Darlehen, Raten, Zinsen, Tilgung und Rendite vertraut. Und er kennt die dazugehörenden Formeln. Anstatt selbst zu rechnen, können Sie dem Copiloten komplexere Aufgaben getrost überlassen.

Vor Vertragsschluss nachrechnen

In Kapitel 1 ist unter anderem beschrieben, warum die KI manchmal falschliegen kann. Das gilt auch für Finanzielles. KI-Assistenten kennen die korrekten Formeln und können sie auch anwenden. Allerdings ist man nie vor Missverständnissen und Fehlinterpretationen gefeit. Ich würde KI-Systeme wie Copilot deshalb zum Informieren und »Durchspielen« von Möglichkeiten absolut empfehlen. Bevor Sie allerdings irgendetwas unterschreiben, rechnen Sie noch mal mit einem Programm oder einem Onlinerechner nach bzw. kontrollieren Sie ggf. anhand der Vertragsdaten für ein Finanzprodukt, ob dieses am Ende auch mit den KI-Berechnungen übereinstimmt. KI-Assistenten neigen zu großzügigem Runden von Zahlen, was bei kleineren Beträgen und kurzen Laufzeiten die Ergebnisse verfälschen kann.

Die Berechnung von Zinsen »von Hand« kann mühsam sein, insbesondere wenn es um längere Zeiträume geht und dabei auch die Zinseszinsen berücksichtigt werden sollen. Aber auch dafür gibt es eine Formel, die der kompetente Copilot selbstverständlich kennt und anwenden kann:

```
Ich möchte 5.000 Euro anlegen mit einem Zinssatz
von 3,5 Prozent. Wie viel Geld bekomme ich nach
zehn Jahren zurück inklusive Zins und Zinseszins?
```

Copilot wird Ihnen als Antwort ausführlich die für die Berechnung angewendeten Formeln vorstellen. Das macht die Antwort etwas unübersichtlich, ist aber wichtig, denn nur so erhalten Sie eine präzise Antwort. Sie können den Assistenten zwar auffordern, die Formeln wegzulassen und Ihnen nur den Betrag mitzuteilen. Aber dann verzichtet er tatsächlich ganz auf Formeln und schätzt den Betrag nur, was man bei Finanzfragen nicht unbedingt möchte.

Noch komplexer kann es bei Darlehen bzw. Krediten werden. Da geht es bei den Raten um Zinsen und Tilgung, und kleine Änderungen können über lange Laufzeiten erhebliche Auswirkungen haben. Und auch hier kann Copilot Ihnen helfen, das alles richtig abzuschätzen.

```
Ich möchte ein Darlehen über 100.000 Euro aufnehmen.
Der Zinssatz beträgt 4,5 %. Meine monatliche
Rückzahlung beträgt 600 Euro. Wie lange brauche
ich, um das Darlehen vollständig zu tilgen?
```

Auch hier präsentiert Copilot Ihnen die Formel und den Rechenweg, mit denen er zu seinem Ergebnis kommt. Ganz unten am Ende finden Sie das Ergebnis.

Die Berechnung des Endkapitals mit Zinseszins lautet wie folgt:

$$K_n = K_0 \times \left(1 + \frac{i}{100}\right)^n$$

Wobei:

- K_n das Endkapital ist
- K_0 das Anfangskapital ist (in diesem Fall 5000€)
- i der Zinssatz pro Jahr ist (in diesem Fall 3,5%)
- n die Anzahl der Jahre ist (in diesem Fall 10)

Setzen wir die Werte ein:

$$K_{10} = 5000 \times \left(1 + \frac{3,5}{100}\right)^{10}$$

$$K_{10} = 5000 \times (1 + 0,035)^{10}$$

$$K_{10} = 5000 \times (1,035)^{10}$$

$$K_{10} = 5000 \times 1,4106$$

$$K_{10} \approx 7053€$$

Nach 10 Jahren hättest du also etwa 7053€ angesammelt, inklusive Zinsen und Zinseszinsen. Nicht schlecht, oder? 💸

Jetzt können wir die Formel verwenden:

$$n = \frac{-\ln\left(1 - \frac{100.000 \cdot 0,00375}{600}\right)}{\ln(1 + 0,00375)}$$

Nachdem wir dies berechnet haben, erhalten wir:

$$n \approx 210,04$$

Das bedeutet, dass Sie etwa **210 Monate** oder etwa **17,5 Jahre** benötigen, um das Darlehen vollständig zu tilgen.

Da die einmal gemachten Angaben und auch die von Copilot gelieferten Antworten im Kontext dieses Chats berücksichtigt werden, können Sie sich jederzeit darauf beziehen und nachfragen.

```
Wie viel Zinsen habe ich dann am Ende bezahlt?
```

Um die insgesamt gezahlten Zinsen zu berechnen, können wir die Gesamtsumme der Rückzahlungen nehmen und davon die ursprüngliche Darlehenssumme abziehen.

Die monatliche Rückzahlung beträgt 600€, und die gesamte Rückzahlungsdauer beträgt etwa 210 Monate. Daher sind die gesamten Rückzahlungen:

$$600\,€ \times 210\,\text{Monate} = 126.000\,€$$

Nun ziehen wir die Darlehenssumme ab:

$$126.000\,€ - 100.000\,€ = 26.000\,€$$

Das bedeutet, dass Sie am Ende etwa **26.000€** an Zinsen bezahlt haben.

Diese Antwort demonstriert schön mögliche Ungenauigkeiten, mit denen man bei KI-Assistenten rechnen muss. Im Schritt zuvor wurde die Laufzeit mit »etwa 210 Monaten« angegeben. Bei der Nachfrage verwendet Copilot diesen Wert nun einfach weiter, ohne zu berücksichtigen, dass es ein Etwa-Wert ist, und ohne zu beachten, dass die Schlussrate praktisch immer geringer ausfällt. So kommt er auf einen zu hohen Gesamtwert.

Unter Berücksichtigung solcher Ungenauigkeiten kann man trotzdem weiter nachfragen und beispielsweise verschiedene Varianten durchspielen, um sich die Auswirkungen schnell berechnen zu lassen.

```
Und wenn ich monatlich 800 Euro abbezahle?
```

Das bedeutet, dass Sie etwa **144 Monate** oder etwa **12 Jahre** benötigen, um das Darlehen vollständig zu tilgen.

Um die insgesamt gezahlten Zinsen zu berechnen, können wir die Gesamtsumme der Rückzahlungen nehmen und davon die ursprüngliche Darlehenssumme abziehen:

Die monatliche Rückzahlung beträgt 800€, und die gesamte Rückzahlungsdauer beträgt etwa 144 Monate. Daher sind die gesamten Rückzahlungen:

$$800\,€ \times 144\,\text{Monate} = 115.200\,€$$

Nun ziehen wir die Darlehenssumme ab:

$$115.200\,€ - 100.000\,€ = 15.200\,€$$

Das bedeutet, dass Sie am Ende etwa **15.200€** an Zinsen bezahlt haben.

Copilot berechnet für die beiden zuvor gestellten Fragen neue Werte anhand der veränderten Rate und zeigt diese an. In der abschließenden Zusammenfassung vergleicht er beide Varianten und beziffert konkret das Einsparpotenzial.

Recherche und Entscheidungshilfe bei Investments

Copilot verfügt über ein breites Wissen, das auch Märkte, Börsen und Finanzprodukte umfasst. Dieses kombiniert er mit einer Vielzahl einschlägiger Onlinequellen und kann so auch aktuelle Antworten liefern. Dabei ist Copilot in Bezug auf seine Quellen transparent, sodass Sie immer überprüfen können, wie aktuell bestimmte Teile einer Antwort sind.

1. Stellen Sie Copilot eine beliebige Frage zum Thema Finanzanlagen.

```
Wie wird sich der Ölpreis in den kommenden sechs
Monaten entwickeln?
```

Die Prognosen für den Ölpreis in den nächsten 6 Monaten sind gemischt 1. Einige Experten erwarten, dass der Preis aufgrund einer schwächeren Weltkonjunktur und eines höheren Angebots sinken könnte 2. Andere wiederum sehen eine mögliche Erhöhung aufgrund von geopolitischen Spannungen und Produktionskürzungen durch OPEC+ 1.

Laut einer Prognose könnte der Brent-Preis zwischen **60 und 85 US-Dollar** liegen 2. Es ist jedoch wichtig zu beachten, dass Ölpreise sehr volatil sind und von vielen Faktoren wie wirtschaftlichen Entwicklungen, technologischen Innovationen und geopolitischen Ereignissen beeinflusst werden 1.

Hast Du spezielle Interessen oder Investitionen im Bereich Öl, die Dich besonders interessieren?

1 www.kagels-trading.de 2 trading.de

2. Konkrete Fakten und Zahlen wird Copilot in der Regel mit einer Fußnote am Ende belegen.
3. Klicken Sie eine der Fußnoten an, um die entsprechende Webseite im Browser zu öffnen.
4. Suchen Sie auf dieser Webseite nach einer Angabe, wann die Informationen veröffentlicht bzw. zuletzt aktualisiert wurden.

Weitere Prompts zu Finanzmarktinvestitionen

- `Analysiere die Vor- und Nachteile von Investitionen in Aktien versus Anleihen.`
- `Welche Branchen haben aktuell das größte Wachstumspotenzial?`
- `Welche langfristigen Trends beeinflussen den Immobilienmarkt?`
- `Erstelle eine Liste der Top-Technologieunternehmen nach Marktkapitalisierung.`
- `Wie diversifiziere ich ein Anlageportfolio effektiv?`
- `Vergleiche die Risiken und Renditen von ETFs und Indexfonds.`
- `Welche Unternehmen zahlen derzeit die höchsten Dividenden?`
- `Gib eine Übersicht über nachhaltige Investments und ihre Vorteile.`
- `Welche Schritte sollte ich unternehmen, bevor ich in Kryptowährungen investiere?`
- `Welche Märkte werden durch KI und Robotik stark beeinflusst?`
- `Wie analysiere ich Quartalsberichte eines Unternehmens richtig?`
- `Gib Beispiele für alternative Anlageklassen, wie Kunst oder Wein, und deren Risiken.`
- `Welche wirtschaftlichen Indikatoren sollte ich verfolgen, bevor ich investiere?`
- `Erstelle eine Liste von Finanz-Apps, die bei der Portfolioverwaltung helfen können.`

- Was sind die besten Strategien, um mit volatilen Märkten umzugehen?
- Vergleiche die Steuerimplikationen von Investitionen in verschiedenen Ländern.
- Wie beeinflussen Zinsänderungen die Performance von Staatsanleihen?
- Welche ETFs sind auf bestimmte Themen wie erneuerbare Energien ausgerichtet?
- Welche Rolle spielt ESG (Umwelt, Soziales und Unternehmensführung) bei modernen Investitionen?
- Wie beginne ich mit dem Investieren, wenn ich ein begrenztes Budget habe?

9.4 KI-Unterstützung beim Programmieren

Ein weiteres Gebiet, bei dem künstliche Intelligenz Ihnen behilflich sein kann, ist das Erstellen von Programmen in allen möglichen Computersprachen. Aus der Sicht einer generativen KI ist eine Programmiersprache in erster Linie eine Sprache. Und wenn KI-Systeme diverse menschliche Sprachen mit ihren Eigenheiten meistern können, sollten sie mit völlig logisch aufgebauten und im Wortschatz sehr überschaubaren Computersprachen spielend zurechtkommen. Und die KI-Systeme haben im Rahmen ihres Trainings mit online verfügbaren Informationen unter anderem auch eine Vielzahl von Beispielen für Computerprogramme analysiert. Sie »wissen« also auch, wie man mit solchen Sprachen umgeht.

Lösungen für Programmieraufgaben vorschlagen

Nun ist nicht jeder ein Programmierer, aber man kann kleine eigene Programme an einigen Stellen sinnvoll nutzen. Office-Programme wie Word beispielsweise verfügen über eine eigene Makrosprache namens Visual Basic for Applications (VBA). Sie können Makros über einen eingebauten Rekorder aufzeichnen.

Noch mehr Möglichkeiten bietet es aber, Makros selbst zu programmieren und sich dabei von Copilot helfen zu lassen.

1. Beschreiben Sie dem KI-Assistenten möglichst genau, welche Aufgabe Sie mit dem Programm lösen möchten.

```
Schreibe mir ein VBA-Makro, das in einem Word-Text
die Größe aller eingefügten Bilder der Seitenbreite
des Dokuments anpasst. Die Proportionen der Bilder
sollen dabei erhalten bleiben.
```

2. Nach kurzem Nachdenken präsentiert Copilot Ihnen seine Lösung (hier nur auszugsweise wiedergegeben).
3. Mit einem Klick auf das *Kopieren*-Symbol oben rechts neben dem Code übernehmen Sie nur diesen in die Zwischenablage.

Hier ist ein VBA-Makro, das die Größe aller eingefügten Bilder in einem Word-Dokument an die Seitenbreite anpasst und dabei die Proportionen beibehält:

Vba   Kopieren

```vba
Sub ResizeImagesToPageWidth()
    Dim doc As Document
    Dim img As InlineShape
    Dim pageWidth As Single
    Dim aspectRatio As Single

    ' Aktives Dokument setzen
    Set doc = ActiveDocument
```

4. Wichtig: Lesen Sie die Antwort von Copilot auch über den Code hinaus bis zum Schluss. Am Ende folgen meist noch Hinweise, wie das Programm konkret eingesetzt werden kann. Teilweise müssen zuvor auch noch Werte innerhalb des Codes angepasst werden, damit es funktioniert.

```vba
End Sub
```

Um das Makro zu verwenden, führen Sie bitte die folgenden Schritte aus:

1. Öffnen Sie Ihr Word-Dokument.
2. Drücken Sie `Alt + F11`, um den VBA-Editor zu öffnen.
3. Klicken Sie auf `Einfügen` > `Modul`, um ein neues Modul zu erstellen.
4. Kopieren Sie den obigen Code und fügen Sie ihn in das Modul ein.
5. Schließen Sie den VBA-Editor.
6. Drücken Sie `Alt + F8`, um das Makro-Menü zu öffnen, wählen Sie `ResizeImagesToPageWidth` und klicken Sie auf `Ausführen`.

Programmfehler mit KI-Hilfe aufspüren

Wenn man selbst programmiert oder den mit KI-Hilfe erstellten Code vielleicht individuell abändert, kann es schnell zu kleinen Fehlern kommen, die dann große Wirkung haben. Wenn ein Programm dann statt der beabsichtigten Wirkung nur eine nichtssagende Fehlermeldung produziert, ist guter Rat teuer. Oder eben nicht, wenn er von einer KI schnell und kostenlos kommt.

1. Kopieren Sie den fraglichen Programmcode im Editor. Mit Strg+A und Strg+C geht das am schnellsten. Wenn Sie die Fehlerstelle allerdings einigermaßen eingrenzen können, beschränken Sie sich darauf. Je weniger Code Copilot analysieren muss, desto aussagekräftiger und hilfreicher sind die Ergebnisse.
2. Fügen Sie den kopierten Programmcode mit Strg+V in den Copilot-Prompt ein und senden Sie diesen ab. Ergänzende Anweisungen sind nur nötig, wenn Sie Copilot zusätzliche Informationen geben oder eine spezielle Frage stellen möchten.
3. Copilot analysiert den übergebenen Code auch ganz ohne dazu gestellte Fragen oder Aufgaben. Sollte er dabei einen Fehler entdecken, macht er in seiner Reaktion darauf aufmerksam und bietet Ihnen gleichzeitig eine korrigierte Fassung des Programms an.
4. Auch in diesem Fall finden Sie wiederum oben rechts die *Kopieren*-Schaltfläche, mit der Sie den Code direkt in die Zwischenablage übernehmen können.

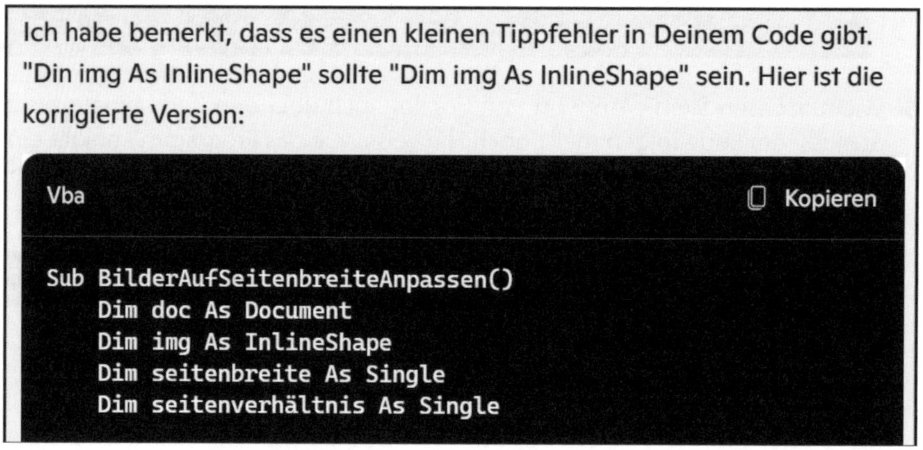

Welche Programmiersprache beherrscht Copilot?

Sprachen sind eine große Stärke generativer KI-Systeme wie Copilot. Sofern es zu einer Sprache ausreichend Quellen im Internet gibt, kann man davon ausgehen, dass Copilot sie beherrscht, Funktionen darin generieren oder beispielsweise syntaktische Fehler in entsprechendem Quellcode erkennen kann.

Insofern gibt es keine definitive Liste der zulässigen Sprachen. Sie können Copilot aber jederzeit fragen, ob er Sie in einer bestimmten Sprache unterstützen kann.

```
Beherrscht du die Programmiersprache COBOL?
```

> Beherrscht du die Programmiersprache Cobol?
>
> Ja, ich kann auch mit COBOL umgehen! COBOL (Common Business Oriented Language) ist eine Programmiersprache, die häufig in geschäftlichen und finanziellen Anwendungen verwendet wird, insbesondere auf Mainframe-Systemen.
>
> Wenn du Fragen zu COBOL hast oder Unterstützung bei einem bestimmten COBOL-Projekt benötigst, lass es mich wissen. Ich helfe dir gerne weiter! 💻✨

9.5 Alte Familiendokumente entschlüsseln

Haben Sie auch noch alte Familiendokumente, Briefe oder Tagebücher Ihrer Vorfahren im Keller oder auf dem Dachboden liegen? Gern würde man darin schmökern und vielleicht die eigene Familiengeschichte besser kennenlernen.

Das Problem dabei: Solche Dokumente sind zwar in deutscher Sprache, aber häufig in einer fremdartigen Schrift verfasst. Die bis heute gebräuchliche lateinische Schrift wurde erst zur Mitte des letzten Jahrhunderts eingeführt. Davor wurde in Kurrent und Sütterlin geschrieben, bei gedruckten Dokumenten kamen die Schriftarten Fraktur und Antiqua zum Einsatz.

Da sich nur die Schriften unterscheiden, Alphabet und Wörter aber die gleichen sind (wenn auch vielleicht etwas »altmodischer« formuliert), kann man sich das Lesen solcher Dokumente mit etwas Zeit und Mühe beibringen und dann die alten Familiendokumente studieren und vielleicht sogar für andere in modernes Deutsch »übersetzen«.

Allerdings wird man sich diesen Aufwand für wenige Seiten kaum machen wollen. Und bei einem umfangreicheren Dokumentenschatz kann man erst recht Unterstützung gebrauchen. Diese kann Copilot bieten, denn für ihn sind auch alte Sprachen in erster Linie Sprachen, die er beherrscht. Und seine Bilderkennung versetzt ihn in die Lage, Texte auf eingescannten oder fotografierten Seiten zu transkribieren.

Scannen oder fotografieren

Eine sehr praktische Lösung zum Scannen insbesondere von gebundenen Büchern ist ein Smartphone mit installierter Copilot-App. Hier können Sie, wie auf Seite 64 beschrieben, Seiten mit der eingebauten Kamera knipsen und direkt als Prompt in der App verwenden. Am PC können Sie die Vorlage seitenweise scannen oder fotografieren und in einem gängigen Bildformat zu Copilot hochladen (Seite 43). Zum Erkennen von Text eignen sich insbesondere Schwarz-Weiß-Bilder. Die Auflösung muss dafür nicht mal besonders hoch sein (150 dpi beispielsweise reichen völlig).

1. Fügen Sie jeweils das Abbild einer Textseite von der Kamera oder als Bilddatei in den Eingabebereich von Copilot ein.

2. Senden Sie das Bild als Foto-Prompt ab. Eine zusätzliche Aufforderung ist in der Regel nicht erforderlich.
3. Nach etwas Verarbeitungszeit (Bildanalyse dauert länger als Textanalyse) wird Copilot auf das Bild reagieren. Die Kreativität des KI-Assistenten sorgt dabei dafür, dass diese Reaktion nicht immer vorhersehbar ist. Manchmal gibt er den erkannten Inhalt direkt wieder, manchmal beschreibt er auch erst mal nur den Bildinhalt.

Ah, das ist eine wirklich charmante handschriftliche Seite aus einem Rezeptbuch! Sie enthält einige köstlich klingende Rezepte auf Deutsch. Hier sind einige der Rezepte, die ich auf der Seite erkennen kann:

- **Kirschcreme-Törtchen**: Ein Rezept für Törtchen mit Zucker, Butter, Mehl, Milch, Eiern und Kirschen – klingt wie ein Traum!
- **Puffert**: Eine Mischung aus Marzipan, Puderzucker, Butter, Kokosnuss und weiteren Zutaten – wahrscheinlich etwas sehr Süßes und Leckeres.

- **Röllchen**: Mit Butter, Zucker, Eiern und Mehl – klingt nach einem klassischen süßen Gebäck.
- **Torte**: Mit Zutaten wie Marzipan, Zucker und Milch – es wird wunderbar cremig.

Wenn du möchtest, kann ich dir helfen, eines der Rezepte für den heutigen Tag nachzubacken! Welches spricht dich am meisten an? 😊 🍰

Antwort auf Englisch?

Sollte das Bild die erste Interaktion in diesem Dialog sein, kann es sein, dass Copilot auf Englisch antwortet (üblicherweise leitet er von der ersten Interaktion ab, in welcher Sprache Sie kommunizieren möchten). In diesem Fall brauchen Sie ihn nur beispielsweise ***Bitte auf Deutsch!*** anweisen. Dann wird er seine Antwort auf Deutsch wiederholen und ab sofort Deutsch mit Ihnen sprechen, sofern Sie nichts anderes verlangen.

4. In letzterem Fall können Sie aber wie gewohnt Fragen an Copilot stellen, die sich auf den Inhalt des Bildes beziehen. Fragen Sie also ggf. nach einem der Rezepte. Achten Sie dabei darauf, dass Sie sich konkret auf eines der angegebenen Rezepte beziehen. Andernfalls könnte es sein, dass Copilot Ihnen stattdessen ein passendes Rezept aus seiner Wissensbasis liefert.

```
Wie lautet das Rezept für Waffeln?
```

Schaut man sich die Ergebnisse an, fällt auf, dass Copilot die Originaltexte nicht immer ganz exakt und wortwörtlich wiedergibt. Zutaten und Menge bei Rezepten etwa passen in der Regel. Aber bei den Anweisungen zum Umsetzen des Rezepts formuliert Copilot schon mal um oder ergänzt im Sinne der Verständlichkeit. Bei erkennbar aus einem Buch abfotografierten Seiten äußert er auch regelmäßig Bedenken hinsichtlich des Urheberrechts und lässt sich allenfalls zu Zusammenfassungen bewegen.

Wenn es um die originalgetreue Wiedergabe einer Vorlage geht, sollten Sie die Ergebnisse also gründlich prüfen. Wenn Sie einfach nur sinngemäß wissen möchten, was in solchen Dokumenten steht, können Sie sich in der Regel auf die Angaben von Copilot verlassen.

Waffeln

Zutaten & Zubereitung:

- **Mehl:** 1 1/2 Pfund (Wenn man annimmt, dass 1 Pfund ca. 500 Gramm entspricht, wären das etwa 750 g Mehl.)
- **Milch:** 1/2 Liter (rund 500 mL)
- **Salz:** Eine Prise
- **Eier:** 4–5 Stück, die für die Bindung und zusätzliche Reichhaltigkeit sorgen
- **Butter:** 50 g, für zarte Konsistenz
- **Gewürze & Aromen:** Zimt und Zitronat (eingelegte Zitronenschale) Alternativ kann man das Rezept verfeinern, indem man einen Esslöffel Zucker oder einen kleinen Schuss Rum beifügt – je nachdem, ob man auf Süße oder einen dezenten alkoholischen Hauch setzt.
- **Teigruhe:** Der Teig sollte etwa 2 Stunden ruhen, damit sich die Aromen verbinden und der Teig entspannen kann. Dies führt zu einer besonders leichten und knusprigen Waffelstruktur.

A

B

C

D

S

T

U

V

W